KB253614

문예신서
73

시간, 욕망, 그리고 공포

알랭 코르뱅

변기찬 옮김

東 文 選

시간, 욕망, 그리고 공포

시간, 욕망, 그리고 공포

Alain Corbin

Le Temps, le Désir et l'Horreur

© Aubier, Paris, 1991

　이 책에서 알랭 코르뱅은 역사가의 관점으로 생물학적인 문제와 함께 성교(性交)로부터 비롯되는 위험을 어떻게 예방할 것인가를 다루고 있다. 그는 부수적으로 이주 노동자들에 대해 보여 주었던 후각적인 혐오감을 강조한다. 그는 생태학적인 관심이 역사 속에서 어떻게 반영되었는지를 개괄적으로 드러내 보여 주는 동시에, 산업의 발전으로 인한 공해 문제를 사람들이 어떻게 인식하고 있었는가를 분석한다. 이 책에 수록된 몇 편의 논문에서 그는 역사를 민족학적으로 연구할 것을 제안한다. 또한 그는 표상(représentation)에 관한 연구로 우리를 인도하고 있으며, 사회적 상상력에 관한 연구에도 전념하고 있다. 따라서 이와 같은 다양한 주제와 관심이 집적된 이 책은, 자신이 주장하는 바가 유행하기를 열망하면서 다작(多作)을 하는 학자에 의해 조급하게 구성된 잡문처럼 보일 수도 있을 것이다.

　하지만 알랭 코르뱅은 이미 10여 년 전인 80년대초부터 위에서 언급한 다양한 주제에 관한 연구 결과들을 조심스럽게 저술하기 시작하였으며, 우리는 그 모든 과정에 관심과 기대를 가지고 있다. 그는 20년 동안 기호 체계(symbolique)의 역사와는 별도로 표상의 역사에 관심을 기울여야만 할 필요성을 끊임없이 반복하여 주장하였고, 19세기 역사가들에게 상상의 실체를 보다 확실히 규명할 수 있도록 하기 위해 담론에 대한 보다 치밀한 분석을 지속적으로 요구하였다. 또한 그는 상실된 감정을 찾아내 복원시키려는 의도를 가지고 소위 감성의 역사를 연구할 것을 끊임없이 언급하였다.

　이러한 그의 학문적 여정을 파악할 수 있도록 하기 위해, 우리는 본서에서 다양한 독자들을 겨냥한 여러 편의 논문들을 그 발표 일자를 명기하면서 원본 그대로 전재(轉載)하려 한다. 각각의 텍스트에 현시성을 부여하기는 하지만, 사실상 그 텍스트가 역사가들의 사고가 발전되는 과정 속에서 어떤 위

치를 차지하는지를 명확하게 파악하는 것을 방해하거나, 그 위치를 변질시
킬지도 모르는 가필을 피하려 한다. 이와 같은 판단에서 읽기가 불가능하
다는 잘못된 생각을 심어 줄 수 있는 최근 참고 문헌들의 목록은 첨가하지
않았다. 이러한 중간적인 방침을 설정하고 이 시리즈를 출간하는 이유는, 과
거의 심리학적 뉘앙스들에 관심을 가지고 있는 한 역사가의 저서들이 상호
맺고 있는 긴밀한 연결성을 보다 확실히 인식하게 만들려는 목적 때문이다.

편집자

차 례

1

19세기에서의 하루에 대한 계산[1]

19세기 프랑스에서 무한한 다양성을 지닌 일상 생활의 리듬은 각종 활동들을 뒤죽박죽으로 묘사하게 만들었다. 현대에서 그다지 멀지 않은 그 시대에 장소를 바꾼다는 것은 동시에 시간을 변경한다는 의미였다. 각각의 도시는 제각기 보유하고 있던 해시계에 시간을 맞추고 있었다. 이와 같이 통일성이 결여한 채로 지역에 따라서 다르게 맞추어지는 시간에 직면한 초기의 철도 회사들은, 다른 지방에 비해 5분이 늦는 파리의 시간을 노선 전체에 적용하는 데 많은 곤란을 겪고 있었다. 이 5분이라는 짧은 지체 시간은 승객들이 약간의 지각으로 인하여 곤란함을 겪지 않도록 하기 위한 조치였다.

하룻동안 사용하는 시간의 분배는 이러한 혼동을 증대시켰다. 이같은 점은 당시의 식사 시간이 매우 다양했다는 사실을 통해 확실히 파악할 수 있다. 시골에서 하룻동안의 식사 횟수와 시간 배분은 지역·관습·직업·계절, 사회적 지위나 입장 등에 따라서 달라진다. 18세기말 왕립의학협회에 소속된 학자들은 이러한 시간의 불규칙한 배분과 관련된 연구 결과를 토대로 의학적인 관점에서 형성되는 지형학을 공들여 정리 작업을 하였다. 그 작업의 결과로 나타난 저서들은 프랑스의 전지역을 민족학적으로 조망할 수 있게 하는 하나의 자료가 되었다. 19세기에 10년마다 실시되는 것으로 규정된 농업에 관한 조사, 특히 1852년의 조사는 민중들의 지극히 다양한 식사 리듬을 파악한다는 것이 얼마나 어려운 일인가 하는 점을 잘 보여 주고 있다.

프랑스 대혁명 직후 파리 부르주아 계층의 경우 점심 식사는 오후 2시에서 6시로 천천히 옮아갔는데, 이는 결과적으로 저녁 식사를 뒤로 늦추게 만들었다. 그때부터 저녁 식사는 무도회나 연극이 끝난 후 밤이 이슥한 때에 행해지게 되었다. 이렇게 완만하게 이루어진 전환으로 인해 수십 년 사이에 아침 식사를 하는 것이 보다 친숙하게 되었고, 그 메뉴 역시 점점 더 실속 있게 되는 결과를 초래하였다.[2] 그러나 지방의 명사들과 파리의 중류층은 여전히 이전의 시간 배분을 충실하게 지켰다. 대도시에서는 다양한 형태의 관습들이 축적된 것으로 나타나기 때문에, 실제 행동에서는 시간적으로 통일되지 않은 모습이 존재하였다. 식사 시간은 식탁에 관련된 제도나 테이블 매너와 마찬가지로 종종 사람들을 문화적으로 구분하는 주요한 기준이 된다. 그런데 이와 같은 문화적 구분이 보다 세련되어지는 현상은 19세기 전반기의 주요한 역사적 사실 중의 하나라 할 수 있다.

파리 노동자들은 농민적인 음식을 즐기는 동시에, 농촌 사람들의 식사 시간을 간직하고 있었던 크뢰즈 출신의 석공들을 매우 경멸하였다. 이와 같은 태도는 노동 계급 내부에서도 사회적 시간의 불균형이 있었다는 점을 보여주고 있다. 재산이나 명예를 유지하고, 나아가 그것들을 증식시킬 뿐만 아니라 확실한 결혼 전략으로 통할 수 있게 하는 금액을 벌기 위하여 파리로 온 타지역 출신 노동자들은 가족의 이미지와 야망이 오래 지속되는 가운데 차츰 변화된다. 그와 동시에 그들은 파리 노동자에 대해 호의를 가지게 되었다. 파리 노동자들이 일상적인 윤택함과 쾌락을 위해 시간을 분배하고 있는 것처럼 느껴지긴 했지만, 그들 역시 그날그날 비참하게 경제적 상황의 우연성에 좌우되면서 살아갈 수밖에 없다는 사실을 발견할 수 있었기 때문이었다.[3]

이와 같이 지속된 시간이 상징하는 바는 사회에 대한 묘사와 상호 관련성을 지니고 있으며, 다양한 일상 생활의 리듬은 자연히 사회적 상상력을 규정하는 분류학과 조화를 이루면서 나타나게 된다. 생 제르맹 지역에 존재한 시간이 단조롭게 나타나는 이유는, 이미 오랜 시간이 경과하였지만 여전히 향수를 느끼는 구제도(Ancien Régime)에 대한 기억을 가지고 있다는 점을 반영하기 때문이다. 이와 관련하여 지배 계급의 정신 속에는 여러 개의 시스템들이 중첩되어 있다. 우리는 무엇보다도 먼저 본능의 시간, 즉 자연의 리듬과 밀접한 관련성을 맺지 않을 수 없는 선원 및 농부의 시간이 존재하고 있음을 알고 있다. 그러한 직업을 가진 사람들은 자신들을 둘러싸고 있는 환경의 명령을 몸으로 체험하며, 대우주와의 보이지 않는 연결에 의해 결합되어 있기 때문에, 자발적으로 기상에 관련된 리듬과 생물학적 리듬을 따를 수밖에 없다. 그들은 이러한 요소들로부터 직접적인 영향을 받고 있으며, 사회적 피라미드의 저변에 머무르면서 변하지 않는 존재처럼 보일 뿐만 아니라, 아직도 하나의 문화적 현상으로서 분석할 수 없을 것 같은 시간적 질서가 영속적으로 확고부동하게 자리잡고 있다. 이와 같은 해석은 농민들의 시간 리듬이 원시적 과거를 파악할 수 있게 하는 동시에 많은 의미를 지닌 유적과 폐허로 인식된다는 것을 의미한다. 더욱이 그 해석은 민중을 열심히 관찰할 뿐만 아니라, 생기가 없는 것과 살아 있는 것 사이에 형성되는 관계에 주의를 기울이는 낭만주의자들의 탐구를 통해 뒷받침된다.

상상의 세계에서 이 본능의 시간과 상호 대립되는 것으로 나타나는 것은 사교(sociabilité)와 **한가함**〔閑暇; otium〕의 시간이다. 그러한 시간들이 어떻게 실행될 것인가는 사회적 관습에 따라 규정된다. 점차 몰락해 가고 있던 18세기 귀족 계급은 궁정 사회, 혹은 그 사회 내에서 이루어지는 세련된 예의 범절로부터 점점 멀리 벗어나고 있는 상황에 처해 있었다. 그 귀족 계급 내에서의 사교 생활은 '사교계,' 살롱 및 '클럽'이라는 범주 속에서 환대·대화·유흥 등을 토대로 이루어졌다. 귀족 사회에서 이루어지던 사교 생활의 모델은 이미 잘 알려진 궁정 사회의 예의 범절을 재적용하고 재해석하는 동시에, 교묘하게 구별하려는 전략이라는 일련의 과정을 통해 그것을 유희적으로 모방하였던 것이다. 그와 같은 귀족 사회의 모델은 '서민적 부르주아지(bourgeoisie populaire)'[4]의 중심부까지 점점 침투되었다. 가브리엘 타르드〔1843-1904; 프랑스의 사회학자〕에 이어 노베르트 엘리아스는 이미 오래 전부터 이러한 복잡한 메커니즘에 관심을 기울였다.

바로 이 복잡한 메커니즘으로 인해 지배 계급 내부에서는 소설 같은 허구적인 모습을 보일 정도로 극히 다양한 일상 생활의 리듬들이 나타나게 되었다. 여러 시간에 걸쳐 화장을 하고 방문객들을 맞이하고 저녁 식사를 하면서, 연극·무도회·연주회 등을 개최하였던 숄리외 공작 부인의 노고는 코르몽 양의 검소한 살롱에 모인 알랑송의 '상류 사회'의 생활 리듬보다 한없이 더 피곤한 것으로 나타난다. 발로뉴에 있던 투프델리 자매들의 집에서 통례적으로 나타나는 저녁 무력증(atonie vespérale)에 대해서는 다시 언급할 필요가 없다.[5] 이 점과 관련하여 소설은 시간 분배의 관행들에 대한 사회적 상징들이 어떻게 공간적인 이미지들과 밀접하게 관련되는지를 밝혀 주고 있다.

고대 사회에서 전원 생활을 즐기는 관행이 확산되면서 소위 **한가함**이라는 모델이 중요한 의미를 지니게 되었음에도 불구하고, 역사가들은 그 중요성을 그다지 강조하지 않았다. 이러한 형태의 생활은 고대 로마 공화정 말기와 제국 초기의 귀족들이 향유한 것으로서, 18세기와 19세기에 엘리트 계층에 지대한 영향을 미쳤다. 그러한 생활 모습은 먼저 영국에서 그 이후에는 유럽 대륙에서 나타났다. 투스툴룸[이탈리아 프라스카티 근처에 있었던 고대 도시]에서의 키케로[B.C. 106-B.C. 43; 로마의 정치가이자 웅변가], 사빈느[고대 이탈리아 중부에 위치한 지방]에서의 호라티우스[B.C. 65-B.C. 8; 라틴 시인], 그리고 오스티아[로마 근교 지역] 근처의 라우렌트에서의 플리니우스[고대 로마의 자연주의자]의 생활 양식은 조지 3세(1760-1820) 치하의 영국으로 전파되었다. 이같은 생활 양식은 이미 17세기부터 등장하기 시작한 **은퇴**라는 유행을 널리 보급시켰을 뿐만 아니라 약간의 변화를 보이게 하였다. 계몽주의 시대 프랑스에서도 영국과 마찬가지의 모델이 등장하면서 행복한 인생이라는 이미지를 심어 주었는데, 그 이미지는 지방 아카데미 회원들의 관심을 끌기에 충분하였다.[6] 이렇게 고대 로마인들에 의해 고무된 **품위 있는 한가함**(otium cum dignitate)에 대한 매력을 고려하지 않는다면, 우리는 19세기 프랑스 부르주아 계급의 보잘것 없는 야망을 설명할 수 없을 것이다. 이 시기 프랑스의 부르주아지가 산업이나 상업 활동을 상대적으로 경멸하였으며, 이득은 없으나 위신과 쾌적한 여가를 가져다 주는 공직에 매력을 느껐다는 사실은 본질적으로 라틴 문화가 상당히 확산된 데서 그 연원을 찾을 수 있다. 사물에 대한 시대착오적인 관점을 가지고 있었기 때문에 고전에 대한 매력을 몹시 경멸하였던 도지사 · 법률가 · 교수뿐만 아니라, 상당수의 고용주조차도 자본 축적의 호화로움보다는 고대 로마인에 의해 고무된 자신을 관리하는 기술을 실행하는 데 더욱 마음이 끌리고 있었음이 드러난다.

열심히 노동에 종사하는 소위 부르주아적 시간 모델이 모종의 경쟁 관계에 있었음을 부정한다는 것은 당연히 생각할 수 없는 일이다. 이는 예전에 베르너 좀바르트에 의해 정식화되고 해석된 규정이었다. 노베르트 엘리아스[7]는 문명화 과정의 귀결점이라 할 수 있는 각종 규범들이 내재화되는 메커니즘을 보여 주었다. 개인은 자신의 시간을 온전히 노동에 바침으로써 사회적 명성이 증대하고, 사회적 충돌 속에서 자신의 지위가 유지 혹은 향상되며, 특히 자신이 존중받기를 원한다. 그렇지 않다면 야코프(또는 제임스) 로트실트[1792-1868; 유대계 독일인 은행가 집안의 한 일원으로 1811년 파리에 지점을 개설한 이후 루이 18세, 샤를 10세, 루이 필리프 시대에 활동하였다] 같은 한 개인의 활동, 즉 당대 가장 부유한 사람들 중의 한 명이 자신의 일생을 완전히 일에 헌신한 점을 어떻게 이해할 것인가?

이렇게 시간을 둘러싼 다양한 이미지와 관행들이 존속하는 반면 시간에 대한 사회적 규제는 수십 년 사이에 보다 엄격해지고 있다. 개인을 둘러싼 조직의 밀접한 상호 관련성, 경제 성장과 사회 생활 기능의 절대적 필요성, 전기 통신 시스템의 설비 등은 결국 시간 기준의 표준화를 초래하였다. 프랑스에서 이 표준화는 확실히 매우 늦게 나타났다. 사실상 1891년 법률이 발효됨으로써 파리 시간이 프랑스 전역에 적용되었다. 그리니치 자오선의 표준시가 공식적으로 채용된 것은 겨우 1911년의 일이다. 그렇지만 1912년 세계 표준시의 제정을 위한 국제회의가 개최된 곳은 바로 파리였다. 스티븐 컨처럼[8] 이 새로운 표준화가 과거 · 현재 · 미래의 이미지에 어떤 변화를 가져다 줄지를 생각해 보는 일은 유익할 것이다. 이 새로운 표준화는 각 개인의 하루하루를 사회 전체의 일상적인 사건들에 의해 만들어진 시간의 사슬과 연결시켜 쉽게 이해할 수 있게 한다. 게다가 이러한 시·공간적 시간 기준의 확장은 일상적인 리듬을 신성시하지 않게 된다는 점을 수반한다. 이 점에서 제3공화국의 반교권주의적 정책과 교회의 종(鐘)이나 종교 행렬에 반대하는 투쟁은 프랑스 혁명기부터 이미 시작된 하나의 과정을 가속화시킨 것이다.

19세기를 통하여 개인적인 시간의 분할은 발전되었다. 예전에는 단속적이어서 중단되는 경우가 많았던 노동 시간은 조밀하고 집중적인 형태를 띠게 되었다. 이러한 조밀성은 이미 미셸 푸코가 밝혔던 다양한 목적들을 위해 각종 규율 방침을 규정하는 것으로 나타났다.

이러한 점에서 기숙학교의 증가는 상당히 중요한 의미를 지닌다. 어떤 교육 모델이 부모의 동의를 얻어 학생들에게 부과되었는데, 그 모델은 엄격한 육체적 훈련을 전개하는 데 필요한 전제 조건이라 할 수 있는 정확한 시간 조절에 근거하고 있다. 이 모델은 구제도의 교육 방법에 의해 고무된 것이었다. 나폴레옹 시대 고등학교에서 적용되었던, 수도원을 방불케 하는 규칙과 군사 훈련으로 대표되는 이 교육 방법은 본래 소년들을 위한 것이었다. 하지만 1848년 혁명 직후부터는 많은 수의 소녀들이 기숙학교에 입학하기 시작하였다.

그때부터 다른 사람의 시간에 대한 엄격한 통제는 감옥·병원·수도원의 공동 작업장, 공장 부속 기숙사, 또한 그 이외에 구호소 관리자들의 중대한 관심사가 되었다. 시간의 분할은 캉에 있는 봉 소뵈르 병원의 경우 치료를 행하기 위해 필수적으로 요구되는 중요한 요소가 되었다.[9] 예를 들어 지라르 드 카이외는 각종 의미 심장한 규정들을 제정함으로써 정신병 환자가 정해진 시간에 대변을 보게 만들고자 하였다. 이처럼 시간을 통제하려는 목적은 소기의 성과를 거두었다.[10]

어린이와 여성의 노동, 그리고 모든 노동자의 노동 시간의 지속과 배분에 관련된 입법은 당연히 일종의 박애 활동 및 노동자의 핵심적 요구 사항으로 나타났다. 결국 그러한 내용을 담은 입법은 개인적이고 가족적인 시간 사용을 표준화하고 규제하는 과정의 한 단계로 이해될 수 있다. 이러한 점에서 중요한 것은 어린이의 하루 노동 시간을 8시간으로 제한하고, 야간 노동을 금지한 1841년 3월 21일의 법률이다. 비록 잘못 적용된 것이지만, 이법률의 조문은 공장에서의 일일 노동 시간을 파리에서는 10시간으로, 지방에서는 11시간으로 제한하였던 1848년 3월 2일 조례에 의해, 또한 1890년과 1891년 '노동절'에 표명된 '3교대'의 요구에 의해 뚜렷이 나타나는 일련의 과정이 시작되었음을 보여 주는 것이었다.

그다지 중요한 사실은 아니지만 이와 같은 과정을 통해 획득한 결과는 소규모 작업장에서 보다 명확하게 각종 규칙들이 제정되었다는 점이며, 연속적이지 못한 노동 시간에 반대하면서 그것을 연속적으로 만들려고 하는 힘겨운 투쟁이 수반되었다는 점이다. 롤랑드 트랑페[11]는 카르모 광산회사의 기사들이 3세대에 걸쳐 농민 광부들을 노동자로 고용하면서, 그들에게 일반적으로 통용되고 있던 무질서한 시간 분배를 점진적으로 억제하는 데 어떻게 성공하였는지를 보여 준다. 이러한 과정이 끝났을 때 이 광부들은 바깥바람을 쐬거나 포도주 한 잔을 마시기 위해, 혹은 풀을 베어 말리거나 수확물을 거두어들이기 위해 사다리를 타고 다시 지상으로 올라오는 자유를 상실하였다.

마르탱 나도[1815-98; 프랑스 사회운동가이자 정치가][12]의 《회고록》을 보면, 7월 왕정기에 파리 건설 노동자의 노동 시간은 술도가에 들르거나 견습공이 바친 술을 마시기 위해 중단되고 있음을 확인할 수 있다. 노동의 리듬과 술을 마시거나 담배를 피우는 시간이 제멋대로 결합되고 있다. 많은 작업장에서 어린 소년이나 막일꾼의 도움을 받는 숙련 노동자는 음주와 흡연을 하는 데 거리낌이 없었으며, 성과급으로 노동하는 수공업자처럼 상대적으로 자유로운 노동 시간을 향유하였다.

19세기말에 시간급 제도가 확산되고, 작업장의 규칙이 엄격해지자 이러한 시간적 융통성은 타격을 받았다. 그런 까닭에 노동과 여가를 확실하게 분리하는 시간적 경계를 세우려 하였다. 더욱이 노동과 여가의 명확한 단절이 보다 뚜렷하게 나타남에 따라 노동 시간의 양상은 근본적으로 변화되었으며, 여가를 기다리는 일은 노동을 완수하는 기쁨을 누린 다음에야 가능한 일로 국한되었다. 농업 노동자의 시간 분배 역시 수십 년을 거치는 동안 보다 엄격해졌다. 전통적으로 농업 노동자들은 육체적으로 몹시 피곤하긴 했지만, 간간이 휴식 시간이 있었던 노동에 익숙해져 있었다. 하지만 관행적으로 이루어지던 그들의 노동 시간은 미리 목표가 정해진 생산량을 달성하기 위해 끊임없이 감시당하면서 노동을 하는 형태로 바뀌어 가는 경향이 있었다. 이는 마치 그들이 생산성을 위해 상호 경쟁하는 기계 같은 존재가 되었음을 의미한다.

소부르주아 계층의 경우, 자신의 하녀에게 행사하는 권력에 도취된 여주인은 그때까지 대저택에 고용된 많은 수의 하녀들도 일찍이 경험하지 못한 엄격한 시간 분배를 강요하였다. 이로 인하여 여주인 자신 역시 하녀를 감시하면서 무의식적으로 엄격한 시간 분배에 순응하게 되는 것은 당연한 결과였다. 1880년 이후가 되면 일상적으로 가사 노동을 위한 시간 분배가 과민할 정도로 정확성을 띠게 되었는데, 그 이유는 파스퇴르 이론이 충분한 가치가 있음이 명백히 입증되면서 끊임없이 먼지를 터는 일이 가사 노동의 중요한 부분이 되었기 때문이다.[13]

다른 사람의 시간을 관리하려는 의지를 보다 명확하게 보여 주는 것은 매춘부를 단속하는 규칙이었다. 파리에서 창가(娼家) 이외의 장소에서 영업을 할 수 있도록 허가된 공창(公娼)은 저녁 7시부터 11시까지만 길거리에서 손님을 유인할 수 있었다. 공창은 낮의 순수함을 교란시켜서는 안 되며, 심야의 음란한 장소에 드나드는 일 역시 금지되었다. 또한 공창은 잠재적인 손님의 노동과 수면 시간을 방해하지 않도록 짧은 시간 동안 거리에 모습을 나타내는 것만이 허용되었다.

한가한 시간을 어떻게 보낼 것인가 하는 두려움과 그 시간이 가져다 주는 위험에 대한 강박관념은 시간을 표준화할 필요성을 자극하는 요인이었다.

시간 소비와 관련된 고민은 끊임없이 사람의 마음을 괴롭히는 가장 중요한 문제가 되었다. 여기에서 젊은이의 관능적인 유혹을 좌절시킬 수 있는 유일한 수단이 나타난다. 의사와 교사의 표현에 따르면, 자위 행위는 가장 개인적인 시간의 상징이다. 하지만 동시에 체력 감퇴를 우려하기 때문에 제재를 받는 나르시스적 쾌락이면서도 부도덕하다고 언급되는 것으로서 보통 시간적인 공백을 없애기 위해 행해진다. 그러므로 그러한 공백을 없애기 위해서 끊임없는 감시는 물론, 그 행위를 근절시키려는 지속적인 노력을 동시에 필요로 한다. 효율적인 시간 분배가 강조되고, 그 분배를 위해 육체적 훈련이 강화된 것과는 대조적으로 시간 분배가 오히려 자위 행위의 확산을 고무시켰다고 생각할 수 있다. 사실상 수많은 문헌은 그 행위가 예외적인 매력을 지니고 있었다는 점을 증명하고 있다. 기숙학교 내에서 교사들은 자유분방한 몽상의 장소로 간주되는 수면 시간을 염려하였으며, 취침을 무덤의 전형적인 모습으로 설정하였다. 또한 잠에서 깨어남을 부활, 또는 아주 나약한 비몽사몽의 상태에 영합하는 것을 피하기 위해 활동을 재개하는 일로 간주하였다. 일반적으로 무기력, 혹은 그 전날 만끽한 쾌락에 대해 스스로 만족하는 리듬을 몰아낼 필요가 있었다. 부르주아 계급이 관례적으로 천천히 압생트(쑥 추출물에 아니스 열매·회향풀 등의 추출물을 섞어 만든 술의 일종으로 식욕을 돋우고, 위장을 강화시키는 역할을 한다)를 마시는 것이 노동을 재개하기 위하여 바쁜 노동자가 술집의 카운터에서 허둥지둥 한 잔을 들이켜는 것보다도 오히려 더욱 걱정되는 일이었다. 고대 과학의 명제로부터 영감을 받은 의사들은 다산성의 원인을 왕성하지만 짧은 시간에 걸쳐 행해지는 부부간의 성관계와 결부시켰다.

노동 계급의 경우 시간을 보내는 것은 민중적인 야수성에서 비롯되는 위험을 억제하고 그 재발을 막기 위한 목적을 지니고 있었다. 이와는 반대로 유한 계급의 경우에는 침울함·지루함·우울함으로부터 자신을 보호하는 방법이었다. 더욱이 여성의 입장에서 볼 때는 매일 남편의 현기증을 유발시키고, 가정 생활을 주부의 우울증·두통이나 생리 리듬에 따를 것을 요구하게 되는 질병으로부터 자신을 지키는 것이었다.

애매모호하지만 집중적인 시간 관리 계획은 오히려 역설적인 모습을 지닌 부르주아 여성의 시간 분배를 야기하였다. 사적인 의식과 행사가 발달하고 가족간에 긴밀한 감정을 형성함으로써 친밀한 가정의 분위기를 조성하는 데 정성을 다한 부르주아 여성은, 권태로운 모습으로 독서를 하거나 남편의 귀가를 기다리는 상냥한 어머니의 모습으로 나타났다.[14] 풍만하며 어머니다운 포동포동함을 지닌 다산성의 육체는 예술가들에게 영감을 주었다. 그러나 부르주아 여성은 하는 일 없이 빈둥거리고 있지만은 않았다. 그들은 자선 활동을 위한 방문, '흥미를 위해서' 라고 일컬어지는 작업, 화단가꾸기, '자질구레한 수많은 일,' 애완동물 보살피기, 피아노를 치면서 속내 이야기를 하는 것 등의 활동을 하였다. 하지만 이러한 활동은 여성의 시간이 무익하며 그 시간적인 리듬이 단조로움을 드러내는 동시에 그 무익함과 단조로움을 해소하기 위한 목적을 지닌 것이었다.

자유 시간의 틈을 어떻게 메울 것인가 걱정하였던 의사들도 온천장으로 몰려오는 온갖 종류의 신체장애자와 병자를 관리하는 임무를 담당하였다. 이후 때로는 태만한 전원 생활처럼 보이지만, 근본적으로는 세심하게 규정된 치료가 오랫동안 존재하게 되었다. 의사들은 아침 일찍 일어났을 때부터 극도의 정확성을 지닌 명령들을 통해 환자의 행동을 체계적으로 통제하면서 모든 시간을 보냈다.

19세기말에는 자유 시간을 가지고 싶어하는 노동자들의 욕구가 증대되었다. 예전에는 노동자로 하여금 긍지를 가지게 하였던 각종 수단들의 가치가 박탈, 혹은 상실되는 것과 결부되어 여가조차도 아주 엄격하게 제한하는 일은 노동자로 하여금 불쾌한 감정을 유발시켰다. 이러한 감정은 그후로도 아주 오랫동안 술로 마음을 달래게 하였다. 이에 따라 당국의 정책이 전환되었다. 역설적으로 술집에 대한 감시가 완화되고, 유곽 내에서 분출되는 관능적 쾌락과 이 쾌락이 지속되는 시간을 제한하려 했던 통제주의 정책을 파기하였다. 또한 민중 계급 속에서 기분 전환의 욕구가 높아지는 동안, 만국박

람회의 역사가 제시하듯이 교육적인 목적은 보다 폭넓게 드러났다. 노동자가 확보한 자유 시간을 방탕하게, 혹은 단순히 안일하게 보내고자 하는 유혹을 미연에 방지하기 위하여 쉬지 않고 교육하는 것이 요구되었다. 거의 동시에 성인 강좌 및 민중을 위한 도서관과 대학에 이어 공공 열람실, 박물관 견학, 자연 학습을 위한 소풍 등이 창설되고 발전하였다. 각종 윤리 단체들은 군인들이 오락을 즐길 수 있는 영내 매점의 숫자를 늘리도록 압력을 가했다. 이후 알코올 소비로 상징되는 시간의 낭비를 방지하기 위한 힘겨운 노력이 모든 곳에서 조직적으로 행해지게 되었다.

그렇지만 개인의 생활 리듬은 자기 억제에서 비롯되는 속박에 점점 더 밀접하게 예속되었으며, 시간을 낭비하는 일에 죄의식을 갖게 되었다. 역설적으로 유한 계급의 여성은 남성의 간판으로 존재하는 것에 만족하지 못했다. 이런 여성의 경우에는 자신의 남편이 가지고 있는 귀중하고 규칙적인 시간과 경쟁하는 일이 중요하였기 때문에, 자기 생활의 모든 시간이 유용하게 사용된다는 점을 증명할 필요가 있었다. 이 점에 관하여 각종 규범들의 은폐는 의심할 나위 없이 피라미드 같은 사회 계층의 저변에서 보다 더 확실하게 실현되었다. 시골 여성은 언제든지 '일해야 할' 수단을 발견해야만 한다는 것을 알고 있었다. 좋은 시절(**Belle Epoque**) 도시에 거주하는 여성 노동자는, 보통 열차 안에서 허둥지둥 신문 소설을 탐독하는 데 너무 오랜 시간을 허비하는 행동은 과오를 범하는 것이라고 느끼게 되었다.[15] 또한 여성 노동자가 보기에 이러한 활동을 통해 자기 만족을 하는 것은 부르주아 여성들…… 혹은 매춘부들에게나 해당되는 것이었다.

일상적 나날들을 어떻게 사용하였는지 확인하는 일은, 시간·성 및 19세기의 특징이라 할 수 있는 금전에 대해 강박관념처럼 가지고 있는 계산을 촉진시켰다. 이는 개별적인 관습을 깨뜨리며, 손실에 대한 계산을 강요하고, 절약이라는 영역을 확대하는 수단들을 통해 얻어지는 최고의 미덕이 되는 동시에 문명화 과정의 비극적인 결말로 나타났다. 수익과 손실을 기록하는 일은 무엇보다도 시간을 관리하기 위한 것이었다. 부르주아 계층에서 가계부를 기록하는 관습——이는 여성의 관습이었다——은 보편화되었는데, 이것은 때로 상징적인 결혼 선물이 되었다.[16] 이 가계부의 여백은 하루·매달·1년 단위의 집계를 제안하는 것이며, 회계 결산서를 이용하여 가족적인 시간의 흐름을 측정하게 되었다. 남자들의 경우 놀랍게도 성관계 횟수를 계산하는 일은 성욕이 왕성한 여성에 대한 두려움, 남성다움을 상실하고 있는 점에 대한 걱정, 그리고 체력 감퇴에 대한 강박관념 등을 동시에 나타내 주고 있다. 1년간의 성관계 횟수를 정성들여 합산한 미슐레, 오르가슴의 횟수를 세고 필요한 경우에는 그 횟수를 공표하였던 플로베르와 빅토르 위고, 공쿠르 형제와 자신이 만든 백과사전에서 남성과 여성의 평균적인 쾌락 능력을 계량화된 비율로 작성하려 했던 엄숙한 피에르 라루스는 일상적인 시간을 기록하고 면밀하게 검사하려는 이 강박관념적인 충동의 증인들이라 할 수 있다. 구원 그 자체도 회계의 문제가 되는 경향이 있었다. 클로드 사바르가 언급한 바에 의하면,[17] 19세기 중엽에는 신앙심이 강한 그리스도교 신자들의 영적 생활은 매일 사소한 희생의 횟수를 계산하여 상세하게 기록하는 데 열심이었다. 또한 마찬가지로 내세의 시간도 새롭고 정확하게 계산되었다. 어떠한 시대도 연옥의 중요성을 그토록 부여하지는 않았다. 사망한 사람들의 영혼이 연옥이라는 넓은 응접실에서 얼마나 오랫동안 머무를 것인가 하는 문제에 대한 관심이 증대했다는 점은,[18] 사망한 사람들에 대한 종교 예식이 증가하였다는 사실을 나타내는 동시에 일상적인 가족 회계를 사망 이후까지 연장하는 것을 의미하였다.

18세기말 이래 벤저민 프랭클린은 절약 및 시간과 관련된 부르주아적인 미덕을 몸소 실천하고 정의하였으며, 그 미덕을 일일이 열거하였다. 그런데 그 미덕은 개인적 시간의 중요한 기록이라 할 수 있는 일기 속에서 전반적으로 그리 좋지 않은 모습으로 나타났다. 대부분 여성들에 의해 행해진 일기쓰기는 이미 아는 바와 같이 손실을 막기 위해 자신의 일상적인, 혹은 주기적인 평가를 하는 것을 그 목적으로 하였다.[19] 그러나 이러한 서술이 필요하다는 인식이 사회적으로 확산되었던 사실은 오늘날까지 과소 평가되었다. 일기쓰기는 단지 지방의 밀접한 가족 생활에 의해 숨막힐 것 같은 소심한 사람이나 병자, 동성애의 경향을 지닌 사람들만의 소유물은 아니었으며, 부르주아 여성 내에서 거의 일반적으로 행해진 관습이었다. 이 계층에서 교사들은 때로 모든 소녀들에게 일기쓰기를 부과하였는데, 이는 소녀들로 하여금 자신의 의식을 확실히 점검해 보고, 얌전한 품행을 유지하도록 도움을 주기 위한 것이었다. 마르세유에서 이자벨 프래시네는 12세 때부터 이 일상적인 지겨운 일을 강제로 해야만 했던 반면, 생 제르맹 지역에 살았던 감동적이지만 평범한 소녀인 카롤린 브람은 외부 세계에는 관심을 가지지 않고 개인적인 시간에 관련된 것을 자발적으로 일기에 기록하는 데 전념하였다.[20] 로맨틱한 소녀의 경우 앨범은 보통 일기의 대용품이었다. 레오폴딘 위고는 앨범에 자신의 시간 분배, 사람들과의 만남, 감동과 우울함 등을 적어 놓았다. 거의 마찬가지의 시기에 비망록의 사용이 확산되었는데, 이는 역사가의 주목을 받을 만한 가치가 있다.

시간의 공허함은 그래도 단속적으로 강렬한 매력을 발휘하는데, 이는 보들레르가 언급한 빈둥거리며 놀고 지내는 사람이라는 하루살이 같은 인물을 나타내는 것이다. 이러한 인물은 7월 왕정기에 만들어진 기만적인 넓은 통행로를 활보하면서 자신의 시간을 낭비하는 것을 좋아하였다. 그렇지만 이같은 인물은 자신의 개인적인 이해만을 생각하는 데 열중하게 되었다. 결국 그 인물은 바쁘게 다니는 보행자들의 무리,[21] 또는 오래 된 관습으로 행해지던 것처럼 부르주아 계급이 대로를 산책하는 모습을 모방하여 나들이옷을 차려입고 부질없이 구경하기를 좋아하는 사람들의 무리에 잠식되어 조속히 사라질 것이었다.

역사는 하루의 여러 순간들과 1년 중 각 계절에 대한 평가를 하는 사회적 시스템들을 거의 연구하지 않았다. 뒤죽박죽으로 엉켜 있는 몇 개의 흔적이 있다. 즉 어둠에 대한 공포심은 19세기말보다도 7월 왕정기에 훨씬 심하였다. 가스에 이어 전기는 도시인의 밤의 관습과 리듬을 조금씩 변화시켰다. 가스와 전기 덕분에 안전이 보장되었으며, 밤의 새로운 여정을 가능케 하였고, 자신의 육체를 드러내는 여러 수단들이 생겼으며, 우연하게 빛이 분출되면서 갑작스럽게 드러난 얼굴로 인해 예전에 발휘되던 매력을 잊어버리게 하는 태도들도 등장하였다. '고상한 구역'의 공공 장소를 조금씩 차지하고 있던 과감한 부르주아 계급의 여성은, 이제 저녁에 카페 테라스에 앉아 자신의 모습을 드러내는 것을 더 이상 두려워하지 않게 되었다.

그 반면에 강렬한 햇빛에 대한 두려움은 19세기 내내 지속되었다. 그 이유는 참으로 가지각색이었는데, 의사들과 위생학자들은 피부 섬유 세포가 충혈되고 나아가 경화될지도 모를 위험성을 되풀이하여 언급하였다. 또한 사회적 신분의 구별이 절대적으로 필요하였기 때문에 노동으로 인해 얼굴이 검게 타는 것을 피해야만 하였다. 더욱이 그 시대의 사람들은 미풍이 불어오는 서늘한 날씨를 아주 열렬히 예찬하였지만, 피부에 화상을 입는 듯한 느낌은 혐오하였다. 7월 왕정기 동안 사람들은 지나치게 더운 도시를 탈출하여, 시원한 바닷바람과 차가운 파도를 찾아 영불해협의 모래 사장에서 처음으로 해수욕을 하였다.

이상과 같이 오랫동안 산책을 위한 최적의 시간대였던 아침·저녁과 밤의 시간들이 왜 사람들의 마음을 끌었는지를 설명할 수 있다. 18세기말에 윌리엄 질팽이 작성한 회화의 규범과 낭만주의의 어슴푸레한 풍경은 하루를 네 부분으로 나누어 평가하는 이 시스템을 확고하게 정리하였다. 이는 18세기의 예술, 특히 조제프 베르네의 작품에서 이미 충분히 강조된 바 있다.

그래도 이와 같은 평가 시스템으로부터 벗어나 여름의 시골에서 한낮에 산책을 하고, 풀밭 위에서 식사를 하거나 낮잠을 즐기게 된 완만한 방향 전환을 연구할 필요가 있는 것이 사실이다. 이러한 활동은 뜨거운 햇빛을 가리는 막의 보호를 받을 때 가능했다. 동시에 사람들은 수온이 12도 내지 13도일 때는 해수욕을 포기하게 되는 등, 차가운 물을 점차 싫어하게 되었다.

완만한 방향 전환은 사계절의 평가 방법에서 나타나는데, 이는 학교에서 작문 연습을 위한 가장 중요한 주제가 되었다. 더욱이 이러한 규범들은 사회 계층의 저변에까지 별다른 무리 없이 보급되었다. 황금 시대와 잃어버린

낙원을 상기시키는 봄은 오랫동안 행복한 시기의 대명사였다. 전통적으로
전원 생활의 계절이며, 사냥의 즐거움과 수확의 축적을 상징하는 가을은 낭
만적인 향수에 대한 대표적인 풍경이 되었다. 심한 폭풍과 순결함을 상징하
는 눈으로 인해 숭고한 사람들이 좋아하였던 계절인 겨울은, 일반적으로 여
름에 비해 계절이 가져다 주는 감동의 정도가 훨씬 높았다. 한낮의 열기와
지나치게 작열하는 태양 때문에 괴로워하고 기진맥진하게 된 사람들에게
여름은 오랫동안 불쾌한 기억을 주는 계절이었다. 그러나 여름은 조금씩 사
람들이 좋아하는 계절로 변모하였다. 하지만 지금으로서는 이러한 체감이
변화하였던 시점을 정확하게 추정할 수는 없다.

2

위대한 린네르 제품의 세기[1]

19세기는 제1차 산업혁명과 직물 공업 발전의 소산이라 할 수 있는 '린네르 문명'[2]이 활짝 꽃핀 시기였다.

그렇지만 그 발전의 리듬을 명확히 파악하는 일은 그리 쉽지 않은 문제이다. 왜냐하면 사실상 그 발전은 직선적이 아니며, 명백히 다양한 사회적 범주들에 동시에 영향을 끼치면서 발전했기 때문이다. 우리는 가정용 린네르 제품이 내의류보다 더욱 급속도로 보급되었다는 것을 이미 잘 알고 있다. 그러므로 시골에서와 마찬가지로 도시에서도 세탁은 극히 중요한 일이었다. 그와 마찬가지로 19세기초 이래 로라개 지방(프랑스 남부 지방으로 중앙 산악 지대 기슭에 있다)과 오드(프랑스 남부의 랑그독 지방) 주의 피레네 산맥 지대에서는 혼인 재산 계약(결혼시 부부가 재산 관리 및 처분 등에 관해 상호 계약을 맺는 것) 내에 냅킨이나 식탁보 등과 같은 식탁용 린네르 제품에 관한 언급이 증가하고 있다.[3] 그때부터 소 지방에서는 시트를 반 다스 단위로 헤아리기 시작하였으며, 18세기까지의 관습이었던 석 장 혹은 다섯 장 단위로 세는 방법은 더 이상 사용하지 않게 되었다.

주로 여성들에 의해 행해진 절약과 재산 형성이 비약적으로 발전함에 따라 시골에서의 유복한 생활이 점차 증대되었다. 조금은 성급하게 전통적인 사회로 이름지어진 한 사회 내에서, 궁핍이라는 유령이 없어지고 폭력이 감소하며, 냉혹한 생존의 결과로 나타나는 여러 가지 불안으로부터 천천히 벗어난 결과 가족적인 여러 생활 전략들이 세련되어질 수 있었다.[4] 이전에 비해 명예라는 자본의 형성과 사회적 지위의 향상을 용이케 하는 상징적 재산을 획득하려는 사람들의 욕망이 더욱 증대되었다. 이 점과 관련하여 린네르 제품으로 가득 채워진 장롱은, 개인적이며 가족적인 열망으로부터의 해방이라는 보다 광범위한 과정과 상호 연관성을 맺게 되었다. 혼수에 점점 더 세심한 주의를 기울이는 것은 자기 자신에 대한 걱정이 증대되었음을 나타내며, 사회 계층적 피라미드의 정점으로부터 비롯된 계층의 구별이라는 목적을 가지고 있었을 뿐만 아니라 전통 사회의 신체 문화를 뒤엎는 새로운 위생 규범의 완만한 침투에 부응하는 것이었다.

새로운 욕구가 어떻게 전개되고 사람들의 행동이 어떻게 변화하고 있는지를 확실하게 측정하며, 그것이 언제부터 시작되었는지를 정확하게 파악하기 위해서는 공증된 혼인 계약 문서들에 대한 체계적인 연구를 계속하는 것이 필요하다고 생각한다. 니콜 펠그랭과 마리 테레즈 라로크 및 투렌 지방에 관한 박사 학위 논문을 쓴 아를레트 슈바이츠[5]는 근대 역사가들이 이미 관심을 기울이면서 적용시키려 했던 이 방법을 성공적으로 차용하고 있다.

내의류의 증가는 사회적 환경에 따라 훨씬 더 늦게 각기 다른 시대에서 실현되었다. 제2제정 이래 속옷은 복잡해졌으며 동시에 세련되졌다. 이 당시에 여성용 속바지는 상층 및 하층 부르주아 계급 내에 이미 보급된 실정이었다.[6] 그러나 여성 노동자가 겉으로 나타나지 않는 속옷을 과감하게 걸치게 된 것은 19세기의 마지막 25년 정도의 시기이다. 리무쟁 지방의 산악지대 부근에서 남성용 팬티는 1890-1900년대 이전까지는 거의 보급되지 않았다.[7] 피레네 지방에서 내의류는 식탁용 린네르 제품이 보급되고 75년이 지난 19세기말에 들어서야 비로소 일반화되었다.[8] 이 시기에 쥘 르나르의 이웃에 살고 있던 여자 농부인 라 라고트는 엉덩이를 노출하고 걸을 때 느끼는 기쁨을 방해할 가능성이 있는 그 어떤 것도 거부하였다.[9] 반세기가 지난 후에도 이러한 내의류를 알지 못하는 나이 든 여자 농부를 마주치는 것은 그리 드문 일은 아니었다. 그러나 이 점에 대해서는 현재까지 단편적인 서술만 있을 뿐이다. 따라서 필리프 페로가 속옷의 역사에 대한 연구가 연막을 친 듯한 막연한 단계에 있다는 점에 대해 유감스럽게 생각하는 것은 타당하다.

  린네르 제품 사용의 증가는 린네르 산업의 비약적 발전을 동반하였을 뿐
만 아니라 동시에 그 발전을 촉진하였다. 이 점과 관련하여 몇 가지 중요한
현상들이 뚜렷하게 나타난다. 무엇보다도 먼저 아마(亞麻)와 대마(大麻)로
구성된 직물을 가정에서 생산하는 작업이 쇠퇴하였다는 점이다. 물론 그것
은 지방에 따라 다소 차이가 나는데 우리는 그 이유를 수입에 상반되는 동
향, 국내 시장에의 편입 정도, 일정치 않은 인구 이동의 강도, 어느 정도 내
구성이 있는 전통적인 인류학적 구조 등에 의해 설명할 수 있다. 프레데릭
르 플레는 그가 청소년기를 지낸 코〔노르망디 지방에서 센 지방 북쪽에 걸친
지역〕 지방에서 예전에 아주 성행하였던 가내 직물 생산이 쇠퇴한 것을 개
탄하였던 반면, 1865년 라브당〔피레네 산맥의 계곡에 펼쳐져 있는 프랑스의
남서부 지방〕 지역에 거주하는 시조 가족들을〔familles-souches; 프레데릭 르
플레가 분류한 세 가지 가족 형태 가운데 하나로, 부모가 자녀들 중 한 명을 유
일한 상속자로 지정하여 동거하는 형태의 가족이다. 르 플레는 이 가족 형태를
가장 이상적인 것으로 생각하였다〕 중심으로 이 직물 생산이 지속적으로 이
루어지고 있음을 감동적으로 지적하였다.[10]
  연구하기에 가장 어려운 점은 자수와 편물을 위한 제사와 직조가 언제부
터 행해졌는가 하는 것이다. 면사의 유행, 좋은 품질의 린네르 산업화는 초
기에 아마와 대마로 된 직물의 가내 생산과 대항하면서 발전되었다. 그러나
소녀들에 대한 문자 교육, 초등학교에서의 바느질 교육의 시작, '밀랍(蜜蠟)
덩어리'〔표면에 밀랍을 입힌 값비싼 나무로 만드는 장롱 등과 같은 가구나 장
식품〕의 제작, 혼수의 증가를 수반하였던 미적 배려의 팽창은 그후 자수를
하는 관습을 정착하게 했다. 결국 여기서 이러한 변화의 연표를 작성하고,
정확한 지도를 만들 필요가 있는 하나의 역사적 현상이 중요한 문제로 제기
된다. 아네스 핀은 수놓인 린네르 제품의 사회적 보급은 1900년경 시작되
었다고 밝혔는데, 그녀에 의하면 오드 주의 피레네 지역에서는 린네르 제품

을 공장에서 생산하게 되기까지 꽤 오랫동안의 시간적인 간격이 있었다는 것이다. 더욱이 그녀는 이와 같은 공장에서의 생산은 "마직물을 제사하기 위한 소녀들의 오랜 고된 싸움을 순식간에 없애 버렸으며,"[11] 자수의 보급을 억제하였을 뿐만 아니라 잃어버린 시간을 회복시켰다고 언급하였다.

되세브르 주의 작은 도시인 부이예 로레츠에서는 바스 노르망디 남부의 에세에서와 마찬가지로 자수를 배우기 위한 견습이 아주 일찍 시작된 것으로 나타난다.[12] 부이예 로레츠에 거주하였던 모든 어린 소녀들은 자신들의 혼수 목록을 작성하는 관습이 있었다. 하지만 이러한 관습이 확산된 것과 확대 가족이나 부부 재산제가 우세하게 된 것 사이에 밀접한 관계는 없다.

린네르 제품과 관련된 산업이나 상업에 대한 연구는 거의 시도되지 않았다. 우리는 19세기의 직물 상인에 대해서는 전혀 아는 바가 없으며, '좋은 시절' 직전에 나타났던 린네르 제품 상점에 대한 정보 역시 거의 가지고 있지 않다. 다행히 좋은 품질의 린네르 제품은 이미 나름대로의 역사를 가지고 있으나, 통일되지 않은 용어로 인해 이에 대한 연구가 어려운 것이 사실이다. 이 점에 대해 장 르 야우안의 파리에 대한 연구는 많은 사실을 우리에게 보여 준다.[13] 복고왕정하에서 린네르 제품의 상업은 한정된 엘리트에게 마련된 사치성 활동이었다. 이 상점들의 위치가 이를 증명하는데, 즉 명성이 있는 상점들은 라 페 가(街)〔현재 파리 오페라 앞 거리〕에 자리잡고 있었다.

1847년 상업회의소에 의해 실시된 산업 조사는 린네르 제품을 취급하는 상업 활동이 증가하였음을 보여 주고 있다. 이 시기에 파리의 12개 구에는 1천 9백66개소의 린네르 제품 회사가 있었다. 하지만 그중 대부분은 평균 총매상고가 1만 3천 프랑에 불과한 소규모의 상점이었다는 것을 알 수 있다. 의복에 관련된 여러 활동들의 등급을 살펴볼 경우, 린네르 제품 제조업은 기성복 제조업보다 아주 하위에 있었다. 전체 린네르 제품 상점 주인의 단 16퍼센트만이 10명 이상의 노동자를 고용하였다. 파리라는 지역적 공간 속에서 린네르 제품 제조업의 분포는 이후에도 거의 변하지 않았다. 즉 41.4

퍼센트의 상점이 장래의 1구와 2구에 위치하고 있었으며, 많은 수의 상점 주들은 앞으로 9구와 3구 영역이 될 지역을 선택하기도 하였다. 린네르 제품 제조업은 도시의 중심부에서 행해진 활동이었는데, 이는 19세기말까지도 마찬가지였다.

1860년에 행해진 조사는 의복 산업 분야에서 린네르 제조 판매업이 아주 뚜렷하게 신장하였음을 보여 주고 있다. 사실상 이 제조업체의 수는 1847년 이래 감소하여, 단지 1천96개소의 린네르 제품 상점만이 파리의 새로운 경계선 내에 존재하였다. 그렇지만 이 숫자에 2백84개의 '셔츠' 제조 판매 업체를 첨가해야만 할 것이다. 이와 같이 제조 판매업체의 수가 감소했다는 점은 집중화 현상을 설명해 준다. 실제로 각 업체의 평균적인 총매상고는 거의 세 배로 증가되어 3만 7천 프랑에 달하고 있다. 이 업계 내에는 1구와 2구의 린네르 제품과 셔츠 제조 판매업의 눈부신 번성이 뚜렷이 드러난다. 이 지역에서의 총매상고는 평균을 훨씬 웃돌고 있다.

1880년경 린네르 제품 매장은 '여성용 의류'[14] 부문에 해당되는 업체수의 20퍼센트를 점유하고 있다. 이 시기에 린네르 제품 매장은 파리 동쪽(11구)과 센 강 좌안의 구시가 쪽으로 조심스럽게 확장해 나갔음에도 불구하고 여전히 센 강 우안의 파리 중심부에 위치한 상태였다. 그렇지만 이렇게 지속적으로 매장의 위치가 큰 차이를 보이지 않았다는 점은 어떤 변화가 나타나고 있다는 사실을 은폐하고 있는 것이다. 제2제정 이전에는 린네르 제품 매장은 활동적이며 서민적인 상업 지구 내에 산재하고 있었다. 1870년에서 1880년까지의 10년이라는 기간 이래, 매장 주인들은 사람들이 아주 많이 다니는 대로를 따라 위치하고 있던 상점을 많은 비용을 주고 세내었다. 이러한 매장들은 생 앙투안 가와 리볼리 가를 따라 크게 증가하였다. '먹을 것이 제공되는 도시'[15]의 중심에 새롭게 린네르 제품 매장이 과시하듯이 들어선 것은 이 제품의 사회적 촉진을 의미한다. 이것은 분명히 에밀 졸라가 지적하려 한 것으로, 그는 열광적인 태도로 자신의 소설 《여성들의 행복》에서 린네르 제품 매장에 관한 대목을 적고 있다.

그렇지만 졸라가 보여 주었던 모습과는 달리 백화점이 소규모의 린네르 제품 상점의 활동을 방해하지는 않았다. 그와는 정반대로 이 소규모 상점은 오랫동안 백화점의 보호 속에서 번창하였다. 때로 경제적 상황의 악화로 인해 피해를 본 것은 사실이지만, 명성이 있는 백화점이 그 상점에 대한 영향력을 추구하였기 때문에 희생된 것은 아니었다. 하지만 해결해야만 하는 다음과 같은 일련의 문제들이 여전히 남아 있는 것은 사실이다.

1) 린네르 제품 제조 판매업은 지방 도시에서도 마찬가지로 발전하였는가?[16]

2) 린네르 제품의 유통망은 어떻게 형성되었는가? 이 점에 대해서는 캉탈〔프랑스 중앙 산맥 지대에 위치한 주〕의 이민 노동자들이 행했던 상업 활동의 변화와 관련된 아벨 샤틀랭의 흥미로운 연구가 있다.[17] 제1차 세계대전 직전에 이들은 이미 자신들의 소형 트럭으로 시골을 종횡무진 누볐으나, 우리는 이러한 행상 활동이 어떻게 확장되었는가 하는 리듬에 대해서는 잘 알고 있지 못하다.

3) 언제부터 통신 판매를 통해 린네르 제품 관련 상업 활동이 혁신되었는가?

4) 광고 내용에 대한 연구는 많은 결과를 가져다 줄 것이다. 가정용 린네르 제품의 바겐세일에 즈음하여 행해진 캠페인, '좋은 시절'의 포스터에 나타난 여성의 육체에 대한 찬양을 동반한, 좋은 품질의 린네르 제품의 판매 촉진은 중요하게 고려해야 하는 역사적 사실이다.

린네르 제품의 생산·판매·사용 등이 비약적으로 발전함에 따라 불가피하게 그 제품의 보존 방법도 변화되었다. 다행스럽게도 세탁의 역사는 비교적 잘 알려져 있다. 여기서 특히 문제가 되는 것은 가정용 린네르 제품이다. 마리 세실 리포가 지적했듯이, '표백 세탁'은 '잿물을 이용한 세탁'을 할 수 있을 정도로 질긴 린네르 제품을 본래대로 하얗게 만드는 것을 목적으로 하고 있다. 그에 비해 '보통 세탁'은 제품을 덜 상하게 하는 방법으로, 이 세탁 방법은 내의류의 보급과 함께 비약적으로 발전하였다.[18] 이 점과 관련하여 일련의 중요한 현상들이 뚜렷하게 드러난다.

—— 1800년부터 1950년 사이에 '보통 세탁'은 점차 '표백 세탁'을 대신하게 되었다. 수십 년이 지난 다음 이 세탁과 관련된 지식·관습 및 방법이 단순화되었다. 색깔 있는 가정용 린네르 제품의 사용과 기계화된 생산은 20세기 전반기에 들면 이미 오래 전부터 시작된 하나의 세탁 방법을 촉진시켰다. 기술의 역사는 완만하게 일어나는 이 교체 과정을 명확하게 보여주고 있다.

—— 1803년부터 1840년 사이에 증기, 특히 화학의 발전은 가정에서의 표백 세탁을 근본적으로 변화시켰다. 이러한 혁신은 권력의 신임을 받고 있으며 응용과학을 촉진시키려는 열망이 머리에서 떠나지 않았던 일부 지식인·기술자·경제학자 집단의 목적에 부응한 것이었다. 1802년부터 1804년까지의 내무부 장관 샤탈〔1756-1832; 프랑스의 화학자이자 정치가로 최초의 화학 제품 생산 공장을 건립하였다〕은 표백 세탁 산업에서 증기를 이용할 것을 강력하게 권고하였다. 하지만 사실상 막대한 광고와 많은 공개 실험에도 불구하고 이러한 시도가 당장은 진척되지 않았다. 그러나 어쨌든 이같은 시도는 상당한 파급 효과가 있었다. 증기의 이용을 찬양하려는 노력을 기울인 문학 작품, 특히 카데 드 보의 저작에서는 나무의 소비를 줄이려는 계획, 가사 리듬을 변화시키려는 의지와 다른 사람과의 구별을 위한 새로운 방법을 정당화하려는 욕망 등이 동시에 나타난다. 마리 세실 리포의 지적에 의하면, '보다 흰색'의 추구라는 명제가 아마도 처음으로 펼쳐진 곳은 바로 카데 드 보의 저작에서였다는 것이다.[19] 박애주의자들에게는 증기 사용을 촉진하는 것이, 극빈자들에게 무료로 표백 세탁을 해주려는 그들의 원대한 이상에 부응하는 일로 보였다. 먹을 것, 잠자리를 얻는 것과 마찬가지로 의복을 세탁하는 것은, 결국 개인의 기본적인 욕구의 하나로 인식되는 일이었으며, 고용 계약은 그러한 믿음을 입증하는 것이었다.

염화물의 사용은 무엇보다도 먼저 증기의 사용과는 비교할 수 없을 정도로 많은 훌륭한 결과를 가져왔다. 사람들은 염소가 공공 장소를 정화하는 것처럼 직물류 역시 표백할 수 있을 것으로 기대하였다.[20] 1784년부터 베르톨레〔1748-1822; 프랑스의 화학자로 염소의 표백 성질을 발견하였다〕는 직물의 표백 산업에 혁명적인 변화를 가져왔다. 그로부터 얼마 지나지 않아 이번에는 표백 세탁이 천연 소다——재에 포함되어 있는 나트륨염——가 인공적인 세탁용 소다로 대체됨으로써 근본적으로 변화하였다. 자벨수(水)〔표백용 하이포 염소산 용액〕와 '세탁용 소다' 의 사용은 전통적인 세탁 관행이나 집기 및 도구를 변화시킬 필요가 없었기 때문에 쉽사리 보급되었다.

그렇지만 표백 세탁의 역사는 사회 계층에 따라 다른 모습으로 전개되었다. 1900년경까지 수많은 농촌 지방에서는 수잔 타르디와 뒤몽이 묘사한 것처럼 대규모의 세탁이 존속하고 있었다.[21] 1년, 혹은 계절마다 행하는 이 작업은 린네르 제품을 청결하고 풍부하게 비축하려는 것과 더러워진 린네르 제품을 손질하여 장기간 보존하려는 의미를 담고 있었다. 이 작업은 주기적으로 전문가에게 의뢰하는 경우가 있었으며, 전통적인 일정에 따른 관행을 유지하는 것을 전제로 이루어지기도 하였다. 프랑스 중부 지방에서는 여러 날을 계속해서 '빨래' 라고 불렀던 작업을 행하였다. 일단 선별되고 얼룩이 제거된 린네르 제품은 '미지근한 물에 담가 놓게' 되는데, 이는 이른바 애벌빨래를 하는 것이었다. 세탁 첫째 날에 사람들은 세탁물을 빨랫대야 속에 정성껏 집어넣는다. 대야가 가득 차면 세탁부(洗濯婦)가 그것을 흰색 직물로 덮고, 그 위에 체로 거른 재를 한 겹 뿌린다. 그렇게 해서 '잿물을 사용한 세탁' 이 시작된다. 빨래를 하기 위해 선택된 장소의 습기 속에서 여자들은 긴 손잡이가 달린 숟가락을 이용하여 커다란 그릇에 끊임없이 물을 뿌린다. 세탁 소다가 녹은 그 물은 재와 세탁물을 통과한 후에 함지 밑바닥으로 흘러 나간다.

둘째 날에는 강이나 공동 세탁장에서 세탁물을 비누로 빨고, 헹구고, 짜는 작업이 행해진다. '세탁부' 는 무거운 짐을 외바퀴 손수레로 실어나르며, 때로는 이를 작은 짐마차에 쌓아올려 운반한다. 물가에 자리를 잡고, 무릎

보호대의 안쪽에서 빨래판 위에 펼친 세탁물에 마지막으로 한 번 더 비누
칠을 하여 물의 흐름에 따라 큰 동작으로 헹군 다음 빨랫방망이를 이용하
여 힘차게 물을 뺀다. 그런 다음 시트, 수건과 셔츠는 풀밭 위에 펼쳐 놓거
나 말뚝 위에 널어 놓는다. 며칠 후에 린네르 제품의 책임을 맡은 여자가
와서 이미 개켜진 직물류에 다림질을 하고 필요할 경우 이를 수선한다.

19세기를 거치면서 이와 같은 대규모의 세탁은 차츰 변화되었으나, 지금
으로서는 그 변화가 언제 일어났는지를 정확하게 파악하는 것은 불가능하
다. 세탁 소다와 청색 도료의 사용, 장롱 속에서 '라벤더 향기를 내기' 직
전에 린네르 제품을 향기롭게 하기 위한 식물이나 생산물의 사용으로 인하
여,[22] 수십 년 후에는 이전에 비해 보다 탁월한 청결함을 유지할 수 있는 것
은 물론 그윽한 향기를 낼 수 있게 되었다. 특히 청결함의 기준이 강조되어
세탁 리듬을 촉진시켰다. 오직 부자들만이 1년이나 계절을 주기로 세탁을
하는 것이 가능하였다. 만약 린네르 제품을 충분히 비축하지 못했던 가난한
사람들이 청결함을 유지하기를 원한다면, 신속하게 표백 세탁을 하든가 아
니면 적어도 매주 보통 세탁을 해야만 했다.

농촌의 행정 관청은 손쉽게 물을 사용하려고 노력하였다. '연못' 과 샘·
우물, 공동 세탁장의 조직망이 조금씩 꾸며지게 되었다. 이러한 조직망은
물 사용과 관련된 절차를 단순화시켰고, 물을 사용하기 위한 이동 거리를 단
축시켰으며, 수시로 세탁하는 것을 용이케 하였다. 이같은 혁신은 이미 복고
왕정하의 오른[프랑스 서부의 바스 노르망디 지역에 위치] 주[23] 동부에서 명
백히 나타났는데, 니베르네[부르고뉴 지방]에서는 1840년부터 1870년 사
이에 물 사용과 관련된 변화가 전개되었던 반면,[24] 샤티요내에서는 제3공
화정 초기에야 겨우 그러한 변화가 가능하였다.[25] 일군의 연구자들은 루이
베르제롱의 지도하에 이 과정을 분석하고자 노력하고 있는데, 최근 장 피
에르 구베르는 이러한 과정과 관련된 대략의 윤곽을 묘사하였다.[26]

—— 사실상 오랫동안 불확실한 장소들에서 행해져 왔던 "가정 내에서의
표백 세탁과 다림질의 후퇴"[27]는, 1800년에서 1950년 사이 보통 세탁의 역

사를 정리하는 데 도움이 된다. 이 점을 보다 상세하게 설명한다면, 먼저 이른바 1800년에서 1840년 사이에는 소도시에 위치한 성(城)과 부르주아 가정이 실험실의 역할을 수행하였다. 여기서는 비어 있는 공간을 이용하여 일층에는 세탁장을, 또한 하녀의 방과 가까운 곳에 직물류 정리실을 설치하는 것이 가능하였다. 학술적인 담론에 민감하게 반응하며, 자신들이 고용한 여자들의 시간과 피로를 경감시키는 데 신경을 쓴 많은 명사들은 결국 중개인의 역할을 수행하였다. 그들은 새로운 기술을 실험하고, 주변에 있던 세탁부들에게 이 기술을 가르쳐 주려고 노력하였다.

19세기 후반 동안, 이처럼 가정에서의 표백 세탁이 후퇴한 것은 마을의 중심에 거주하고 있던 부르주아 계급과 약간의 관련을 맺고 있으며, 또한 그 관련성은 이후 모든 일을 행하는 하녀를 자유로이 고용할 수 있었던 소부르주아 계급에도 점차 파급되었다. 일반적으로 ‘물의 순환에 의한 세탁 가마’라 불리어진 함석판으로 만들어져 집에서 사용되던 세탁 가마의 보급은 이러한 변혁을 가능케 하였다. 세탁이나 표백은 하녀들이 수행해야 하는 일들 중 하나가 되었으며, 그 작업은 보통 주 단위로 순환되는 임무였다.[28] 대부분의 경우 여기서는 ‘작은 세탁물’ 밖에는 취급하지 않았다. 건조를 위한 공간이 마련되어 있지 않았기 때문에 나머지 세탁물은 세탁소에 맡겼다. 더욱이 하녀가 모든 작업을 행하는 경우는 드물었는데, 대개 세탁물을 비누로 빨고 이를 헹구러 가는 것은 세탁부들이었다. 하녀의 임무는 수 시간 동안 요리용 화덕 위에 설치된 세탁 가마의 물을 끓이는 것으로 충분하였다. 한번 헹군 세탁물은 종종 주방 내에 걸려 있는 줄에 펼쳐 널어졌다. 하녀는 비좁은 공간의 습한 열기 속에서 식사를 약한 불에 오랫동안 끓이거나 설거지를 하면서 이러한 일을 수행하였다. 자주 하녀가 정리대 위에서 빨래를 개키고 다림질을 하는 경우도 바로 주방 내에서 이루어졌다.

많은 규범적인 담론들은 하녀의 시간을 통제하는 데 사용되었다. 빨래를 개키고, 다림질을 하거나 수선하는 것은 오후의 일로 간주되었다. 그러한 일은 차를 마시는 시간 전에 행하는 것이 바람직하다고 인식되었기 때문이다. 1896년에 간행된 《하녀들을 위한 지침서》[29]는 수요일에 비누로 세탁을 하고 표백하며, 목요일에는 다림질을 하고, 금요일에는 수선을 하도록 권고 하였다. 민중 계급의 주부들은 일요일과 월요일에 린네르 제품을 손질하였 다. 반대로 모든 수녀회에서 그 다음 한 주 동안 사용하도록 하기 위해서 청결한 린네르 제품을 분배하는 날은 바로 토요일이었다.[30]

　그렇지만 19세기 도시에서 중요한 린네르 제품의 표백 세탁이 전문가들 에 의해 행해졌다는 점을 강조하는 것은 중요하다. 복잡한 구조를 가지고 있 는 세탁 산업이 조금씩 형성되었는데, 이 산업은 증기와 기계의 도움을 받 았다. 19세기초 파리 시민들은 도처에서 세탁을 하였는데,[31] 즉 안마당 한가 운데로 끌어낸 함지 속에서, 작은 연못에서, 그리고 특히 센 강가에서 세탁 을 하였다. 하역 인부들 근처에 무릎을 꿇고 앉아 세탁을 하는 여자들을 보 고 그 인부들이 질러대는 고함 소리로 인해 강둑은 귀가 아플 정도로 시끄 러웠다. 조금씩 질서가 형성되었다. 경찰의 눈에 불안하게 보이는 이러한 노동자는 세탁선 안에서 재편성되었다. 1849년에 이러한 세탁선은 94척에 달할 정도였다. 그러나 19세기 중반에 이르면 사람들은 영국식 모델로부터 영감을 얻은 육지의 공동 세탁장을 선호하기 시작하였다. 세탁선은 1869년 에는 여전히 69척이었지만, 1886년에 이르면 단지 22척에 불과하게 되었 다. 이와는 반대로 공동 세탁장은 그후 4백22개소로 증가하였으며, 그 대 부분은 서민 구역에 설치되어 있었다.

　파리의 공동 세탁장에서는 총 3만 7천3백80개의 자리가[32] 좋은 품질의 린네르 제품을 다루는 세탁부들, "이 세탁부들의 도급을 받아 성과급으로 일하는 여성 노동자들" 및 주부들에게 제공되었다. 파리에 있던 거의 모든 공동 세탁장은 사영(私營) 업체였다. 제2제정하에서 시도되었던 공영 공동 세탁장의 창설은 실패로 끝났다. 여성들은 규칙이 지나치게 엄격하였던 탕 플 구역에 설치된 제국 공동 세탁장에 대해 불만을 표시하였다. 이와 달리 많은 소도시의 경우 그 도시에서 운영하는 공동 세탁장은 주부들이 마음대 로 사용할 수 있었다.[33]

공동 세탁장 내에는 대야와 세탁물 건조기, 증기를 이용한 기계 등이 가장 중요한 위치에 놓여져 있었다. 거대한 홀에는 '대열을 이루어 세탁하는 자리들'이 설치되어 있거나, 칸막이로 된 자리가 정렬되어 있었다. 각각의 여자들은 자신의 몸이 젖지 않도록 상자를 놓았으며, 뜨거운 물과 세제를 위한 들통, 세탁물을 청색 도료에 담그기 위한 작은 용기, 그리고 특히 두 개의 함지를 놓았는데 하나는 세탁물을 비벼빨기를 위한 것이었고, 다른 하나는 헹구기 위한 것이었다. 여자들은 저마다 자신에게 지정된 장소가 있었다. 세탁장의 주인은 남성적인 권위를 이용하여 그 장소의 규율을 유지하였다.

"세탁물은 밤 사이에 잿물에 담가 놓고, 이튿날 아침 세탁부에게 건네 주면 그녀는 비누칠을 하여 빨고, 헹구고, 청색 도료에 담근 후 탈수하고 건조시키게 된다."[34]

일반적으로 다림질은 가게에서 행해졌다. 파리 교외의 많은 세탁소 주인들은 파리에 거주하고 있던 '단골 손님들'의 요구를 만족시키기 위해 작업장에서 일을 하였다. 르 플레가 지적한 것처럼[35] 클리시에서 표백 세탁은 그 도시에서 가장 중요한 산업이었다. 이 직종에서 주인들은 제각기 파리 중심부의 20여 가족을 고객으로 확보하고 있었다. 르 플레가 예로 삼았던 주인의 경우 자신의 가족 가운데 네 명의 도움을 받으면서 일을 하였다. 더구나 교대로 일에 참여하였던 여러 조의 여성 노동자들에게 도움을 청하기도 하였다. 세탁소의 주인이 세탁물을 모으고 배달하는 데 사용하는 차의 용량이 업체의 능력을 좌우하는 결정적인 요소였다.

매주 수요일에 주인과 그의 가족들은 여름철에는 5시부터, 겨울철에는 8시부터 깨끗한 세탁물을 배달하고 더럽혀진 세탁물을 수집하기 위해 파리로 간다. 그들은 계절에 따라 밤 8시에서 11시 사이에 집으로 돌아온다. 목요일에는 집 안에서 세탁물을 분류하고, 세탁을 시작하여 금요일 아침까지 계속된다. 이날은 여러 명의 세탁부들의 도움을 빌려 비누를 이용한 세탁을 한다. 저녁에 한 사람의 노동자가 세탁물을 건조 장소로 옮긴다. 이를 위해 여름에는 넓은 장소를 빌리고, 겨울에는 곡식 창고나 다림질방을 이용한다. 이 가족은 일요일에 세탁물을 개키고, 월요일과 화요일에 행해질 다림질 준비를 한다. 이 작업에는 주인 가족의 여자들 외에 네 명의 여성 노동자를 고용해야 할 필요가 있다. 저녁에는 거의 매일같이 밤이 퍽 깊을 때까지 수요일에 배달될 세탁물을 분류하고 포장한다.

20세기에 들어 각 가정에서의 보통 세탁이 일반화되고, 동시에 표백 세탁이 더 이상 전문적인 특성을 보이지 않게 될 때까지 세탁업에 종사하는 노동자는 시골에서와 마찬가지로 도시에도 대단히 많았다. 이 점과 관련하여 새롭게 린네르 제품의 생산·판매와 손질을 주의 깊게 구별해 보는 것이 중요하다.

장 르 야우안은 19세기 후반 파리에서 린네르 제조 판매업에 종사하는 고용주의 지위가 향상됨과 동시에, 그 고용주의 출신이 다양화되었다는 것을 발견하였다. 거의 제2제정 말기까지 이 업체의 우두머리는 남자든 여자든간에 대부분 직물 공업 출신이었다. 나사(羅紗)류의 모직물과 루앙산 모직물, 양품류 등의 제조 판매업은 린네르 제품과 셔츠 제조 판매업을 뒷받침하였다. 그 결과 그러한 업종에 종사하는 고용주의 출신은 보다 잡다하게 이루어졌는데, 이는 파리의 제조소와 판매장 내에서 사회적 이동성과 관련된 과정이 복잡하게 되었음을 반영한다. 지주와 명문 귀족 가문, 혹은 퇴역 군인 출신의 고용주들의 수는 그후 직물과 의복 산업 및 상업 출신 고용주들의 수와 거의 비슷해졌다. 1871년의 패배 직후 파리의 린네르 제조 판매업에 종사하게 되었던 많은 고용주들은 알자스와 로렌 출신의 망명자들이었다. 다음 순서는 이 활동 영역에 침투하려는 유대인들이었다. 이런 점에도 불구하고 계약을 통해 이루어진다는 특성을 지닌 결혼 전략의 성공은 이 고용주의 사회적 지위가 향상되었다는 것을 증명한다.

린네르 제조 판매업에 종사하였던 여성 노동자의 수적 증가는 이 산업 분야의 비약적 발전과 함께 나타났다. 1860년 파리에 있는 린네르 제조 판매업 분야에서는 1천3백80명의 고용주가 7천32명의 임금 노동자를 고용하였는데, 그 대부분은 여성이었다. 이 숫자에 수녀원의 공동 작업장에서 노동을 하였던 인력을 첨가해야만 한다. 견습이라는 미명하에 많은 수의 어린 소녀들이, 사실상 수녀들의 감시하에서 린네르 제품의 제조와 손질에 종사하였다. 수녀원 공동 작업장에서, 또한 기숙 공장에서 노동을 하였던 어린 소녀의 모습에 따라, 이와 같은 연소한 노동력은 임금 총액과 고용 시장에 영향을 끼쳤다.

제2제정의 중반(1860) 이래, 파리의 린네르 산업 분야에 종사하고 있던 여성 노동자의 3분의 2는 가내 노동을 하였다. 이 비율은 재봉틀 보급으로 보다 확산된 고한 제도(sweating-system)의 전개에도 불구하고, 1880년에서 19세기말 사이에도 거의 동일하게 지속되었다.

이처럼 집 안의 좁은 방에 갇혀 있는 여성들의 조건은 이 시대의 가장 비극적인 상황 중의 하나로 나타났다. 르 플레의 모노그래프 가운데 하나의 대상이 되었던 릴에 거주하던 39세의 한 린네르 제조 여성 노동자[36]를 살펴보자. 모노그래프 작성을 위한 조사에 응하기 몇 년 전에 그녀는 한 열쇠공에게 유혹을 당하였다. 그녀의 연인으로부터, 이어서 자신의 가족에게도 버림을 받은 그녀는 품질이 좋을 뿐만 아니라 높은 가격의 혼수를 생산하는 린네르 제품 상인을 위해 성과급으로 일을 하였다. 당시 감옥의 재소자들로 구성되는 노동력, 수녀원이나 공동 작업장과의 가격 경쟁은 릴의 노동자 임금을 낮은 수준으로 유지시킬 수밖에 없었다. '실을 뽑거나' 남성용 셔츠를 만드는 린네르 제조 여성 노동자는 하루에 10시간을 일하며, 1.75프랑을 벌었다. 실업과 질병, 또는 일자리를 옮기는 기간에는 이 명목상 임금의 4분의 1이 줄어들었다.

이 젊은 여성은 피브 가에 위치한 한 건물의 꼭대기 층에 있는 10평방미터의 단칸방에서 일곱 살난 아들과 함께 살고 있었다. 그녀는 하루에 네 번의 식사를 할 수는 있었으나, 물 이외의 다른 음료를 마실 만큼 넉넉치는 못했다. 일요일은 다림질을 하거나 방을 청소하고, 자신의 린네르 제품을 손질하면서 보냈다. 겨울이 되면 비록 제구실을 다하지는 못하지만, 그나마 난로 덕분으로 다락방에 약간이나마 난방을 할 수 있었다. 그리고 구호품을 이용해서 아들에게 옷을 해입힐 수 있었다. 그러나 '미혼모'라는 입장은 자선기관과의 관계를 불편하게 만들었다.

농촌의 린네르 제품 제조업에 종사하는 여성 노동자 역시 이러한 비참한 상황의 특징들을 공유하였다. 소위 '몸을 망친' 소녀가 종종 문제가 되었는데, 부모들은 이 소녀가 자신의 집에 사는 것을 용인할 수 없었다. 결국 그녀는 다른 큰 마을로 이주하여 작은 집에 정착해야만 하였으며, 그녀의 봉사를 필요로 하는 고객의 집에서 일을 해야만 하였다.[37]

19세기의 마지막 3분의 1의 기간 동안, 린네르 제품 제조업에 종사하는 여성 노동자의 수는 여성 양장점 노동자와 마찬가지로 괄목할 만큼 증가하였다. 이는 린네르 제조 판매업의 촉진과 전통적인 사회 안에서 나타난 새로운 규범들에 대한 다른 표징이었다. 부이예 로레츠에서 이 여성 노동자들은 10명씩 셀 정도로 그 수가 엄청나게 많았다. 하지만 점차 여성들이 전통적인 양식으로 직물로 만든 모자(coiffe)를 착용하지 않게 되고, 새로운 빳빳한 모자(chapeau)가 유행하게 되면서 린네르 제품 고객 중 일부가 줄어들게 되자 그 상황은 조금씩 변하기 시작하였다. 여기서 대부분의 린네르 제품 제조업에 종사하는 여성 노동자는 앉은 상태에서 무미건조하게 일하는 것을 선호하였던 일용 노동자, 하인이나 소지주의 딸들이었다. 1900년경에 이르면 운송용 차량이 증가하면서 여성 노동자의 집에 작업을 위한 린네르 제품과 모자들을 직접 가져다 주는 관행이 발전하였다.[38]

19세기말 농촌에서 린네르 제품 제조업에 고용된 노동자수가 확실하게 증가하고 있었던 것은 쉽게 파악할 수 있는 새로운 현상이었다. 우리는 이 여성 노동자들을 전통적인 사회의 인물로 간주하지는 말아야 한다. 이러한 배경에서 이본 베르디에는 최근의 상황에 의거하여 미노〔부르고뉴 지방에 소재한 도시〕에 대하여 관찰하였다.[39]

고객의 집에 가기 위하여 일찍 일어나고, 일을 잘 하는 여성 세탁부보다 확실히 낮은 임금을 받았으며, 새로운 의복의 도래를 알리는 여성 양장점에 종사하는 노동자보다 노동의 숙련도가 낮았던, 백색의 린네르 제품을 다루는 이 솜씨 좋은 소녀들은 보통 큰 마을에서 모호한 입장에 처해 있었다. 일반적으로 당시 사람들은 도시에 거주하고, 바느질일에 종사하는 여성 노동자들은 남자 없이 살 수 없다는 점을 반복하여 언급하였다. 하지만 이는 사람들이 상투적으로 규정한 것으로 사실상 하나의 비판적 연구를 필요로 하는데, 그만큼 이와 같은 규정은 그 시기 남성의 환상을 만족시키기에 충분하였다.[40] 말하자면 린네르 제품 제조업에 종사하였던 여성 노동자가 바람기 있는 젊은 여성 노동자, 첩 노릇을 하는 소녀들, 게다가 매춘부의 공급원이 되는 환경의 일부를 이루었다는 사실은 명백한 것으로 드러난다.[41]

린네르 제품 제조업에 종사하였던 여성 노동자의 수를 세탁부의 많은 수와 비교해 보면, 아주 적은 숫자로 나타난다. 세탁부의 수는 제2제정 말기에 파리에서만 7만 명 정도였다.[42] 1860년에는 8천에서 1만 명의 세탁부가 보르도 시에서 활동하였는데, 이 시기에 보르도 주민은 15만 명에 불과하였다.[43]

세탁부라는 인물은 시간적인 상상의 세계에서 자주 언급되고 있다. 꾸준히 도시를 왕래하는 이 여성 노동자들은 많은 소문들을 유포시켰다. 강한 팔을 가진 힘이 센 여성들이었으며, 무거운 짐을 들어올리거나 과적재된 손수레를 끌고 돌아다니는 데 익숙하였던 이 세탁부들은 집단적으로 움직이는 것을 좋아하였다. 즉 이 여성들은 파업을 자주 하였으며, 필요한 경우 소요를 일으키기도 했다. 각종 사회 조사와 소설 같은 문학 작품은 공동 세탁장을 즐겨 묘사하고 있다. 이와 관련하여 두 가지의 서로 상반된 시각이 존재한다. 우울하며 남성적인 전설은 사회의 언어적이며 육체적인 폭력을 강조한다. 세탁부들이 비참한 처지 속에서 헤어나지 못하게 만들었던 불쌍한 의사 상스팽의 불행을 측은히 여기는 마음을 상기시켰던 스탕달로부터,[44] 제르베즈의 굴욕적인 패배에 대하여 스스로 만족하여 장황한 이야기를 늘어놓았던 졸라에 이르기까지,[45] 남성 작가들은 땀에 젖은 여성 노동자들이 분주히 움직이는 이 떠들썩한 장소를 근심스러운 관점에서 묘사하였다. 또 다른 담론은——이는 장밋빛인데——역사가인 미셸 페로의 최근 저술에서 소개된 쥘 카르도즈의 소설[46]에 나오는 것으로, 공동 세탁장에서 자유롭게 전개되었던 여성들의 사교성으로부터 비롯된 즐거움을 강조한다. 그곳에서 여성들은 그녀들끼리 있었다. 이른바 그녀들은 다른 곳에서는 자신들에게 금지될 수도 있을 주제들에 과감하게 접근하였다. 욕구의 발산을 위한 장소, 집단적 비밀의 장소, 비밀 전달의 장소 및 여성의 육체와 관련된 비결이 보급되는 장소였던 이 공동 세탁장은 또한 여성들의 상호 부조와 연대성이 존재하는 특별한 무대로 그려졌다. 그때부터 세탁부는 도덕적으로 해이하다는 평판을 받게 되었으며, 낙태 시술자나 어느 정도 정조가 팔린 여자라는 이야기를 듣는 것이 더 이상 놀라운 일은 아니었다.[47]

　파리의 경우 뭍에 있던 공동 세탁장은 19세기말 여성들이 사교 활동을 전개하는 중심지 가운데 하나가 되었으며, 세탁부와 주부들은 식당에서 서로 만나 커피를 마시면서 수다를 떨었다. 값싼 장신구들을 파는 상인들과 여자 점쟁이들, 떠돌이 가수들을 비롯하여 집에서 멀리 떨어져 있음으로써 여러 욕망들을 드러내던 주부들을 이용하고자 하는 모든 종류의 사람들은, 공동 세탁장에 나타나 늘어서 있는 빨래함지들 사이와 축축한 많은 린네르 제품들 사이를 왕래하였다. 알랭 포르가 지적했듯이, 이 공동 세탁장은 어떤 구역과 도시의 민속 중심지 및 '혈연 관계와 우정이라는 끈의 고리'[48]가 되었다. 파리에서 점차 사라져 가고 있던 사육제를 세탁부의 축제가 대체한 것은 바로 그때였다.

　'린네르 제품의 압제'[49]가 19세기만큼 그렇게 강하게 행사된 적은 없었다. 그 당시에 '린네르 제품을 소유하는 것'은 끊임없이 확장되는 각종 영역들 내에서 하나의 강박관념이 되었다. '순백색의 린네르 제품'에 대한 관심과 소유, 그 제품이 발휘하는 매력은 린네르 제품 제조업에 종사하는 여성 노동자의 수호성녀인, 원죄로 더럽혀지지 않은 성모 마리아 교리가 확산되었던 19세기에 확대되었다.

이와 관련하여 이러한 직물에 대한 숭배가 확대되는 과정 속에서, 가톨릭 교회에서 성찬의 전례를 거행할 때 사용하던 신성한 린네르 제품을 통해 나타나는 하나의 모범이 어떤 영향을 주었는지를 깊이 관찰하는 일은 중요한 문제가 될 것이다. 우리는 종교적 의식의 여성화를 염두에 두고 있던 프랑스 교회에서 나타나는 주교 교서의 핵심이 여성에게 있다는 것을 알고 있다. '성모 마리아의 자녀들'과 '성모 마리아의 봉사자들' 및 신부들이 창설하려고 노력하였던 새로운 단체들에 가입된 모든 어린 소녀들은 종교적 의식에 필요한 각종 도구들을 보관하는 제의실과 친밀한 관계에 있었다. 그런데 그 소녀들에게는 소위 신성한 린네르 제품의 취급이 이론적으로 금지된 채로 있었던 반면, 그녀들은 장백의(長白衣)를 보존하고 중백의(中白衣)에 풀을 먹이는 일을 행하는 관행이 있었다.

가톨릭 교회는 신성한 린네르 제품을 신성한 물건들과 접촉하고 있거나, 혹은 접촉할 수 있는 것으로 여기고 있다. 제대 위에 펼쳐 놓는 세 종류의 직물인 제대보·성체포 및 강론대보가 바로 그것들이다. 《성서》에서 이 물건들은 육체와 영혼의 순결성을 상징한다.[50] 1819년 3월 18일 전례 수도회는 면으로 된 덮개의 사용을 폐지하였으며, 같은 해 5월 15일 교황 피우스 8세의 일반 칙령은 성작개(聖爵蓋)·성작수건·영대 및 장백의 등을 제작할 경우 이 천을 사용하지 말 것을 공식적으로 밝혔다. 결국 그러한 명령은 본래 의미에서의 신성한 린네르 제품이라는 영역을 폭넓게 벗어났다.

확실히 1886년에 농촌의 몇몇 교회에서는 여전히 면으로 된 제대보나 성체포를 볼 수 있었다. 때로 제대보는 "면으로 된 세련되지 못한 레이스나 금박 종이를 오려낸 것"[51]으로 마감되어 있었다.

그래서 브장송 교구에서는 고무를 입힌 천으로 된 성체포를 사용하였다. 이는 아마포와 대마 섬유가 발전하였다는 것을 의미한다. 신성한 린네르 제품은 주교나 그 대리인에 의해 축성을 받았으며, 전례 행사 이외의 다른 목적으로 사용할 수 없었다. 때로 제대보를 골동품 상인에게 파는 경우가 있었는데, 이는 신성모독에 해당하는 죄였다. 성작개나 성작수건이 낡았을 경우에는 반드시 소각되어야만 하였으며, 일반적으로 백색 혹은 적색 실로 작은 십자가 모양의 수가 놓인 성체포의 경우도 마찬가지였다. 그리스도의 몸과 접촉을 위한 이 직물로 만든 전례 용품은 다른 어떠한 자수도 전혀 허용되지 않았다.

미사 성제에 대한 경건한 마음은 극도로 깨끗한 린네르 제품만을 사용하게 만들었다. 성체포와 성작수건 및 제대보는 성직자 계급 내에서 선임된 한 명의 성직자에 의해 계속적으로 세 번 물세탁을 해야만 했다. 이러한 기능은 일반적으로 차부제(次副祭)의 임무에 속하는 것이었으며, 아니면 부제나 신부의 소관이었다. 다시 말해 이 귀중한 직물을 여자들이 만지는 것은 금지되어 있었다.

최근 3백 년 이래, 공의회와 주교 회의에 의해 반복된 명령에도 불구하고 몇몇 주교들은 이 신성한 린네르 제품의 손질을 과감하게 수녀들에게 위임하였다. 그렇지만 이같은 비난을 받을 만한 처사는 1870년에서 1880년 사이에 결국 사라지게 되었는데, 반대로 신성한 린네르 제품에 대한 열성은 새롭게 증폭되었다. 그래서 베르사유 교구에서는 성 클라라회의 수녀들이 1879년부터 신성한 린네르 제품을 손질할 수 있는 권한을 다시 취득하게 되었다.[52]

요컨대 아마포의 우위와 붉은색 실로 놓은 자수, 깨끗함과 순결 무구한 흰색의 절대적 요구, 세탁에 대한 전례적 정확성 등은 상상의 세계를 더욱 풍부하게 하는 것이라고 판단할 수 있는 수많은 규범들을 마련하였다. 혼수의 역사를 전문으로 연구하는 학자들은, 확실히 그리스도의 몸을 상징하고 하느님의 성전을 의미하는 린네르 제품으로 만든 이러한 물건들을 검토하는 데 관심이 있을 것이다.

흰색에 대한 절대적인 요구는 확실히 윤리의 역사에서 나타났다. 여러 명의 전문가들, 특히 그들 중 마리 프랑수아즈 레비는 아주 최근에 도덕적 가치를 전파하는 과정에서 나타나는 바느질일에 부여된 기능들을 강조하였다.[53] 여성들은 린네르 제품을 손질하거나 수놓는 일을 하면서 시간을 보냈

다. 동시에 그같은 일은 여성들로 하여금 지속적으로 노동을 하게 만들었
다. 여성들은 첫 영성체 직후부터 편물 견습을 하였으며, 그 뒤를 이어 혼수
품을 만들기 시작하였다. 그러한 일에는 결혼 적령기에 이른 '다 자란 소녀'
의 미래에 대한 꿈이 집중되었으며, 동시에 그 혼수품을 만드는 여성의 육
체를 어쩔 수 없이 굳어지게 만들었다. 이처럼 혼수품을 만드는 섬세한 일
에 집중하면서 등이 휠 정도로 섬유에 눈길을 주는 젊은 약혼녀는, 비록 그
녀의 부모로부터 측은하게 여기는 시선은 받을지라도 그것은 그녀의 상상
이 유순함을 보여 주는 증표가 되었다. 그 여성이 정숙한 신부의 상징이었
음을 예상할 수 있다.

수녀들은 수녀가 되기 위한 예비 과정에서 영혼과 정신을 교육하기 위한
하나의 방편으로 린네르 제품의 사용법을 배웠다. 잘못을 저지른 소녀들의
경우, 회개를 위한 행동과 직물의 순백함을 유지시키는 행위 사이에 모종
의 관계가 형성되었다. 많은 수의 미혼모들이 린네르 제품 제조업에 종사
하였던 것과——혹은 적어도 그렇게 말할 수 있는 상황——매춘 여성들이
낮 동안에 고된 양재일을 하는 상황 등은 정숙하게 열심히 일하는 것이 필
요한 바느질일과 여성이 지닌 미덕의 회복이라는 두 가지의 문제 사이에 확
립된 관계를 잘 나타내 주고 있다. 바로 이러한 점을 통해 우리는 민중 소설
에서 나타나는 듯한 양재사 조수의 모호한 이미지를 더 잘 이해할 수 있다.[54]
그녀의 다락방에서 하루에 10시간 내지 12시간의 노동을 하면서 부자들의
혼수품을 제조하였던 양재사 조수는, 또한 거리낌없이 행동하는 미혼자라
는 지적을 받는 희생물이며, 얼마 가지 않아서 불법적인 사랑을 한 결과물
과 함께 버림받게 될 바람기 있는 젊은 여공의 모습 또한 동시에 지니고 있
었다.

린네르 제품의 정리는 '정돈된 청결한 것'[55]을 추구하기 위해 반드시 필요
한 전략이 되었다. 그때부터 수녀원 내에서 사용되는 린네르 제품은 한 주
단위로 교체되었고, 나아가 청결함을 유지하기 위해 신경 쓰면서 그 물품을
정확하게 정리하는 일은 그 어느 때보다도 더 일상적인 훈련이 되었다.[56]

'침대를 정리하라'는 명령은 사회 전체로 확산되었다. 역한 냄새와 습기를 몰아내기 위해 구겨진 침대 시트를 잘 펴는 일은 단지 위생학자들이 즐겨 반복하였던 명령만은 아니었다. 정숙함을 상징하는 침대의 차가움은 혼자 있는 시간에 생겨날 수 있는 육욕을 물리치는 일이었으며, 수녀들이 소녀 기숙생들에게 부과하고자 노력하던 수면의 개념에 부합하는 것이었다. 정성스럽게 다림질이 된 빳빳한 흰색 시트 사이에서 수면을 취하는 것은 쉽사리 무덤과 신속한 기상, 그리고 부활이라는 의미를 지니게 되었다.[57] 발자크는 다름 아닌 아침에 보여지는 무질서한 침대와 구겨진 침대 시트라는 이미지를 통하여, 독자들에게 충족되지 않은 자기 욕망의 희생자인 노처녀가 겪는 고난을 보여 주었다.

19세기의 마지막 3분의 1의 기간 동안 '바느질 상자'는 여성이라는 존재 내에서 그 중요성이 강조되었다. 그때부터 젊은 처녀의 지식·민첩함 및 최고의 덕성을 상징하는 이 상자를 선물로 받는 일은, 확실히 '밀랍덩어리'의 제작보다 더욱 함축성을 지니는 일종의 통과 의례 같은 가치를 획득하게 되었다.[58] 자녀들의 재잘거리는 소리를 들으면서 한가롭게 바느질을 하고 있는 어머니는 잃어버린 천국의 특전을 받은 모습이 되었다. 린네르 제품이 지니는 이미지와 여성의 덕성이라는 이미지의 상호 결합은, 남성들로 하여금 여성들에게 환상적인 매력을 갖도록 만드는 전술로 작용하였다. 아마도 이러한 모성적 이미지에 향수를 가지고 있던 제3공화국 시기의 청년 세대들은, 밀랍을 먹인 장롱 속에 애정을 기울여 개켜진 흰색 린네르 제품을 섬기는 여성인 라미 프리츠(에르크만 샤트리앙의 1864년작 소설)에 대해 감동적인 매력을 느꼈다.

개인주의, 더구나 나르시시즘이 확산되는 동안 린네르 제품 역시 끊임없이 확대되는 자아를 상징하는 범주에 속하게 되었다. 기숙생들은 린네르 제품에 자신의 이니셜을 표시해야 할 의무가 있었다. 특히 약혼자의 혼수품에 표시를 하는 작업은 일반화된 경향이었다. 아네스 핀과 이본 베르디에는, '자신의 몸을 주기' 직전 상태의 젊은 처녀의 육체와 혼수품의 제작을 둘러싼 모든 관행들 사이에 형성되어 있던 유사성을 제시하였다. 프랑스 남서부에서는 이 혼수품이 절대적으로 여성의 재산으로 존재하였던 것 같다. 과부가 된 경우나 재혼을 하였을 경우, 여성은 자신의 린네르 제품을 가지고 갔다. 혼수품은 양도되지 않았다. 게다가 그것이 낡도록 사용되지 않도록 조심해야만 했다. 린네르 제품의 절약은 시간의 경과와 밀접한 관련성을 맺고 있던 19세기의 전형적인 특성인 자아 파괴에 대항하는 일련의 투쟁 과정이 되었다. 오톨도톨한 가죽 같은 느낌을 주는, 결혼 때 사용한 침대 시트의 훼손은 생명력의 쇠약함을 상징하게 될 것이었다. 죽음에 대한 공포는 린네르 제품을 축적하도록 고무하였다. 장롱 속에 있는 파손되지 않은 혼수품은 옛날의 욕망이 여전히 존재하고 있음을 보여 주었으며, 청년기에 가지고 있었던 꿈의 영속성을 증명하였다. 이러한 관점에서 농촌 여성이 혼수품에 수를 놓는 행위는 부르주아 계급의 젊은 처녀가 행한 일기쓰기에 해당되었다. 더구나 이처럼 자아에 대한 서술이라 할 수 있는 일기는 린네르 제품에 의해 대체되는 경향이 있었다. 생 제르맹 데 프레 지역에 살고 있었던 하층 귀족인 카롤린 브람은 자신의 젊은 친구들의 사치스러운 혼수품을 보며 느꼈던 매력을 자신의 일기장에서 토로하고 있다.[59]

가장 일반적으로 노력 · 욕망 · 쾌락 및 고통의 흔적을 모으고 간직하고 있는 제2의 피부라 할 수 있는 내의류는, 심성사가들이 한층 더 주의를 기울일 필요가 있는 대상이라 할 수 있다. 하지만 그들은 내의류의 나체를 가리는 역할만을 지나치게 강조한다. 어떤 관행에 대해서는 금지를 내리고, 어떤 관행은 통용되게 하였다는 사실은 전통 사회가 내적인 위생에 대한 새로운 규범이 일반적으로 통용되기 전에, 한 개인과 그의 셔츠 사이에 형성되어 있던 특권적인 관계를 이미 인식하고 있었다는 것을 지적한다. 마법사들은 자신들의 주술을 위해 내의류를 사용하였으며, 몇몇 민중적 종교 예식의 신봉자들은 내의류를 일종의 제물로 선택하였다. 또한 세탁부들은 내의류와 관련된 금지 사항들을 어기지 않으려고 주의를 기울였다. 체취가 배어 있는 내의류는 에로틱한 측면에서 그 역할을 수행하였다. 이러한 관계는 소설 같은 문학 작품 속에서 그 모습을 찾아볼 수 있는데, 라 크루아 쥐강의 지독한 수도원장에 매혹된 바르베 도르비이라는 여성은 그를 유혹할 목적으로 자신의 셔츠를 보낸다.

19세기의 마지막 3분의 1의 기간 동안 형성된 성과학은 내의류의 에로틱한 가치를 인식하였으며 이에 주목하였다. 페티시즘을 체계화하였고, 이에 대한 임상적인 일람표를 정리하였던 비네〔1891-1971; 프랑스의 의사이자 정신분석학자〕· 몰(Moll) · 크라프트 에빙〔1840-1902; 독일의 의사이자 스트라스부르대학 및 빈대학 교수〕 등은 여성의 속옷이 지니는 가치가 중요하다는 점을 밝혔다. 그들이 지적하는 바에 의하면, 어떤 남성들은 자신의 파트너가 속옷으로 적어도 한 부분이라도 가리지 않고서는 성관계를 행할 수 없었다는 것이다. 다른 남성들의 경우——그런데 이들이 보다 많은 수를 차지한다——원하는 여성의 속옷을 소유하는 것만으로 충분한 쾌락을 느낄 수 있었다. 크라프트 에빙은 젊은 총각들이 린네르로 만들어진 어떤 대상, 특히 여성용 속옷을 바라보는 것만으로도 충분히 그들의 성기가 발기하였다는 점을 상기시킨다.

"이러한 대상과의 접촉이나 충돌은 그들에게 쾌락을 얻게 한다. 10세의 나이에 그들은 풀을 먹인 하얀 여성용 속옷을 바라보면서 자위를 시작한다."[60]

결국 서유럽 전역에 걸쳐 여성용 속옷 도둑들이 창궐하였다. 이미 1838년에 의사인 디에즈는 "여성용 속옷을 찢어 버리고 싶은 충동을 참을 수가 없었으며, 속옷을 찢고 있는 동안 언제나 사정(射精)을 하였던"[61] 한 젊은 총각의 경우를 묘사하였다.

1876년 7월 5일 45세의 한 구두수선공은 여성용 속옷을 훔친 현행범으로 체포되었다. 크라프트 에빙은 "그의 집에서는 3백 점의 여성용 의류가 발견되었는데, 그 중에는 여성용 셔츠, 여성용 바지, 잠잘 때 쓰는 모자 등이 있었다"[62]라고 기술하였다. 이 불쌍한 남자는 13세의 나이였을 때부터 이러한 내의류를 훔쳤다.

색상과 직물이 내의류를 상기시키는 동시에 유순한 본성을 예측하게 만드는 앞치마는 특별한 형태의 페티시즘을 불러일으킨다. 19세기에 하녀와 사랑을 하거나 그녀들을 유혹하는 남자들은, 에밀 졸라의 《살림》에 나오는 인물 가운데 하나인 트뤼블로의 이미지에 따라 소설이나 풍자극의 주인공이 되었다. 한편 어떤 환자들은 앞치마를 훔치는 데 만족하기도 하였다. 마냥은 젊은 총각들 사이에서 나타나는 이러한 페티시즘의 초기 증상을 묘사하였다. "15세에 그는 눈이 부실 정도의 흰색을 띤 건조된 앞치마가 햇빛에 펄럭거리는 것을 보았다. 그는 앞치마 쪽으로 다가가 이를 낚아채고, 자신의 허리에 두른 뒤에 자위 행위를 하기 위해 울타리 뒤편으로 갔다."[63]

그러나 이러한 행위는 일단의 손수건 도둑에 비교하면 미약한 수준이었는데, 크라프트 에빙에 의하면 이 손수건 도둑은 신발에 대해 페티시즘을 가진 사람들과 거의 마찬가지로 다수였다는 것이다. 빵집에서 일하는 한 소년은 자기 마음에 드는 젊은 처녀들로부터 60장 내지 80장의 손수건을 훔쳤다고 고백하였다. 경찰관이었던 마세는 백화점이 대단히 붐빌 때에 활동하는 이 페티시즘 증상을 가진 사람들의 행동을 상세하게 묘사하였다.[64] 이러한 백색의 사원들 중 한 군데에서 현행범으로 붙들린 어느 재단사의 방에서는 갖가지 이니셜이 수놓인 3백 장 이상의 손수건이 발견되었다.[65] 1890년 8월 페티시즘 증상을 가지고 있는 한 사람이 비엔에서 체포되었는데, 그의 집에서는 4백46장의 여성용 손수건이 발견되었다. 그는 이미 동일한 범행으로 세 번이나 징역형을 받은 경험이 있었다. 그의 마음을 뒤흔들고 그에게 성행위에 상응하는 쾌락을 주는 것은, 손수건에서 발산되는 여성용 향수 냄새이기보다는 이와 같은 "린네르 제품에 배어 있는 특별한 냄새"[66]였다.

역사가에게 중요한 것은 스스로 만족할 수 있을 정도의 축적된 연구이다. 복잡해지는 의류, 속옷의 증가와 옷을 벗는 행위를 제재하는 조치의 증가, 여성의 나체를 물끄러미 바라보는 행위를 막는 각종 금지 사항들은 오히려 내의류에 대해 어떤 환상을 집중시키기에 유리한 상황을 만든다. 오늘날보다 더 자주 침대 시트 사이에서, 또한 다량의 린네르 제품 속에서 이루어지는 포옹의 방법 같은 공격 전술 및 성적 쾌락을 추구하는 태도는 자극과 즐거움의 발산을 통하여 순백색의 직물에 특정한 가치를 부여하는 데 이바지한다. 잘 보관된 린네르 제품은 스스로에게 거의 확신하지 못하는 남성들을 안심시키는 것이 될 수 있었다. 이 남성들은 자신의 육체에 대해 자부심이 강하지 못할 뿐만 아니라,[67] 오랫동안의 기다림이 끝났을 때 여성이 겉에 걸치고 있는 다양한 외피(外被)로부터 너무도 급작스럽게 해방되면서 나타나는 여성의 완전한 순백색 나신(裸身)으로 인해 정신을 잃지나 않을까 걱정한다.

린네르 제품에 대한 매력은 또 다른 면에서 나타난다. 즉 세탁부의 육체, 특히 다림질하는 여자의 육체는 여러 가지 환상들을 불러일으킨다. 유연한 손가락으로 린네르 제품을 섬세하게 다룰 수 있는 젊은 여성 바느질 노동자는 온화하지만 모호한 여성성의 모습으로 그려진다. 그 반면에 작업장의 습기로 인하여 자신의 상반신을 부분적으로 노출시킬 수밖에 없는 다림질하는 여성은, 부르주아 계급이 보기에 굴복한 모든 여성의 육체로부터 발산되는 에로틱한 의무에서 벗어나게 해준다. 이와 관련하여 외니스 립튼이 분석한 드가의 작품에서 이런 특성이 나타난다.[68]

세탁부는 린네르 제품 위에 씌어진 경솔한 흔적들을 읽는 특권을 지니고 있었다. 그녀는 사실상 모든 비밀들을 알고 있었다. 촌락에서 그녀는 풍문을 만들어 내고 전파하는 역할을 수행하였다. 제일 먼저 그녀는 청춘기의 범람, 유혹하는 남자의 승리, 비밀스러운 대결로 인한 피, 죽음의 징조 등을 발견하였는데 적어도 그녀에게서 이러한 것들을 찾아낸다고 생각하는 것은 쉬웠다. 그녀가 누리는 특권은 그 가치를 향상시키게 만든다. 한편 정숙함에 대한 걱정은 과장되며, 또한 결혼 첫날밤의 관습들, 특히 젊은이들에 의한 처녀성의 흔적 확인은 지워지게 된다.[69]

린네르 제품은 의심할 나위 없이 즐거움보다는 고통을 상기시키고 드러낸다. 이 점에 관해서 역사는 '상처의 치료를 위한 린네르 제품'이라 불리는 것을 더 연구해야 한다. 사실상 린트(붕대로 쓰는 일종의 거즈)의 사용이 쇠퇴하고, 붕대와 살균한 압박용 천이 보급되기 시작한 것은 바로 19세기였다.

19세기초의 몇십 년 동안, 사람들은 막대한 양의 린트를 사용하였다. 극도로 궁핍했던 해인 1815년에 린트는 30톤 이상 소비되었다.[70] 사람들은 매우 자주 여러 단계에 걸쳐 반복적으로 린트를 사용하였는데, 결국 와그람 전투 이후 수백 파운드의 린트를 세탁하고 또 세탁해야만 했다. 이 린트는 낡은 아마포에서 추려낸 아마나 대마 섬유 다발로 이루어졌다. 이와는 달리 면은 이렇게 사용될 수 없었으며, 더욱이 각종 미사 전례용 직물의 제작을 위해서도 이용될 수 없었다.

각 병원의 깊숙한 지하 창고에는 린트가 여러 개의 통 속에 쌓여 있었는데, 통 속에서 린트는 상처의 화농을 치료하기 전에 부패되었다. 이 때문에 1830년 '영광의 3일간'(1830년 7월 27-29일의 3일간에 걸친 혁명으로 보통 7월 혁명이라 부른다) 직후 부상당한 혁명당원들은 수녀들이 자신들을 독살한다고 고발하였다. 그 주에 파리 시민들은 린트와 상처의 치료를 위한 린네르 제품을 만들기 위해 시간을 보냈다. 그리하여 면의 비약적인 보급과 제지 산업의 경쟁은 심각한 궁핍을 야기하였는데, 이 궁핍은 후에 혁신적인 발전을 고무하게 된다.

그후에 잿물로 세탁하는 압박용 천과 붕대의 사용이 확대되었다. 그러나 치료학이 발전하는 시기가 상당히 모호하다는 점을 되풀이하여 지적할 수 있다. "린트나 면을 다져넣은 이미 사용된 낡은 린네르 제품 조각"[71]들로 이루어진 생리대, 출산시에 사용한 린네르 제품 및 수의(壽衣)는 린네르 제품과 고통 사이에 형성된 관계들을 규명하기 위한 항목을 통해 앞으로 서술되어야만 한다.

린네르 제품의 역사를 연구하는 여성 역사학자들은, 자신들의 작업을 특별한 여성 문화에 대한 탐구 속에 자리매김하기 위해 노력한다. 그 계획은 이와 같이 뚜렷하게 드러난 흔적들에 대한 간단한 시험을 위해 그 문화의 탐구에 집중하는 것을 필요로 한다.

'린네르 제품'에 의해 발휘된 매력은 일반적으로 여성적인 것으로 나타나는 노동을 규정하는 표준들에 부합되는데, 특히 19세기의 마지막 3분의 1의 기간은 여성의 육체를 눈이나 상아에 비유하였던 상징주의자들의 영향이 일반적으로 통용되었던 시기였다.[72]

전통 사회 내에서 린네르 제품의 유지는 여성이 여러 요소들, 보다 특별하게는 불과 물에 연결되는 관계를 강화하였다. 마찬가지 방식으로 린네르 제품을 둘러싼 여러 관행들은 여성들이 소유하고 있는 모든 시간에 이와 같이 표시를 하는 일에 부합되었다. 세례를 위한 모자로부터 혼수품의 제작을 거쳐 수의에 이르기까지 린네르 제품의 사용은 인생의 중요한 단계들을 기록하였다. 세탁 일정표가 여성의 리듬을 그대로 따르지 않을 경우, 그 일정표는 마치 계절이 엇갈리는 듯한 인상을 주게 된다. 19세기말 도시에서의 린네르 제품의 계절은 그 제품이 가진 이같은 기능을 부흥시켰다. 우리는 이 시기에 가족의 기억들을 정리하는 데서 여성의 역할이 증대되었다는 점을 알고 있다.[73] 장롱의 보호자인 여성들은 그때부터 장롱 속에 사진첩이나 우편 엽서 등을 보관하였으며, 더욱이 그 여성들은 수많은 린네르 제품들 사이에 편지들을 끼워 놓았다. 이러한 새로운 관행들은 혼수품의 전통적인 기능을 강화하였다. 여성이 책임감을 가지고 보존하기 때문에 변함없는 상태로 있는 침대 시트는 빛 바랜 사진과 마찬가지로 많이 사용함으로써 신속하게 닳아 손실되는 물건을 경멸하는 것처럼 보여졌으며,[74] 여러 세대들이 서로 맞닿는 부분을 지연시켰다.

19세기의 여성들에게 린네르 제품은 하나의 기쁨이었으며, 결국 욕망의 대상이었다. 피레네 지방 사람들을 연구하였던 아네스 핀의 지적에 의하면, 청년기부터 처녀들은 자신들의 감수성과 창조성을 린네르 제품에 투자한다는 것이다.[75] 이는 혼수품에 포함되는 린네르 제품이 모든 성욕에 앞서서 그녀들에게 말하는 것이며, 린네르 제품은 농촌에서는 '침실'이라 부르는 장롱과 침대를 상기시켰다. 남성들과는 반대로 여성들은 린네르 제품의 질을 인정할 수 있었다. 여성들은 린네르 제품을 어루만지고, 직물의 섬세함을 더듬어 보며 자수의 세련됨을 평가하기를 좋아하였다. 혁명에 동반되는 약탈의 경우, 여성들은 린네르 제품으로 달려갔다.

이와 같은 여성의 숭배와 관련된 아주 특별한 관계가 어머니와 딸 사이에 맺어진다. 오드 주 피레네 지방의 농촌 여성은 푸아티에의 농촌 여성과 마찬가지로 자기 자녀가 사춘기를 지나면서——또는 첫 영성체 이후——점차 혼수품을 마련코자 하였는데, 그 품목은 유제품과 가금(家禽)에서 순백색의 침대 시트와 셔츠로 변화되었다. 여성들의 작업인 혼수품 마련은 여성의 절약으로부터 비롯되어야만 하였다.

확대 가족이 지배적인 지방에서 린네르 제품의 축적은 결혼이라는 역학 관계에 속하는 문제였다. 여기에서 혼수품이 없는 결혼은 없었다. 궁색한 처녀는 결혼하지 못한 상태로 남아 있었는데, 더욱이 가장 가난한 처녀들은 아마와 대마 섬유를 손에 넣기 위해 관례에 따른 모금에 호소하기도 하였다. 이러한 지방에서는 다른 곳에서와 마찬가지로 젊은 처녀의 이미지를 지니고 있는 혼수품은 순백색으로 새것이어야만 했으며, '사용되었던' 것이어서는 안 되었다.

마지막으로 린네르 제품과 관련된 노동이 식사 준비와 마찬가지로, 공동 세탁장 바깥에서조차도 여성의 사교 장소를 마련해 주는 것이라는 점을 언급할 필요가 있을까? 실을 잣고 직물을 짤 뿐만 아니라 점차 수를 놓고 수선하며, 세탁하고 개키며, 끝손질을 하는 일들은 종종 여러 명이 함께 행하였던 작업이었다. 이 점과 관련해서 조야한 밤샘 작업이 이루어지는 방은 린네르 제품을 두는 방, 혹은 자선 판매를 위한 상품을 내놓기 위해 부르주아 계급의 여성들이 이 '수많은 하찮은 일들'을 하였던 거실과 마주 보고 설치되었다. 왜냐하면 부르주아 계급에서는 실과 직물의 취급은 여성의 시간에 관한 불필요성을 입증하는 동시에 몰아내야만 했기 때문이다. 거실에서처럼 밤샘 작업에서도 여성들은 서로 수다를 떨었고, 모임을 준비하고, 소문을 만들어 유포시켰다. 조야한 큰 방에 매혹된 민속학적 역사를 통해, 귀족 계급과 부르주아 계급에 관해 적극적으로 연구에 전념하는 것이 시급하다. 이 역사는 새로운 관행들의 실험실 속에서 고심하여 만들어진 규범들의 발전과 재해석을 추구한다.

20세기의 프랑스인들은 린네르 제품이 사양길에 접어들었고, 표백 세탁이 쇠퇴하며, 혼수품의 준비라는 명령이 없어지고, 점차 가장 단순한 모양으로 국한되는 속옷에 대해 그리 신경 쓰지 않는 태도가 확산되는 것을 경험하였다. 외양에 관한 새로운 규범은 나체를 허용하였고, 충동에 대한 불의의 억제력은 속옷에 대해 호소를 하지 않아도 무방하도록 하였으며,[76] 한편 특별히 여성적인 사교성의 형태들은 사라지는 경향이었다. 농촌에서 최근에 애정을 기울여 수놓은 침대 시트를 곰팡이 피도록 방치하는 장롱들을 보면서 그 자체가 지니고 있던 이미지가 동요하고 있음을 알 수 있다. 이는 동시에 존재의 리듬이며, 남성이 가지고 있는 욕망의 태도 및 변화된 여성이 소유한 꿈의 발전을 의미한다. 린네르 제품의 역사는 여성의 정숙함과 슬기로움에 대한 사회적 이미지의 발전을 해석한다. 19세기에 매혹되었으나 제외되었던 남성 앞에서, 린네르 제품은 가장 함축성 있는 상징들 가운데 하나를 형성하는 성적인 역할의 이분법을 유지하는 데 이바지하였다. 남성은 자신의 노력 · 피 · 정액 · 담배의 흔적을 통해, 유연하면서도 강한 손으로 유지되고 다루어지는 어느곳에서나 많이 있었던 이 린네르 제품과 사회적 충돌의 상처로부터 자신을 보호하려는 꿈을 꾸었던 여성을 더럽혔다.

3

왕정복고기하 지방 극장에서의 소요[1]

19세기 프랑스에서 왕정이 복고된 직후, 거리는 그 연극적인 성격을 상실하고[2] 일상 생활을 극적으로 묘사하는 일이 없어졌으며, 줄거리에 대한 감독이 분명하게 드러났다.[3] 그 반면 풍부한 수사학적인 내용을 가지고 있으면서 낭만적인 표현주의와 조화를 이루고 있던 연극 같은 구경거리를 통해 본능적인 욕구를 해소한다는 의미가 확실히 나타났다. 이는 이미 오래 전부터 명백하게 되풀이된 모습이었다.

프라이버시의 비약적 발전과 동시대에 발생한 이와 같은 후퇴를 다룬 거의 모든 연구들은 파리 내에 있던 극장에만 국한된 것이다.[4] 그런데 극장의 수적 증가는, 사실상 그 어느 때보다도 가지각색이었던 파리의 관객들을 자연스럽게 구분하도록 만들었으며,[5] 결국 분쟁이 많은 장소에서 비롯되는 부담이 부분적으로 완화되었다. 이와는 반대로 지방 대도시에 종종 하나밖에 없었던 극장은[6] 지방적인 경쟁의 모습을 보여 주었다. 극장에서는 관객들의 대결이 두드러지게 나타나면서 요구되는 최소한의 토론이 몸으로 표현되었다. 어떠한 결정적인 승부가 이루어진 것은 아니었기 때문에, 종종 하찮은 것으로 간주되는 도시 사회의 드라마가 심연 속에서 재건되는 이러한 소우주는 복잡한 문화적인 태도와 정치적인 행동을 관찰하는 중요한 요소가 된다.

각양각색의 관객들

각 지방의 상황이 극도로 다양하기 때문에 지방 극장의 관객을 정확하게 묘사하려고 하는 것은 거의 가능성이 없는 시도이다. 극장의 고유한 모습은 도시에 거주하고 있는 사람들의 사회직업적인 구조, 도시를 구성하고 있는 각각의 범주들의 문화적 수준, 지방의 축제 전통 및 지배적인 사교의 형태 등을 동시에 반영한다. 게다가 평범한 극장 설비는 각각의 요일과 계절에 따라 상당히 다양한 관객을 끌어들였다.

그렇지만 이 문제와 관련되어 현재 남아 있는 자료들을 통해 우리는 몇 개의 주요한 특징들을 구별할 수 있다. 지방에 있던 45곳의 극장들에서 장기간에 걸쳐 행해진 순회 공연이 끝날 즈음인 1818년에 제출된 한 극장 감독관의 기록에 의하면, '사교계' 인사들은 보잘것 없는 공연에 실망하여 극장을 떠나 버렸으며, "또 다른 형태의 오락거리들이 새로 만들어졌다"[7]는 것이다. 왕정복고기의 극장들의 상황과 관련된 헌병대와 경찰의 보고서들은[8] 귀족 계급이 전혀 극장에 오지 않았다고 언급하고 있다. 이처럼 귀족 계급이 극장을 기피하였다는 사실은 조금도 놀랄 일이 아니다. 그러한 현상은 파리에서보다는 지방에서 매우 일반적이었다. 구제도에 대해 두드러질 정도의 향수를 가지고 있었던 감독관의 말에 의하면, 귀족 계급이 극장을 기피하였다는 기록은 동시에 견식 있는 관객이 사라지는 결과가 되었다. 요컨대 예전에 나름대로의 기호를 가지고 극장의 아래층 뒷자리에 앉아 있던 '전문가들'도 역시 사라지게 된 것이었다. 이는 상당히 무의미한 결과였다. 관객들은 교양 있는 엘리트들에 의해 더 이상 아무런 통제를 받지 않게 되었을 뿐만 아니라, 이전에 비해 훨씬 더 적은 동질성을 드러내게 되었고 결국 하나의 목적이 되었다.[9]

대학 도시들과 군대가 주둔하고 있던 도시들의 수많은 학생들과 장교들은 극장의 단체 관람객이었다. 1817년 툴루즈대학에 등록한 8백 명의 학생들 중에 1백59명이 정기적인 연극 관람권을 소유하고 있었다. 그들은 극장의 아래층 뒷자리를 가득 채웠다.[10] 액스의 법과대학 학생들은 극장의 일등석을 차지하였다. 그 학생들은 자유롭게 무대 뒤편에 접근할 수 있었고, 무대 전면에 놓여진 자리에 앉을 수 있었으며, 또한 관람중에 모자를 쓰고 있는 것이 관습적으로 용납되는 특권을 누릴 수 있었다. 몽펠리에의 의과대학 학생들 역시 단골 관객이었는데, 이는 푸아티에에서도 마찬가지였던 것으로 보인다.

소뮈르에서와 같이 리모주에서도 극장의 일등석을 차지하였던 사람들은 기병학교의 장교들이었다. 이 도자기의 도시에서 '하층민들' 은 이등석과 삼등석을 빽빽하게 메웠던 반면, '도시의 젊은이들' 은 극장의 아래층 뒷자리를 차지하였다.[11] 앙티브 극장의 배우였던 빅토르 젤뤼는 극장 관객의 일부분을 형성하는 장교들과 우정을 맺고 있었다.[12] 그러나 이와는 반대로 질서를 유지할 임무를 지니고 있었던 사람들을 제외한 대부분의 관리들은 거의 연극을 관람하지 않았다. 극장에서 펼쳐지는 정치적 소요는 이 관리들을 위태롭게 만들 위험성이 있었을 것이다. 1819년 스트라스부르의 시장은 그 도시 관리들의 《시칠리아의 저녁 기도》 공연 관람을 금하였다.[13]

그때부터 대부분의 지방 극장에서 도매상인과 소매상인, 특히 가게 점원, 출장판매원 및 고용인 등과 같은 젊은이들은 관객 중에서 가장 많은 수를 차지하였는데,[14] 그들은 학생이나 장교들에 비해 응집력이 부족하였기 때문에 관객으로서의 영향력을 행사하는 일은 더 어려웠다. 하지만 대학이나 중요한 주둔군이 없었던 도시들에서 그 젊은이들은 종종 자신들이 선호하는 요구 사항을 성공적으로 관철시켰다.

1818년에 한 감독관은 마르세유에서는 "6백 명 내지 7백 명의 도매상인들이 예매를 하고 공연을 관람하였는데, 경우에 따라 그들을 거의 만족시키지 못하는 작품이 상연되는 동안에는 극장에서조차 마루판, 극장의 아래층 뒷자리, 혹은 관객 휴게실에 앉아 계산을 하는 그들의 일에 전념하였다"[15]고 기록하였다. 경찰 보고서들은 1822년 툴루즈, 1826년 앙굴렘, 1829년 보르도와 아비뇽에 있던 극장들에서 출장판매원들이 공연을 관람하였다는 점을 강조하였다. 1823년 보베에서는 두 명의 제분업자가 공연을 보면서 취한 태도로 인해 위험한 일에 말려들게 되었다. 1825년에 루앙과 낭트에서 발생하였던 소요를 주도한 사람들은 도매상인과 소매상인들의 아들들이었다. 그때부터 40년 정도의 세월이 지난 후, 플로베르는 왕정복고기의 루앙에서 관람객의 상당수가 이와 같은 계층의 사람들로 채워졌다는 사실을 비웃기도 하였다.[16]

그렇지만 민중 계급의 관객이 다른 공연을 보러 가기 위해 극장에 드나드는 것을 상층 부르주아지나 소부르주아지에게 양보하였다고 생각하는 것은 아마도 잘못된 일일 것이다.[17] 이처럼 관람객을 구성하는 계층이 변화되었던 원인은 장인들과 수공업 노동자들 같은 '장색'들이 각 도시들의 중심부로 모여들었을 뿐만 아니라, 상업 활동을 하는 소부르주아 계급 역시 그곳을 중심으로 생활하기 시작했다는 점에서 찾을 수 있다. 이와 마찬가지로 모든 도시에서 민중들이 삼등석이나 사등석에 자리잡았다고 상상하는 것은 지나친 일이 될 것이다. 관객들의 사회적 구분은 파리에서보다는 지방에서 훨씬 덜 엄격하였다. 7월 왕정이나 제2제정 시기 동안, 우리가 여러 번 강조하였던 공간을 이렇게 엄격하게 사회적으로 분할할 수 있었던 이유는 새로운 극장이 건설되었기 때문이다. 특히 프랑스 남부 지방의 극장들에서는 매우 자주 관객들이 계층에 상관없이 서로 섞이게 되었는데, 그 이전까지는 좌석의 부족으로 인해 사람들이 극장의 아래층 뒷자리에서 공연 내내 서 있어야만 하였다.

액스 극장의 한 관객은 극장의 아래층 뒷자리는 그 옛날의 명성 때문에 어떤 의미를 지닌다고 기술하였다. 그러나 진실은 그렇지 않다. 사실상 그 자리는 최근에 만들어졌으며 별로 중요하지도 않고, 또한 전혀 쓸데없는 것이다. 옛날에는 법률가 · 지주 · 도매상인들이 그 자리를 차지하였던 반면, 오늘날은 교육받은 것처럼 보이는 모든 사람들이 그 자리를 차지한다. 만약 당신이 20여 명 정도의 오래 된 단골들을 제외한다면, 일요일에는 그 자리에서 대부분 포도주로 얼근히 취한 상태에서 오는 인부들이나 노동자들만을 볼 수 있을 것이다.[18]

아그리콜 페르디귀에는 보르도의 노동자들이 자진해서 극장에 공연을 관람하러 왔다는 사실에 놀라움을 표시하고 있다. 하지만 그 자신은 어울리지 않게도 노동복을 입고, 머리에는 수달의 가죽으로 만든 모자를 쓴 채 일등석에 앉아 있었다.[19] 1825년 극장 지배인의 집을 공격하여 그에게 불만을 표시하였던 사람들은 바로 노동자들이었다. 그 다음해 일요일 연극에서 발생하였던 소요를 조직하였던 사람들은 다름 아닌 양철공들이었다. '바람기 있는 노동자들'과 운하의 하역인부들은 때로 학생들과 같이 툴루즈의 극장 아래층 뒷자리를 차지하기도 하였다. 페르피냥의 극장 아래층 뒷자리는 '젊은 장인들'의 차지였다.[20] 이와는 반대로 낭트에서 '직인들'은 삼등석이나 사등석으로 모여들었다.[21]

아주 가끔 산업 지역에 자리잡고 있던 제조소와 수공업 공장의 노동자들 역시 최소한 일요일에 공연되는 연극을 관람하던 경우가 있었다. 우리는 특별히 님, 리모주와 프랑스 중서부 지방의 극장들에서 그들이 공연을 관람하였음을 지적하여 언급할 수 있다. 노동자들이 공연을 관람하기 위해 극장에 오는 것은 다른 관객들은 물론 당국을 동시에 걱정하게 만들었다. 1826년 5월 28일 샤렁트 도지사는 이러한 노동자들이 극장에 오는 것을 염려하면서 그들의 출입을 저지하려 했던 앙굴렘 극장 관객들의 요구에 결국 굴복하고 말았다.[22] 경우에 따라 볼벡·다르네탈·엘뵈프 및 루비에에서 오는 직물 노동자들이 1825년 5월 예술 극장에 공연을 관람하러 오자, 당시 극장 내 질서 유지의 책임을 맡고 있는 루앙의 경찰들은 대경실색하였다.[23]

매춘부들은 투렌에서처럼 삼등석과 사등석에 자리잡으려 하였다.[24] 때로 프랑스 남부 지방의 극장들에서 매춘부들은 극장 아래층 앞쪽의 상등석에 앉았는데, 이는 소요를 일으키는 원인이 되었다. 전통적인 사고 방식을 가지고 있던 관객들은 매춘부들의 출현에 매우 분개하고, 그녀들의 출입을 반대하였다.[25] 매춘부들은 또한 학생들이 자신들과 자리를 같이하려고 하지 않는 태도에 대해 불만을 가지고 있었다.[26]

관객이 가지고 있는 특권의 옹호

각양각색으로 분화되어 있던 관객들은 자신들의 특권을 옹호하거나 연극에 출연하는 배우들에 대한 통제, 심지어는 영향력을 행사하기 위해 일종의 연합체를 구성하였다. 그래서 이구동성이 된 관객들이 극장의 지배인이나 극단의 구성원들 가운데 한 사람을 나무라는 과정에서 많은 사소한 사건들이 발생하였다.

툴루즈에서는 1818년 2월 8일, 일등석과 이등석에 자리잡는 장교들과 '부르주아들' [27]이 정기 입장권 소지자들을 배제한 상태에서, 오페라 《디동》을 상연하려던 극장 지배인에 대항하여 극장 아래층 뒷자리를 치워 버렸다. 그들은 이 싸움에서 이겼다. 얼마 후 학생들과 장교들은 모처럼 한 번 단합을 하여 극장 지배인을 쫓아내려고 하였는데, "그들은 배우들에게 휘파람을 불면서 야유하였을 뿐만 아니라 건초 더미를 집어던졌다." [28] 이 분쟁을 일으켰던 당사자들은 극장에 불을 지른다고 위협하였다. 여덟 명의 학생들이 체포되었으나, 며칠 후에 석방되었다.

1824년 12월에 법과대학과 의과대학 학생들은 며칠을 계속하여 공연을 엉망진창으로 만들 만큼 야유를 보냈다. 그들은 극장 지배인에게 월 정기 입장권 요금의 인하를 요구하였다. 극장측은 경찰의 도움을 청해야만 하였으며, 이 과정에서 아홉 명이 체포되었다. 같은 달 20일 화요일에 학생들이 극장 문을 막고 관객들을 들여보내지 않으려는 사건이 발생하였는데, 몇몇 장교들과 부르주아들이 이에 합세하였다. 이어서 그들은 극장 지배인의 자택을 포위하였으며, 지배인과 그의 부인은 지독한 소란을 감수해야만 하였다. [29]

이듬해 12월 낭트의 관객들은 연극 감독에 대한 불만을 표명하였다. 그 불만의 주된 이유는 다양한 프로그램이 없다는 것이었다. 폭력적인 소요의 결과 그 불쌍한 사람은 감옥에 가게 되었다. [30] 보르도에서는 극장 집행부에 대한 관객들의 요구가 확실한 전통이 되었다. 1825년 배우들에게 불만을 가지고 있던 관객들은 지배인을 축출할 것을 요구하였으며, 4월 20일 소극장에서 여러 건의 소요가 발생하였다. "극장 내부에 있는 것들을 부숴 버린 다음 이 반항자들은 대극장으로 몰려 갔으며, 지배인이 살고 있던 아파트의 창문을 깨뜨렸다."[31] 이튿날 사람들이 다시 모여드는 것을 해산시키기 위해 헌병대에 말을 타고 도움을 청하러 가야만 하였다. 도지사는 서둘러서 "이 소요들에는 어떠한 정치적 이유도 없다"[32]고 규정하였다. 이와 동일한 특성을 가지고 있는 작은 사건들은 극장 지도부에 대한 관객들의 적대감에서 비롯된 것으로 아비뇽(1824)과 생토메르(1827)에서도 발생하였다.

관객들은 배우들에 대해 어떤 요구를 할 경우, 종종 이른바 '데뷔' 공연에서 그 요구 사항들을 표명하였다. 지방에 있는 여러 도당들(cabales)은 파리와 같은 형태를 띠고 있지는 않았다.[33] 여기서 관객들은 성급하게 난폭 행위로 치달았다. 그들은 종종 자신들에게 지나치게 건방진 태도를 취한다고 판단되는 배우에게 관객의 권위를 느끼게 할 필요가 있었다. 이와 관련된 주목할 만한 사건이 1826년 9월 25일 보르도의 대극장에서 《아리스티프》가 공연되면서 발생하였다. 훌륭한 장식물로 치장된 극장에 앉아 있던 관객들은 배우인 리바로를 냉대하였다. 이에 불만을 품은 리바로는 캉브론느(Cambronne)의 명언〔제국 근위대 참모장으로 1814년 엘바 섬까지 나폴레옹과 동행했던 캉브론느가 워털루 전쟁에서 항복을 종용받자, "근위대는 죽을 뿐 결코 항복하지 않는다"라고 언급한 데서 유래된 표현〕을 언급하면서 물러나왔다. 격분한 관객들의 소동으로 인해 경찰국장은 이 배우를 감옥에 가둘 것을 명령하였다. 하지만 이러한 조처는 리바로가 무릎을 꿇고 사죄하기를 요구하는 관객들을 만족시키지 못하였다. 억지로 무대로 이끌려 나온 이 불쌍한 배우는 사죄하기를 거부하였으며, 그는 경찰들과 병사들을 쓰러뜨리고 무대 뒤를 통해 도망갔다. 그의 도망은 극장 내 관객들의 분노를 더욱더 증폭시켰으며, 그들은 "의자를 무대 위와 극장 앞쪽의 상등 관람석으로 집어던졌고, 걸상·복도와 각각의 자리를 비추어 주던 켕케식 양등(洋燈), 무대

앞쪽의 조명, 음악가들의 악보대 및 많은 수의 타일과 유리창을 깨뜨렸으며, 무대 위와 극장 앞쪽의 좌석으로 파편들을 던졌다."[34] 리바로는 다시 체포되었다. 3년 후에 같은 극장에서 한 해의 연극 프로그램을 소개하는 개막식이 개최되었을 때 더욱 심한 소요가 발생하였다. 관객들은 배우들에 대해 불만이 있다고 밝혔다. 6월 28일 관객들은 "좌석에 붙어 있던 장식물을 떼어냈고, 난간과 걸상을 부러뜨렸으며, 이미 무대를 향해 파편들을 던지는"[35] 등 엄청나게 무질서한 행동을 하였다.

1828년 5월 20일 법과대학 학생들은 툴루즈 극장에서 데뷔 공연을 하였던 배우 르 브룅에 반대하는 소요를 계획하였다. 학생들은 이 배우가 두 번씩이나 "예의에 어긋난 방식으로 무대를 떠났다고"[36] 비난하였다. 젊은이들은 아침에 그 소요를 계획하는 회의를 개최하였으며, 저녁에 공연이 이루어질 때 행동해야 할 사항을 세심하게 준비하였다. 그들은 극장 뒤편의 좌석에 난입하였는데, 그 "숫자는 약 5백 명 정도였다." 고통스러운 르 브룅은 공연하기를 거부하였다. 증폭되어 가는 소요를 염려하였던 경찰은 학생들을 철수시킬 것을 결정하였다. 이에 불만을 품은 학생들은 '학교에 있는 많은 수의 외부인들과 합세하여' 억지로 극장 안으로 다시 들어가려 하였으며, 이를 저지하는 14명의 헌병들을 떼밀려고 시도하였다. 난투극이 벌어져 서로 돌을 던졌는데, 한 경찰관이 머리를 심하게 얻어맞았으며 경찰국장 역시 부상을 당하였다. 극장에 나타난 도지사는 주둔군의 파견을 요청하였다. 군인들이 헌병에 합세하여 폭동을 해산시켰다. 다음날 도지사는 배우인 르 브룅이 관중에게 사죄를 표명할 것을 요구하였다.

장 피에르 샬린은 루앙의 지방 신문을 이용한 심도 있는 연구를 진행한 결과, 예술 극장에서 행해지는 '데뷔'[37] 공연시에 얼마나 많은 소요 사태가 있었는지를 제시하였다. 1828년 12월 29일 사건은 폭동으로 전환하였으며, 경찰은 20여 명을 체포하였다. 1829년 5월, 한 여배우에 반대하여 계획된 소요는 심각할 정도로 확대되어 "사람들은 모자를 공중으로 던졌으며, 극장을 향해 던져진 칼이 한 관객에 맞아 부상을 입었다. 일단의 부인들은 정신을 잃었고, 다른 부인들은 공포의 비명을 지르면서 극장을 떠났다."[38]

물론 '데뷔' 무대는 또한 어떤 배우, 혹은 아주 종종 어떤 여배우의 지지자들과 반대자들에게 서로 대립하는 기회였으며, 때로는 확실한 난투극이 발생하는 계기가 되었다. 우리는 1825년부터 1829년까지 보르도에서 매년 이러한 소요 사태가 발생하였음을 지적할 수 있다. 극장 바리에테에서와 마찬가지로 대극장과 테아트르 플랑세〔1680년에 창립된 고전극 전문 극장〕에서 행해진 공연은, 그 도시의 주요 관객이라 할 수 있는 도·소매상 점원들에 의해 교란되었다. 보르도 극장의 부단한 소요는 정치적인 본질에서 비롯된 것 같지는 않다. 이와 마찬가지의 성격을 지닌 소요들은 1819년, 1820년, 1822년과 1825년 낭트에서, 1824년 루앙에서, 1825년 툴루즈·오를레앙과 스트라스부르에서, 1826년 포에서, 1827년 몽펠리에서 두드러지게 나타난다. 앙리 콩타민은 메스에서 이러한 형태의 소요들이 거의 매년 발생하였음을 지적하고 있다.[39]

1824년 5월 11일 페르피냥에 있는 극장의 아래층 뒷자리에서 발생한 소요에서는 항상 전체 관객들이 그 소요를 통해 동요되는 것은 아니라는 사실을 증명할 수 있는 장면이 연출되었다. 이날 "새로운 배우의 데뷔 무대에서 극장의 아래층 뒷자리에 있던 관객들은 두 패로 갈라져 서로 주먹질을 하는 싸움이 시작되었다. 그렇지만 극장 앞쪽의 좌석이나 다른 곳에 앉아 있던 관객들은 공연을 열심히 보았다."[40]

사실상 정치적인 문제와 서로 연결되지는 않았지만, 모든 관객들이 자신들의 행동을 제지하는 경찰이나 헌병들에 대항하여 소요를 일으키는 일이 극히 드물게 발생하였다. 군중들은 극장 내에 무장을 한 사람들의 침입을 거부하였다. 여기서는 단지 하나의 예를 인용하는 것으로 만족하기로 하자. 즉 1824년 11월 트루아 시의 경찰국장은 자신과 언쟁을 벌였던 두 사람을 쫓아내기 위해 헌병 한 명에게 도움을 요청하였다. "이 헌병의 출현은 관객들을 불쾌하게 하였다. 사람들은 흥분하였으며, 이에 경찰국장은 너덧 명의 헌병과 두 명의 경찰을 불렀다. 결국 사람들의 흥분은 절정에 달했고, 극장 아래층 뒷자리에 있던 사람들은 관객 한 명을 끌어내는 것을 저지하기 위하여 앞좌석으로 기어올랐다.”[41] 결국 이 사건에 의해 상황이 전환되자 어쩔 수 없게 된 경찰국장과 헌병들은 싸움을 이기지 못하고 후퇴하기로 결정했다.

극장에 영향력을 행사하기 위한 투쟁

당시까지 전문가 엘리트들은 자신들의 기호를 교양 있는 관객들에게 전파하는 기능을 담당하였는데, 그 엘리트들이 극장에 출입하지 않게 되자 다양한 그룹의 사람들이 공연 전반에 걸쳐 나름대로의 권한을 억지로 행사하려고 시도할 수 있게 되었다. ‘일시적인 것’[42]으로 간주할 수 없을 이 각각의 그룹들에 있어 조직·응집력, 그리고 특히 영속성의 정도에 따라서 소요가 발생하였을 경우 각 그룹들은 자신의 존재를 체험하며 자신의 정체성을 규정하였다. 극장의 아래층 뒷자리는 공동의 몸짓과 언어가 만들어지는 무대가 되었다. 그와 동시에 이 자리를 차지하고 있던 사람들의 판단과 의견을 강요하며, 더구나 경쟁자들이 극장에 영향력을 행사할 수 있는 권한의 탈취를 막는 무대가 되었다. 마지막으로 일종의 법규처럼 인식되지만 반대자들에 의해 특권처럼 간주되는 어떠한 사항들의 실행을 금하는 역할을 하였다.

대극장이 사회적인 친화력을 집중시키는 역할을 하였던 지방 도시들에서는 공연에 대해 어떤 권한을 행사하는 것이 커다란 효과가 있었음을 보여준다. 이러한 권한의 행사는 전체적인 ‘정신’에 행사되는 지배력을 반영하는 것으로 해석되어질 수 있다. 따라서 우리는 항상 각 사건에서 정치적 동기를 구별해 낼 수 없어도, 하지만 그렇다고 해서 그 사건이 단순한 음모에서 비롯되었다고 말하는 것이 가능하지 않아도 각 그룹의 관객들을 대립시켰던 소요의 수와 폭력성을 이해한다.

필리프 아리에스[43]는 왕정복고기 동안 도시 사회의 중심에서 젊은이들이 사회적 지위가 향상되는 혜택을 입었으며, 그 과정에서 학생들이 결정적인 역할을 수행하였다는 점을 정확히 강조하였다. 이 점에 관해서 아리에스는 특히 파리라는 무대를 중심으로 연구를 하였다. 따라서 지방적인 상황을 관찰하는 것은 그의 분석을 뒷받침할 수 있게 만든다. 확실히 극장이라는 공간은 이러한 젊은이의 개념을 보다 쉽게 구체화시킬 수 있게 한다. 학생들은 대부분 도시의 테두리 밖에서 거주하였다. 때로 아주 멀리 떨어져 있는 지역 출신이며, 소부르주아나 종종 제한된 수입을 갖는 지주들의 아들이었던[44] 이 학생들은 가족들이 송금하는 금액으로 초라하게 살았다. 그래서 그 학생들은 도시에서 남의 이목을 꺼리지 않을 정도의 이른바 부잣집 도련님이 보여 주는 굴욕적인 과시를 감수할 수밖에 없었다. 이와는 반대로 젊은 대학생들은 극장에서 영향력을 행사할 수 있는 위치에 있었다. 엄격한 입법에도 불구하고 학생들에게는 모의를 하거나 동맹하는 것조차 쉬운 일이었다. 강의에 출석하거나 카페나 도시 변두리의 시골에서 회의를 개최함으로써, 그 학생들은 쉽사리 소요의 형태를 세밀하게 구상할 수 있었다. 그들이 가지고 있던 정신은 이와 같은 비밀스러운 토의를 통해 얻어진 결정들을 충분히 존중하게 하였다.[45] 학생들이 매우 자주 향유하였던 익명성은 그들의 육체적인 참여를 고무하였으며, 적어도 극장의 질서 유지 담당자에게 걸려들지만 않는다면 학생들이 보복받을 위험성은 거의 없었다. 대학생들은 극장 책임자에게 가장 효과적인 공갈 협박을 할 수 있었다. 다시 말해 극장 책임자가 결정한 공연을 저지하는 행동은 행정당국에는 가장 나쁜 사고가 되었다. 1818년 엑상 프로방스의 학생들은 몽펠리에의 학생들처럼 아주 능란하게 이러한 협박을 하였는데, 특히 그들은 도시를 떠난다는 말까지 하였다.[46]

툴루즈대학과 법과대학에서 소요의 해라 할 수 있는 1817년에 대학생들은 이전에 극장에서 향유하였던 특권을 다시 얻기를 희망하면서 회의를 개최하였다. 그들은 특히 탈마에서 온 극장 지배인에게 정기권 가격의 인하와 같은 문제들을 어떻게 요구할 것인가에 대해 협의하였다. 툴루즈에 처음 왔기 때문에 도시에 대해 생소하였을 뿐만 아니라, 그 도시에서 지원자를 가지고 있지 못했던 이 젊은이들에 대항하여 경찰국장은 수비대를 고용할 것을 제안하였다.[47] 이듬해 엑스의 학생들 역시 회합을 가졌는데, 그들은 대표자와 위원들을 임명하였으며, 또한 공연 관람시에 가져야만 하는 태도에 대해 토론하였다.[48] 푸아티에의 학생들은 1819년 자신들의 견해를 극장 책임자에게 강압적으로 요구하였으며, 마음에 들지 않는 연극 한 편의 상연을 저지하려 하였다.[49]

1818년 2월 15일, 일등 관람석에 자리잡고 있던 엑상프로방스대학의 법과 학생들은 2년 전부터 극장 아래층 뒷자리에 앉아 있던 '관중들' 의 야유하는 소리를 더 이상 감수할 수 없다는 불만을 토로하였다.[50] 소동이 시작되었으며, 이 소동은 여러 날 지속되었다. 학생들은 자신들이 연극에서 모자를 쓴 채로 앉아 있으며, 극장의 이층 앞자리를 차지하고, '무대 전면의 양쪽에 위치한' 좌석에 앉을 수 있을 뿐만 아니라 무대 뒤편에 접근할 수 있는 권한을 허가할 것을 요구하였다. 이와는 반대로 그 학생들은 자신들의 반대자들이 '극장 아래층 뒷자리 사람들의 권리' 라 불렀던 것을 수용하기를 거부하였다. 그 사람들은 젊은이들이 무례하게 처신하고 있다고 비난하였다. 1821년 대학의 젊은이들은 자신들의 특권을 옹호하기 위하여 상호 동맹하였으며, 이에 시장은 결국 이러한 특권을 학생들로부터 박탈하려고 하였다. 시장은 무대 전면 양쪽의 좌석을 제거하고 무대 뒤편으로 통하는 문을 폐쇄할 것을 결정하였다. 그와 같은 소동은 결국 놀란 그 구역 상인들이 상점의 문을 닫기로 결정하는 결과를 초래하였다.[51]

툴루즈의 학생들 4백 명은 도시 젊은이의 지원을 받고, 1824년 5월 14일 장인·짐꾼 및 가마꾼 등으로 구성된 민중 계급의 관객인 극장 아래층 뒷자리를 차지하고 있던 1백20명의 젊은이들과 상호 충돌하였다. 대학생들과 도시 젊은이들은 수적인 우세에도 불구하고 아주 조심성 있게 자신들과 충돌한 젊은이들에게 덤벼드는 것을 삼갔는데, 그 민중 계급의 젊은이들은

"숫자가 적었음에도 불구하고 모두 억센 남자들이었으며, 살벌하게 매질을 할 수 있는 나무 조각들로 무장을 하고 있었기"[52] 때문이었다. 이러한 사태를 우려한 경찰국장은 일시적으로 극장 문을 폐쇄할 것을 결정하였다. 4년 후 마르세유에서는 두번째 극장 개막시에 일등석에 앉아 있던 학생들이 배우들에게 휘파람을 불면서 야유를 보내는 행동을 서슴지 않았는데, 마침 극장 아래층 뒷자리를 차지하고 있던 노동자들·짐꾼들 및 장인들은 그러한 학생들에 대해 욕설을 퍼부었다. 이들은 서로 감자를 던졌으며, 여기저기서 의자들이 내던져졌다. 치안경찰들은 일등석의 관객들을 극장 밖으로 내보내기로 결정하였으며, 동시에 극장 아래층 뒷자리에 앉아 있던 관객들이 밖으로 나가는 것을 제지하였다. 사실상 경찰은 만약 이 두 패가 서로 맞닥뜨리게 된다면, '거리에서 커다란 불행한 사건들'[53]이 발생하지 않을까 걱정하였다.

몽펠리에의 헌병 중대장은 1825년 4월 22일 모든 도시는 의과대학 학생들에 대해 적의를 품고 있다고 밝혔다.[54] 도시 외곽에 거주하고 있던 사람들은 심지어 극장에 와서 이 젊은이들이 사리에 따라 행동하게 해야 한다고 말하였다.[55] 1827년 한 배우의 **데뷔** 무대에 학생들과 도시의 젊은이들은 상호 격렬하게 충돌하였다. 그 두 적대적인 패거리는 광장에 집결하였다. "이 어려움을 좀더 복잡하게 만드는 점은 도시 외곽의 주민들이 이 싸움에 참가하기를 원하는 것으로 보인다는 것인데, (…) 만약 그들의 행동을 조심시키지 않는다면 그들은 학생들에게 적대적인 편이 될 것이다"[56]라고 경찰국장은 적고 있다.

장교들의 태도는 아주 다르게 나타났지만 많은 도시들에 군대가 주둔해 있었기 때문에 그 부대의 장교들은 공연에 어떤 영향력을 행사할 수 있는 권리를 주장하게 되었다. 장교들의 우선적인 고민은 자신들의 위치를 인식하게 만드는 것이었다. 장교는 사교계에 들어갈 수 있기를 희망하였지만, 사교계는 상당히 자주 장교에 대해 불만을 표시하였으며 장교가 보여 주는 유혹의 위험성을 경계하였다. 군인은 다른 사람이 자신을 존경하지 않는 듯한 태도를 보여 주는 것을 용서치 않았으며, 군인에게 망신을 주는 젊은이에게 또 '대중'의 모욕에 대해 군인은 마찬가지의 응수, 즉 결투로 대응하였다. 이를 위해서 군인은 군중 속에서 그의 적수를 선택하고 지명해야만 하였다.

1826년 6월 23일 리모주 극장 아래층 뒷자리에 있던 소부르주아 관객들과 이등석, 특히 삼등석을 차지하고 있던 민중들은 연극 마지막에 군인들에게 야유를 보내기로 합의하였다. 이들은 군인들이 막간에 이층 앞자리에 앉음으로써 아래층 뒷자리에 앉아 있는 사람들을 외면한다고 비난하였다. 이 소동은 일등석의 모든 여자들이 이미 밖으로 빠져 나간 다음 극장 문을 닫아야만 할 지경에까지 이르렀다. 이 난장판은 세 가지 결투를 초래하였다. 이 결투는 연극을 자주 관람하던 수백 명의 공장 노동자들의 참여 속에서 전개되었다. 결투 장소를 알고 있던 노동자들은 그 장소로 가서 한 사람을 죽음에 이를 정도로 부상을 입힌 장교를 마구 두들겨패기로 하였다. 리모주 사람들의 반군인주의는 깊어졌는데, 그 연원은 오래 된 과거에 있음을 볼 수 있다.[57]

1823년 7월 보베에서 부르주아 계급과 주둔 부대 장교들 사이에서 발생한 적대 관계는, 극장·댄스홀 심지어 공공 장소까지도 폐쇄해야 할 만큼 심각한 지경에 이르렀다. 군인들에 대해 아주 적대적이었으며 몽둥이로 무장한 사람들로 구성된 무리들은 거리와 시청 광장에 집결하였다. 한 장교는 체포되어 엄중하게 억류되어 있는 상태에서 자신에게 공공연히 도전한 한 젊은 남자를 만날 수 없다는 사실에 분노를 느껴 권총으로 자기 머리를 쏘아 자살하였다.[58] 같은 해 바욘 극장 아래층 뒷자리에 앉는 사람들과 이등석에 자리잡는 군인들은 서로 욕설을 퍼부었다. 이 싸움이 격화될 것을 걱정한 극장 지배인은 막을 내리게 하였다.[59] 1827년 2월 4일 여러 명의 푸아티에 학생들은 자신의 외투를 극장 아래층 뒷자리 위에 걸어 놓은 한 군인의 숙소에 침입하였으며, 그 결과 결투가 발생하였다.[60]

우리는 이와 같은 유형으로 흔하게 발생하였던 소요 사태를 더 이상 언급할 필요는 없을 것이다. 1825년 4월 8일 몽펠리에에서 발생한 사건에 대해 에로의 경찰국장은 "분쟁은 합심이 된 도시와 주둔 부대 사이에서 발생하였다"고 적었다. 소뮈르의 극장에서는 1829년 8월의 어느 일요일 저녁, 극장 아래층 뒷자리에 있던 관객들과 일등석에 앉아 있던 기병학교 장교들이 주먹질을 시작하여, 중위와 소위들이 아래층 뒷자리 관객들에게 몰려들었다. 극장 문을 닫아야만 하였다.[61] 앙리 콩타민에 의하면, 메스에서는 응용 교련학교 장교들과 부르주아 계급 사이에서 발생한 충돌로 인하여 지속적으로 공연이 방해받았다고 한다.[62]

이러한 문제를 보다 철저하게 하기 위하여, 경쟁적인 색채를 띤 동업 조합의 직인들이 서로 대립하는 과정에서 발생한 소동들을 설명할 필요가 있다는 점을 덧붙여야만 한다. 이 싸움들 중에서 가장 독특한 것은 1827년 10월 9일 낭트의 극장에서 발생한 소동이었는데, 왜냐하면 여기에서 **의무적인 동업 조합원**이 시작되었기 때문이다.[63]

극장에서의 정치

합법적인 국가와 마찬가지로 합법적인 극장이 존재하였으며,[64] 사람들이 역사를 설명하는 극적인 연극을 고대하였기 때문에 정치적인 견해와 종교적인 확신들에 의해 직접적으로 야기된 소동들이 끊임없이 나타났다는 것을 이해할 수 있다. 사실상 이러한 소동들은 그 이전에 발생한 소동들과 같은 선상의 단절에 의해 정리되었다. 대규모로 전개된 자신의 견해를 밝히는 토론은 구체적인 사회적 긴장을 초래하였으며, 각 집단들의 연대감을 공고히 하였을 뿐만 아니라 각각의 관련된 도시들에서의 분쟁 양식은 사회적 관계들의 모습에 따라 변하였다.

그렇지만 이와 같은 유형의 소요들이 예외적으로 확장된 형태를 띠고 있다는 점을 인식해야만 한다. 이 경우에 극장은 집회 장소가 되었다. 가장 극

적인 도전이 시작되고 상대방의 세력과 결단력이 시험되는 것은 바로 극장
에서였다. 그러나 한 번 더 사건의 구조는 분쟁이 잘 일어나는 모습들에 의
해 결정되는 것으로 나타난다. 몇몇 예는 이를 충분히 이해시킬 수 있을 것
이다.

툴루즈에서와 마찬가지로 엑스와 마르세유에서 대립은 동일한 양상을 보
인다. 즉 여기에서는 극장 아래층 뒷자리의 왕당파 군중들과 객석에서 때
로 아래층 뒷자리의 왼편에 집결한 자유주의적인 학생들이 서로 대립하였
다. 1823년 3월 12일 엑스의 극장 내에서 발생하였던 싸움은 급속하게 폭
력적인 사태로 발전하였다. '공화국 원로들'의 도움을 받는 자유주의적 학
생들은 결국 왕당파 '민중'들에 의해 그들이 소지하고 있던 나무 막대기들
을 빼앗겼다. 경찰국장에 의하면 그들은 돌이 우박처럼 떨어지는 상황 속
에서 극장을 빠져 나가야만 하였다. 그러나 어쨌든 그들은 강의 시간에 마
뉘엘[1775-1827; 프랑스의 정치가로 왕정복고 시기에 자유주의 운동을 전개]
만세'라는 구호를 외치면서 재집결하였다.[65]

툴루즈에서 그보다 한 해 전인 1822년 7월 15일에 발생한 상황은 정부를
반대하는 측에게 덜 불리한 것으로 나타났다. 여기서도 마찬가지로 극장의
아래층 뒷자리는 두 개의 대립적인 도당으로 나누어져 있었는데, 즉 좌측에
는 경찰국장이 '가짜 학생들'이라 규정한 법과대학 학생들과 프리메이슨 단
원들, 상점의 점원들 및 특히 밀 중개인들과 운하의 하역 인부들을 자유주
의자들이 규합하고 있었다. 맞은편에는 경찰국장이 '대다수의 관객들'이라
규정한 사람들이 앉아 있었다. **연맹 만세, 입헌 군주 만세, 헌장 만세**[루이
18세가 1814년 인준한 헌장] 및 심지어 **왕을 타도하라** 같은 구호들은 앙리
4세를 주제로 공연된 연극과 칸타타를 중단시켰다. 이러한 소동은 결국 싸
움을 초래하였고, 군대가 개입하는 것으로 결말이 났다.[66] 툴루즈 시장에 따
르면, 3월부터 연극 상연을 끊임없이 혼란케 하였던 소동은 프리메이슨 단
원들 사이에 은신해 있던 비밀 결사에 의해 조직되었다는 것이다.[67] 싸움은
확대되었다. 자유주의자들은 왕당파들이 습관적으로 집회를 가지던 카페

나 식당에까지 가서 왕당파들에게 도전하였다.[68]

샤를 10세의 즉위 직전인 1825년 4월과 5월에 걸쳐 루앙의 두 극장 내에서 발생한 충돌 원인들은 아주 다른 것으로 나타난다. 당국이 보기에 루앙은 다양한 음모가 획책되는 중심지가 되었는데, 이 음모는 화젯거리를 제공하는 '사교계'를 두렵게 하였다. 극장은 왕정복고기의 매우 특징적인 곳으로 나타났으며, 경찰조차도 공포심을 드러내 보일 정도로 핵심적인 음모가 이루어지는 공간이었다.[69] 어쨌든 경찰국장은 대경실색하였다. 그곳에서 정부를 반대하는 무리들은 산업가들이 소동을 부채질하기 위하여 연극에 보내기로 약속한 노동자들을 고려해 넣지 않더라도 상점 점원들, 다르네탈 공장의 지배인들과 십장들, "많은 수가 대상인의 아들이었으며 부유한 젊은 이들이었던"[70] 공증인과 소송 대리인의 서기들을 새로이 규합하였다는 점을 언급해야만 한다.[71] 모든 계층의 왕당파들·귀족들·대상인들·지주들·행정관들·공무원들과 성직자들까지도 불평을 하였다. 이 모든 소동은 《타르튀프》(몰리에르의 연극으로 1669년에 상연 금지 조처가 해제되었다)의 상연을 금하려는 대주교에 의해 고무된 결정에서 비롯되었다. 확실히 이 소요는 단기간에 종결되었으나, 그래도 이 사건은 전국적으로 대단한 반향을 불러일으켰다.

몰리에르의 연극이 극장의 질서를 유지할 책임이 있는 무기력한 사람들로 하여금 지속적으로 불안한 마음이 들게 만들었다는 점을 언급해야만 한다. 샤를 10세의 치하에서 정치적인 암시와 '실행'은 끊임없이 반대자들의 주의에 초점을 맞추었다. 극장에서 문학적인 열기가 정신을 사로잡을 때까지 토론은 종교적인 영역에 집중되어 있었다. 1826년 5월 앙굴렘의 자유주의자들은 소동을 일으키고 폭력을 행사하면서 《타르튀프》의 상연을 강요하였다.[72] 같은 해 클레르몽 페랑의 극장 아래층 뒷자리의 관객들은 칸막이 좌석에 앉아 있던 관객들의 지지를 받아 연극 끝에 몰리에르의 흉상을 무대 위로 영광스럽게 올리는 승리를 쟁취하였다.[73] 그러나 이와는 반대로 이듬해, 이번에 님에서 몰리에르의 흉상을 가져간 사람들은 바로 연극의 반대자들이었다. 처음 장면부터 그들은 배우들을 물러가게 하려고 '정말 작은 돌'[74]을 던졌다. 이 소동은 1시간 이상 계속되었으며, 극장 지배인은 연극을 중단시킬 수밖에 없었다. 대다수가 수공업 노동자들로 구성된 극장 아래층 뒷자리의 과격한 관객들은 오랫동안 소리 높여 승리를 외친 후에 파랑돌 [프로방스 지방의 춤]을 추었다. 반면 칸막이 좌석에 있던 관객들——신교 도 부르주아?——은 조심스럽게 극장을 빠져 나갔다. 이는 한 번 더 민속 이 정치적 참여에 이바지하는 모습을 보여 준 것이었는데, 여기서 민속은 아주 자연스럽게 왕당파들의 마음을 사로잡은 민중적인 환희의 모범적인 모습을 제시하였다. 《타르튀프》의 상연은 아주 작은 도시들에서까지 소동을 일으켰으며, 장 비달랑은 이 연극이 7월 혁명 직전 퐁 토드메에서 공연됨으 로써 극장을 혼란에 빠뜨렸다는 사실을 지적하였다.[75]

상당히 일반적으로 왕정복고기에 여러 극장들에서 발생하였던 소요들과 관련된 서류들은, 대담하고 조직적이며 당국을 걱정하게 만들기에 충분할 정도로 많은 수의 보나파르트주의적이고 자유주의적인 반대 세력이 존재하 였음을 보여 준다. 1819년 툴루즈에서 많은 수의 학생들은 "박해를 받는다 는 것은 영웅의 운명이다"[76]라고 하면서 아주 열렬하게 찬양하였다. 1820 년 낭트에서는, 도지사에 의하면 16세에서 24세 정도 연령의 20여 명의 보 나파르트주의자들은 극장에 대해 독점적인 영향력을 확고하게 행사하였 다. "그들은 나폴레옹 1세 정부를 찬양하기 위하여 타인의 비판과 통합의 능력은 무시한 채 어떤 행동을 유발시킬 수 있는 자극적인 모든 수단들을 가지고 있었으며, 이와 반대되는 모든 감정을 표명하는 것에 반대하였다."[77] 1822년 "하늘은 종종 왕들을 복수에 빠지게 한다"라는 연극의 한 구절은 우 레와 같은 박수갈채를 받았다. "아무도 체포할 수 없었을 정도로 시위자들 의 수는 많았다."[78]

만약 랑그독이나 프로방스 등과 같은 프랑스의 일부 남부 지방을 제외한 다면, 연극을 상연하는 극장 내에서 이루어지는 행동의 효과는 제도에 반 대하는 사람들에게 유리한 것으로 나타날 것이다. 또한 이 사람들은 공권력을 경계하지 않는 상태에서 매우 자주 방어적인 입장을 취하는 정부측 관객들에게 성공적으로 영향력을 행사하게 될 것이었다.

언어, 폭력과 환상

연극과 정치 사이에는 밀접한 관계가 형성되어 있다. 장 뒤비뇨는 7월 왕정하에서 이루어지는 정치적 생활이 당연히 연극적 성격을 가지고 있음을 강조하였다. 바꾸어 말하면, 우측과 좌측으로 분할된 극장 아래층 뒷자리는 하원의회를 상징적으로 재현한 것이며, 이는 그리 규모가 크지 않은 도시들에 있는 극장에서도 마찬가지였다. 토마 랭데는 외르의 베르내에 있던 극장에서의 연극 상연을 다음과 같이 묘사하고 있다. "한쪽에는 모두 흰색 꽃다발을 가진 남성 관객들과 여성 관객들이 있었으며, 다른 쪽에는 모두 붉은색 꽃다발을 가지고 있었다. 흰장미를 가진 무리들은 앙리 4세를 좋아한다는 태도를 요구할 것이라고 밝혔다. 콧수염을 기른 몇몇 군인들은 자신들이 몇 명의 귀를 자르고 싶었다는 것을 표명하려고 하였다."[79] 상상의 세계 속에서 작용하는 장소의 유희적인 특성은 각 개인들에게 자기 자신을 의회의 연설가라고 믿게 만들 수 있는 효과가 있었다. 이에 반대하는 사람들은 연극에 대해 준엄한 비판을 가하고, 연극을 통해 나타나는 정신을 좁은 도량으로 관찰하는 놀라울 정도의 관행을 적용시킴으로써 반격하였다. 이러한 적용은 기존의 표현을 전복시키며, 어느 순간 정치적 대토론과 같은 드라마적인 행위를 구별하는 일시적인 간격을 없애 버렸다. 과거와 현재가, 또한 현실과 상상이 지속적으로 뒤얽혀지는 모습은 관객들에게는 물론 배우들에게도 혼동된 역할을 계속 담당하게 만들었다. 찬사와 야유·고함·욕설·보란 듯한 기침 같은 행동들은 경우에 따라서 배우들의 연기, 열심히 대사를 읊는 행위, 극장에 자리잡고 있는 반대자들의 행동이나 헌병의 개입 등을 당연한 결과로서 인정할 수 있게 만들었다.

거의 발생하지 않았던 진정한 소란은 결국 지팡이나 몽둥이를 사용하여 전개되었다. 사실상 폭력은 아주 빈번히 돌을 던지거나 기물을 파괴하는 행동으로 표현되었다. 어느 정도의 거리를 두고 벌어지는 싸움은 위험을 줄일 수 있었지만, 램프를 부수고, 음악가의 악보대를 박살내며, 켕케식 양등을 깨뜨리는 등의 행동들은 불만을 품은 관중에게는 큰 위험 없이 자신들의 결의를 입증하는 것이었다. 걸상이나 관객용 긴 의자를 부수고, 칸막이 좌석과 난간의 장식물을 뜯어내는 행위는 어느 한 그룹이 자신들과 반대되는 다른 그룹을 자신들의 영역으로부터 축출하는 데 성공하였다는 것과, 그들에게 추가적으로 멸시를 보낼 수 있게 되었음을 나타낸다. 상징적으로 엉망진창이 된 모습은 부상당한 모습을 대신하였으며, 승리한 그룹의 명예라는 자본을 증대시켰다. 그러나 결국 우상이 이를 가져간다. 만약 극장 아래층 뒷자리의 사람들이 칸막이 좌석을 공략하는 일이 생긴다면, 이는 칸막이 좌석의 관객들이 자연 발생적으로, 혹은 당국의 명령에 의해 자신들의 좌석을 빠져 나온 것이었다. 1828년 12월 28일 루앙의 예술 극장에서 연극을 지지하는 극장 아래층 뒷자리의 관객들은 높은 등급의 좌석에 앉아 있던 젊은이들이 휘파람을 불며 야유를 보낸다는 이유를 들어 비난하였다. 헌병 사령관의 기록에 의하면, 연극 끝부분에 "극장 아래층 뒷자리의 관객들은 이미 일등석으로 피신해 있는 이 젊은이들을 공격하였으며, 이들에게 의자와 등받이가 없는 걸상 및 칸막이 좌석 출입문의 부서진 조각들을 던졌다. 결국 그렇게 심각하지는 않지만 몇 명의 부상자가 발생하였다."[80]

품행의 연극성, 행위의 유희적인 성격이 행동의 폭력성을 완화시켰다는 점을 한 번 더 언급할 수 있다.[81] 이 점에 관해 밝힐 수 있는 것은 어떤 성질의 물건들이 반대자들을 향해 던져졌는가 하는 것이다. 그 물건들은 이른바 토마토·사과·밤·올리브·오렌지·감자·진흙·건초 더미·나무·각종 집기 파편 등이었으며, 쇠로 된 물건은 전혀 없었고[82] 돌도 거의 없었다. 가공할 폭력의 필요성이 시작된 것은 바로 거리에서였다.

소요의 범람

사실상 각종 소요들이 범람하였다. 극장이라는 안전 지대에서 은밀하게
계획된 어떤 책동이 도시를 뒤흔드는 경향이 있었을 뿐만 아니라 폭력을 격
리시키려고 하였던 행정당국의 의도를 실패하게 만드는 일이 발생하였다.
결국 극장은 본능의 해소가 이루어지고 정치적 토론이 나타나는 것과 같은
이미 누구나 잘 알고 있던 기능을 초월하였으며 걱정스러운 지진의 진앙이
되었다. 도시를 향한 이러한 침입은 도시의 중심지로 용이하게 진출하였음
을 의미하는데, 이는 결국 대부분의 경우 여러 극장들이 도시 중심지에 위
치하였다는 사실을 알려 준다. 그러므로 우리는 경험적으로 교육된 제2제
정이 어째서 인구가 밀집된 중심지에 새로운 극장들을 건립하는 일을 회피
하려고 했는지를 이해한다.

뿐만 아니라 몇몇 예는 이와 같은 유형의 사건들의 모습을 충분히 복원시
킬 수 있을 것이다. 1817년 11월 28일 저녁 경찰국장이 직접 개입할 수밖
에 없었던 소동이 끝났을 때, 극장 아래층 뒷자리에 있던 툴루즈 법과대학
학생들은 큰 몽둥이로 무장을 하고 카피톨 광장을 비롯하여 그 인접 거리
를 점거하였다. 태연한 경찰국장은 툴루즈의 학생들이 신문을 통해 성공 사
례를 읽은 바 있는 독일 학생들을 모방하려 한다고 간주하였다.[83] 그렇지만
바로 그 학생들만이 운동의 목적을 달성할 수 있을 것이었다. 1824년 12월
1일 마찬가지로 툴루즈에서 극장 지배인의 부인을 비난하였던 관객들은 그
날 저녁 내내 극장으로 통하는 대로를 가로막았다.[84]

1825년 4월 21일 몽펠리에에서는 대다수 의과대학 학생들로 구성된 3백
내지 4백 명 정도의 군중이 코메디 광장에 집결하였다. 이 분쟁에 참여하였
던 군중들은 돌을 던지면서 시청까지 밀고 나갔는데, 경찰국장과 헌병들이
출동하여 극장 내에서 이 군중들 중 한 사람을 체포하였다. 이날 저녁의 소
동이 끝난 후 3명의 극장 경비원들이 부상을 당했으며, 19세에서 24세 사

이의 7명의 학생들이 투옥되었으나, 그들 중 어느 누구도 이 도시 출신이
아니었다. 처음에 젊은이들은 불법 행위를 통해 그들의 동료들 중 한 사람
에 대한 법적인 조처를 기도하였던 단역 배우인 로잘리를 단지 응징하려고
하였다.[85]

1825년 4월 19일 루앙의 기병 소대는 예술 극장 앞에 집결하여 있던 젊
은이들은 해산시켜야만 하였는데, 이들은 연극이 끝나고 극장에서 나오자
성가를 부르면서 광장과 그에 인접한 거리들에 모여들었다. 이와 같이 이들
젊은이들은 《타르튀프》의 상연 금지 조처에 반대하여 항의하려고 하였다.[86]

시위대는 성공적으로 도시 중심지를 일시적이라도 획득하려고 기도하였
지만, 그 모든 경우는 당국이 호의적으로 양보한 극장 주변의 공간을 확장
하려는 것만을 목표로 한 일이었다. 그 목표는 낭만주의적인 바리케이드보
다는 우리의 실질적인 '시위들'에 더욱 근접한 것이었다. 어떤 때는 여러
구역에서 발생하는 난장판과 같은 싸움에서, 또 어떤 때는 중세 이래 학생
들과 도시인들이 상호 대립하였던 충돌의 모습을 모방한 이 행위는 아마도
특히 젊은이들이 갈망하는 축제를 표현한다. 이 행위는 도시의 민속이 성직
자들에 의해 형식화되고 억제되었던 이 시기에 도시민적이고, 세속적이며,
청년들을 위한 축제를 재창조하려는 다소 의식적인 의지를 표현한다.[87] 이
소란스러운 퇴장은 저녁 사교 모임이 활발하였던 프랑스 남부 지역의 도시
들에서 매우 자주 발생하였다. 이 지역에서는 다른 곳에 비해 저녁 산책이
하나의 의식처럼 빈번하게 이루어졌는데, 그 중요성은 각종 소요가 발생하
였던 장소들의 모습을 완전히 뒤바뀌게 만들려는 의도에 대해 충분한 근거
를 제시하였다.

많은 증거들을 통해 결국 끊임없이 소요가 발생하였던 연극이 상연되는
극장의 이미지, 항상 폭풍우가 밀어닥칠 것 같은 바다 이미지[88]를 확인할 수
있지만, 자신들의 사적인 이해 관계에 사로잡힌 익명의 개인들로 구성되어
서 구별되지 않고 하나의 덩어리로 나타나는 군중의 이미지는 아니다. 소요
는 쉽게 인식할 수 있는 각종 수단들을 소유하고 있다. 여기에서 소요의 목

적은 아주 가끔 미적인 질서에 불과하였다. 지방에 비해 수도인 파리는 여성용 의복의 제작, 재능의 봉헌이 발달하였다. 토론은 작업의 질에 따라서 정리되지는 않았는데, 기껏해야 우리는 배우들의 작업에 관심이 있을 뿐이다.[89] 이와 관련하여 파리의 인기 배우들, 특히 탈마가 보여 준 매력은 괄목할 만한 것이었다.

우리는 이미 이러한 관행이 은근하게 적용되는 기술이 연극의 내용에 대한 관심을 다른 데로 돌렸으며, 왕정복고기의 극장을 조금씩 파괴하였다는 것을 알고 있다. 또한 여러 그룹들이 자신들의 정체성을 유지하거나 형성하려 하는 경우에 이 공연의 기능을 강조해야만 하였다. 연대성이 형성되고 시험되었을 뿐만 아니라, 각 계층들이 표명하는 자신들의 타당성이 확실한 모습으로 융합되는 장소인 극장은 그 계층들의 권력에 의해 통제를 받는 이러한 중간 정도 규모의 도시들에서 소요 사건의 안전 지대가 되었다. 그 정도로 극장에서 발생하는 사회적 예식들은 지방의 역사를 형성하며, 화젯거리가 되고, 결탁의 존재를 사실이라고 믿게 하며, 영웅적인 행위로부터 박탈된 열성적인 젊은 계층의 욕구들을 위한 배출구로서 작용하였다.

이와 같이 드라마적인 놀이가 발생하였다. 눈에 보이지 않는 부차적인 극장은 무대 위에서 전개되는 연극을 그리 중요하지 않은 가치를 지닌 것으로 후퇴하게 만들었다. 극장 아래층 뒷자리는 회합의 장소로 변하였다. 칸막이 좌석의 난간은 그 회합과 수반되는 무도회, 헌병, 타도의 대상인 적대적 존재, 코미디 광장, 환상적인 오스텔리츠(Austerlitz)가 되었다.

행정당국은 이 운동의 진실을 간파하였다. 당국은 결국 놀라울 정도로 그 운동을 허용하는 자세를 보여 주었다. 그들이 보기에 중요한 것은 학생·점원·장교·장색들 및 부르주아 계급이 행동과학적인 경쟁에서 상호 충돌하는 경우에 모든 민속에서 차용한 이러한 가상 토론이 행해지는 이 공간의 울타리를 유지하는 것이었다. 일시적인, 말하자면 운동의 환상적인 특성을 자각한 행정당국은 단지 도시의 변두리 구역에 사는 사람들이 그 충돌에 관련되지 않을까 하는 문제가 두려움의 대상이었다. 멜로드라마의 등장 인물들은 극장의 무대 가장자리를 극복해야만 하지는 않았다. 극장을 뒤덮고 있는 것은 사회적 경쟁과 관련된 심오한 실체와 전혀 관계가 없었다. 이러한 점에서 같은 편은 서로 의견의 일치를 보았으며, 위험한 계급들이 극장에 난입하였을 경우 그 난입은 일반적으로 폭력의 환상을 사라지게 하려는 경찰의 출현보다 더욱 효과적으로 나타났다.

4

가정주부의 고고학과 부르주아 계급의 환상 [1]

　살림 전반을 돌보는 하녀는 대체 어떠한 점에서 현대의 역사가들을 그토록 매혹시킬 만한 요소를 가지고 있는가? 최근 1년간 이 주제에 관련된 세 가지 중요한 저작들이 출간되었다. [2] 지금으로서는 대학에 있는 독자들만이 볼 수 있는 것이기는 하지만, 최근에 발표된 박사학위 논문에서 장 피에르 샬린은 이 주제에 관한 선택의 여지를 남겨 놓았다. [3] 우리가 이 주제에 대해 갖는 관심은 단지 프랑스에만 한정된 것은 아니다. 이미 1976년에 테레자 맥 브라이드는 현대 가정 환경의 중요성에 대한 글을 발표하여 전문가들의 이목을 집중시켰다. [4] 이는 역사책을 읽는 독자들이 공장이나 소규모 작업장과 관련된 주제에 싫증이 났으며, 온갖 종류의 방랑자와 사회에서 소외된 사람들이 더 이상 각광을 받지 못한다는 사실을 의미하는 것인가? 하녀에 대한 연구가 유행하고 있다는 점은 지금까지 우리가 단지 부엌 뒤의 설거지 칸에 있는 존재로 간과하였던 단순한 사실과 관계가 있다고 여겨야만 할 것인가? 이와 관련된 설명은 어느 정도 짧아질 것이다. 만약 살림 전반을 돌보는 하녀가 이 점에서 흥미를 끈다면, 이는 여성들이 아주 어렸을 적부터 참을 수 없을 정도로 가정 내에 은폐된 채 행해져 왔던 관행들을 보다 확실히 몰아내려는 희망을 가지고 가정주부의 고고학을 장려하려고 결정하였음을 의미한다. 뿐만 아니라 중년의 나이인 부르주아 계급의 사람들은 이른바 죄의식으로 장식된 향수를 통해서 이와 같이 불쌍한 그들의 젊은 시절의 잔해들을 상기시키기를 원한다.

*

이미 이와 마찬가지의 매력을 보여 주는 또 하나의 다른 시대가 존재하는데, 그것은 바로 19세기말이다. 소위 드레퓌스 사건의 시대만큼 가정의 일과 살림에 대해 그토록 많이 언급된 시대는 없었다. 예전에 장 보리가 미혼자를 주인공으로 하여 서술하였던 문학 작품의 이곳저곳에 나타나는 하녀는 시민권과 관련된 간결한 문제의 잡지들에 등장하며 드라마적인 주제가 되었다. 정신분석학적 담론 그 자체는 하녀들에 대한 고증과 곁들여진다.

그렇지만 그처럼 언급되는 하녀들은 결국 가장 완전한 침묵을 강요받았다. 즉 그들은 정체성을 상실하였다. 또한 그들은 자신들을 고용한 가족에 의탁하였으며, 나아가 그 가족 내에서 피에르 귀랄과 기 튈리에가 준봉건적이라 규정하였던 관계에 의해 결부되어졌다. 모든 면에서 하녀들은 자기 자신의 이야기를 할 만한 시간이 없었으며, 가정에서 소위 테일러 시스템[미국의 기술자 테일러(F. W. Taylor)가 제창한 공장 관리 · 노무 관리의 방식]의 여명이 나타나면서 점점 더 엄격하게 통제되었다.

만약 부르주아적 담론이 이러한 점을 지속적으로 참고하였다고 말할 수 있다면, 이는 무엇보다도 먼저 하녀가 그러한 담론을 확고하게 형성하는 데 이바지하였기 때문이다. 하녀는 영속적인 사회적 질서를 상징하였다. 이와 같이 하녀와 하인은 외부의 위협에 대하여 가정을 지키는 경계를 게을리 하지 않는 파수꾼의 역할로 자신들을 완벽하게 동화시켰으며, 적어도 건방진 주인을 연상시킬 수 있을 만큼 규범의 수호자라는 위치로 승진한 것으로 나타났다. 투덜거리는 숫처녀인 '펠리컨 같은 하녀'는 전달의 임무를 지니고 있었다. 즉 그녀는 세대간의 원만한 관계를 보장하는 역할을 담당하였다. 아버지가 사망하였을 때 그의 눈을 감겨 주는 하녀는 그녀의 독자적인 존재를 통해 가족의 권세와 번영을 보장하였던 가치들을 유지하는 역할을 담당하고 있음을 뜻한다.

하녀의 존재는 사회적 계급 구조를 증명하는데, 하녀를 모욕하는 것은 소부르주아 계층의 권력을 확실히 드러내는 동시에 정당화하는 것이었다. 또한 하녀에게 의지하고 미묘한 온정적 간섭주의(paternalisme)를 사용하는 것은 프롤레타리아 계급의 위협을 완화시켰다. 헌신적인 하녀는 변신의 결과였으며, 주인과의 일상적인 접촉을 통해 훈련되고 길들여진 사람의 화신이라 할 수 있다. 어린이들의 어깨 너머로 베카신느(Béccassine)를 읽는 것은 마음놓이는 일이었다.

여기서 이와 같이 하녀가 가지고 있는 이상야릇한 매력에 대한 설명만으로 그치는 것은 아니다. 우리는 부르주아 젊은이들의 교육에서 하녀가 담당하였던 막대한 역할을 오늘날 어렴풋하게 예상할 뿐이다. 하녀는 자녀들과 소원한 관계를 유지하는 동시에 신비로운 이미지를 주는 어머니를 부분적으로 대리하면서 오이디푸스적인 삼각 관계를 통해 형성되는 아름다운 조화를 단절시킨다. 하녀는 어린아이에게 육체에 관한 확실치 않은 문화와 결코 머리에서 떠나지 않을 분쟁을 유발하는 기준을 전달한다. 어린아이에게 최초의 보살핌을 아낌없이 주는 사람은 바로 모르방 지역 출신의 유모였으며, 어린아이가 홍역과 백일해에 걸렸을 때 이를 돌보며 공공 정원에서 함께 놀이를 하는 사람은 바로 하녀였다. "목욕탕의 열쇠 구멍을 통하여 하녀의 은폐되고 불법적인 사랑을 보는 것은 여성에 관한 성적인 이미지가 어린아이에게 보여지는 것이었다."[5]

하녀는 어린아이들에게 최초로 떠듬거리면서 하는 기도를 가르쳤으며, 어린아이들의 공상을 북돋아 주었다. 가족의 일상 생활 속에서 또한 부모의 집 밖에서 하녀가 어떻게 사는가를 보는 일은 다른 사람의 삶의 방식을 명확하게 드러내 주는 것이었으며, 사회적 구분을 체험하고 사교성이라는 다양한 사슬을 탐지할 수 있게 만든다. 뿐만 아니라 빅토리아 시대에 규정된 성욕에 관한 이중적 기준이 만들어 놓은 거리감에 대비하는 것이었다.

만약 하녀가 '좋은 시절'에도 마찬가지의 역할을 수행하였다면 이는 아마도 특히 그 양면성에 기인한 것이라 할 수 있다. 왜냐하면 사람들은 하녀를 위험하다고 공격하였기 때문이다. 이상하고 탈이 났으며 거추장스러운 신체를 지닌 하녀는——기능은 충분하였을 것이라고 안 마르탱 퓌지에는 지적하였다——부르주아 계급의 세련됨 속에 나름대로의 세계 · 말투 · 향기 등에서 비롯된 이상야릇하며 이국적인 모습을 도입하였다. 사람들로부터 더러운 것, 악취를 풍기는 것을 넘겨받는 하녀는 가족이라는 신체에서 신장의 역할을 수행하였다. 하녀는 유기적인 모든 것뿐만 아니라 분비물에서 나온 모든 것을 통해 주인이 체험한 큰 고통, 더욱이 불쾌감을 받아들였다.

프롤레타리아 계급의 트로이 목마는 항상 의심을 받는 존재였다. 이 목마는 거리를 따라 올라가는 모든 재난을 운반하였다. 코흐[독일의 의사 · 미생물학자, 1882년에 탄저병 박테리아, 콜레라균, 특히 결핵균의 포자를 발견하여 1905년 노벨 의학상을 수상하였다]가 발견한 트레포네마균과 결핵균이 상류 계급의 가족들에게 전달된 것은 바로 하녀에 의해서였다고 의사들은 되풀이하여 강조하였다. 가정에 고용된 처녀를 조심하라! 하녀는 동성애를 하는 경우가 있었으며, 또한 주인집 아들을 타락시켜 아마도 사생아를 낳을 것이었으며, 유전자형을 유린할 수 있는 존재였다. 하녀가 직접적으로 범죄를 저지르지는 않지만——레몽 드 리케르는 이 주제에 관한 방대한 분량의 저작을 집필하였다——하녀 혹은 최악의 경우 가내 고용인들의 음모는 도를 지나친 손실을 초래하여 가장 확실한 재산을 없애 버릴 수 있을 것이었다. 하녀는 간혹 엉큼한 마음을 가지고 엄청난 대가를 보장받기를 바라는 의도로 필요한 경우 늙어가는 미혼자의 침대를 정복하든지, 혹은 신혼 부부의 잠자리를 찬탈하는 행위를 함으로써 하녀인 동시에 정부인 여자로서의 위치를 차지하려고 하였다.

서글픔과 근심이 집중적으로 나타났는데, 이는 이른바 하인 신분의 위기라 명명할 수 있는 상태를 더욱 부채질하였으며, 아마도 이를 초래하였다. 하인의 신분은 객관적인 증거들을 통해 해석된다. 즉 남자 하인과 유모 수의 감소, 가정부 역할의 발전, 헌신적인 봉사의 쇠퇴 등은 이론의 여지가 없었다. 게다가 교육의 발전은 하녀를 그 주인으로부터 분리시키는 깊은 구령을 메우는 경향이 있었으며, 여전히 더듬거리면서 제기하는 주장들은 마치 주인과의 결별이라는 인상처럼 두드러지게 나타났다. 우리는 사무실을 가득 채운 타자기가 부엌으로부터 하녀들을 물러나게 하였을 것이라는 점을 예측한다. 그렇지만 주느비에브 프래스는 이와 같이 지나치게 유명한 '좋은 시절'에 나타난 하인 신분의 위기는 실질적인 확실한 사실보다는 현실의 표현을 나타낸다고 생각하는 오류를 범하지는 않았다. 출산율 저하의 자각, 끊임없이 마음을 괴롭히는 젊은이의 도덕적 퇴폐에 대한 걱정, 더욱이 여성의 성적 해방은 많은 환상을 북돋았으며, 가정과 가족의 문제들을 가장 중심적인 걱정거리로 만드는 데 이바지하였다.

그때부터 하인의 신분에 관련된 역사는 불가능할 것처럼 보일 정도로 어려운 작업이 되었다. 이는 아마도 이 역사에 관해 연구된 저작들에서 나타나는 방법론에 대해 확실히 엄청난 관심을 보여 주는 것이었다. 역사의 대상이 전적으로 침묵을 지키고 있는 상태에서 단지 성직자의 의학적인, 사법적인, 문학적인 담론을 통해 어떻게 그 진실을 파악할 수 있을까? 몇 개의 예절 지침서, 정성을 다해 주인들과 가내 고용인들을 연구한 저작, 다수의 법학 박사학위 논문, 드물기도 하지만 때가 늦은 사회학적 조사, 사법 신문과 노동조합 신문, 또한 특히 이루 헤아릴 수 없을 만큼 많은 소설 등은 사실상 위에서 인용한 세 저작의 저자들이 인용한 일차 사료들이다. 그들이 자신들의 연구를 위해 이러한 자료들을 선택한 일은 그들 자신들을 비난받게 만들 것인가! 그렇다고 해서 그들이 실수를 하였는가?

소설과 같은 문학이 상상력을 보여 주고, 또한 문학이란 단지 작품을 읽어보기만 하면 된다는 구실로 인해서 소설 문학의 가치를 잃게 하였던 일면적인 태도는 이후 복고적인 것으로 나타났다. 더 이상 사회사를 분배에 대한 연구에 가두어야 할 때는 아니다. 이 저작들이 증명하는 표상들에 대한 분석, 상징과 의식에 대한 탐구는 사회적 육체적으로 늙은 하녀의 지출에 대한 연구와 대체되는 경향이 있다. 폴 부아와 조르주 뒤비·필리프 주타르 및 창조의 신비에 대한 역사에 각별한 관심을 기울이는 모든 연구자들은 이미 우리에게 실제적인 관행과 사회적 상상력 사이에 아주 성급하게 세워진 한계의 취약성을 보여 주었다. 게다가 우리는 경찰보고서, 의학적인 관찰 기록 또는 통계적인 자료들이 가장 가치 있는 것으로 간주되는 일차 사료로 인용되기 때문에 또한 환상과 가정을 보여 준다는 것을 잘 알고 있다.

모든 경우에 선결해야 할 작업이 불가피하게 요구된다. 즉 전후 연결성을 알아내기 위하여 각각의 이러한 담론들에 대한 치밀한 분석을 행하는 것이 필요하다. 안 마르탱 퓌지에는 이러한 작업에 다른 어떤 누구보다도 더 성공적으로 헌신하면서 새로운 역사가의 임무를 정의하였다. 이와는 반대로 피에르 귀랄과 기 튈리에는 19세기에 대한 괄목할 만한 인식을 가지고 있었으며 선구적인 책을 서술할 수 있었으나, 나의 생각으로 그들은 보다 폭넓은 인식론적인 고려를 하지는 못하였다. 그들은 소설 문학을 이용하는 것에 대해 주저하였다. 그럼에도 불구하고 그들은 마지 못해서 하듯이 이를 대단히 광범위하게 사용하였다. 그들은 독자들에게는 필수적인 요소라 할 수 있는 각각의 담론들의 맥락을 확실하게 이해할 수 있도록 배려하지 않은 상태에서 단지 많은 자료들을 나열하는 방법을 통해 자신들의 연구를 진행하였으며, 결국 각종 증거들을 주워 모은 형태(patchwork)를 구성하였을 뿐이다.

19세기 전반에 걸쳐 하녀에 대한 두 가지의 중요한 표상이 널리 퍼져 있었다. 그런데 우리는 이 표상이 여러 가지 행동들을 생산하였던 동시에 많은 읽을거리를 제공하는 근원이었으며, 더욱이 관찰자의 시각을 인도할 수 있을 뿐만 아니라 왜곡시킬 수도 있는 변형된 프리즘이었다는 것을 생각할 수 있다. 육체의 포기와 관능적인 도발은 두 가지의 극단에 위치한 것이었다. 그 사이에 차례차례로 혹은 동시에 마르다[《신약 성서》에 등장하는 인물로 예수를 시중든 여인]와 막달라 마리아[《신약 성서》의 인물로 향유로 예수의 발을 닦았으며, 예수의 죽음을 끝까지 지켜 본 여인들 중 한 명]를 구현할 수 있는 극단적인 운명이 삽입되었다.

알퐁스 드 라마르틴의 소설 주인공으로 '봉헌 제물의 원형'[6]인 주느비에브는 고통과 체념을 통해 속죄에 이르는 길을 따라갔다. 하느님이 정해 놓은 조건을 반항하지 않고, 또 원한을 품지 않고 감내하는 헌신적인 하녀는 하늘 나라 잔치의 한가운데 뽑힌 사람들 사이에 위치할 것이었다. 피에르 귀랄과 기 튈리에가 인용한 성직자들의 텍스트는 복음에 나오는 마르다의 모습을 꾸준히 서술하고 있다. 이 저자들은 하인들에게 복음을 전파하려는 목적을 가지고 교회 성직자들이 보여 준 충실한 행동을 훌륭한 고증학적 연구를 통해 몰아내 버렸다. 고독의 비극을 들으려 하지 않는 이 사회 속에서 고해 신부만이 유일하게 모자를 쓴 여성의 불평에 귀를 기울였다. 하녀에 대한 사도적 사명은 사회적 고정성을 강화하였다.

우리가 소설 같은 문학 작품에서 그 발전 과정을 이해할 수 있는 이와 같은 그리스도교적 가치 규범의 분해는 확실히 하인 신분의 위기에 대한 두 가지 중요한 국면 중 하나가 되었다. 귀스타브 플로베르의 소설인 《단순한 마음》의 펠리씨테에게서 훌륭하게 보여지는 하녀의 모범적인 모델은 점차 세속화되었으며, 그후 그 모델의 진부함은 불합리한 것으로 통하게 되었다. 희망이 없는 헌신, 절대적인 체념, 선험적인 기준이 없는 증여는 식모의 감각 마비와 신경증, 당시의 정신과 의사들이 표명한 '둔한 감수성'에 이르게 하였다. 다행히도 하인들에 대한 비웃음은 주인들의 비극에 대한 공포를 완화시키기 위해 존재하였다. 베카신느——여전히 이 경우인데——는 문자 그대로 굳어진 규범을 견딜 수 있게 하였다.

마르다가 잊혀진 반면 막달라 마리아의 과일처럼 달콤한 육체는 줄곧 머리에서 떠나지 않게 되었다. 하녀는 구상화되었으며, 그녀의 육체는 남성의 욕망을 사로잡았다. 접근하기 쉬운 앞치마 아래에 가려진 그녀의 젊은 몸매는 페티시즘을 낳았다. 하녀의 방에 처박힌 그녀는 그곳에서 자유를 획득하였다. 그때부터 6층은 부르주아 계급에 속한 남성의 환상을 위한 기하학적인 장소가 되었다. 하녀의 방은 엿보기 취미와 유혹의 공간이었을 뿐만 아니라 혼잡한 프롤레타리아적 사교성이 형성되는 난잡함과 범죄의 장소가 되었으며, 여성의 불안전한 수면이라는 무섭지만 감미로운 이미지를 제공하였다. 하녀의 유혹은 소설의 주요 주제들 중 하나가 되었는데, 이는 소부르주아 계급의 미혼 남성에게는 부부 생활에 대한 강박관념을 반영하는 동시에 부부 생활에 싫증난 남편과 여드름이 난 청소년들에게는 고통을 주는 가내 매춘의 욕망을 반영하는 것이었다.

이와 같이 장황한 남성적인 담론 속에서 하인의 신분과 매춘은 서로 복잡하게 얽혀 있다. 각종 통계학적 조사는 접대업 종사자가 원만한 부부 생활을 할 수 있는 각종 기술들을 풍부하게 제공하였으며, 결국 간헐적인 매춘을 하였던 하녀들의 수가 많았다는 사실을 증명하지 않을까? 이러한 조류의 논증은 각종 행동들을 낳게 할 수 있지는 않을까?

이같은 질문들은 우리로 하여금 하녀와 매춘부의 일상적인 체험을 참조하게 만든다. 명백히 양자 사이의 유사점은 많다. 하나의 진정한 직업에 종사하지 않는다는 의식은 하녀와 매춘부에게서 자신들을 둘러싸고 있는 조건을 사실로 인정하는 치욕과 그 조건에서 벗어나려는 욕망을 낳았다. 부르주아의 공간 속에 둘러싸인 일반적인 불신의 희생물인 하녀와 매춘부들은——19세기 대부분의 수녀회는 그녀들에게 문호를 폐쇄하였다——자신의 성격을 정확히 판단하였으며 갖가지 형태의 항의들을 제기하였으나 그러한 것들이 이상야릇하게, 더구나 터무니없는 것으로 나타나지는 않았다. 확실히 초현실주의자들은 하녀들에 대해 엄청난 관심을 기울였다. 만약 19세기의 입법가가 하인의 신분과 마찬가지로 매춘부 문제를 다루기를 항상 거부하였다면, 이는 하녀와 매춘부를 대하는 이러한 태도들의 발전이 사회적 도덕적 질서의 급진적인 전복을 의미하였다는 확신에 의해 나타난 것이었다.

유모를 '알선하는 여자'와 어린 하녀를 소개하는 여자들은 종종 '뚜쟁이들'로 취급되었다. 여주인이 마음에 드는 하녀를 선발하기 위해 후보자들에게 던지는 질문은 가정의 부인들에 의해 행해진 장래의 하숙생에 대한 시험과 마찬가지의 절차——그러나 전도된 절차——를 보여 주었다. 그런데 공통된 비개성화 의지, 카르멘이나 마리아와 같은 이름이 그들의 임무와 확실히 동일시될 수 있도록 하녀의 이름을 바꾸려는 배려는 무엇을 말하는 것인가? 우리는 또한 행정 등록 혹은 우리가 선호한다면, 만들어지고 나서 이후 몇십 년에 걸쳐 완벽하게 된 사회적인 부호의 양식들을 비교할 수 있을 것이다. 여기에서 회피하려고 하는 형태 그 자체는 동일한데, 즉 음식을 잘 먹는 것에 대한 강박관념, 마실 것과 단것을 선호하는 태도, 풍부한 자신과의 언어, 마치 말로써 복수를 하는 일이 가능했던 것처럼 웃음과 조롱이라는 수단의 사용 혹은 '고용주'와 '창녀의 단골 손님'에 관한 언어를 통해 이루어지는 잔인한 행위는 그 두 경우에 본능의 해소와 보상의 절대적인 필요성을 증명하였다. 매춘부와 마찬가지로 자신의 상황으로부터 벗어날 수 없었던 하녀는 예외적인 경우를 제외하고는 결혼과 임신을 포기해야만 하였다. 또한 그녀는 자신의 육체를 증여하였다.

더할 나위 없는 여성의 사회적 공간인 부엌에서는 가정의 여주인과 그 하녀 사이의 이중적인 대결이 일상적으로 전개되었다. 가족 내부에 존재하는 이와 같은 또 다른 형태의 커플간에 형성되는 성적인 연대감은 계급적인 적대 관계와 서로 대립하였다. 주느비에브 프래스는 하녀의 일상 생활에 대한 묘사를 통하여 우리에게 의사 소통의 욕망과 피부 접촉에 대한 병적 공포와 같은 고통들을 보여 주었다. 이는 온순한 아내와 권위적인 부르주아 계급의 내적인 비통함을 반영하게 만드는 태도에 불과하였다.

하인 계급의 역사를 연구하였던 모든 저자들은 가정주부의 고고학에 대해 열광적인 반응을 보인다. 그렇지만 언뜻 보기에 이 분야에서의 그들의 연구 결과들은 상호 모순되는 것으로 나타난다. 피에르 귀랄과 기 튈리에 의하면, 왕정복고 시기부터 '좋은 시절'까지의 기간인 19세기는 부르주아 계급에 속한 가정주부의 초상이 뒤섞인 것으로 보인다. 명문 집안의 젊은 여성은 그녀 할머니의 시절보다 19세기말에는 요리용 풍로 뒤에서 보다 불편하게 있어야만 하였다. 이와는 반대로 안 마르탱 퓌지에와 주느비에브 프래스에 의하면 '좋은 시절'은 모든 것을 감시하였고, 규율을 지키게 하면서 동시에 규율에 복종하였으며, 하녀의 시간을 분할해야 할 의무를 지면서 자신의 시간을 분배하는 역할을 담당하였던 사회적으로 품위 있는 여성이 도래한 시기였다. 하녀가 나갔을 경우 가정의 여주인인 주부는 자신의 자동화된 부엌에 들어가 하녀의 일을 아주 자연스럽게 계속하였을 것이다. 이러한 과정을 촉진하는 것은 가정 살림에 대한 교육이었는데, 그 교육의 모호함은 타당한 것으로 강조되었다. 청결함, 정리와 보존의 중요성에 지나치게 집착하는 태도를 가속화하였던 것은 바로 이 교육의 선구자들이었다. 파스퇴르의 발견에서 비롯된 먼지에 대해 신경쇠약을 일으킬 정도의 예민함은 학교 교육에 의해 전파되었던 것으로 보인다.

모든 것을 검토한 결과 저자들 사이의 모순은 아마도 표면적인 것에 불과한 듯하다. 여성사적인 측면에서 7월 왕정을 볼 때 단절이 나타났다는 점은 부인할 수 없을 것이다. 가구와 장식을 통해 명백히 드러난 부르주아 가정의 친밀한 관계의 발전, 하녀를 밤중에 집 밖으로 내모는 것에 선행하는 부엌과 같은 전문화된 장소에서 행해지는 더러운 가사 임무에 대한 부담감, 연속적으로 몽상과 임신에 대해 열정을 바쳤던 신흥 부르주아 계급의 이상화, 이본 크니비엘레[7]가 아주 잘 분석한 여성에 대한 자연주의적인 담론의 영향력 등은 어머니와 유모, 아내와 정부, 예술가와 주부의 역할을 분리하는 결과를 낳았다. 태피스트리, 피아노와 데생은 오랫동안 과일 잼을 잊어버리게 하였다.

그렇다고 해서 안 마르탱 퓌지에와 주느비에브 프래스가 잘못한 것은 아니었다. 확실히 역설이 존재하는데, 즉 가정 살림이 부르주아 계급의 커다란 관심사들 중 하나가 되었던 것은 바로 여성이 해방된 순간이었다. 오래전부터 훌륭한 것으로 인식되어 온 자연주의는 해체되었다. 자연주의의 역할을 개관하는 불확실성으로 인하여 여성들은 그때부터 대담해지기 시작하였고, 당시 나타나기 시작한 정신분석학이 그 진가를 발휘할 수 있는 이와 같은 신경쇠약증을 낳았다. 그렇지만 해방은 미래를 위한 것은 아니었다. 여성들이 수행해야 할 확실한 임무는 그 해방의 의지를 아주 신속하게 무력화시켰으며, 또한 그 의지를 운명에 의해 인도되는 대로 내버려두어야만 하였다. 많은 도덕 단체들, 자연주의자들의 연맹, 페미니스트들의 조직 등은 여성을 출산과 가정의 수호자로 받들기 위하여 존재하였다. 그들의 결합된 행동을 통해 새로운 가정주부의 모습이 지극히 맑은 어린 소녀를 통하여 나타났다. 특히 하녀를 지나치게 감시하려는 의지는 결국 하녀와 유사한 역할을 담당하게 만들었다. 가정에 있는 여성의 고고학은 결국 언뜻 보기에 나타날 수 있는 것보다 훨씬 더 복잡하다. 그 고고학은 깜짝 놀랄 만한 일을 남겨두었다.

피에르 귀랄과 기 튈리에, 또한 보다 명백하게는 안 마르탱 퓌지에와 주느비에브 프라스는 현대 여성사가 과거의 하녀 역사를 앞서 나가는 것이라는 점을 증명할 수 있었다. 그러나 이러한 점은 그들 저작의 주요한 공헌은 아닌데, 왜냐하면 솔직히 말해 이들 역사가들은 사회적 관계에 대한 연구를 유기적인 단계인 가장 심오한 수준에 위치시켰기 때문이다. 그 수준은 사회적인 격차 및 격렬한 적대 관계를 보여 주는 것은 아니다. 오히려 일상적인 체험이 배어 있는 환상이 존재하는 하찮은 무대인 가정이라는 혼잡한 공간 속에 갇힌 이러한 육체들로부터 나타났던 혐오감과 욕망을 드러내는 것이다. 하지만 어떤 대가를 치르더라도 그 두 가지를 구분하려고 하는 작업은 아마도 소용없는 일일 것이다.

5

'애수에 잠긴 성(性)'과 19세기 여성사[1]

여성사는 여성의 발언을 이끌어 내기 위한 남성 및 여성 역사가들의 노력에도 불구하고 일단의 남성적 담론의 도움으로 공공연하게 형성되었다. 공공 고문서보관소에 보관된 거의 모든 문서들은 책임감으로 미화된 남성들이 작성한 것이다. 페미니스트의 투쟁에 대한 각종 증거들, 교육적 혹은 교화적인 목적을 지닌 풍부한 문학 작품들, 희귀한 편지들, 몇몇 일기들은 관심을 집중시킬 만한 소중한 가치를 지닌 것은 사실이지만 그 자료들은 전혀 충분한 균형을 이루고 있지 못하다. 이와 같은 증거로 인해 불가피하게 요구되는 간접 수단, 각종 이미지의 제작에서 나타나는 그러한 성적 불균형은 남성적인 심성을 인식하는 것이 충분히 필요한 작업이라는 점을 의미한다.

여성을 둘러싼 환경에 대한 연구는 먼저 성직자 · 의사 · 사법관 · 경찰 · 행정관 혹은 문인들에게서 비롯된 이러한 담론의 영역들에 관한 연구를 포함한다. 하지만 그러한 담론들에 내포된 불충분한 전략을 알아내고, 여성들이 공적인 무대로부터 후퇴한 것을 보여 주며 여성들에게 강요된 침묵을 강조하는 수준에서 만족하는 것은 충분치 않음을 인식할 수 있을 것이다. 남성적인 언어와 행동들을 지배하는 상징 체계, 일단의 두려움, 걱정의 핵심을 구별해야만 한다.

이와 관련하여 이미 오래 전부터 '유대교와 그리스도교를 절충한' 것이라고 알려진 여성혐오론에 그치는 일은 또한 지나치게 단순한 연구가 될 것이다. 교회의 교부들이 언급하였던 맹렬한 비난을 면밀하게 조사하고, 테르툴리아누스(155/160-220; 라틴 그리스도교 저술가로 날카로운 문체와 엄격한 규정의 정리로 유명하다)의 지독한 발언이나 성 아우구스티누스의 냉혹한 질책을 즐겁게 인용하는 일은, 확실히 이와 같이 오래 전부터 그 기원을 찾을 수 있는 도덕적 사실주의에 의해 상당히 영향을 받은 한 시대의 심성을 설명한다. 그러나 이러한 교부의 담론은 사드의 줄리에트가 활동하였고, 그와는 반대로 반투명한 극도의 순결주의와 성모 무염시태(無染始胎) 같은 정적인 이미지들에 의해 매혹된 한 세기에 나타난 새로운 걱정거리들이 집적된 단순한 틀에 박힌 형식은 더 이상 아니다. 수십 년이 지난 후 여성의 두려움은 증대되었으며, 근대적인 양식의 계급적인 여자 스핑크스에 대한 조망은 이 상승하는 공포증이 절정에 달한 모습으로 나타날 것이다.[2]

이미 적절한 조사 방법에 의해 인정된 결과를 잘 반영하고 있는 몇 가지의 실례가 있다. 마르탱 세갈랭은 19세기말 민속학자들이 제시하였던 선험적 추리를 아주 훌륭하게 해석할 수 있었다. 그녀는 민속학자들의 연구가 부르주아 계급에 속한 하녀의 이미지에 의해 어떻게 왜곡되었으며, 어떠한 방식으로 오랫동안 프랑스 농촌사가들을 혼란하게 만들었는지를 증명하였다.[3]

이처럼 먼저 해결해야 할 분석을 행하지 않았기 때문에 우리는 그리 포괄적이지 못한 여성사를 형성하고 있을 뿐만 아니라 남성적인 담론에 의해 전개된 어떤 함정 속에 빠질 위험을 무릅쓰고 있다. 본질적으로 성의 역사(histoire de la sexualité)로부터 차용한 세 가지의 실례가 이러한 위험성을 잘 인식할 수 있게 만들 것이다.

여성의 본질에 대한 담론은 18세기말에 형성되었으며, 그 이후의 시기에 진가를 발휘하였다. 그런데 이 담론에 대한 연구는 아마도 오늘날 여성사에서 가장 많이 이루어지고 있는 주제라고 할 수 있다. 하지만 어떤 사람들은 그 주제와 관련된 괄목할 만한 책을 저술한 여성들이[4] 자기 고유의 성에 대한 의사들의 견해를 충분히 고려하지 않았다는 이유를 내세워 이 여성들을 비난할 수도 있을 것이다. 남성의 성적인 불리함에 대한 확신은 여성에 대한 학술적인 견해와 밀접한 관련성을 맺고 있다. 이러한 인식은 여성 히스테리 환자들을 관찰하였던 왕립의학협회의 구성원들을 이미 고무시켰으며,[5]

19세기 전반을 통해 유행하였던 성관계와 관련된 계산을 낳았다. 유곽에서의 무훈담에 관련된 허황된 이야기, 혹은 아주 단순하게 부부의 성생활에 대해 걱정을 하는 계산,[6] 실패에 대한 두려움의 증대,[7] 정액의 사용과 소모라는 환상에 밀접하게 연결된 신중한 정액 관리의 은폐된 필요성 등은 성에 지나치게 탐닉하는 극단적인 여성의 이미지를 확고히 하든가 아니면 완전히 없애 버리려 시도하였다.[8] 이와 같은 의식을 고려하지 않는다면 우리는 정신착란에 빠진 사람들의 집단 속에서 여자 색광(nymphomane), 히스테리 여성 환자 및 레스비언들이 어떤 토대 위에서 그 위력을 발휘할 수 있는가를 의심하게 만드는 이러한 언어를 잘못 이해하게 된다. 또한 우리는 전혀 임신에 의해 위축되거나 구애받지 않고 방탕한 생활을 즐기기 때문에 탐욕스럽다는 인상을 주는 불임 여성이나 폐경기 이후의 여성에 대해 언급되는 맹렬한 비난을 더 이상 이해하지 못할 것이다.

처녀성에 대한 극단적인 가치의 부여, 경험이 있는 남자를 통해 필요한 것을 배우는 행위, 지나치지 않는 범위 내에서 여성의 쾌락을 조절하기 위해 의사가 남편에게 부여한 책임 등이 마찬가지의 걱정거리를 유발시키는 것은 당연한 이치였다. 걱정스러운 남성의 이미지는 여성의 쾌락이 증대하는 것을 억제하고, 쾌락을 추구하기 위한 실행을 구속할 뿐만 아니라 대다수의 여성에게 영향을 미치는 성적인 질서를 유지하려는 노력으로 나타났다. 그것을 위해 소위 쾌락을 추구하려는 여성들을 타락한 지옥에 가두려고 하는 시도는 불가피하였던 것으로 보인다.

앞에서 제시한 예와 연결되는 또 다른 예는 미슐레·쥘 시몽·에밀 졸라 또한 심지어 샤를 브노아 등이 단호하게 주장하였듯이 19세기의 도시에서 여성 특히 여성 노동자는 남자 없이는 살 수 없다는 점이 인정되었다는 것이다. 여성사나 매춘의 역사 전문가들과 마찬가지로 산업의 역사 전문가들 역시 이를 확신한다는 사실을 밝혔다. 그들이 보기에 그 시기의 여러 사회적 관행들은 이와 같은 결론을 내릴 수 있을 만큼 충분한 정당성을 다양하게 제공한다.

그렇지만 문제는 남성적인 일반 공리라는 점을 절대로 망각해서는 안 된다. 여성이 남자 없이 살 수 있다는 것은 자신의 성을 자유롭게 사용할 수 있다는 점을 의미할 것이다. 여러 저자들의 단호한 어조는 여성에 대한 불신을 불러일으키지 않기 위한 19세기 남성이 가지고 있던 걱정과 민감한 에로티시즘에 지나치게 부합하는 경향이 있다. 이러한 이기적인 시각은 역사가들이 사용한 사료들을 어느 정도 완곡하게 표현하였음을 확실하게 보여준다. 그와 마찬가지로 마리 조제 보네[9]는 의사들이 결국은 동성연애자에 대해 아주 부정확한 이미지를 형성하였다는 것을 증명하였다. 두 명의 여성이 남자 없이도 쾌락을 즐길 수 있으며, 혹은 두 여성 중 어느 한 명이 남성적인 태도와 역할을 수행하면서 쾌락에 빠질 수 있다고 생각하는 것은 의사들에게는 용납할 수 없는 사실이었다. 이 시기의 관찰자들에 동조하는 장 피에르 자크[10]의 경우 레스비언 관계 속에서는 어떠한 남성도 여성의 욕망을 해결해 주지 못하기 때문에 그 관계는 난잡하며 극단적이고 터무니없는 것일 뿐이라고 주장하였다. 이와 마찬가지의 확신은 처녀들이 '손으로 하는 행위,' 이른바 자위 행위에 관련된 수많은 의학적 주제들을 지배하였다. 더욱이 그러한 확신들은 때로 레스비언이나 자위를 하는 여성들에 대해 잔인한 치료를 행하는 분야에서 결정적으로 작용하였다.

마찬가지의 이유로 19세기 사회 속에서 '노처녀'가 지니는 정확한 위치를 재검토하는 일이 필요할 것이다. 문학적인 담론은 이 노처녀를 명확한 결함이 나타나는 미완성된 여성, 황색 여성, 메마른 여성으로 묘사하였다.[11] 남자가 없는 처녀의 불행은 그토록 격심하였는가? 아델린 도마르는 과부들에게 일종의 보상으로 제공된 행복한 생활을 강조하지 않았는가?[12] 모리스 아귈롱[13]은 장 보리가 훌륭하게 서술한 내용과 마찬가지의 비판적인 근심에 의해 고무되어 미혼자가 보여 주는 실망스러운 이미지와 보다 행복한 사회 생활이라는 현실 사이에 심연처럼 존재하는 간격을 증명하지 않았는가?

이 점에 관한 결론을 내리기 위해 필자는 성직자·의사·경찰 등에 의해 전개된 다양한 남성적 담론을 통해 형성된 또 다른 함정을 상기시키려 한다. 우리에게 매음에 관한 정보를 주는 기록들은 아우구스티누스적 전통 속에 포함되어 있다. 그 전통 속에서 매춘부는 텍스트에 따라 다소 명백하게 오물, 악취를 풍기는 것, 질병, 시체와 관련된 것으로 나타난다. 이와 같은 상호 관련 체계는 매춘부의 이미지를 구조화시키며, 비참함과 요절(夭折)로 예정된 여성의 절대적 운명을 묘사한다. 뿐만 아니라 이러한 매춘부의 초상은 여성의 성욕이 통음난무(痛飮亂舞) 같은 행실을 은폐할 수 있는 모든 것을 돈에 얽매인 관계에 종속시키려 하는 남성의 욕망을 극대화시킨다. 방탕함에 자신의 몸을 내맡긴 여성은 궁핍함에 이끌리고, 극도의 비참함으로 인해 길 위에 내던져졌으며, 죽음의 위협을 받아야 할 의무가 있는 것으로 인식되었다. '자신들의 육체에 미친 듯이 열중하는' [14] 여성들은 위험할 정도로 남자들의 성욕을 위협하는 존재가 되며, 정숙한 아내들에게는 몹시 나쁜 본보기가 될 것이다. 만약 매춘부들이 영리를 갈망하여 행동하였다면, 이는 위험에 직면하게 될 재산에 의한 질서이며 사회적인 계급 제도이다. 1879년 나나〔에밀 졸라 소설의 주인공〕는 비극적으로 생애를 마감할 수밖에 없었다.

적어도 필자는 역사가들이 부분적으로 이러한 논리에 의해 함정에 빠져 있다고 믿고 있다. 비참한 매춘 제도의 존재를 부정하는 것은 있을 수 없는 일이며, 확실히 아주 극소수에 불과한 화류계 여자의 현란한 성공을 찬양하는 것은 더더욱 있을 수 없는 일이다. 문제는 이러한 매춘부들의 상황을 가능한 한 가장 정확하게 평가하는 데 있다. 거리의 소녀들은 자신들과 마찬가지의 환경에 있으며 공장에서, 소규모 작업장에서 그 이후에는 가내 노동에 종사해야만 하였던 '정숙한' 여성들보다 더 불행하였거나 아니면 적어도 그녀들만큼 불행하지 않았던가? 그녀들의 삶의 희망은 객관적으로 요약된 것이든 아니든 파랭 뒤샤틀레가 제시해 주었듯이 정상적인 긴 수명을 누리는 것이었는가?[15] 이와 같은 부정적인 관점에서 본다면 매춘부들의 사회적 기능은 결국 그 기능으로 인해 그 여성들로부터 모든 즐거움과 모든 만족을 박탈하는 것이었는가?

여기서 과거에 대한 시각을 왜곡하고 주요한 선입관에 종속시킬 위험성이 있는 두 가지 형태의 가정이 제기된다. 이와 관련된 분야를 다루는 역사가는 여전히 박애적인 태도에 얽매인 상태이다. 특별히 갱생원 제도에 관한 고문서를 이용하기로 선택한 연구자들은——아주 종종 여성 연구자들은——그들이 검토하는 표본 집단이 절대적으로 자신의 행실을 후회하는 여성들 혹은 실패한 여성들로 구성되어 있기 때문에 그 여성들의 실패, 비통함 및 불행 등을 과대 평가할 수밖에 없을 것이다.[16] 아주 최근까지 대학에서 행해진 연구에 상당한 영향을 미쳤던 요소는 확실히 청교도주의이다. 대학 교수의 신분을 가지고 있는 연구자들에게 있어서 단지 그 여성들의 불행이나 양심의 가책 등을 이유로 내세우면서 여전히 그 여성들의 타락을 언급할 수 있는 상황은 결코 드문 일은 아니었다. 또한 만약 연구자들이 원할 경우에만 그 여성들의 디오니소스적인 욕구의 만족을 언급할 수 있었다. 더욱이 막달라 마리아의 이미지만을 통해 그 여성들의 추잡함을 완화시킬 수 있었다. 그와 같이 매춘부에 대해 또한 가장 폭넓은 방식으로 성에 대해 과감하게 언급하지 못했던 역사가들의 고뇌주의는 '병원' '질병' '출생률' '사망률' '감옥' '도로' '죄악' 등의 항목을 통해 드러난다. 대학의 박사학위 논문의 목차에서 복수로 사용된 쾌락(plaisirs)의 경우를 제외하고는 단수로서의 쾌락이라는 단어는 배제되었다.[17] 이 점과 관련하여 우리는 미셸 마페솔리가 명확하게 표현한 비평에 동의할 수밖에 없다. 그는 디오니소스적인 기능에 대한 연구를 조심스럽게 기피하는 현대 사회의 역사가들을 비난한 바 있다.[18]

그러나 우리는 19세기 여성은 전반적으로 정숙하지만 양재사 조수는 성적으로 취약하며, 매춘부의 생활은 비참하였다는 것 등을 사실이라고 말할 수 있을 것인가? 뿐만 아니라 선험적으로 그러한 사실들을 부정하는 것은 있을 수 없는 일이며, 모든 사실에 대한 과장을 피하려는 목적으로 재검토를 권유하는 것이 필요하다. 이러한 연구는 역사적 분석이 단지 남성적 담론들에 의해 왜곡될 위험성은 없기 때문에 더더욱 불가피하다. 하지만 그 연구는 제안된 모델들을 은폐함으로써, 또한 동시에 여성적인 연출이 증가함에 따라서 여전히 난처한 입장에 처해 있는 것으로 나타난다. 엄격한 사회적 통제에 의하여 또한 경직된 관례에 의하여 강요된 여러 태도들의 각색은 이전의 어리석은 증인처럼 고지식한 역사가의 정신을 혼란하게 만들 위험성이 있다.

오늘날 효과가 없는 것으로 명백하게 밝혀질 고지식한 연출은 결국 그것이 필요하다고 판단되는 경우에는 교묘하게 활용되었다. 여성의 정숙함을 증명하는 모호함이 그 정숙함을 배척하는 일과 같은 위협을 초래할 뿐만 아니라 그 위협을 더욱 돋보이게 하는데, 이러한 모호함은 오늘날 그 실체가 폭로된 것으로 나타난다. 그러나 위에서 언급한 취약함은 또한 유혹으로 유인할 수 있게 하며, 도발적인 비참함은 교묘하게 자선으로 인도하게 한다. 이와 같은 모든 책략은 그 양식과 역학이 체계적인 역사적 연구를 필요로 하는 원동력이 되는 인식이라 할 수 있는 연민을 기초로 형성된다.

올바른 여성사 연구는 포괄적인 관점에서 이루어져야만 하는 것으로, 남성적 기원을 가지고 있는 사료들의 주된 줄거리가 되는 고정관념·가정·두려움에 대한 분석에 전념해서는 안 된다는 점은 언급할 가치도 없다. 여성사 연구를 위해서는 남성의 운명과 여성의 운명에 대한 연구를 결코 분리시키지 않는 것이 필요하다. 그만큼 이 두 성(性)을 서로 연관시켜 연구하면 의미가 보다 확실해진다. 이러한 연구는 설령 부수적인 것이라 하더라도 특별히 모든 남성적인 역사의 가치를 상실하게 만든다.

이러한 연구 태도는 가장 성공적인 인류학자들의 작업처럼 이 심포지엄의 토론에서 비롯되는 것인 바, 오늘날 남성과 여성의 역할들이 지니는 연대성·상보성(相補性) 및 그 역할들 사이의 미묘한 구분을 강조해야만 한다는 것이 명백하게 인식되고 있다. 이는 상징적인 개입의 영역뿐만 아니라 사회적 실행이라는 영역에서도 마찬가지이다.

그러나 상상할 수 있는 관계들에 대한 활동을 고려하는 것 역시 중요하다. 다른 성을 상징하는 것과 자기 자신의 이미지는 독립적으로 형성되지 않는다. 어쨌든 우리는 그와 같은 진실을 회피할 수 없는데, 여성들의 과거에 대한 연구는 그때부터 남성과 관련하여 이루어지는 것이 명백하기 때문이다. 더욱이 그 분석들을 연결시키는 성적 구조를 보여 주는 역사의 영역에로 남성을 공공연하게 포함시키는 편이 차라리 낫기 때문이다.

이미 이 분야에서 성공적인 활동이 풍부하게 나타났다. 예를 들어 안 마르탱 퓌지에[19]는 19세기말 부르주아 여성의 인격이 어떻게 남자에 대한 기대 속에서 형성되었는가를 훌륭하게 증명하였다. 마르탱 세갈랭은 마찬가지 방식의 사고를 통하여 남성 농부의 상황을 이해하려고 노력하였기 때문에 여성 농부의 상황을 묘사하고 설명할 수 있었다. 7월 왕정기 파리의 부르주아 가정이 담당하고 있던 기능에 대한 분석은 예전에 아델린 도마르가 행한 것으로 항상 기혼 여성의 실제적 상황에 대해서 예기치 않은 새로운 역사에 도달하였다.

이와 같은 진행 과정은 특별히 성의 역사를 불가피한 것으로 만든다. 19세기의 특징이라 할 수 있는 불완전한 욕망 관계에 대한 연구는 남성과 여성을 동시에 고려하지 않은 채 이루어지지는 않을 것이다. 아내든 정부이든간에 동반자에 대한 감정은 남성의 욕망에 대한 표현 혹은 억제, 만족 혹은 불만의 양식들로부터 분리되어 다루어질 수는 없다. 남성의 에고이즘에 반대하는 끊임없는 독설에 대한 분석이 아닌 남성과 여성의 총체적인 관계에 대한 분석은, 19세기의 마지막 30년 동안 그 윤곽이 뚜렷이 드러났을 뿐만 아니라 이전에 비해 화합과 우애를 더욱 중시하는 새로운 커플의 출현을 설명할 수 있게 만들 것이다.

마찬가지의 방식으로 매춘부의 역사는 매음을 하는 커플의 역사 속에 위치시켜야만 한다. 제공되며 돈에 팔리는 여성에 의해 고무된 욕망의 근원, 그들의 동반자와 맺고 있는 관계들의 본질, 사회 조직을 재결합시키는 그 여성의 사회적 기능 등은 이제 막 개척된 탐구 영역이라 할 수 있다.

혼자 생활하는 사람의 쾌락 그 자체는 우리의 귀가 따갑도록 들은 것으로 전체적으로 연구되어져야만 한다. 남성과 여성 모두에게 있어서 이 쾌락은 뒤떨어진 욕구의 만족에 기대를 거는 책략과 함축적인 합의에서 유래한다. 아주 일반적인 방식으로 다른 성을 배제한 상태에서 그 윤곽이 뚜렷이 밝혀진 욕망의 형태들의 상보성을 더 잘 인식하는 일은 중요할 것이다. 이와 관련하여 마리 베로니크 고티에의 연구 방식이 흥미있게 보이는데,[20] 그녀는 남성적 친화력의 중심에 나타나며 또한 에로티시즘 연출을 통해 나타나는 것과 같은 '외설적인 농담'이라는 표현 수단들과 형태들을 발견하려고 노력하였다.

지금으로서는 특이한 사항에 대한 균형 있는 사료 편찬의 복원을 원하는 방향으로 인도하려는 생각 정도의 수준이다. 앞에서 언급한 욕망과의 이 불완전한 관계에 대한 남성적인 증상, 또한 아주 일반적인 방식으로 19세기 남성이 가진 고통의 징후들은 필자에게는 역설적이게도 불가사의한 것으로 보인다. 주요한 고뇌주의와 거의 조화를 이루고 있지 않는 이러한 침묵은 여성사 연구를 상당히 불리한 상황에 놓이게 한다.

여성 히스테리 환자를 나타내는 불만족과 집착과 같은 여성들의 증상에 대해 연구한 훌륭한 저작들이 풍부하게 존재한다.[21] 역사가들은 만족되지 못한 본능의 표징들을 발견하는 작업에 커다란 즐거움을 느끼기 시작하였다. 그 만족되지 못한 본능이 유발하는 고통은 자신의 명예를 위태롭게 만드는 일이 없이 다른 성의 욕망에 대해 언급할 수 있게 하였다. 사실상 19세기에 히스테리가 오랫동안 특별히 여성적인 것으로 간주되어 왔으며, 이는 결국 임상적인 관찰을 확인하는 것처럼 보인다는 사실을 언급하는 것이 필요할까? 확실히 여성의 고통은 항상 남성들이 원했던 일이며, 때로는 강요하고, 혹은 남성들에 의해 매혹적으로 관찰된 것이 사실이다. 여성의 고통에 대한 이와 같은 두드러진 연출은 그 자체로 덜 각색되어지기 때문에 훨씬 더 비밀스러운 남성의 고통을 보여 주는 증상은 아니며, 아마도 오히려 그 증상을 치료하는 역할을 담당할 것이다.[22]

우리는 지금 감정 표명에 대한 어려운, 그렇지만 반드시 이루어져야만 하는 역사 연구에 착수한다. 이 점과 관련하여 미묘한 차이가 불가피하게 나타난다. 19세기 전반기 남성들의 일기들은 해묵은 한탄을 열거한 것에 불과한데, 그 일기의 각 페이지에서는 저자의 불쾌한 감정이 배어 나오고 있다. 그러나 방에서 비밀리에 저녁에 작성된 이 고백들은 물론 출판을 염두에 둔 것은 아니었으며, 그 일기는 완전히 비밀을 지키는 속내 이야기를 할 수 있는 친구의 역할을 수행하였다. 시나 소설과 같은 문학 작품은 반음양 남성(半陰陽男性)이라는 불가능한 꿈으로 핑계를 꾸미기까지 하는 남성의 고통을 반복적으로 논하고 있다고 말할 수 있다. 견습 기간의 어려움, 감정에 관한 교육의 초보적인 도정, '앞으로는 결코 해서는 안 되는 일'에 대한 고통 등은 독자를 싫증나게 하기에 이르렀다. 하지만 여기서 픽션이라는 완곡한 수단이 불가피한 것은 확실하다.

사실상 공적인 무대에서 남성의 고통은 점점 덜 표현되어질 수 있다는 것이 필자의 주장이다. 여러 행동들이 형성되는 지배 계급의 중심부에서 남성적인 제스처는 수십 년이라는 기간을 거치면서 세련되어졌다. 그뢰즈에서의 연극적 성격은 신속하게 희미해진 반면 눈물은 줄어드는 일이 발생하였다.[23] 사진을 찍는 포즈는 남성의 침착함·신중함·위엄을 강조하였으며, 드라마적인 태도를 강조하기 위해 배우의 초상과 같은 모습을 준비하는 경향이 있었다.[24] 필리프 페로에 의하면 담배는 '논증을 위한 훌륭한 기지를 희박하게 하며,' '행동은 느려지고 의젓해지며 조심성 있게 만든다'는 것이다.[25] 한가롭게 거니는 사람, 또한 바쁜 보행인은 자신들을 괴롭히는 내적인 고통을 보여 주는 것을 기피하며,[26] 자살을 생각하는 사람은 이후 전혀 방해를 받지 말아야 할 의무가 있었다.[27] 극단적인 한계 속에서 요구되는 자제심은 훌륭한 교육의 기준이 되었다.

남성이 좋은 건강과 자신의 나이에 맞는 힘을 가지고 있을 때, 그는 관찰자로 하여금 측은한 마음이 들게 하는 표징들을 더 이상 가지고 있지 않게 된다. 아마도 이렇게 직접적으로 이분법적인 이미지들에 대한 실마리는 바로 19세기 전반을 통하여 그 위치가 전도된 의식들이 소멸되었다는 것이다.

눈물, 고통의 비명, 우울증 등은 점차 여성의 독점물이 되었다. 불안, 소멸, 신경질적인 표현은 두 가지 본질에 대한 의학적인 담론들의 타당성을 강조하였다. 통제의 결여는 취약성을 증명하며 연민을 불러일으켰다. 이같은 모호한 감정은 여성을 미숙한, 혹은 무장이 해제된 존재로 결부시켰다. 이러한 존재는 여성으로 하여금 어린이, 환자, 불구의 걸인, 노인 또한 이윽고 동물과 같은 존재가 갖는 어떤 특권을 공유하게 만들었다.[28] 19세기의 남성은——바로 여기에 오늘날에는 잊혀진 이미지와 행동의 할당이라는 필수적인 국면들 중의 하나가 있다——호전적인 남성다움의 모델과 일치해야 할 의무가 있었다. 이는 민중 계급 내에서도 마찬가지였는데, 특히 그렇게 말하고 싶은 생각이 들 것이다. 여기서 소년에 대한 교육은 '징벌'[29]로 점철된 힘겨운 것이었다. 노동자 동업조합의 난폭한 주먹다짐, 농촌에서 근육을 즐기는 특권, 어디에나 존재하는 흉악한 파리의 건축 노동자들의 폭력[30] 등은 마찬가지로 이러한 강제적인 지배력을 상징하는 증거가 되었다. 제2제정 시기까지 부르주아 계급은 자신의 딸들을 집에 붙잡아두는 것을 선호하였던 반면,[31] 아들들은 춥고 침침하며 악취를 풍기는 기숙학교에 틀어박히게 하였다. 아들들에게는 육체를 단련시키는 스파르타식 교육을 받게 하였는데, 그 교육의 엄격함은 남성적인 심성을 만들어 내게 하였다.

이러한 역사와 관련된 증거들의 결여는 주의 깊게 들을 것을 요구한다. 주의 깊게 듣는 행위를 통해 그 긴장의 세기에 존재하던 풍부한 남성의 고통을 드러내 줄 것이다. 이러한 집단적인 불편함은 간과할 수 없는 역사적 설명의 한 요소를 이룬다. 그때부터 이러한 점은 역사가들이 인생 극장에서 말로 표현할 수 없을 정도의 고통이 쏟아지는 사적인 생활의 증거들에 각별한 관심을 기울이기 시작한 이래로 이미 보다 명확하게 밝혀졌다. 아마도 이 점에 관해서는 1만 7천 페이지에 달하는 아미엘[32]의 일기와, 멘 드 비랑의 침울하고 잘못을 뉘우치는 속내 이야기가 가장 훌륭한 본보기는 아니다. 이와 같은 인식은 19세기의 경제사가들이 남성의 피곤함을 성장의 원동력으로 간주하였을 때 이루어졌다.[33]

그 풍부함을 과대 평가하지 않아야 함에도 불구하고 사회적인 역동성은 사회적 신분의 부정확함과 불안정성에 직면하여 어떤 불안전한 느낌과 새로운 걱정거리를 야기하였다.[34] 출생 신분이 확실하고 결정적인 소속감의 척도를 형성하는 일이 점점 중단되는 한 사회 내에서 개인은 결국 자신의 인격을 형성하는 이미지에 대해서 자문하게 되었다. 타인의 시선은 새로운 불안함과 고통을 야기하였다. 또한 걱정거리는 사회적 신분을 나타내는 일련의 증거들의 미완성, 불확실함 및 복잡함 등에 의해 증폭되었다. 그래서 부부라는 세포 단위를 신분의 척도 내에 놓여 있게 하고, 또 그 위치를 정하려고 하는 개인적인 책임감은 거의 배타적으로 남성들의 어깨를 짓누르는 요인이 되었다.

마치 전쟁터의 공포감이 시민적 질서 속으로 전환된 듯한 사회적 충돌의 이미지는 보다 견딜 수 없는 것으로 나타났다. 바로 그 점에서 의심할 여지가 없이 부분적으로 남성의 자살률이 높아지며, 뒤르켐이 개인주의적인 자살 및 아노미적인 자살이라 명명하였던 것이 증가하게 된다. 이러한 것들은 가정에 필요한 따스한 느낌, 아내인 동시에 간호사로서의 역할을 수행하는 여성의 상냥함, 여러 상처들에 덧보태어질 수 있을지도 모를 그 아내 겸 간호사의 정숙함 등의 근거를 이루는 활동적인 삶에 의하여 초래된 상처들이었다. 사회적 역동성의 증가, 프라이버시의 비약적 발전, 여성을 가정으로 유배시키는 행위 등은 상호 분리될 수 없는 것들이었다.[35]

그러나 또 다른 징후들이 존재한다. 어떤 연구자들은 이미 언급된 이러한 사회적 히스테리화를 지적한다. 즉 테오도르 젤딘은 19세기에 이같은 방식으로 우울증이 증가되었으며, 이어서 신경쇠약과 노이로제가 증가되었다고 강조하였다.[36] 사실 이 모든 것들은 근본적으로 남성적인 현상들로 간주되었다. 우리는 또한 루이 슈발리에에게는 실례가 되겠지만 성적인 비참함과 성적 게토[37]의 개념들을[38] 원용할 수 있을 것이다. 남성의 결혼 연령과 종종 그 이전보다도 절대적으로 필요한 유산 상속을 위한 전략이 늦어지는 것은 본능적 욕구의 만족을 방해하였다. 독신자 문학의 출현, 풍속사범에 의해

야기되는 테러 행위의 증가,[39] 제보당(Gévaudan) 농민들의 폭력적 행동들,[40] 작업장 내에서의 십장의 부당한 성욕 및 매춘을 규제하려는 법규 등은 동시에 그 모든 것을 증명하는 고통이었다. 이로 인해 여성들의 불행은 결국 남성들의 비참함으로부터 유래하였다.

나는 우리를 현혹시킬 위험성이 있는 이러한 역사 서술적 불균형의 가장 명확한 실마리를 제시함으로써 이 글을 끝마치려 한다. 훌륭한 도서관에는 출산과 모성의 역사와 관련된 풍부한 저작들로 가득 차 있음에도 불구하고 우리는 언제나 군인에 대한, 특히 19세기의 일개 병사에 대한 서적을 전혀 발견할 수 없다. 군대의 역사와 관련된 저작들은 단지 장교들·탈영병들·반군국주의자들과 관련된 것들이며, 훨씬 늦게 제1차 세계대전에 참전하였던 병사들을 다룬 저작이 나왔다.[41]

우리는 제1제정 시기의 학살, 코르비자르(Corvisart)의 절단, 솔페리노(Solferino)의 시체 구덩이, 1870년 전쟁에 의해 희생된 14만 명의 사망자들을 망각할 것인가?[42] 이 전쟁의 세기를 역사가들이 그처럼 멸시하는 태도는 무엇을 의미하는가? 어떤 이유로 은유적으로 '노동 전사'[43]를 연구하면서 병사에 대해서는 간략하게나마 연구하지 않는가? 한 마디로 말해 남성적 속성의 지배적인 모델에 대한 연구 및 남성의 고통이 악화되는 무대에 대한 연구를 다소 의도적으로 실행하는가?

이는 여성에 대한 공포로부터 벗어날 수가 없었던 19세기의 남성들이 이미 남자다움에 대한 고전적인 이미지를 하나의 부담으로 짊어지고 있지 않았을까 하는 점을 인정하는 것이 두렵기 때문일 것이다. 또한 확실히 상당 부분에서 이루어졌던 여성의 소외 및 특히 여성에게 강요된 침묵으로부터 비롯되는 고통을 겪었던 이 '애수에 잠긴 성'[44]의 불행과 연약함을 발견하는 일이 두렵기 때문일 것이다.

6

19세기 매춘부의 잘못된 교육[1]

우리는 19세기의 매춘부들에 대해 아무런 정보를 가지고 있지 못하다. 안타깝게도 그 부류의 여성들은 개인적인 일기를 남기지 않았으며, 가족들이 정성껏 보관하고 있는 개인적인 편지도 없고, 국립도서관의 수사본을 보관하고 있는 부서에도 아무런 분류 기호가 없다. 간단히 말해서 매춘부들은 자신에 대해 기록하는 것을 중요하게 생각지 않았다. 우리는 그녀들의 언어에 대해 거의 아무것도 알지 못한다. 그리 흔하지 않게 발견되는 매춘부 집단 내에서 작성된 탄원서들은 대개의 경우 노예폐지론 지지자들이 받아쓴 것들이다. 이러한 이유로 우리가 매춘부들을 파악할 수 있는 유일한 방법은 다양한 과정을 통해 그녀들에게 사회적 통제를 가하려 했던 사람들의 증언을 매개체로 이용하는 것뿐이다. 사실상 매춘부는 일반적으로 프레지에[2]가 고생을 하며, 위험할 뿐만 아니라 동시에 타락한 여성들이라고 간주하였던 계급들에 대해 던지는 시선을 지배하는 환상 및 걱정거리를 유발하는 상투적인 그물망 속에 위치하고 있는 것으로 나타난다. 이미 알퐁스 에스퀴롤[3]과 같은 몇몇 관찰자들은 사회적 순환이 보다 명백하게 나타나는 문화적 실제는 없다라는 사실을 망각하고 있다. 그들의 견해에 따르면 방탕함을 폭동과 같은 민중적 항의와 자매지간이라 할 수 있는 형태로 간주한다.

결국 경찰·사법부·의학 혹은 보다 단순하게는 도시 행정을 담당하는 관리들의 수많은 담론들에 귀를 기울이는 것으로 시작할 수밖에 없다. 그런데 그 기록들은 이러한 영역에서 희박하게 이루어지는 자아 비판의 메커니즘으로 말미암아 내용이 보잘것 없을 뿐만 아니라 이전 세기에 비해 훨씬 더

부자연스럽게 꾸며져 있다. 만약 에리카-마리 베나부[4]가 최근 작성한 것처럼 18세기 파리에서의 매음 행위 일람표를 비교해 본다면, 그 기록들에서 나타나는 묘사가 심하게 훼손되었다는 점이 분명하게 드러난다. 이처럼 제사 공장에서 난봉꾼들을 맞아들였던 구제도 시기의 동료들과는 반대로 7월 왕정기의 경찰은 그 손님을 노아의 긴 옷〔노아가 포도주를 마시고 만취하여 알몸으로 누워 있을 때, 그의 아들 셈이 겉옷으로 노아를 덮어 준 일을 말한다〕으로 엄폐하였으며, 매음을 하는 커플의 상호 유착적인 관계를 보여 주는 일람표를 우리에게 남겨두지 않았다. 경찰 조서에는 성적인 관행들의 전개와 관련된 모든 상세한 보고를 피하고 있다. 그들과 같은 지위에 있는 사람들이 부모로서의, 남편으로서의, 혹은 관리로서의 권위를 지키기 위해 그 실상에 관한 상세한 보고서를 작성하지 않았다는 것은 상당히 건방진 태도라 할 수 있다. 최근 혹시 존재할지도 모를 자신들의 난잡함에 종지부를 찍으려고 고심하는 가족들이 제기한 고소들이 사라진 것을 언급하지 않는다 하더라도, 그 보고의 축소는 매춘부들이 어떤 계층 출신인가를 파악하는 방법을 찾아내는 일을 어렵게 만든다.

하지만 나이, 본래의 직업, 진짜 혹은 허위의 직업, 주거지, 인류학적인 특성들——키, 눈과 머리의 색깔——보건 상태 및 특히 계급 및 신분에 따라 매춘부들의 수를 구분하려고 하는 고전적인 문제는 여전히 중요하다. 7월 왕정 시기의 증인들, 특히 의사들과 경찰들은 그러한 범주들을 탁월하게 구분하였다. 파랭 뒤샤틀레, 베로는 그들보다 약간 뒤늦게 캉레[5]가 도둑들·협잡꾼들, '교태를 부리는 사람들' 혹은 '장애인들'에 대해 자세하게 분류하려고 노력하였던 것처럼 매춘부 사회의 내부를 정교하게 분류하였다. 예전의 자연과학들처럼 당시 생성되기 시작하였던 인간과학은 계통학을 추구하였다. 매춘에 관한 문제를 계통학과 연결시켜 이루어진 각종 폭넓은 발전들은 감정적인 내용들을 묘사하는 정도로 국한되었다. 더욱이 매춘부의 '기질'을 증언하는 사람들이 우리에게 언급하는 바는 그리 중요하지 않은 것에 국한된다. 혹은 더 정확히 말하자면 우리가 어떤 부분의 진실이 그처럼 재현될 수 있는가를 아주 명백하게 자문하는 체계 속에서 구성된다.

매춘부들의 심리 분석에 대한 일람표 및 그 표를 해독하려고 노력하였던 여러 연구들은 교육에 관한 일관성 있는 담론의 윤곽을 뚜렷하게 그려내고 있다. 그 담론은 매춘부에게는 사회적 윤리조차도 은폐하려는 측면을 지닌 쾌락주의를 전적으로 확실하게 만들면서 지배적인 도덕을 부정하는 모든 것을 면밀하게 조사한다. 특정한 육체적 문화를 전파할 수 있게 만드는 교육의 실패는 불가피하게 특수한 재교육을 요구한다. 그 재교육은 모든 방식에서 전혀 이루어질 수는 없을 터인데, 그만큼 여성의 표상들을 요약하는 정숙한 여성과 매춘부라는 두 가지의 모델 사이에 존재하는 간극이 크기 때문이다. 그렇지만 그 두 모델들 사이에 막달라의 영상이 새겨진다. 죄의 흔적을 간직하고 있는 그 회개한 여성은 단지 성녀의 모습을 영구히 존속시키면서 구원을 발견할 수 있을 뿐이다.

처음부터 매춘부는 통제주의적인 담론 속에서, 특히 파랭 뒤샤틀레의 저작 속에서 자연스럽게 천성적으로 혹은 그녀의 '천한' 출신으로부터 비롯된 천성적인 난잡함으로 인하여 사회 질서를 형성하는 본질적인 가치들을 거역하는 여성처럼 표현된다. 그런데 교회와 학교는 그러한 가치들을 주입하려고 노력한다. 이러한 의미에서 매춘부는 공허한 존재로, **교육의 실패**로 정의된다. 매춘부는 교육과 관련된 계획이 민중 계급에게 영향을 미치기 이전 단계에서 나타나는 민중 계급의 특징이라 할 수 있는 반(反)문화라는 본래의 상태를 간직하고 있다.

이 점과 관련하여 가정될 수 있는 전제들은 매춘부의 초상이 천편일률적으로 보여진다는 것이며, 모든 점에서 그 초상은 반대 측면을 구현할 수밖에 없다는 사실이다. 또한 확실히 이러한 냉혹한 논리는 우리로 하여금 담론의 대상과 마찬가지로 혹은 그 이상으로 담론을 제기하는 사람의 확신에 대해 파악할 수 있는 어떤 설명을 통해 재현된 단편적인 현실을 상당히 보잘 것 없는 것으로 간주하도록 만든다.

성숙함 → 미숙함: 매춘부는 아직도 더 교육을 받아야 하는 어린아이와 유사한 존재에 불과하다. 에스퀴롤에 의하면 매춘부는 발전되지 않은 원시적인 상태에 있다. 그는 이러한 '사회적 나이'로 인해 매춘부는 보호를 받아야만 하는 존재로 인식될 수밖에 없으며, 브루새가 주장한 것처럼 자아에 대한 감각을 주입해야만 한다는 점에 동의하였다.

노동 → 무위(無爲): 성적인 쾌락을 탐닉하며 사회 집단의 핵심에 존재하는 쾌락주의의 상징이라 할 수 있는 매춘부는 나태함으로 특징지어진다. 더 나쁜 것은 매춘부가 아무 일도 하지 않는 것을 무한히 즐긴다는 사실이다. 그녀는 시간을 계획적으로 분배하기를 거부한다. 결국 매춘부에게 시간표를 부과한다는 것은 어렵다.

고정 → 변화무상함: 발자크는 '매춘부들은 근본적으로 유동적인 존재다'라고 기술하였다. 이러한 관점에서 본다면 그녀들은 '동물보다 하위에 있다.'[6] 매춘부들은 춤과 운동을 좋아한다. 그녀들은 특히 일반인들 앞에 있을 때 끊임없이 동요하면서 소란스럽게 생활한다. 기질과 감정의 불안정함 및 수다스러움은 그녀들의 성격을 잘 드러내 주는 행동이라 할 수 있다. 그러한 견해를 보여 주는 또 다른 풍부한 근거들이 있다. 즉 매춘부들은 이사하기를 좋아한다. 역사가의 입장에서 쉽사리 설명할 수 있는 것은 그녀들에게 행사되는 감시와 그녀들의 상황에서 비롯되는 수많은 우여곡절들을 이해하는 것이다. 하여튼 재교육은 무엇보다도 먼저 고정이라는 내용을 전제로 할 것이다.

질서, 절제 → 무질서, 과도: 매춘부는 습관적으로 '강렬한 열정'과 '흥분'에 자신을 맡긴다. 매춘부를 정의하는 성적인 무질서 이외에도 매춘부는 식도락, 나아가 식탐, 높은 알코올 도수의 술에 대한 지나친 사랑, 가정과 몸치장의 무질서함 등으로 특징지어진다. 그녀는 쉽게 과도한 화를 내는 것을 억제하지 않는다.

장래에 대한 대비 → 아무런 대비가 없음: 매춘부는 절약하는 것을 알지 못한다. 그녀는 도박을 좋아한다. 그녀의 낭비벽은 자선을 선호하는 경향과 불필요한 지출을 하는 성벽을 동시에 모두 설명한다. 그런 식으로 매춘부는 꽃을 사고 애완동물을 기르는 데 자기 수입의 상당 부분을 지출한다.

자연적인 성적 관행 → '비정상적인' 관행: 거의 모든 매춘부들은 '동성 연애자' 들이다.

이러한 명확하고 체계적인 담론들은 일람표로부터 추론되는 어떤 암묵적인 담론과 겹쳐졌다. 그 담론은 매춘부를 쾌락적인 행실, 그렇지 않으면 세상으로부터 물론 비난을 받지만 그 시기의 젊은 남성이 지니고 있던 육체적인 문화를 위해서는 필수적인 에로틱한 행실의 교육자, 아니 더 정확히 말하자면 그러한 행실의 **선구자**로 상정하였다.

이와 관련하여 매춘부는 직업소개소에 일자리를 찾으러 오는 '입주 유모,' 유기적인 것에 속하는 모든 일에 대해 책임을 지고 있는 아이들을 돌보는 하녀, 6층에 거주하면서 종종 젊은이에게 비밀을 전수하는 식모, 경우에 따라 가능성이 있을 식모이자 여주인이 되기를 고대하면서 학생 혹은 독신의 양품점 점원과 동거 생활을 하는 젊은 여성 노동자, 헌신적인 송장이 될 늙은 하녀 등으로 연속적으로 나타나는 민중 계급 출신으로서 자신을 포기한 여성 집단의 대열에 속하게 되었다.

이러한 여성 집단의 응집력은 불가피하였다. 그런데 그것과 관련하여 자유주의자들이 필요 불가결한 역할, 혹은 적어도 명백한 기능들을 인식한 것은 오래 전의 일이었다. 여성의 육체 및 민중 계급의 육체에 대한 이러한 끊임없는 의존을 고려해야만 할 것이다. 만약 그렇지 않다면 우리는 아내와 어머니의 역할을 수행하는 부르주아 계급의 처녀가 갖추어야 할 상냥함과 매춘이라는 어두운 구석으로의 도피, 혹은 부르주아 계급으로 하여금 자신의 젊은 시절을 상기시키는 하녀와의 사랑으로의 도피 사이에서 크건 작건 분할되어 있는 부르주아 계급의 육체적 구조와 감정적인 장치들의 논리를 파악할 수 없을 것이다.

그런데 이와 같이 육체와 관련된 문화가 전파되지 않았다면 성에 따른 역할들과 도덕의 이분법은 유지될 수 없을 것이며, 정직하고 천사 같은 젊은 여성들의 유형적 존재를 부정하려는 시도는 불가능하게 될 것이다. 그렇기 때문에 그 교육은 수많은 마르다 및(혹은) 막달라와 같은 여성들을 미묘하게 자기 희생이나 비굴함과 결합하는 수많은 여성들로 넘김으로써만이 이루어질 수 있을 것이다.

성적인 비전(秘傳)의 전수와 관련된 19세기 매춘부들의 엄청난 역할을 새삼스럽게 논하는 것은 불필요하다. 그녀들은 또한 쾌락적인 행위들을 전파하였다. 더욱이 당시의 의사들이 젊은 남편들에게 과도한 성행위는 부인의 육체와 정신적 현상을 황폐하게 만들지도 모르는 위험성이 있음을 강조하면서 자제할 것을 조언하였던 일종의 놀이로서의 성행위와는 대조가 되는, 억제될 수 없는 성의 이미지를 보급시키는 역할을 담당하였다. 또한 때로 사적인 영역 내에서 각종 감정과 규범들의 비중이 크게 작용함으로써 질식할 것 같은 느낌을 갖는 남성이 플로베르의 영상에 따라 매춘부들에게서 역설적으로 우호적인 태도를 재발견할 수 있다고 말할 수 있을까? 우리는 오늘날 '세상'의 이면에 있지만 부르주아 계급의 모임과 같은 성질을 띤 유곽에 대한 연구 없이는 사교적 태도를 형성하는 형식의 역사가 상당히 불완전하게 존속하고 있음을 알고 있다. 따라서 의심할 나위 없이 그 시대 남성들의 감정적인 모습의 역사 역시 마찬가지라는 사실을 잘 알고 있다. 사실상 각종 규범들의 은폐를 상쇄하려고 하는 심리학적인 과정들과 역학들을 연구해야 할 필요성이 점점 더 분명하게 드러난다. 이는 다른 점에서 보면 노베르트 엘리아스가 예전에 문명화 과정의 원동력으로 간주하였던 이러한 정신적 긴장이 이루어질 수 있게 만드는 이 방치된 장소들을 더 잘 이해할 필요성이 제기된다.

명백하게 포괄적인 하나의 관점은 우리들로 하여금 더 이상 위선 행위가 아닌——역사는 법정이 아니다——장 보리가 강조하였듯이, 또한 피터 게이가 함축적으로 보여 준 것처럼 '천사와 같은 탄원서들'과 '유곽의 훌륭한 성과들' 사이에서 망설였던 그 시대의 부르주아 계급 남성이 지닌 심성의 양면성을 강조하게 한다. 금전에 의한 성의 거래는 그 모든 형식들 속에서 민중 계급과 부르주아 계급을 결합시킨다. 미셸 마페솔리[7]는 그 거래가 공적인 공간에서 이루어지는 행위들의 쇠퇴를 통하여 또한 **세상이라는 극장의 소멸**을 통해 연루되는 사회 조직을 새롭게 이어 묶는 데 기여한다고 언급하였다. 또한 확실히 이러한 접촉은 그 당시에 수많은 도덕주의자들이 고발하였던 행위들을 사회적으로 순환하게 만든다. 이 운동은 도덕주의자들이 보기에 지나친 단계에 이르렀다고 판단되는 사회적 이동성에 의해 이미 위협받고 있던 위계 질서를 재론하는 것을 가속화시킨다.

그러한 맥락에서 우리는 갱생한 매춘부의 교육에 대해 거의 언급하지 않는다. 원래부터 결여되어 있음에도 불구하고 이러한 임무는 사실상 하나의 **재교육**처럼, 하지만 젊은 여성들을 위험에 빠뜨리는 것을 목적으로 하는 —— 그러나 우리가 생각하기에 당시의 모든 여성들은 그러한 상태에 있었지만 —— **예방**이라는 전략을 고무시키는 하나의 **갱생**처럼 이해된다. 여성의 결혼 적령기의 뒤를 이어 나타나는 시기는 결국 사회적 피라미드의 상층에서부터 하층에 이르기까지 결혼이라는 항구로 이끄는 위험한 협로처럼 인식되었다.

젊은 여성들로 하여금 위험에 빠지지 않도록 예방하려는 목적으로 형성된 보다 풍부한 담론과 마찬가지로 타락한 윤락 여성들의 갱생을 강조하는 빈약한 담론은 징벌 이론과 교육 이론 사이의 한가운데에 위치하였다. 실제적으로 매춘부에게 정착 · 노동 · 일과 시간의 규칙성 · 질서 · 저축 및 확고한 육체적 훈련 등을 강제하여야만 했다.

갱생은 감옥에서부터 시작되었다. 경우에 따라서 갱생은 수도원과 같은 모델에 의거하여 조직화된 기관 내에서 행해졌다. 머리가 잘리고 투박한 모직물로 만든 옷을 입은 여성은 모든 사치스러운 의복을 금지당했다. 엄격하게 남자로부터 고립되고 수녀들의 관찰을 받는 매춘부는 노동을 강요받으며 종교 의식에 참석할 의무를 지니게 되었다. 이러한 환경에서 학교는 거의 언급되지 않았다. 최선의 상태로 하녀들 혹은 보잘것 없는 보조자의 위상을 지닌 제2열의 수녀들인 '막달라' 들을 양산하는 것이 관건이었다.

7월 왕정하에서 파랭 뒤샤틀레는 여러 갱생기관들에 수용된 사람들의 높은 사망률과 그 사람들을 절망으로 이끌 수 있는 월경 주기의 불순함을 심하게 비난하였다. 20세기초에 봉 파스퇴르에서는 스캔들이 발생하였다. 당시 사람들은 그 기관이 젊은 노동자를 부당하게 착취한다고 비난하였다. 실제로 인구통계학적인 자료를 통해서는 과학적인 방식으로 강력한 비난을 할 수는 없다. 그 분야에서 사망률은 거의 중요성을 지니지 못한다. 특히 그러한 기관들에 수용된 여성들의 운명으로부터 '세상 속으로 되돌아간' 매춘부들의 운명을 추론하는 것은 잘못된 일이 될 것이다. 사실상 비록 갱생하였지만 거의 모두 병이 들고 쇠잔해졌으며, 또한 실의로 가득 찬 여성들이 그 모두를 대표할 것 같지는 않다.

어쨌든 훌륭한 박애주의 이론가로서 파랭 뒤샤틀레는 당시 행해지고 있던 갱생 과정에 오명을 씌우기에 충분할 정도의 냉혹한 언급은 하지 않았다. 즉 종교적인 교육은 그에게는 적당하지 않은 것으로 보였으며, 지옥의 형벌이라는 위협과 지옥과 같은 고통을 지나치게 강조할 뿐만 아니라 과도한 모든 질서들에 복종할 때까지 매춘부들을 금욕주의로 인도하는 사제의 부적합한 설교와 같은 것이었다. 파랭 뒤샤틀레는 성을 완전히 무시하는 수녀들에 의해 이루어지는 규제를 비난하였다. 그는 이미 일상적인 압박감에 익숙해진 여성들의 육체를 충분히 피곤하게 만들지 못하는 재봉일을 시키는 것을 반대하였다. 파랭 뒤샤틀레는 기혼 여성 혹은 과부이지만 온전히 한 가족의 어머니 역할을 하면서 자선 사업을 하는 부인들의 중재를 선호하였다. 그 여성들은 적어도 매춘부들과 말을 할 수 있을 것이기 때문이었다. 특히 그는 침대가 결국 더 이상 단지 수면의 장소로서의 역할을 하지 않도록 육체적으로 피곤한 노동을 할 것을 권장하였다. 그는 특히 그 자신이 정성을 다하여 실험하였던 디딜방아를 찧게 할 것을 권고하였다. 그는 매춘부들을 농장에 보내는 것을 적극적으로 권장하였으며, 또한 모든 면에서 그녀들이 사회에 새롭게 동화될 수 있는 때를 예비하는 노동을 배울 수 있게 되기를 희망하였다.

사실상 파랭 뒤샤틀레는 매춘부들의 상황을 잘 이해하고 있지 못했다. 더욱이 도덕적인 개종을 전제로 하면서 사회적인 명예 회복의 길이라 주장되었던 갱생은 지난 세기 내내 감금, 반사회화의 장소, 또한 기껏해야 밑바닥 수준의 생산의 순환에 새롭게 편입되는 것을 준비하는 엄격한 육체적 교육의 장소로 존속될 것이었다.[8] 20세기초에 그 여성들의 가장 맹렬한 저항이 폭발된 곳은 다름 아닌 재교육 기관에서였지 매음굴에서는 아니었다.

통제주의적인 경찰들·의사들·법관들 및 도시 관리들이 속죄회 회원 같은 열성을 빈약하게 지니고 있었다는 점은 대개 회의적 태도에 근거를 두고 있었다. 더욱이 이러한 점은 성 아우구스티누스의 도덕적 실재론과 필요악이라는 이념을 통해 그 이론적 정당화를 모색하였다. 파랭 뒤샤틀레 자신이 가지고 있는 천부적인 명민함을 통해 그렇게 강조하였던 갱생은 그 자체의 체계 내에서 누그러뜨릴 수 없는 한계점이 나타났다. 즉 모든 매춘부들이 순식간에 자신의 잘못을 뉘우치는 일은 확실히 일어나지 않을 터인데, 왜냐하면 그때에는 애욕이 세상을 유린할 것이기 때문이다. 그 필요성은 민중 계급이 동물 같은 속성을 구체화하고 있다고 비난을 받았으며, 또한 그 속성이 사라질 경우 모든 사회 집단들을 혼란에 빠뜨릴 수 있을 위험이 있는 이러한 속성과의 단절이 제한적으로 유지되는 것을 불가피하게 요구하였다. 이미 오래 전에 매춘과 예방은 상호 떨어질 수 없는 하나의 단짝을 이루고 있는데, 이는 대도시 중심부의 정화가 교외를 쓰레기 매립지 같은 비천한 장소로 만드는 것을 전제로 하고 있는 것과 마찬가지였다. 젊은 여성에 대한 성공적인 교육은 다른 한편으로는 그와 동일한 계획이 실패했음을 전제로 한다. 모든 훌륭한 교육의 역사는 마찬가지로 그 실패의 역사가 될 필요가 있다고 해도 과언이 아니다. 특히 매춘부와 정숙한 여성이라는 양면성 속에서 한 여성이 어떤 모습을 지니고 있는가를 파악하는 일이 어렵고 불확실하다고 걱정하는 남성들을 안심시키려는 목적으로 여성들을 명확하게 구분하는 일이 절대적으로 요구되는 시대에 그 구분을 위해 여성들의 순수함과 타락함이 문제가 될 때는 더욱 그렇다.

7

19세기의 매춘부와 '엄청난
허망한 노력'[1]

　고대부터 매춘부 사회는 막연함으로 뒤덮여 있는 만큼 더 매혹적인 피임 비결을 확실하게 전파하여 왔을 것이다. 그것은 성과 관련된 과학의 역사에서 나타나는 **주제들** 중의 하나이다. 1609년 마튀랭 레니에[2]와 같은 건방진 증인들에 의해 여기저기서 언급된 신비스러운 주사, 마술 부적, 낙태를 유발하는 식물, 질에 삽입하는 해면(海綿)[3] 등은 일반적으로 역사가들로 하여금 이렇게 은밀하게 이루어진 행위들이 영속되고 있음을 입증시키기에 충분하였다. 장 루이 플랑드랭으로부터 앵기스 맥 라렌 및 피터 게이[4]에 이르기까지 모두 동시에 매춘부들의 가임 능력에 대해 가해진 통제의 영속성과 효율성을 파악하였다고 언급하였다. 귀족 계급의 뒤를 이어 일반 대중들과 민중 계급에서 피임하는 시대가 도래하자, 이렇게 오래 되고 걱정스러운 직업적 약전(藥典)을 인용하는 것밖에는 다른 도리가 없었을 터이다. 매춘부들 및 포주들은 위험 없이 성행위를 할 수 있는 기술을 은연중에 전파하였을 것이다.

　19세기는 성적 매매의 황금 시대를 이루기 때문에 피임 관행이 상당하게 전파된 시기인가? 그것은 '불행한 비밀들'의 은밀한 전파가 풍성히 이루어졌다는 점을 결정적으로 알려 주는 그 행위들을 상정할 수밖에 없게 하는 문제이다.

피임 관행의 인색함

우리는 19세기에 매춘부들이 성행위를 할 때 사용하였던 피임 방법을 파악할 수 있을까? 그 실제적인 방법들의 목록을 작성하고 경우에 따라 있을 수 있는 그 방법들의 전파 정도를 측정하는 것이 가능할까? 이는 무엇보다도 먼저 내가 응답하기 위해 노력을 경주해야 할 두 가지의 문제들이다.

이러한 분야에서 역사가는 정숙함이 충분히 설명되어질 수가 없을 경우도 있다는 사실을 간과하려는 의지에 부딪치게 된다. 매춘에 관한 담론은 남성적이다. 매춘부들은 자신들의 기억을 문서로 작성하지 않으며, 자신들의 불행을 호소하지 않고, 또한 자신들의 쾌락을 그렇게 많이 강조하지도 않았다. 그러한 모습은 제1·2차 세계대전 사이에 들어서야 비로소 나타났다. 매춘부는 지극히 개인적인 일기, 혹은 편지들의 저자들이 매우 즐거워하는 자신에 관한 기록을 거의 남기고 있지 않다. 단지 몇몇 옹색한 고객들과 수다스러운 경찰관들 및 사회를 개량하려는 의지를 가진 헤아릴 수 없을 정도로 많은 의사들은 우리에게 '공적인 매춘'의 모습을 상세하게 보여 준다. 이러한 증언들 중에 첫번째인 고객들의 증언은 우리가 여기에서 몰두하고 있는 문제에 대한 논거를 거의 제공하지 않는다. 자신이 열망하는 쾌락에 만족을 얻은 다음에는 거기서 성급히 벗어나려고 하는 남성은, 자신이 기대하는 심심풀이의 감미로운 서곡만을 경험하는 목욕재계의 신비를 여성에게 내맡겼다. 피임의 운용은 그의 성적인 관계 영역에 포함되지 않았다. 레오 탁시는 우리에게 다음과 같이 말해 주고 있다.[5] 사치스러운 유곽에서 남성은 여성이 자신의 성기를 단장하는 일을 끝마치기를 기다리면서 다소 유유히 때에 맞게 담배를 피운다는 것이다. 경찰의 경우 공공 위생에 몰두한다. 즉 그는 집 안에서와 마찬가지로 거리에서 질서를 유지하고, 매춘부들이 보건소를 방문할 것을 강요하는 역할을 수행한다. 은밀한 단장은 그가 담당해야 할 영역은 아니다. 더욱이 그는 자신의 청렴함에 대해 다른 사람으로부터 의심의 눈길을 받지 않고, 자신의 역할을 드러내 보일 수 있을지도 모른다.

의사들과 과거의 의과 대학생들의 경우 그들 대부분은 나름대로 유곽에 익숙한 사람들이었다. 그 유감스러운 시기를 잊어버리기 일쑤인 그들은 자신들의 추잡한 기억들을 하나하나 끄집어 내는 것을 회피한다. 우리에게 무언가를 언급해 주는 사람들은 그 의사들을 보조했던 사람들이다. 해부학을 통한 임상 진단 방법에 고무된 그 시기의 의학은 각종 장기들의 상태를 묘사하고, 질병의 징후들을 탐지하고 관찰하며, 또한 문자로 기록하는 능력이 있었음을 보여 준다. 그러나 19세기 중반경까지 의학은 해부학적인 흔적을 남기지 않는 성적인 관행들을 모르고 있었다. 파랭 뒤샤틀레의 방대한 책을 읽어보면——물론 문학적 풍부함으로 완성된 실례는 그 책밖에 없지만——우리는 파리 매춘부들의 항문과 성기 혹은 자궁의 상태를 파악할 수 있다.[6] 그러나 우리는 매춘부들이 행하였던 은밀한 세척과 성교를 하는 동안 채택하였던 체위들에 대해서는 실제적으로 전혀 아무것도 알지 못한다. 병리해부학 전문가들이 사체를 통해서 죽음에 이르게 된 병의 발전 과정을 살펴보는 것처럼, 각종 장기들을 통해 방탕함의 흔적과 그 추이를 탐색하였던 그 시대의 의사들은 육체적인 고통과 기분 좋은 촉감, 신체적 훈련, 혹은 관능적 쾌락을 즐기는 언짢은 기분 등에 관해서는 그리 중요하게 생각지 않았다. 그 이유는 매춘부들의 몸에 그러한 것들을 탐지할 수 있는 아무런 특징이 없다는 점이 역력하게 드러나기 때문이었다.

어쨌든 그 의사들이 음란한 언어를 회피하는 데 능란함을 보여 주고 있음에도 불구하고——그 이유로 인해 그들은 라틴어를 사용한다——그들은 방탕함을 조장하는 것, 나아가 단순히 환심을 사려는 생각을 비난하지 않을까 염려하였다. 제2제정기까지 자위 행위에 대해서 별도의 관심을 가졌던 의사들은 그 이외의 사적인 행위들에 속하는 행위들을 공공연하게 환기시키려 하지 않았다. 의사였던 롱드는 그 예외라 할 수 있는데, 그는 1827년부터 매춘부에게 은밀한 곳의 위생을 세심하게 관리할 것을 강제해야 한다고 주장하였다.[7]

이러한 사실은 당시 의사들이 절대적으로 자신들의 주의를 집중시켜야만 하는 필요성을 확실히 고려하려고 하는 사람에게는 수많은 정보들을 제공하였다는 것을 의미한다. 뿐만 아니라 피임과 관련된 문제를 제기하지 않더라도 모든 전문가들은 매춘 여성들의 불임성, 아니 더 정확히 말하자면 '낮은 생식 능력'을 주장하였다. 몇몇 전문가들은 그 정도를 측정해 보려고 시도하였다. 그러한 전문가들 중에서 파랭 뒤샤틀레가 가장 통찰력이 있으며, 가장 박식하다고 할 수 있다. 그렇지만 그는 자신의 동료들이 매춘 여성의 생식 능력이 낮다는 것을 과장하고 있는 것으로 간주하였다. 그가 시도하려고 노력하였던 '수학적인 방법'은 매춘부들의 가임 능력 비율이——전부 혹은 거의 임신할 수 있는 나이에——그의 동료들이 언급하였던 것처럼 6세에 미치지 못했던 것이 아니라, 오히려 17세에서 21세 사이에 위치하고 있었다는 결론을 이끌어 내게 하였다.[8] 어떠한 다른 일련의 논거들 역시 우리로 하여금 그 예측을 다시 해보는 것을 가능케 하지 않는다. 그렇지만 파랭 뒤샤틀레가 사용한 방법은 충분히 내용이 충실한 것으로 보이며, 그 방법을 적용시킨 것은 우리로 하여금 그가 내린 결과에 대해 신뢰감을 가지게 할 만큼 충분히 빈틈없는 것으로 나타난다. 적어도 그가 연구하기로 선택하였던 제한된 표본과 관련해서 언급할 수 있는 것은, 이른바 그 표본이 1817년에서 1832년 사이에 파리에서 매춘에 종사하였던 여성들의 숫자라는 점이다.

가임 능력이 낮은 원인들의 목록은, 그 원인들이 증인들에 의해 관찰되어진 바와 같이 우리를 신중하게 만든다. 사실상 어떤 **선험적인 것**은 관점을 왜곡시킬 위험이 있다. 즉 다른 동물들에서는 그러한 점이 나타나지 않기 때문에 인간의 고유한 특징이라 할 수 있는 방탕함은 원칙적으로 이율 배반적인 출산으로 나타난다. 몽테스키외는 예전에 자제력이 없다는 것은 자연법에 위배된다는 점을 상기시켰다.[9] 그런데 그 자제력이 없음을 강요받을 때 자연은 번식력이 왕성해질 수 있을지도 모른다. 결국 어떤 철학적 편견은 매춘 여성이 정숙한 여성들에 비해 임신할 수 있는 능력이 부족하다는 점을 폭로할 것을 강요한다. 최근 과학적 이론은 이러한 가설을 강화시켰다. 19세기 전반기 동안 배란의 역학 관계에 대한 정확한 설명이 일반적으로 통용되기 전에, 출산이라는 행위에는 여성의 관능적인 측면이 필연적으로 관련되어 있다는 갈리앵으로부터 전해진 믿음은 상당히 확고하게 뿌리박힌 채로 존재하였다. 그 믿음은 정신적으로 압박을 느끼는 의사들로 하여금 매춘 여성들의 '낮은 생식 능력'에 관한 설명을 쉽게 할 수 있게 만들었다. 대개의 경우 불감증을 가진 매춘부는 혹시라도 자신이 '진정한 애정을 느끼는 연인'에게 몸을 바치지 않는다면, '임신'에 유리한 심리적인 조건을 지니지 못하게 된다는 것이다. 이는 파랭 뒤샤틀레로 하여금 다음과 같은 미묘한 뉘앙스의 결론을 내릴 수 있게 하였다.

> 그 모든 점은 매춘부들은 사람들이 오늘날까지 믿고 있었던 것보다 훨씬 더 많은 임신 능력을 가지고 있다는 점을 증명하는 것처럼 보인다. 이러한 생각이 타당성을 가지기 위해서는 여러 정황들, **말하자면 여성의 의지와 무관심의 부합, 그 여성의 직업으로부터 비롯되는 습관적인 행위와는 무관한 전적으로 지적·도덕적인 상태** 등과 같은 정황들이 다시 결집되어야만 한다.[10]

매춘 여성이 '세상 속으로 다시 돌아갈' 경우, 또한 그 여성이 오로지 한 남자하고만 결합할 때 "임신은 계속되고 그녀는 항상 행복하다."[11] 심리적인 **산아 제한**을 자동적으로 효과 있게 하는 이러한 믿음은 훨씬 앞서 세상에 알려지지 않은 피임 관행을 찾아내지 않아도 무방하게 만들었다.

주디스 월코비치는 영국 의사들에게서 마찬가지의 신념들을 이끌어 냈다. 즉 영국의 학자들은 지나치게 많은 파트너와 성교를 하는 것은 "여성에게서 임신에 필요한 분비물이 충분하게 만들어지지 못하는 결과를 낳는다"[12]라고 생각하였다. 상당한 호기심을 유발하는 이러한 유형의 추론은 19세기의 마지막까지 의학적인 담론을 통해 존속하였다. 우리는 그러한 추론을 1887년에 출간된 진보주의적 의사인 다르티그의 유명한 저작을 통해서 발견할

수 있다. 그에 의하면 일반적으로 임신을 하지 못한다고 믿어지는 매춘부는
"은둔 생활이나 결혼을 통해 보다 몸에 유리하도록 쾌락을 절도 있게 즐기게
함으로써"[13] 임신 가능한 상태가 된다는 것이다.

그러나 프랑스 의사들에 따르면 이렇게 '생식 능력이 낮은' 데는 다른 이
유들이 있다는 것이다. 즉 매춘부의 음탕한 놀이를 환상적으로 보는 견해는,
학자들로 하여금 매춘부를 찾는 손님들의 열광적인 육체적 행위가 여성 신
체기관들의 위치를 바꾸어 놓는다고 생각하도록 이끌었다. 더욱이 매춘부
는 종종 산부인과 질환으로 고통을 당하였다. '질의 염증'과 '자궁의 카타
르' 등과 같은 성병들은 매춘부의 불임증을 설명하는 데 도움을 주었다.
1870년대부터 1900년에 이르는 기간 동안 이러한 확신이 영향력을 발휘하
였으며, 같은 기간중 매독에 대한 두려움 역시 증대되었다. 그 당시 알프레
드 푸르니에와 그의 제자들이 행한 작업은 성병 환자들에게서 유산이 빈번
하였으며, 특히 임산부가 매독에 감염되었을 경우 사산율이 아주 높게 나타
나고 있음을 강조하는 것이었다.[14]

19세기초부터 의사들은 매춘 여성들에게서 '낙태'——물론 유산을 포함
하여——가 빈번히 행해지고 있음을 앞다투어 강조하였다. 그 의사들은 이
러한 현실을 매춘부라는 직업의 관행 탓으로 돌렸다. 그 이상을 찾지 않는
다 하더라도 새로운 이유가 있었다. 낙태 전문가들에게 영감을 주는 윤리는
이같은 추론을 통해 이익을 얻을 수 있었다. 즉 자신들의 가임 능력을 제한
하기 원하는 정숙한 여성들이 쉽게 모방할 수 있는 경우에 따라 발생할 가능
성이 있는 관행들을 언급하는 것보다, 방탕함이 충분히 임신 능력을 상실하
게 만들 수 있다는 점을 증명하는 것이 보다 가치 있는 일이었다. 그와 마
찬가지로 파랭 뒤샤틀레는 엄청난 수의 매춘 여성들이 임신 5주째나 6주째
를 맞이하면서 태아를 적출하고 있다는 사실에 주목하였다. 그에 의하면 당
사자들은 기껏해야 그녀들 사이에서 '마개(bondon)'라 부르는 것을 잃는 정
도로 인식하였다는 것이다. 말하자면 그러한 작은 사건은 매춘 여성들에게
이미 익숙해진 월경 주기의 불규칙성에 깊숙이 내재되어 있는 것으로 나타

난다. 그러나 파랭 뒤샤틀레는 유산이 더 중요한 문제라고 단호하게 표명하였다. 불행하게도 그 현상은 정확한 수를 파악하기가 힘들었는데, 그 이유는 병원에서처럼 감옥에서도 8개월이 되기 전에 발생한 사산아를 기입하는 것을 소홀히 하였기 때문이다.[15]

이러한 낙태나 유산 같은 사건들에, 매춘 여성들이 자유 의지에 의한 낙태와는 상관없이 임신 기간 마지막까지 자신들의 활동을 계속하였던 관행으로 인해 발생하는 수많은 낙태가 덧붙여진다. 어떤 고객들은 특별히 임신한 여성의 매춘을 높이 평가하여 자신들의 환상적인 욕망을 충분히 만족시키기 위해 비싼 돈을 지불하는 것을 망설이지 않았다. 우리는 여성들이 이러한 실속 있는 수입을 포기하는 일에 망설였다는 사실을 알고 있다.

타인에 의해 교사된 낙태의 경우 파랭 뒤샤틀레 자신이 지적한 바와 같이 아마도 아주 빈번하게 행해진 것으로 보인다. 벨포의 발생학과 관련된 수집 목록을 보면 5명의 영아는 매춘부의 자궁에서 적출된 것이다. 그 중 3명의 영아는 임신 4개월이나 5개월이 되었을 때 그들을 죽음에 이르게 한 구멍 뚫는 도구의 흔적을 지니고 있었다.[16] 1840년에 알퐁스 에스퀴롤은 매춘부들에게서 나타나는 이와 같은 빈번한 임신 중절이 가정주부들에게까지 그러한 것을 하지 않을 수 없도록 환기시키고 있는 위험성에 분개하였다. 어떤 불행이 초래될 경우 체념한 가정주부들은 그러한 행동을 하면서 "헌신을 위해서 죽는다"[17]고 말하였다. 그후에 많은 증인들은 이렇게 빈번하게 행해지고 있는 낙태에 대해 끊임없이 지적하였으며, 심지어 1923년 레옹 비자르는 오직 낙태라는 이유 하나만으로 매춘과 인구 감소를 연관시키기에 이르렀다.[18]

이와는 반대로 매춘부들을 담당하였던 의사들은 지금 우리가 전념하고 있는 과거의 관행들에 대해 전혀 아무것도 언급하지 않았다.[19] 기껏해야 그 의사들은 부수적으로 과도한 위생과 지나치게 많은 빈도의 목욕에 관한 내용만을 드러내 보여 주었을 뿐이다. 그래서 결국 막연한 피임의 효능은 목욕이라는 관행과 결부되어 있는 것으로 나타났다. 이러한 침묵은 어디에서 비롯되었는가? 결국 유곽에서 태어나는 소수의 신생아들을 기뻐할 수밖에 없

는 이 관찰자들의 순박함과 점잖음에서 비롯되었는가? 아마도 부분적으로
는 그럴 것이다. 그러한 편견들이 필자가 방금 언급하였던 설명들에 대해 신
속히 만족하였던 이 박식한 증인들을 무분별하게 만드는, 정연한 논리를 갖
춘 의학적 사고로부터 기인하는가? 나는 이러한 가능성이 이미 제기되었다
고 주장한다. 1860년경까지 맬서스주의는 적대감을 폭발시키지 않았다는
점을 추가적으로 언급해야만 한다. 이와 같은 사실로부터 피임에 관한 연구
는 거의 주목을 받지 못했다.[20] 이러한 침묵을 확인하는 일이 결국 그러한 관
행들이 거의 행해지지 않았다는 점을 전적으로 증명하는 것은 아니다.

그렇지만 역사적 방법은 수많은 증거들을 토대로 각각 확실한 판단을 내
리기를 요구한다. 그런데 내가 알기로 전통적인 확실한 판단들을 직접적으
로 뒷받침할 수 있는 근거는 아무것도 없다. 여러 역사가들이 주장한 것처
럼 고의적인 피임이 결국은 매춘부 집단에서 확고하게 실행된 것이 사실이
라면, 이러한 침묵의 덮개는 상당히 놀라운 것으로 나타난다. 예를 들어 파
랭 뒤샤틀레는 이러한 가설을 통해, 어떤 재난이 악용될 가능성이 있을 거라
고 판단되는 점을 아주 잘 비난할 수 있었기 때문에 오히려 전혀 비난하지
않았다. 왜냐하면 이는 그가 그토록 칭찬하기 좋아하였던 공창을 찬양하기
위하여 불법적인 유곽의 외설적인 그늘 속에 은밀히 존재하는 관행들을 드
러내는 데 마음이 끌렸기 때문이었다. 또한 보다 더 놀라운 사실은 19세기말
에 신맬서스주의에 대항하는 투쟁이 터져 나왔을 때, 그 관찰자들은 거의 침
묵을 지켰다는 점이다. 만약 매춘이 결국 논쟁에 휘말리게 된다면, 사실상
이는 피임 관행의 실험실이라는 점 때문에 비롯된 것이 아니라는 사실은 부
인할 수 없다.

이제 다른 각도에서 그 문제를 고려해 보기로 하자. 정말로 시대를 착오
하지 않도록 조심하고 모호한 피임 개념을 정확히 파악하는 것은 중요하
다. 즉 그 개념은 전염과 '임신'이라는 의미를 동시에 목표로 하였다. 결국
유곽에서의 **산아 제한**은 성병 예방을 구실삼아 전개될 수 있었다.

19세기초에는 두 가지 형태의 남성용 피임 기구가 동시에 존재하였다. 하

나는 '특수한 것'으로 대개의 경우 부도덕하다고 판단되는 의사들, 혹은 저속한 떠돌이 약장수들이 추천하는 지방성이나 비누 재료로 만든 것이었다. 다른 하나는 소의 장막으로 만든 얇은 콘돔으로 랑글르베르에 의하면 18세기 중반에 콘돔이라는 영국인에 의해 발명되었다고 하는데, 몇몇 역사가들은 그 기원이 13세기까지 거슬러 올라간다고 주장한다. 확실히 그 기원은 상당히 불가사의한 것으로 나타난다. 어쨌든 장 아스트뤼크는 1737년 그의 저작인 《성병에 관한 논설》에서 콘돔에 대해 언급한 바 있으며, 우리는 구제도 말기에 방탕한 사람들이 그것을 사용하였다는 것을 알고 있다. 의학 분야의 권위자들이 콘돔이 성병을 예방한다는 주장이 잘못되었다고 비난한 것은 이미 오래 전의 일이었다. 1772년 파리 의과대학은 길베르 드 프레발 교수가 자신이 개발한 성병 예방을 위한 액체의 효능을 대중 앞에서 증명하였다는 이유로 그를 제명하였다. 1777년 5년간에 걸친 재판 끝에 최고법원은 의과대학의 결정을 확인하였다. 의과대학은 그와 같은 "기발한 물품은 인간이 가지고 있는 방탕함이라는 자연스러운 성향에 그 방탕함을 처벌할 수 없는 경향을 덧붙이는 결과를 초래하게 될"[21] 하나의 발명품을 거부한다는 점을 강조하였다.

이러한 비난은 마찬가지로 콘돔에도 해당되었던 것으로 보인다. 1812년에서 1817년 사이 뒤피트랭·카데 드 가시쿠르, 혹은 심지어 파리세 등은 의과대학의 태도에 공공연하게 찬성하였다. 1826년 교황 레오 12세는 '영국산 콘돔'에 대해 맹렬한 비난을 퍼붓는 교서를 발표하였는데, 왜냐하면 다른 이유들보다도 그 콘돔이 "죄를 범한 그 발명자들을 처벌하기 원했던 하느님의 뜻을 방해하였기 때문이다." 사랑을 위한 장갑에 대해 적대감을 가지고 있었던 가톨릭 전문가들은 그 교서를 통해 위안을 얻게 되었다. 특히 파랭 뒤샤틀레는 과장된 용어로 콘돔을 야유하였으며, 30년 후에 그 야유는 의사였던 잔넬에 의해 다시 시작되었다.[22]

그렇지만 콘돔을 결단성 있게 지지하는 몇몇 의사들이 나타났다. 이 소외된 전문가들은 동료들의 위선적 행위를 폭로하였으며, 박애를 강조하면서 자신들의 주장을 전개하였다. 1827년 의사였던 롱드는 콘돔을 공식적으로 옹호하였다.[23] 9년 후에 의사였던 라티에는 《공공 위생과 법의학 연보》[24]에 장문에 걸쳐 남성과 여성의 성병 예방을 옹호하고 해설하는 글을 기고하였다.

이러한 맹렬한 토론에 즈음하여 콘돔의 생산과 보급은 매춘부 집단과 밀접하게 연결된 것으로 나타났다. 파리에서 이러한 방종한 상업 활동은 팔레 루아얄을 중심으로 이루어졌다. 행정당국은 그 활동이 그 지역에만 한정되어 이루어지고 아주 비밀스럽게 행해진다는 조건으로 묵인해 주었다. 이는 벨렘 경찰국장이 1828년 콘돔의 판매를 풍기문란죄의 하나로 규정하였을 정도로 '지나치게 노골적인 판매 행위'가 이루어졌기 때문이다. 향후 콘돔의 사용과 매춘 사이에 형성된 관계는 지속적으로 강조되었다.[25]

또한 많은 증인들 역시 "세상에서 비난받는 가임 능력"[26]을 제한하는 것이 문제로 등장하게 되자 '영국제 콘돔'의 효용성과 사용을 언급하였다. 공공연한 매춘과 부부 성관계 사이의 중간적인 영역 내에는 유혹당한 처녀들과 부양을 받는 정부(情婦)들이 병렬적으로 존재하였다. 이는 결국 피임과 낙태라고 하는 도시적인 관행들을 동시에 발생하게 만드는 거의 매춘과 다를 바 없는 영역이었다.[27]

1860년대부터 가속화되었던 매독에 대한 공포심 덕분에[28] 성병 예방의 필요성은 의학계 내에서 불가피하게 요구되었다. 그렇다고 해서 '영국제 콘돔'의 사용이 유곽에서 공개적으로 증가되었다고 할 수 있는가? 매춘 관계의 보편성을 고려해 볼 경우,[29] 유곽은 이러한 수단을 이용하여 남성이 피임법을 연습하는 기념비적인 장소가 될 수 있었을 것이다.

몇몇 의사들은 확실히 그러한 장소들에서 의무적으로 콘돔을 사용할 것을 적극적으로 권장하였다. 1858년부터 디데 교수는 다음과 같이 주장하였다.

각 유곽의 모든 방에 손님들이 사용할 수 있도록 눈에 잘 띄는 장소에 콘돔을 담은 편리하게 만들어진 상자를 놓아두어야만 하며, 그 상자에는 '무료

콘돔'이라는 아주 읽기 쉬운 표찰을 부착해야만 한다.[30]

확실히 단골 손님들 중에 "많은 사람들이 문제의 그 물건을 바라고 있지만 감히 요구하지 못한다. 몇몇 사람들은 그 비용을 부담할 수 없거나, 또는 부담하려 하지 않는다"는 점에 주목하였다.

그렇지만 반세기가 지난 후에 각종 기관의 경영자들이 그 수용인들의 건강을 걱정하면서 행한 노력에도 불구하고, 콘돔 사용은 유곽 내부로 확실하게 한정되었다. 파리에서 '영국제 콘돔'은 단지 첫번째 범주의 일류에 속하는 유곽에서만 폭넓게 보급되었는데, 그곳에서는 무상으로 분배되었기 때문이다. 이와는 반대로 두번째 등급의 유곽에서는 콘돔의 가격이 50상팀을 호가하였으며, 따라서 거의 사용되지 않았다. 도시 외곽 지역의 큰길이나 인근 도시들에 정착하고 있던 유곽을 출입하던 손님들은 그것을 전혀 사용하지 않았다.[31] 의사였던 셰리[32]는 1912년 툴루즈에 있던 유곽의 단골 손님들은 여전히 콘돔을 무시하고 있다는 사실을 유감스럽게 여기고 있다. 역설적으로 콘돔의 사용은 19세기 동안에 알제리에 있던 유곽 내에서는 쇠퇴하였다. 1877년경 단지 몇몇 기혼 남성들이 그것을 사용할 것을 주장하였다. 식민지의 병사들은 콘돔을 사용하려 하지 않았다.

이처럼 콘돔 사용이 실패하게 되었던 원인에는 여러 가지가 있다. 고무로 만든 제품이 통용되기 전에[33] 소의 장막으로 만든 얇은 가죽 제품은 여전히 그 가격이 높았다. 더욱이 여성들은 드러내 놓고 말을 하지는 않았지만, 그 제품에 대해 의심을 가지고 쉽게 불안해하였다. 매춘부들은 유곽의 여자 감시원이 임질에 감염된 징후가 탐지된 손님에게 콘돔의 사용을 요구하는 것만으로 만족해하였다. 마지막으로 남자들은 콘돔의 가치를 인정하지 않았다는 점이다. 그들은 유곽의 경영자들이 항상 그 콘돔들을 깨끗이 세척하지 않고 다시 사용하게 한다는 점을 내세워 콘돔을 경계하였다. 동물의 장막으로 만든 콘돔은 먼저 남성의 성기를 축축하게 만드는 일을 필요로 하였다. 베르트랑과 뒤셴이 주목하였던 것처럼 "성기에 덮개를 씌우는 의식은 그것이 제 기능을 다하기 위해 필요 불가결한 감정의 흥분을 사라지게 만들었다.”[34] 장차 생산될 가죽 제품이나 플라스틱 제품과는 반대로 동물의 창자를 가지고 만든 콘돔은 요관(尿管)을 압박할 정도로 씌워야만 하였다. 바로 이 점 때문에 사정을 해도 만족스러운 쾌락을 느끼지 못했을 뿐만 아니라, 심지어 때로는 고통스럽기까지 하였다.

매독과 관련된 담론은 당시 젊은이들의 외설적인 노래에 등장하였을 뿐만 아니라, 샤를 루이 필리프가 상상적으로 만든 위대한 쥘[기둥서방이라는 의미][35]의 태도에 의해서도 상징되었다. 그런데 이 매독과 관련하여 서슴없이 행해지는 어떤 외설적 · 상대적인 담론의 영향은, 특히 군대라는 환경에서 상관들이 콘돔을 사용할 것을 강요하였음에도 불구하고 그 사용에 제동을 거는 데 이바지하였다. 이에 따라서 인구학자들은 콘돔 보급의 시도가 실패라는 결과를 확인하게 되었다. 1911년 자크 베르티용은 영국인들의 경우 콘돔의 가치를 인정하고 있었던 반면, 프랑스 커플들은 거의 보편적으로 유곽을 빈번히 출입하고 있음에도 불구하고 콘돔을 빈약하게 사용하고 있을 뿐이라는 사실을 증명하였다.[36]

일찍이 의사들에 의해서 고무된 여성의 성병 예방은 남성용 콘돔에 가해진 바와 마찬가지의 비난을 초래하지는 않았다. 이미 잘 알려진 매춘의 필요성은 질병에 의한 징벌의 정당성을 비밀로 할 것을 강제하였다. 더욱이 치료라고 하는 알리바이는 질(窒)에 약물을 주입하는 것을 도덕주의자들의 맹렬한 비난으로부터 보호받게 하였다. 그러한 것을 실행함으로써 얻는 치료 효과는 성병 예방의 이중적 고통을 엄폐하는 일을 가능케 만드는 것이었다. 대다수의 증언에 의하면 약물 주입은 종종 그 시기의 매춘 여성들에 의해 실행되었다. 새로운 의학적인 화학 약품이 만들어짐에 따라 매춘부들은 무수히 많은 약을 조제하여 사용할 수 있게 되었다. 이와 관련하여 돌팔이 의사들이 공식적인 약전(藥典)으로부터 제조 방법을 차용하여 만든 특효약이나 그 의사들이 격찬해 마지않았던 전통적인 의학 정보들도 있었다. 또한 그와 같은 돌팔이 의사들과 아주 명백하게 구별될 수 없을 것이라고 우려하는 의사들이 제조한 '위생적인 물' 역시 존재하였다. 하지만 그 두 가지를 엄청난 노력을 기울여 구분하는 작업이 소용 없는 일이 될 것이라는 점에 주목하자.

이 문제와 관련하여 위대한 성병 전문의였던 리코르가 제시하는 정보에 따르면, 19세기 전반기 대부분의 전문가들은 여성들에게 성교 후의 질 세정으로 만족할 것을 요구하였다.[37] 사실상 그 전문가들은 성교 전에 행하는 질 세정으로 인하여 그들이 가장 자주, 일종의 내향 삼투의 결과로서 이해하였던 점막의 표면을 닦아내지나 않을까, 또한 쉽게 바이러스에 감염되지나 않을까 염려하였다.

의학계 권위자의 충고 내용을 포함하면서 중단 없이 발행되었던 카탈로그를 보면 몇몇 특징들이 뚜렷하게 드러난다. 그것은 무엇보다도 먼저 비눗물이 종종 격찬을 받았다는 점이다. 라티에는 1836년에 비눗물의 사용을 권장하였다. 리코르의 제자들은 질 점막을 수축시키는 수렴성(收斂性) 제품의 가치를 칭찬하였다. 당시 그리 주목받지 못했던 몇몇 의사들은 수은을 함유한 용액을 사용할 것을 충고하였으나, 다른 전문가들은 그 용액의 가치를 거의 인정하지 않았다. 말롱의 식초가 가미된 물과 베이포르가 격찬한 레몬물, 테레빈이 함유된 포도주 등 역시 그 보급 정도를 정확하게 파악하기 어려운 이러한 약전(藥典)에 포함된다. 1836년에 라티에는 소다를 35도의 물에서 용해시켜 만든 잿물인 '알칼리성 로션'의 효능을 칭찬하였다. 그는 다음과 같이 희망하였다.

주무 관청은 (유곽에서) 끊임없이 알칼리성 염화물과 비누를 마련해 놓을 것을 강경히 요구하며, 또한 명백히 보여질 수 있는 어떤 경고문을 부착함으로써 이러한 수단을 사용하는 것이 얼마나 필요한 일인지를 알게 할 뿐만 아니라, 그것을 사용하는 방법을 가르쳐 주도록 요구해야 한다.[38]

그는 더욱이 행정당국은 여성들이 성관계를 할 때마다 미리 용액의 주입을 강제해야 한다고 요구하였으나, 그 강제의 효과에 대해서 지나친 환상을 품지는 않았다.

솔직히 말해서 라티에는 그 점의 필요성을 확실히 이해하고 있지 못했다. 프랑스 정부당국은 은밀한 위생과 관련된 문제에 개입하기를 기피하였다. 1867년에 개최된 국제의학학술대회에서 의사였던 무조가 발표한 결의문은 이러한 태도에서 달라진 바가 없었다. 1872년에 의사였던 이폴리트 오모는 그 결의문을 개탄하였으며, 베를린에서 사용되고 있는 수단들을 칭찬하였다.[39] 사실상 독일에서 제정된 한 법률 조항은 수도인 베를린에 있는 유곽 경영자들로 하여금 각각의 매춘부들에게 주사기에 들어 있는 주입액을 제공할 것을 강제하였다. 제1 · 2차 세계대전 사이에 확산될, 예방을 위한 각종 수단들을 시행하였던 유곽은 중부 유럽 및 북유럽에서 그 기원을 찾아볼 수 있는 것이지 통제주의 국가에서는 아니었다. 프랑스에서 그 액체의 주입은 계속적으로 비밀스러운 영역에서만 이루어졌다. 물론 이러한 사실은 다시 한 번 그 주입이 폭넓게 실행된 것은 아니라는 점을 언급하려는 의도는 아니다.

실제로 몇몇 제품들이 있는데, 그것들이 사용되었음은 폭넓게 입증되고 있다. 예를 들어 액체 염화물이 있으며, 게다가 약사였던 라바라크가 제조한 유명한 용액이 있다. 보르도에서 의사였던 잔넬은 광범위한 성공을 거둔 '위생수'[40]를 제조하였다. "큰 통에서 대량으로 제조된 그 위생수는 무료 진료소의 간호사에 의해 매춘부들에게 리터당 10상팀의 가격으로 판매되었다."[41] 잔넬 자신이 1868년에 지적하였듯이, 19세기 후반기에 보르도의 매춘 여성들은 한 달 평균 3백50리터의 '위생수'를 소비하였다. 그 제품의 발명자는 자신이 만든 '위생수'가 매춘 여성들 사이에서 세정과 주입의 습관을 확산시킨 점에 만족하였다. 리옹에 있던 매춘부들은 철로 된 과염화물 · 질산 및 염산 용해에 박식하였던 로데 박사가 만든 예방 기구를 사용하였다. 1912년 의사였던 셰리는 매춘부들이 보건 방문시에 있을 수도 있는 불이익이 드러나는 것에 대한 두려움을 가지고 있었기 때문에, 검사에 앞서

서 며칠 동안 많은 양의 약물을 주입하고 있다는 점에 주목하였다.[42]

그렇지만 그 용액을 만들어 낸 사람들은 자신이 개발한 용액이 성병 예방을 위해 널리 사용되었음을 증명하기를 좋아하였다. 그 용액들의 인기를 계속해서 과대 평가해 보자. 당시 그리 관심을 끌지 못했던 몇몇 관찰자들, 예를 들어 베르트랑과 뒤센 같은 사람들은 약전에 의한 생산품들이 결국 유곽에서 상당히 희소하게 이용되었을 뿐이라는 점에 보다 신중하게 주목하였다.

하여튼 매춘부 집단은 아무런 의심도 없이 질에 어떤 용액을 주입하는 것을 호의적으로 실행하였다. 보다 일반적인 방식으로 1890년대부터 여성의 은밀한 위생에 관한 문제는 폭넓게 확산될 만한 특성을 가지게 되었으며, 그 문제를 담당하는 연구소가 설립되었다. 더욱이 성병 예방이라는 보호막 하에서 당대의 약리학은 확실한 효과를 인정하는 경향이 있는 피임과 관련된 화학에 슬그머니 포함되었다. '위생수'의 제조와 관련되는 물질들 중 몇몇 물질이 정자를 죽이는 작용을 한다는 점을 부정할 수는 없을 것이다. 만약 우리가 '세상 속으로 되돌아간' 수많은 매춘부들을 고려한다면, 매춘 여성들이 그 일을 그만두었든 아니든간에 민중 계급 내에서 여성이 자신의 육체를 지배한다고 하는 정복적인 모델의 윤곽을 그려내려고 시도하는 것을 막을 수 없다.

이와는 반대로 의사의 진료를 받은 수백 명의 증인들 가운데 아무도 신맬서주의의 선전에 힘입어 유곽에서 해면이나 피임용 페서리의 사용을 대중화하기 전까지 그것들을 사용할 의지가 없었으리라는 점을 되풀이해서 지적할 수 있다. 내가 알기로는 신맬서스주의 운동에 적극적으로 가담한 사람들은 자신들의 생산품 보급을 촉진시키기 위하여 매춘 여성들의 경우를 고려하지 않았다.[43] 당시 유곽의 포주들은 검경(檢鏡)으로 검사를 받아야 할 필요성과 의무가 있던 병든 여성들의 점막을 소의 장막으로 만든, 색깔이 있는 작은 조각들로 이루어진 얇은 가죽을 이용하여 위장하였다. 관찰자들은 그 포주들의 이러한 가증스러운 술책들을 두려움 없이 상세하게 기록하였다. 우리는 또 한 번 마찬가지의 증인들이 이미 잘 알고 있음에도 불구하고 해면이나 피임용 페서리를 은밀하게 사용하였던 이유를 이해하기 어려운 것처럼 보인다. 프랑스의 매춘부들이 인공적인 피임 방법의 전파에 기여했다고 주장하는 것은, 결국 그 본질적 내용들을 고려하기를 거부하는 일이 될 것이다.

낙태는 **산아 제한**을 위한 최후 수단이라 할 수 있다. 그런데 우리는 매춘부들이 그 방법을 빈번히 사용하였다는 사실을 알고 있다. 유곽의 여주인과 고립된 매춘부들은 귀찮은 손님을 보다 확실하고, 또한 보다 신중하게 단절시키는 '낙태 전문 산파'와 친숙한 관계를 맺고 있었다. 19세기말에 이르면 낙태라는 관행은 '세상에서 비난을 받는 가임 능력'이라는 영역을 벗어나게 되었다. 또한 기혼 여성들이 당시까지 화류계 여성들, 농락을 당한 소녀들 및 정부(情婦)들에게만 한정되었던 그러한 활동들을 폭넓게 행하기 시작하였다. 이러한 상황에서 매춘부는 아주 자연스럽게 노동자 계급의 성에 질서를 부여하는 문화적 모델과 조화를 이루면서 이러한 산아 제한이라는 비이성적인 행동 양식의 전형을 제시하였다.[44]

결국 피임 관행의 전파와 관련된 영역에서 매춘부가 담당하였던 역할은 상당히 보잘것 없는 것으로 나타날 수 있을 것이다. 과거에는 성병 예방과 관련된 문제는 의심할 나위 없이 매춘부와 관련된 문학에서 자주 언급되었지만, 19세기에 들면 그 문제는 더 이상 언급되지 않는 '이러한 치명적인 비밀들'이 되었음은 확실하다. 그러나 일반적으로 확인된 사실과는 반대로 법의 통제를 받는 매춘은 프랑스 남성들로부터 거의 호응을 받지 못했던 피임 기구를 통상적으로 사용하게 만드는 데는 성공하지 못했다. 프랑스에서 가장 널리 보급된 피임 기술은 성교를 중간에 그만두는 것이었다. 이와 관련하여 매춘 여성이 피임에 성공을 거두는 이유들 중의 하나는 확실히 남성이 자신의 관점에서 입증할 수 있는 거리낌없는 태도에 있다고 할 수 있다. 그럼에도 불구하고 성교를 도중에 중단하는 기술을 연습하는 것이 유곽에 출입하는 횟수와 직접적인 연관을 맺고 있다고 주장하는 것은 비정상적인 일이 될 터이다. 매춘과 피임 사이에 아무런 밀접한 관계가 존재하지 않는다고 해서 그렇게 결론을 내려야만 할 것인가? 대답은 확실히 그렇지 않다는 것이다. 그러나 그보다 먼저 그러한 분석을 이끌어 낼 수 있는 것은 완전히 다른 방향에서이다.

매춘의 에로틱한 경험과 디오니소스적인 기능[45]

피임은 어떤 특정한 기술의 목적과 사용으로 요약될 수는 없을 것이다. 피임은 무엇보다도 하나의 태도라 할 수 있다. 또한 피임은 욕망의 이동을 보여 주며, 쾌락이라는 품행의 우월성을 확고하게 만든다. 아무런 위험 없이 성교를 하는 것은 감각에 대한 새로운 지배, 통용되고 있는 개별성의 과정들과 조화를 이루는 쾌락주의의 증거가 된다. 우리는 성적인 쾌락의 형태에 관련된 역사와 관계없이 산아 제한을 연구할 수는 없을 것이다. 새로운 생활을 유발시키는 다소 함축적인 욕망으로부터 비롯되는 성적인 행위가 성욕을 느끼는 두 육체의 관능적이며 고의적인 쾌락을 대체한다. 삼각 관계를 이루는 각 실재들은 그 영속성이 에로틱한 의미를 내포하는 이중적인 관계보다 못하다. 쾌락의 역사는 자유사상가들의 쾌락주의와 농민의 세련되지 못한 성교 중절로부터 오늘날의 즐기는 방법을 가르쳐 주는 지침서에 이르기까지 다양하게 전개되지만 프랑스 역사가들은 그 역사를 소홀히 한다.[46] 신생아의 이미지가 희미해질 때 소극적이 되는 경향이 있는 프랑스의 역사가들은, 처녀 같은 정숙함을 통하여 어떤 보잘것 없는 고통을 상기하는 것으로 보상할 수 없는 모든 쾌락을 증명하는 일을 포기한다.

이 문제와 관련하여 장 루이 플랑드랭이 귀족 집단의 역할을 특별히 강조하는 것은 확실히 당연한 일이다.[47] 사실상 그 집단 내부에서는 오비디우스 · 보카치오 · 브루니 · 브랑톰 및 18세기의 자유사상가들이 오랫동안 고심하여 구상한 관능적인 쾌락을 즐기는 모습들을 근거로 삼고, 또한 그 모습들을 세련되게 만든다. 이어서 역사가들의 잘 알려진 모방 과정과 관련하여 사회적 피라미드의 상층으로부터 하층으로 그 품행들이 내려가는 상황이 발생한다. 그렇다고 해서 민중 집단을 통해 추측할 수 있는 사회적 일탈과 야수성에 의해 행사되는 매혹을 부인하는 일이 문제되지는 않는다. 이렇게 여러 모델들이 확실히 복잡하게 유통되는데, 매춘은 그 중심지들 중의 하나가 된다. 7월 왕정기의 관료들, 제2제정기의 바람기 많은 여성들, 19세기말 사치스러운 유곽에 있던 매춘부들, 게다가 비참했던 하급 매춘부들은 때때로 가장 통속적인 유곽에서까지도 가르침을 준다. 이와 같은 흐름을 상징하는 것은 위스망스(프랑스의 작가, 1848-1907)의 저작에 나타나는 에생트(Esseintes)이다. 위스망스는 《거꾸로》에서 향수를 영원히 간직하려는 희망을 가지고 있던 주인공이 한 젊은 프롤레타리아에게 파리의 유곽 중 가장 사치스러운 유곽에서 한동안 제멋대로 놀 수 있는 기회를 제공하게 만든다.

피임은 그 유곽에서 이러한 성적인 쾌락을 즐기는 일에 열중할 수 있도록 만드는 데 도움을 주었다. 특히 1860년대를 기점으로 거의 모든 관찰자들은 불안에 사로잡혔든, 혹은 기뻐서 어쩔 줄 모르든 매춘부들을 찾는 고객의 새로운 많은 요구들과 직업적 매춘부들의 솜씨가 증대되는 것을 동시에 강조하였다. 그러한 진보는 몇몇 선지자들이 에로틱한 화합을 보다 소중히 여기는 새로운 부부의 모습을 그리기 위하여 노력하였던 때에 이룩되었다.

출산을 의식적으로 제한하려는 것으로부터 시작된 끝없는 토론의 과정에서 매춘은 직접적으로 연관된 문제로 나타났다. 반복해서 언급하건대 돈에 좌우되는 사랑은 만혼을 가능케 한다.

즉 의사였던 다르티그는 우리가 유곽들에 존재하는 순수치 못한 애정 생활을 즐기게 될 경우, 결국 우리 삶에서 가장 정력적인 나이에 미래를 책임질 세대들에게 확신과 희망을 위임하는 의무를 팽개치게 되는 것이라고 한탄하였다.[48]

매춘은 상점 종업원들과 상업적 여행자들, 학생들 및 일용직 노동자들에 이르기까지 대도시들의 핵심을 이루는 게토라 할 수 있는, 미혼자들에 고통을 주는 일시적이고 성적인 불행을 완화시켰다. 또한 매춘에 의한 쾌락은 결혼할 나이에 이른 젊은이들의 결혼을 방해할 가능성이 있었다. 의사였던 오모가 개탄하듯이, 그 젊은이들 가운데 몇몇은 상냥한 한 매춘부의 세련된 관능적 쾌락을 서툰 한 처녀의 수줍은 애무와 바꾸는 일을 주저할 수 있다는 것이다.

가족의 규모가 부부들이 희망하는 정도에 다다르게 되면, 매춘으로 인해 부부 사이의 책임을 회피하는 일이 가능해진다.

의사였던 튈리에가 1885년에 기술하였던 것처럼, 남성은 (그때부터) 매춘에 의한 사랑의 모든 교차점들에 자신의 인생을 허비하면서 지내게 된다. 이는 가정 내에서 이루어지는 정숙한 쾌락보다도 훨씬 덜한 비용이 든다.[49]

남편과의 성관계에 대해 거의 열정을 보이지 않는 수많은 아내들은, 이렇게 자신들의 부담을 덜어 주는 대체 역할을 하는 매춘부들을 자발적으로 방조하게 되는 것이다. 이와 같은 관점에서 성과학자인 포렐은 피임을 찬양하였으며, 피임을 통하여 그는 매춘부들의 숫자가 증가되는 것을 막는 가장 훌륭한 수단을 발견하게 된다는 주장이 어느 정도 설득력이 있다는 사실을 확인할 수 있었다.[50]

피임과 관련된 각종 카탈로그는 그 시대 사람들로 하여금 매춘부의 세계를 재생산적인 목적과는 분리된, 에로틱한 행실을 견습하는 실험실 및 장소로 간주하게 만드는 이러한 모든 관행들을 끊임없이 시행하게 만들었을 것이다.

사실상 그러한 장소는 모든 일에 무감각하게 된 늙은 남자들과는 아무런 상관이 없는 곳이었다. 그런데 여러 증인들은 그 장소에서 이루어지는 그와 같은 호색적인 훈련으로 인하여 예전의 통제주의자들에 의해 설계된 건전한 장소가 젊은 손님들에게 불모의 상태와 같은 방탕함을 가르치는 학교로 변형되는 특징이 나타난다는 주장에 대해 불쾌감을 느꼈다.[51] 그처럼 매춘부들을 믿게 된 이후, '그때부터' 교접을 강력하게 필요로 하게 된 것은 바로 샤토 공티에의 청년들이었다. 의사였던 베르제레는 유곽을 처음으로 찾아간 이후 하나의 혁명이 아르부아의 어린 소년들 사이에서 일어났다는 점에 주목하였다.

그들 중 대부분은 자신들이 싸구려 유곽에서 본 여성이 자신의 자연적인 역할에 훌륭하였다고 믿게 되었다. 즉 그들은 정숙한 여성들은 단지 정숙한 체하는 데 불과하다고 말했다. 그들은 여성들을 존중하는 모든 감정들을 상실하였다……. 그 결과 그 소년들은 정숙한 여성들이 **본질적으로는** 이 잘못된 여성들과 마찬가지의 본질을 가지고 있다고 생각함으로써 정숙한 여성들을 훨씬 더 방약무인하게 대했으며, 그 여성들에게 아무런 거리낌없이 모든 종류의 방종한 행동과 시도를 하였다.[52]

"방탕함을 통해 창출된 정교한 전략들을 젊은 아내에게 가르치는"[53] 남편을 비난하는 모든 사람들이 새롭게 지니게 되는 한탄이라 할 수 있다.

실제로 1850년대말 이후는 '부부의 부정 행위'에 반대하는 의사들의 독설과 공모자인 남편들의 '수음'에 반대하는 성직자의 혹평으로 가득 찬 시기였다고 할 수 있다. 그때부터 부부가 사용하는 침대의 한가운데에서는 유곽의 숨막히는 분위기 속에서 나타나는 것과 마찬가지의 관행들이 적힌 카탈로그가 펼쳐지는 것을 볼 수 있었다. 더욱이 그와는 반대로 추론하거나 임신에 대한 두려움이 젊은 아내로부터 매춘부들의 노출된 침대 위에서 익힌 쾌락을 지속적으로 얻을 수 있기 위한 알리바이의 구실을 하였다고 생각하는 일을 막지는 않을 것이다. **산아 제한**은 의심할 나위 없이 도덕이 비난하였던 일상적인 쾌락주의를 정당화하였다. 역사가들이 이 문제와 관련하여 항상 정신적인 긴장이라는 용어를 고려하는 것은 잘못된 일이다. 사정을 조절하는 것을 가능케 만드는 이와 같은 능란한 솜씨는 쾌락을 고양시키는 데 도움을 주었으며, 그 쾌락이 지속되는 것을 용이하게 만들었다. 그래서 1902년 기 드 테라몽은 이 쾌락을 **영속적인 열렬한 사랑**이라 지칭할 수 있게 되었다. '이러한 부부의 규약'[54]은 단지 출산의 통제를 실행하기 위한 목적을 지닌 협약만은 아니며, 쾌락에 대한 탐구를 증대시킬 것을 지향한다는 의미를 포함하였다. 시몽의 보고서가 입증했듯이, 오럴 섹스는 경구 피임약과 여성의 질에 삽입하는 피임 기구의 사용과 함께 부부의 침대에서 사라지지 않을 것이다.

사실상 매춘이 부부의 성생활 관행에 끼친 영향은 한결같지는 않을 것이다. 더욱이 바로 이러한 점에서 그 영향의 무게를 이해하기 어렵게 만들었다. 본질적으로 생식이라는 목적을 지닌 성행위를 쇠퇴시키는 데 확실히 이바지하였던 매춘에 의한 사랑은, 또한 그 반대의 모델을 설계하였던 범위 내에서 피임의 확산을 억제시켰다. 매춘부의 모습은 돈에 의해서 거래되는 형태가 전파되는 데 공헌하였던 그와 마찬가지의 관행들을 수치스럽게 여기는 낙인을 찍는 일을 가능케 하였다.

오랫동안 여성의 은밀한 위생은 의심을 받을 것이었다. 디데 교수가 지적하였던 것처럼 자신의 몸을 바치면서 정부 관계를 맺고 있는 여성은, "그 이후 필요 불가결한 청결함을 유지하는 데 신경쓰고 있다는 점을 모든 사람들로부터 인정받고 있음을 확실히 보여 주지 않고서는 결코 자유롭지 못하게 되었다."[55] 여성의 쾌락 그 자체는 자신의 육체에 미친 듯이 열중하는 바람난 여자라는 낙인을 지속적으로 찍히게 만들 것이었다. 여자 색광처럼 매춘부는 여성에게 어두운 극점이 존재하고 있다는 것을 보여 준다. 모든 '부도덕한 신분,'[56] 약간 활발한 심심풀이 등은 겁 많은 젊은 남성의 정신 속에 화냥년이라는 이미지가 만들어지게 할 수 있었다.[57]

그런데 명확하게 매춘부와 정숙한 아내라는 모델들이 조금씩 뒤섞여지는 시기인 19세기말경에 이르면 동요가 일어나기 시작한다. "부부간의 애정 생활 자체가 유곽에서처럼 이루어진다"[58]라는 말은, 1870년과 1914년 사이에 매춘부 문학에 의해 보다 되풀이하여 논의되었던 중심적인 사상은 아니다. 이렇게 줄곧 머리에서 떠나지 않는 이미지는 산아 제한을 비난하는 담론들과 밀접한 관련을 맺고 있다. 이러한 환상에 빠져 있던 도덕주의자들은 매춘의 역할을 피임이라는 목적을 야기하는 쾌락적인 관행들의 모델들처럼 강조할 뿐만 아니라, 매춘의 성공을 정숙한 여성을 정숙함의 범위 내에 포함시킬 수 있는 반대의 모델로서 강조하였다. 이러한 마치 사기꾼 같은 예언자들은 점점 가임 능력이 떨어지는 과정에서 매춘이 담당하고 있는 역할이 쇠퇴하고 있다고 암암리에 언급하였다. "부부간의 애정 생활 자체가 유곽에서처럼 이루어진다"는 말은, 결국 매춘부가 어떤 존재이다라는 점을 일깨워 주는 기능이 쇠퇴될 수밖에 없음을 의미하였다. 반면 그 말은 애정을 품은 방탕함의 역할이 증대된다는 것을 뜻하였다. 에드워드 쇼터가 파악한 이 두번째의 성적 혁명 이래로 우리가 확인한 바는 확실히 이러한 점이다.[59]

그래도 여전히 중요한 점은 프랑스가 피임의 본고장인 동시에 매춘을 하는 위대한 바빌론이었다는 결과를 낳는 심리학적인 요소들을 알아낼 필요가 있다는 사실이다. 오직 쾌락과 열광적인 욕구의 역사만이 확실히 매춘 여성들의 역할이 '엄청난 허망한 노력'으로 더 이상 간주되지 않게 만들며, 나아가 그 역할이 보다 명확하게 무엇이었는지를 파악할 수 있게 만들 것이다.

8

유전성 매독, 혹은 불가능한 구원
질병의 유전에 관한 역사에의 공헌[1]

유전에 의한 매독의 전염이 19세기 전반기 동안 절대 다수의 전문가들에 의해 인정되었던 것이 사실이다.[2] 그렇지만 성병이 결국 질병의 유전을 야기한다는 우려를 구체화시키는 것과는 거리가 멀었다. 의사였던 프로스페르 루카스가 1847년부터 1850년 사이에 출간한 《선천적 유전의 철학적·생리학적 논고》에는 유전에 관한 장문의 상세한 설명이 있지만, 매독의 유전적 전염에 대해서는 아무런 언급이 없다.[3] 그가 관심을 가지고 다루었던 것은 연주창이나 포진과 같은 병적 소질 및 나아가 신경질환의 유전 등이다.[4] 몇 년 후 의사 베네딕트 모렐은 《인간의 정신박약에 관한 논고》라는 방대한 저작을 발표하였다. 이번에도 여전히 저자는 매독에 관해서는 거의 완전한 침묵으로 일관하였다. 그는 1867년에 발표한 진행성 질병의 유전에 관한 저작에서도 더 이상 매독을 문제시하지 않았다.[5] 확실히 그 시기의 모든 의사들처럼 모렐은 지질학적·지리학적·역사적 및 사회적 요인들에 많은 부분을 할애하였다. 그러나 그는 자신이 관심을 가지고 있는 모든 영역에 걸쳐 생물학적 요인은 조금도 포함시키지 않았다. 어쨌든 이는 성병과 관련된 놀라울 정도의 침묵을 설명하는 데는 충분치 않다. 진실을 말한다면 이러한 침묵은 그 당시에는 흔한 일이었다. 여러 실례들을 구태여 되풀이해서 제시하지 않더라도, 매독이 1853년 의사였던 모로 드 투르가 발간한 《백치 및 저능의 유전적 경향의 요인들에 관한 연구》에서 조차도 언급되지 않았다는 점을 주목해야만 한다.

이와는 반대로 40년 정도가 지나 A. 푸르니에·L. 쥘리앵·T. 바르텔레미·G. 고세 교수 등과 의사 E. 푸르니에로 대표되는 일군의 임상의들은 주저하지 않고 질병의 유전이 유전성 매독과 동일시된다는 점을 주장하였다. 그 이론의 주창자들에 따르면 만약 모든 전문가들이 이 주장에 대해 여전히 수긍하지 않는다면, 그것은 성병학에 관한 논설들에 상당한 영향을 끼치는 유전성 매독 환자에 대한 연구들에 그 전문가들이 참여하지 않았을 뿐만 아니라 그 연구들이 완성되지도 않았기 때문이라는 것이다.

1860년대 이래 신경질환이 있는 가족은 정신박약에 관심이 있는 한 협회로 하여금 상당한 환상을 불러일으키는 자양분이 되었다. 그런데 몇십 년이 지나서 매독에 감염된 가족은 주의를 끌게 되었다. 레버쿤 가문[6]이 나타날 때까지 알빙 가문은 루공 마카르 가문의 경쟁자로 자처하였다. 알코올 중독과 결핵, 혹은 정신박약, 매독 등은 성적인 도덕의 퇴폐로 인하여 위협을 받고 있다고 느끼는 부르주아 계급의 불안을 상징하였다. 매독의 유전에 관한 과학적 가르침은, 때마침 방탕한 생활로 나아갈 가능성이 있는 모든 후보자들의 열정을 제지하기에 이르렀다.

여기에서 내가 언급하려는 주제는 엄격하게 제한된 채 존재한다. 필자는 이미 어떤 힘과 어떤 효력을 통해서 유전성 매독 보균자들이 불안한 여론을 전파시킬 수 있었고, 공공 권력에 압력을 가할 수 있었는가를 분석하려 한다.[7] 또한 그 유전성 매독 환자들로부터 비롯된 가르침과 그들의 모습을 형성하였던 방식이 상호 보조를 맞추게 만든 다음 조산아와 열등한 인간, 백치 등과 같은 모델로 제시된 각 단계들을 구분하기 위한 시도를 하려 한다.

질병의 유전에 관한 역사 속에서 단순한 삽화같이 나타나는 유전성 매독의 역사는 의학과 관련된, 보다 정확하게는 임상과 관련된 문학 작품에서 읽을 수 있다.[8] 그 역사는 단지 생물학자들의 기초적인 연구들에 아주 조금 의거하고 있는데, 특히 그들 중에서 A. 푸르니에와 그의 동료들은 이같은 중요성을 거의 고려하지 않았다. 또한 아마도 그러한 이유로 인하여 현대 역사가들은 생물학과 신경학에 한층 더 관심을 가지고 있음에도 불구하고 질

병의 유전에 속하는 다른 현상들에 주의를 기울이는 것과 같은 정도로 매
독을 고려해야 한다는 점에는 동의하지 않았다.

1860년경까지 매독의 유전은 결국 그리 중요하지 않은 문제로 인식되고
있었다. 그렇지만 히포크라테스적인 의학의 전통을 통해서 볼 때, 매독의
존재는 서양 사회에 성병이 등장하였을 때부터 알려져 있었다. 하지만 19세
기의 임상의들은 르네상스 시기부터 자신이 성병 전문가라고 공언하였던 의
사들을 열거하는 일을 좋아하였다.[9] 그들은 외과 의사였던 시드락이 자신의
결혼 첫날밤을 치르면서 감염된 질병을 그의 죄 없는 아내의 유전 탓으로
돌렸던 슬픈 운명에 대해 빈정거렸다.[10]

뒤늦게 나타나는 유전과 매독을 오랜 기간 동안 보유하고 있다고 하는 믿
음은 임상진단법의 탄생과 함께 완화되었다. 성병 역시 질병의 유전을 인정
하는 편과 그것을 인정하지 않는 편을 여전히 대립시켰던 끝없는 토론에 아
주 미소한 영향을 주었을 뿐이다.[11] 이와 같이 그 시대에 질병의 유전을 상
대적으로 은폐하려는 시도는, 무엇보다도 먼저 각종 질병들이 하나의 역사
를 가지고 있다는 확신에 근거하고 있다. 즉 프로스페르 루카스가 언급한
것처럼 "매독은 노쇠해 간다"[12]는 확신이었다. 이러한 이유로 인해 매독에
대한 공포심은 과거에 비해 그리 강하지 않은 것으로 나타나게 되었다. 르
네상스 시대의 의사들은 성병은 거의 풍토병에 가까우며, 무시무시한 피해
가 발생한다는 생각을 하게 만들었다. 우리는 19세기에 라블레가 암시하였
던 가증스러운 상해들을 단지 드물게 발견할 뿐이다. 이는 결국 재앙의 유
독성이 감소하였다는 점을 증명하게 한다. 우리가 생각하기에 증가되었다고
일컬어지는 질병들은 연주창 및 모든 형태의 신경질환이지[13] 매독은 아니었
다. 더욱이 매독의 특수성은 1835년경까지 상당히 폭넓게 부인되었다. 프
로스페르 루카스는 이와 같은 쇠퇴를 설명할 수 있는 이론을 널리 확산시
켰다. 즉 그는 매독이 지니고 있는 본래의 유독성은 성교를 통한 악덕과 괴
혈병이란 악덕의 결합을 통해서 형성될 수 있었으리라고 주장하였다. 그때

부터 이러한 결합은 결말이 지어졌을 것이다.[14] 그가 보기에 더 이상 매독은 서양 사회에서 단지 질병의 후유증에 불과하였다. '동족적인'——19세기 후반에는 이를 '선천적인(congénitale)'이라 부를 것이다——전염이 없다면 매독은 결국 사라지게 될 것이다. 알제리를 정복한 이래 북아프리카에서 관찰된 가공할 만한 궤양은 질병의 위중함이 유럽에서 현저히 완화되었다는 확신을 뿌리 깊게 하는 데 이바지하였다.[15]

더욱이 그때부터 수은과 요오드화칼륨이 각종 형태의 질병들에 효과적으로 작용한다는 확신이 확산됨으로써 질병에 대한 불안감은 점차 진정되는 것으로 나타났다. 19세기 전반기에 각종 의학적 발견들이 이루어짐으로써 매독에 대해 더 잘 파악하고, 또한 그것을 통해 그 질병을 더 잘 치료하는 것이 가능해졌다. 매독에 특수성이 없다고 주장하는 학파의 패배, 리코르의 저작들을 통하여 확인된[16] 동일론자들에 대한 이원론자들의 승리,[17] 나아가 1852년 단순 궤양과 유독성 궤양을 구분할 수 있게 한 두번째의 이원론을 바스로가 발견한 일 등은 이러한 발전을 획기적인 것으로 만들었다. 마지막으로 임상을 통한 관찰은 매독의 여러 단계들을 더 잘 파악하는 일을 가능케 하였다. 제3기 매독은 당시에는 차후 여론 속에서 야기하게 될 암묵의 걱정거리를 발생시키지 않았으며, 단지 성병학 지침서에만 그 대략적인 모습이 등장할 뿐이었다. 간과 신장·비장 및 신경계에 매독이 미치는 영향은 조금씩 묘사되었다. 단지 경화된 궤양에 의한 전염만을 믿는 리코르의 반대에도 불구하고, 랑글르베르는 부차적인 재난들의 전염을 증명하였다.

매독의 유전을 심층적으로 연구하는 태도는 결국 임상에 의한 관찰을 통해 얻어지는 각종 조건들로부터 도움을 받았다.[18] 그런데 1780년 보지라르에 임신한 성병환자들을 겨냥한 병원이 세워진 이래, 신생아들에 영향을 미치는 조숙한 유전은 임상의들의 주목을 독차지하게 되었다.[19] 유아들의 매독은 풍부한 문학 작품의 소재가 되었으며, 또한 그 문제와 관련된 끝없는 토론은 우리가 곧이어 차례차례로 언급해야만 할 여러 가지의 문제들을 설명하려고 시도하였다.

a) 아버지가 성병을 전염시키는 것이 가능한가?

남성에게는 어느 정도의 자유를 부여하였던 반면, 여성의 잘못을 인정하는 것에 대해서는 보다 인색하였던 사회 도덕은 의사들로 하여금 아버지의 책임을 과장하고, 또한 그에 따라서 남성으로서의 역할에 특권을 부여하게 만들었다. 귀족 계급이나 부르주아 계급의 여성은 아무런 죄악을 저지르지 않고 임신을 해야 할 의무가 있었다. 여성은 자신의 잘못에 대한 몇몇 종류의 면역성을 향유하였다. 이는 초기 매독의 각종 증후들이 임신한 여성에게서는 판별하기가 상당히 어렵다는 사실을 통하여 조장된 것으로 보이는 편견이었다. 마찬가지의 이유로 인하여 의학 단체들은 모든 명백한 질병과 관련된 사건을 제외하고, 아버지로부터의 유전을 인정하는 경향이 있었다.[20]

19세기의 여러 의사들은 정액에는 전염성이 없다는 점을 명백하게 표명하였다. 특히 의사였던 H. 미뢰뿐만 아니라 퀼르리에(조카) 역시 그러한 점을 확인하였으며, 헌터는 다양한 관찰을 통해 그 사실을 전혀 부인하지 않았다.[21] 그럼에도 불구하고 부계 유전은 19세기 내내 일반적으로 수용되었다. 그러므로 더 이상 그 문제를 재론하지 않기 위하여 푸르니에 교수 자신이 감염에 의한 질병의 전염과 질병의 유전에 책임이 있는 정액을 '생식(生殖)을 위해 주입'하는 것을 아주 세밀하게 구분하면서 부계 유전의 존재를 확신한다고 표명하였던 점에 주목할 필요가 있다.[22]

부계 유전은 **개념적인 매독**이라는 관념과 결부되어 있다. 즉 아버지가 가지고 있는 질병의 희생양인 태아는 오히려 성관계를 통해서도 전염되지 않았던 그 어머니를 감염시킬 수 있다는 관념이다. 우리는 참으로 이러한 간접적인 매독에 관한 과학적인 인식이 아내의 무죄를 밝히는 데 이바지할 수 있는가에 대해 알고 있다. 1841년부터 리코르가 구별하기 시작한 개념적인 매독은, 훗날 처음으로 그 명칭을 사용하기 시작한 디데 · 메이르 · 벨롬 · 허친슨 · T. 바르텔레미 및 A. 푸르니에 등과 같은 탁월한 학자들에 의해 인정되었다. 특히 푸르니에는 자신의 체계적인 논리를 통하여, 자식의 출산 이후 수십 년이 지나 그 자식에 의한 전염이 여성에게 엄습할 가능성이 있는 후천적인 개념적 매독의 존재에 대해서도 주장하였다.[23]

b) 트루소 · 카제나브 및 메이르를 제외한 19세기의 모든 성병학자들은 **모계 유전**의 존재를 인정하였다. 사실상 임상에 의한 확실한 결과를 부정한다는 것은 어려웠다. 이와 같이 성병학자들이 거의 만장 일치로 인정한 모계 유전은 모계에 기원을 둔 성병의 유전 양식을 분석하는 일이 필요할 경우에는 종잡을 수 없는 것이 되어 버린다.

대다수의 의사들은 콜—보메의 법칙을 인정하였다. 그 법칙에 따르면 매독에 감염된 아이를 출산한 어머니는 질병에 대하여 매우 자주 면역성을 가지게 된다는 것이다. 실제로 '상한' 아기를 출산하는 매독의 감염을 면한 어머니들을 존중하는 수많은 임상적 관찰들이 있다. 오랫동안 반박할 수 없는 것으로 인식되었던 콜 혹은 보메의 법칙은 19세기의 끝에 이르러 A. 푸르니에에 의해 반박되었다. 그는 소위 어머니의 면역성 내에서는 단지 잠복기의 매독만을 볼 수 있을 뿐이라 주장하였다.[24]

또한 보다 놀라운 사실은 의사들이 **주입**, 혹은 **영향에 의한 유전**에 대한 믿음을 지속적으로 가지고 있었다는 점이다. 그 믿음에 따르면 여성은 자신을 임신시킨, 최초로 성관계를 맺은 남성의 정액이 주는 영향을 오랫동안 받고 있다는 것이다. 더욱이 그 결과 그 남성의 흔적을 지니고 있는 아이들을 출산한다는 관점에서 이러한 믿음이 비롯된 것이라 할 수 있다. 내가 보기에는 여성이 정숙치 못한 데서 비롯되는 위험성들 및 심지어 결혼 전의 완전한 성적인 자유의 위험성들을 증대시키는 경향이 있었던 이같은 과학적인 확신의 중요성을 충분히 강조하지 않았던 것처럼 보인다. 디데가 인정한 바 있고[25] 우리가 알고 있듯이 졸라가 그의 작품 전반을 통하여, 특히 《마들렌 페라》[26]를 통하여 명성을 날린 주입 이론은 A. 푸르니에에 의하여 다시 활기를 띠게 되었다. 그는 1891년에 다음과 같이 기술하고 있다. "일반적으로 어떤 백인 여성이 첫번째 흑인 남편에 의해 임신을 한 이후 과부가 되어, 다시 백인 남성과 재혼을 하고 그 남성과의 사이에 아이들을 낳는다면, 그 아이들의 피부에서 일부분은 흑인종의 특징적인 색소가 형성되어 나타난다."[27]

여전히 질병의 전염 양식과 관련된 토론은 남아 있다. 19세기의 모든 성병학자들은 유전적인 매독과 '동족적인'[28] 매독을 명백하게 구별하지 않았다. 그렇지만 리코르·베르트랑[29]·롤레[30] 및 카제나브 등은 그 두 개의 개념들을 서로 혼용하고 있는 상태로 보유하기를 바라고 있었다. 모리악[31] 교수 같은 다음 세대의 전문가들은 정액에 의한 전염과 태반을 통한 전염을 구분하였다. 알프레드 푸르니에는 서로 다른 두 개체의 질병을 발견하였다.[32] 후에 가스투 교수와 레이몽 교수는[33] 그 분석을 보다 정교하게 하였으며 유전적 전염, 유전적 감염 및 자궁 내의 유전적 질병 등을 특수한 것으로 간주하자고 제안하였다.

본래의 유전을 제외하고, 이른바 씨앗이라 할 수 있는 정액에 의한 자궁 내에서의 '동족적인' 혹은 선천적인 유전에 대한 인식은 의사들로 하여금 혈액의 전염성에 관련된 문제를 제기하게 하였다. 이 전염성은 오래 전부터 매독의 초기 단계에서, 그리고 나서는 제2기 매독에서 영향을 주는 것으로 인정되었다. 즉 그 전염성은 1850년부터는 윌러에 의해서,[34] 또한 1860년에는 펠리차리[35]에 의하여 증명되었으며, 그 이후에는 모든 사람이 받아들였다.

어머니의 혈액이 태아를 감염시킬 수 있는지, 혹은 사람들이 오랫동안 생각하였던 것처럼 태반이 여과 장치의 구실을 하는지의 여부에 대해서 파악하는 일은 여전히 남아 있는 문제였다. 19세기 중반 이래 이 후자에 대한 믿음은 더 이상 인정되지 않았다. 알프레드 푸르니에는 혈액의 전염성에 의해 개념적인 매독의 존재까지도 정당화하였다. 그에 의하면 어머니의 혈액이 태아에게 후천성 매독을 전해 줄 수 있는 것과 마찬가지 방식으로 태아의 혈액은 어머니에게 아버지로부터 유래된 유전적인 매독을 감염시킬 수 있다는 것이었다. [36)]

c) 19세기에 출간된 의학적 문헌은 과거에 제기되었던 이론으로부터 영향을 받은 것으로 나타났다. 그 이론에 따르면 **각각의 전염된 남성들에 의해 행사되는 상대적 영향**은 교접 순간에 이루어지는 생리학적이고 심리적인 참여의 정도에 좌우된다고 하였다. 즉 사람들이 생각하는 것처럼 보다 넓은 범위 내에서 아이는 흥분 상태가 보다 고조된 파트너로부터 유전적 특성을 이어받는다는 것이다. [37)]

19세기말에 알프레드 푸르니에는 유전성 매독의 결과들은 임신을 하는 데 결정적 역할을 하는 성에 따라 달라진다고 주장하였다. 즉 그에 의하면 아버지는 보다 폭넓게 유산 · 사산 및 쇠약함의 위험성을 전염시킨다는 것이다. 또한 아버지에 의한 유전은 배아 단계에서 죽음 및 정확히 말하자면 유전성 매독을 보유하고 있으며, 어머니는 대개의 경우 본질적으로 유독성이 있는 독특한 매독을 전염시킨다는 것이다. 사람들은 아버지로부터 '병적 소질을 지닌 질병'을 물려받으며, 어머니로부터는 감염 숙주를 물려받는다. [38)]

1860년경까지 매독의 유전을 연구하는 임상의들은 이러한 구별에 거의 관심을 갖지 않았다. [39)] 더욱이 질병의 유전과 관련된 여러 저작들에서 매독 같은 질병, 혹은 병적 소질은 때때로 괴혈병 같은 질병과 함께 취급되었다. 하지만 매독은 거의 항상 연주창 같은 질병에 종속되어 있는 것으로 간주되어, 그리 중요한 문제로 다루어지지 않았다. 당시 폭넓게 수용되었던 **질병의 변형**에 관한 이론은 연주창의 악폐를 오히려 더 위험한 질병으로 인식하게 하였다. 리코르 자신은 제3기 심한 증세의 희생자에 의해 감염되는 유전성 매독은 연주창을 통해 변형된다고 생각하였다. [40)] 그는 한편으로는 '매독의 연주창화,' [41)] 혹은 다른 한편으로 '스크러풀로이드' [42)]라고 지칭되는 것이 존재한다고 믿었다. 그러나 얼마 가지 않아서 서양의 역사에서는 두번째이지만 새로워진 양식하에서 성공적으로 성병의 공포를 퍼뜨리게 될 반격의 윤곽이 뚜렷하게 밝혀지게 된다.

1880년대부터 나타난 각종 학문적 담론은 성병에 대한 공포를 중심으로 조직적이고 지속적으로 그 질병의 위험성을 선전할 수 있게 만들었다. 하지만 그 담론은 궤양, 혹은 부수적인 매독성 발진에 의해 야기된 공포나 제3기 증상으로부터 비롯되는 피해에 초점을 맞추지는 않았다. 알프레드 푸르니에 자신은 이 제3기 증상으로 인해 사망하는 경우는 적은 비율에 불과하다고 인식하였다. 의사들이 질병의 전염에 의해 야기되는 걱정과, 그 전염으로 인해 결정적인 문제로 나타나는 정신박약에 대한 강박관념을 수용하기 시작한 것은 훨씬 이후의 일이었다. 즉 매독을 장기간 보유하고 있으며, 게다가 여러 세대에 걸쳐서 전해지는 뒤늦게 나타나는 유전과 비특이성 및 매독의 유전적인 징후들이 모두 동시에 존재한다는 점을 믿게 되면서부터였다.

매독의 **뒤늦게 나타나는 유전**이라는 개념은 1860년부터 1880년 사이에 점진적으로 형성되었다. 1865년과 1866년에 주요 저작들을 출간한 롤레[43]와 랑스로[44]에 의하면, 대다수의 임상의들이 인정하고 있는 병적 소질의 배태기 혹은 잠복기는 극도로 짧다고 한다. 그들 중 대다수는 생후 3개월 이후에 나타나는 모든 매독은 후천성 매독이라고 생각하였다. "아이는 배내옷을 입음과 동시에 이러한 네소스〔《그리스 신화》에 나오는 반인반마의 괴물로, 특히 헤라클레스의 죽음과 관련이 있다. '네소스의 옷'이라는 표현은 치명적인 현재를 의미한다〕의 옷을 벗어 버린다"[45]는 말은 유전에 의한 위협을 일컫는 것으로 1879년 빅토르 오가뇌르가 기술한 문장이다. 어쨌든 이 문제와 관련해서는 엄청난 불확실함이 존재한다. 랑스로가 인식하고 있던 것처럼 그 문제는 당시 하나의 유행처럼 끈질기게 논의되었다.[46] 뒤늦게 나타나는 유전과 관련된 논의는 성병학과 관련된 논문들을 통해 급속히 증대되었다. 몇몇 임상의들은 최초의 징후들이 단지 출생 후 2,3년이 지나서 나타날 수도 있을 유전성 매독이 존재한다고 인정하였다.[47] 다른 임상의들은 3 세에서 18세 사이에 나타나는 질병의 유전에 대해서도 언급하였다. 그러나 이 모든 것들은 거의 확신을 이끌어 내지는 못하였다.

이러한 유전의 희생자들에게 나타나면서 그들에게 타격을 줄 수 있을 정도의 치명적인 상처에 대해 다룬 많은 연구들은 깊은 생각을 하게 만든다. 즉 폐에 관한 드폴의 연구(1851), 간에 관한 귀블레의 연구(1852) 및 몇 년 후에 나타난 뼈에 관한 파로의 연구(1871), 혹은 비장에 관한 가의 연구 등이다. 그렇지만 뒤늦게 나타나는 매독의 유전을 주장하는 학자들에게 가장 훌륭한 논쟁거리를 제공한 사람은 바로 영국의 성병학자였던 허친슨이었다. 그는 뒤늦게 나타나는 매독의 유전에서 보여지는 일련의 특징적인 현상을 다름 아닌 영양 장애로 파악하였다. 그 영양 장애를 일으키는 주된 요인들은 명목상 다음과 같은 세 가지의 현상에 영향을 주는 것으로 일컬어지고 있는데, 즉 치아(반월형의 오목한 자리에 있는 앞니로, 이른바 허친슨의 이, 혹은 나사돌리개 모양의 이라고 불린다), 눈(홍채염) 및 뼈(칼로 베어낸 듯한 얇은 판 모양의 경골)에 관한 체계에 영향을 끼친다. 허친슨은 마찬가지의 작업을 통해 이러한 유전이 지니는 특별한 성격을 정의하기에 이르렀다.

이와 같은 허친슨의 이론은 영국에서 상당히 폭넓게 수용되었던 반면, 프랑스에서는 20년 이상 동안 아주 강한 저항에 부딪혔다. 매독의 유전을 다룬 연구들은[48] 프랑스에서는 여전히 오랜 기간 동안 이전의 방법론을 고수하는 상태로 존속하였다. 그 연구들은 신생아들의 매독에 초점을 맞추었다. 엄밀한 의미로 뒤늦게 나타나는 유전성 매독에 관련된 최초의 저작은 1879년이 되어서야 겨우 발간되었다. 그것은 빅토르 오가뇌르의 저작으로, 그 책의 출간은 그의 스승이자 리옹의 매독학 연구학파를 이끌었던 오랑 교수가 그에게 제안함으로써 이루어졌다.

바로 그 이후부터 알프레드 푸르니에와 몇몇 그의 프랑스, 혹은 외국 동료들은 비길 데 없을 정도로 자세한 일련의 임상적인 관찰에 근거하여 일목 요연한 이론을 세우기 시작하였다. 그때부터 매독의 유전은 상당히 놀랄 정도로 풍부하게 문학에 소재를 제공하였다. 1906년 의사였던 폴 가스투는 리스본에서 개최된 국제의학협회 회원들 앞에서 그러한 시도를 완벽하게 요약·정리하였다. 즉 그의 진술에 의하면 알프레드 푸르니에는 "매독은 그 자체만으로도 출생률과 육체적·정신적인 결함 및 정신 박약에 영향을 주는 것뿐만 아니라, 기형아 출산의 요인이 되는 다양한 질병의 유전을 환기시킬 수 있는 모든 조건들을 충족시킨다. (…) 이러한 영향으로 인하여 오늘날 매독은 제1세대뿐만 아니라 제2세대에서조차도, 또한 아마도 얼마 안 가서는 그 다음 세대들에서도 거의 모든 유전적 질병의 병리학을 포함할 것이라는 견해가 조금씩 우세해지고 있는 상황이다"[49]는 점을 통계적으로 보여 주었다는 것이다.

여러 가지 요인들은 그러한 시도가 성공적으로 행해질 수 있게 만들었다. 그런데 그 요인들에는 '불건전한 교접'[50]과 배설기를 통한 교접[51]에 대한 강박관념, 교회의 영향력이 느슨해지고 죄에 대한 두려움이 약해지는 시대에 사람들에게 경종을 울릴 수 있도록 악덕과 그에 대한 징벌을 연결시켜야 할 필요성, 대중화된 다원주의의 영향력하에서 인종 및 심지어는 종족의 퇴화에 대한 우려의 확산 등이 있었다. 요약하여 말하자면, 사회적 계급이나 민족 전체와 같은 인간 집단의 환경 적응 능력의 상실을 목격하고, 또한 점차 파멸의 길로 인도될 것에 대한 두려움이었다.[52] '매독에 의한 침식'[53]이 유행된 이상 우리가 이해하기에 그 유행은 수음(手淫)과 알코올 중독, 혹은 결핵보다 오히려 훨씬 더 바람직한 것으로 그것들 대신에 이러한 모든 환상들을 불러일으킬 수 있었다.

더욱이 향후 매독학의 대부가 되는 알프레드 푸르니에 교수의 개인적 역할을 망각하지 않도록 유의하여야만 한다. 지칠 줄 모르는 열성적인 학자였던 그는 자신의 활동을 선전이라는 개념과 연결시켰다. 즉 그는 당시 구성되어 있던 책임기관에 수없이 많이 참여하였으며, 엄청난 양의 이론적인 저작을 집필하였다. 더욱이 그의 간결하지만 장중한 문체는 그가 점하고 있던 유리한 위치를 보다 더 잘 활용할 수 있게 만들었다. 의사였던 가스투가 정확하게 그를 지목하여 언급하였듯이, 알프레드 푸르니에는 "매독 환자들 대부분을 관찰하였던 반면 (…) 어떠한 의사들도 결핵 환자들, 알코올 중독자들, 말라리아 환자들, 전염병 환자들, 마약 중독자들 대부분을 관찰하지 않았다."[54]

1886년 알프레드 푸르니에는 뒤늦은 매독의 유전과 관련된 엄청난 분량의 논설을 발간하였다. 그는 세부적인 모든 증거들을 이용하여 겉으로 드러나는 특별한 증상을 제외하고, 그 질병의 범주를 확장하려는 목적을 지닌 최초의 시도로 매독의 예방이라는 개념을 만들어 내기에 이르렀다. 이듬해 그는 의학 아카데미에서 성병이라는 악이 유모들과 유리 제조인들, 혹은 정숙한 아내들 등의 '무죄한' 희생자들에게 미치는 피해를 발표하였다. 1880년부터 그는 매춘부들에 대한 감시 활동을 개혁할 것을 끊임없이 주장하였다. 만약 그가 매독의 유전을 언급하였다면, 그것은 결국 성병의 위험이라는 개념을 전파하는 데 목적을 둔 전반적인 계획의 범주 내에서였다고 할 수 있다. 그가 언급한 바에 의하면 전문가들이 '소홀히 하였고' '간과하였으며' '무시하였던' 문제인 새로운 주제가 중요한 사실로 제기된 것이다. "분명하게 말한다면 사람들은 그러한 점을 전혀 믿지 않거나, 혹은 거의 믿지 않는다."[55]

확실히 알프레드 푸르니에와 그의 학파 구성원들은, 무엇보다도 먼저 생물학자들의 이론에 거의 관심을 가지지 않은 임상의들 및 통계학자들이었다.[56] 그럼에도 불구하고 막연한 형식들로부터 비롯되는 총체적인 모호한 개념들은 그들의 유전에 관한 개념의 기초가 되었다. 그 개념들의 목록을 만드는 것은 관심이 없는 일은 아니었다. 남성은 경우에 따라서 '체질적인 질병'[57] '체액의 혼합'[58] '선천적인 병약 체질'[59] 등을 전염시키며, 혹은 '전반적인 장애' '선천적인 쇠약함' '비생성의 작용' 등을 야기하면서 영양 실조와는 다른 '병적 소질의 작용'[60]을 전염시킨다. 요약하여 말하자면 생물학적인 선천적 죄악에서 기인한 '생활에 부적격한 존재'가 된다는 것이다. 더욱이 그것은 개인의, 또한 보다 오랜 기간 동안 인종의 '퇴화'를 의미하였는데, 왜냐하면 매독으로 인한 인간의 퇴화 작용에 대해 근본적인 강박관념을 가지고 있었기 때문이다.

알프레드 푸르니에는 본질적으로 매독보다도 더 심각한 문제인 이러한 유전에 의한 폐해에 대해 "독특한 것을 전혀 포함하지 않는 제도적 상태로부터 종종 파생된다"[61]고 하였다. 그때부터 매독은 주요한 질병으로 언급되었으며, 다른 모든 것들보다도 더 확실히 자연의 질서를 어지럽히는 것으로 지적되었다. 뿐만 아니라 매독 예방이 특별한 효과를 거두지 못하게 됨으로써 결과적으로 유전성 매독이 확산되었다고 언급되었다. 이러한 움직임은 결국 1898년 에드몽 푸르니에가 발표한 '체질적 영양 장애'에서 그 귀착점을 발견하게 되었다.[62]

이같은 주장들은 확실히 도덕적 가정들을 내포하고 있었다. 즉 성적인 죄악이 더할 나위 없는 죄악인 선천적인 결함으로 여겨지는 범위 내에서 성병은 선천적인 질병을 상징하고, 또 그렇게 요약되는 것은 말할 것도 없다. "매독은 되도록 모든 부패들을 생장시키는 더러운 것"[63]이었다. 그래서 내가 바로 전에 언급한 의사들은 당시 발전하고 있던 임상적 관찰을 근거로 매독이 모든 병리학을 지배한다는 점을 조금씩 증명하게 될 것이다.[64]

알프레드 푸르니에 교수가 그의 주요한 논문들을 작성하였을 때 이러한 검증은 그에게 이미 폭넓게 축적된 것으로 보였다. 근 20년 전부터 파로는 구루병이 항상 매독으로부터 기인된 것이라는 점을 증명하기에 여념이 없었다.[65] 1884년에 허친슨의 주요한 저작이 프랑스어로 번역되었다. 확실히 영국 학자가 보기에 그의 유명한 삼각 구도를 이루는 영양 장애는 유독한 유전성 매독으로부터 기인한 것이었다. 그래도 그의 여러 가지 관찰들은 알프레드 푸르니에의 이론을 지지하는 데 도움을 주었다. 코흐는 간균〔桿菌; 막대 모양, 혹은 타원형의 균으로 질병을 일으키는 근원이 되는 것들에는 티푸스균 · 디프테리아균 · 적리균 · 대장균 · 페스트균 · 결핵균 등이 있다〕을 발견하였음에도 불구하고 폐결핵의 근원이 매독에 있다는 생각을 포기하지 않았다. 마찬가지로 1910년 의사였던 세르정의 연구들은 T. 바르텔레미·V. 오가뇌르 및 에드몽 푸르니에 등이 수용하였던 이론을 공고히 하였다. 더욱이 점차 다른 전문가들의 동의를 얻음으로써 대부분의 병리학은 이따금씩 성병학자들에 의해 주장되었다. 즉 귀머거리와 마찬가지로 포트병〔결핵성 추골염〕 역시 이러한 식이었다. 라넬롱그 교수가 보기에 허리의 선천적인 탈구(脫臼)의 주된 원인은 확실히 매독에 있었다.

본질적인 것은 그래도 이러한 이론을 신경질환에 적용시키려 한다는 사실이었다. 위에서 인용한 전문가들에 의하면 뇌막염과 간질, 상습 근육 경련, 말더듬기, 슬개골(膝蓋骨) 반사 운동의 결핍 등은 동맥경화와 마찬가지로 평면적으로는 매독의 유전에 의해 설명되어질 수 있다는 것이다. 신경증은 물론 점진적인 전신마비도 확실히 동일한 병적인 근원을 가지고 있다. 또 한 번 비특효성은 성병학자들의 오만함을 부추긴다. 즉 알프레드 푸르니에는 "유전적으로 뇌에 영향을 끼치는 매독은 고유한 증상을 가지고 있지 않다. 그 매독은 아무런 특징이 없다"[66]고 기술하였다. 특별한 경우에 매독에서 기인된 신경증은 '시초의 변이성'이라는 특징을 지닌다. "뇌 조직과 관련된 거의 모든 증상들은 질병의 초기 단계들에서 나타날 수 있는데"[67] 특히 '여러 가지 종류의 편두통'과 현기증, 귀울림, 어지러움, '머리의 무거움,' 욱신욱신 쑤시는 느낌 등이 바로 그것이다. 다음으로 에드몽 푸르니에는 유전성 매독의 '다형적(多形的)인 신경쇠약 [68]의 개념을 유포시키려 노력하였다. 우리는 이러한 상황에서 그가 소설과 같은, 혹은 드라마틱한 문헌 속에서 언급된 이런저런 증상이 혹시 매독과 관련되는지를 파악하려고 했다는 것이 얼마나 헛된 일인가를 알고 있다.[69] 매독에 대한 공포심을 증대시키는 것은 징후학적인 모호함이다. 매독의 유전은 인간을 본질적으로 타락시킬 수 있는 가능성이 있기 때문에 모든 지적인, 혹은 도덕적인 불안함을 생성시킬 수밖에 없었다.

이렇게 유전성 매독은 '도덕적 장애자들,' '불완전한' 개인들, '결함이 있는 사람들,'[70] 도벽이 있는 사람들, 혹은 방탕한 사람들, 광적으로 수음을 하는 사람들[71]이나 범죄자들을 만들어 낸다. 불감증으로부터 여성의 색광중에 이르기까지 성적 '도착'은 매우 자주 마찬가지의 근원을 가지고 있다. 이러한 분야에서 환자의 미래에 대한 치명적인 예측은 한 세기 이전부터 수음벽이 있는 사람을 사로잡았던 예측들을 그대로 모방하고 있다.

정신박약의 흔적으로서 간주되는 정신병은 푸르니에의 후계자들에 의해 주장되었다. 그들은 물질적·심리적 혹은 사회적 환경[72]에 전혀 적응하지 못하는 경우를 관찰하게 될 때 그 원인을 매독의 유전으로 파악하려 하였다. 이렇게 에드몽 푸르니에에 의하면 삶을 통해서 나타나는 신경쇠약, '성격의 급변,' 정신적 불안정함, '여러 번에 걸친 직업'[73]의 변화 등은 바로 매독의 유전으로 인한 결과를 보여 주는 증거가 된다는 것이다.

뒤늦게 나타나는 유전에 대한 임상적 담론과 관련된 징후학적인 모호함은 신속하게 일상적인 언어에서 아주 짧게 **l'hérédo**라는 용어로 사용되는 **유전성 매독**의 출현에 의해 상쇄된 것으로 나타난다. 알프레드 푸르니에가 새로운 용어를 창조하였던 바로 그 시대에, 그는 20세기 중반에 이르기까지 꾸준히 다시 사용되어질 용어들을 통해 이러한 환상적인 '조산아'의 모습을 그려냈다. 유전성 매독 환자는 본질적으로 발육부진과 보기 흉한 외모로 정의되었다. 즉 "유전성 매독 환자는 자신의 나이를 잘못 생각하게 만든다"는 것이다. 그 매독 환자는 단지 자신의 환경에 적응할 수 있게 만드는 본질적인 개념들을 뒤늦게 획득하였을 뿐이다. 그 환자는 '연주창에 걸린 미인'[74]의 반대 명제가 된다. 태어날 때부터 유전성 매독에 걸린 환자는 동물성으로의 회귀를 예상하게 만드는 것처럼 보이는 '원숭이 같은' 용모를 가지지 않는다면, 애늙은이의 모습을 지니게 된다는 것이다.[75]

유전성 매독 환자들은 "야위었으며, (…) 빈약하게 발육된 근육 조직만을 가지고 있고, (…) 그들의 안색은 창백한데, 더 정확히 말하자면 창백하다기보다는 회색을 띠고 있다. 그들의 피부는 회색 같은 어두운 색깔을 띠는데, 거의 흙빛에 가까운 칙칙한 회색이다. (…) 그들은 느리게 성장하며(…), 늦게 걸음걸이를 시작한다."[76] 그들의 신장은 작은 상태 그대로 유지되며, 치아는 늦게 난다. '외형적으로 곰보'인 그들은 '모든 자신들의 존재에서 옹색하게' [77] 나타난다. 그들의 고환은 '발육이 불완전하며,' 수염은 드물거나 늦게 나고, 생식력은 '느린 속도로 나타나게 된다.' 종종 그들은 '쪼글쪼글하며 왜소하고 쇠약한' [78] 것처럼 보인다. 여자들은 17세 혹은 19세가 되어서야 비로소 월경을 시작하며, 가슴은 발달되지 않는다.

더욱이 유전성 매독 환자들은 만약 그들이 기형적인 모습을 갖지 않는다 하더라도 모든 영양 장애의 희생물이 될 수 있다. [79] 매독의 영향이 독특하지 않음에도 불구하고, 알프레드 푸르니에는 매독의 '영양 장애 유형' 이 존재한다고 추정하였다. 그는 전문가적인 관점에서 쉽게 그것을 구분할 수 있었다. 그는 몇몇 두개골의 기형적 형태와 마찬가지로 나사돌리개 모양의 치아와 칼로 베어낸 듯한 얇은 판처럼 된 경골 등이 절대적으로 매독의 유전에서 비롯되는 것으로 간주하였다. [80] 여기서 푸르니에의 이론은 새로운 것으로 여겨지기보다는 기존 이론의 연속성 안에 존재한다. 베네딕트 모렐이 "정신박약은 전형적인 특징을 가지고 있다" [81]고 주장한 것은 이미 오래 전의 일이다. 그 특징은 백치들이 보여 주는 육체적·지적 및 도덕적 유사성을 그대로 간직하고 있다. [82] 마냥과 르그랭은 알코올 중독과 정신병 유전의 희생자들이라 할 수 있는 각종 환경에 적응하지 못한 사람들에 대해 집중적으로 서술하였다. [83] 푸르니에의 유전성 매독의 탄생은 19세기말에 그 뚜렷한 윤곽이 드러난 백치의 역사와 관련된 에피소드들 가운데 하나에 불과하다.

이상에서 언급된 모든 논리를 통해서 볼 때, 소위 독특한 증상을 관찰할 수 없는 뒤늦게 나타나는 유전의 존재를 확실하게 밝히는 일은, 동시에 또 다른 발생학적인 근심의 개념들이 등장한다는 것을 의미한다. 즉 19세기말에 성병학자들은 '병적 소질을 지닌 질병' 이 분명하게 드러나는 환자의 경우 그 질병이 치유된 이후에도 오랫동안, 또한 심지어 환자의 사망에 이르기까지 후손에게 감염될 수 있다고 주장하였다. 이렇게 **오랜 기간에 걸쳐 영향을 미치는 유전**은 알프레드 푸르니에로 하여금 의사가 어떤 매독 환자를 치료하려고 시도할 경우 전혀 '그 유전을 방치' [84]해서는 안 된다는 점을 주장하게 만들었다. 결국 이러한 매독학 연구학파의 구성원들은 본래의 매독과는 대조적으로 유전성 매독은 시간이 지날수록 약화되는 영향으로부터 벗어날 수 없는가 하는 점을 자문하게 되었다. 그들은 또한 이러한 피해들이 해가 갈수록 증대되지는 않을까 하는 점을 우려하였다.[85] 이러한 상황들 속에서는 어떠한 구원의 희망도 없을 것이다.

더욱이 매독 환자의 자식들에게 타격을 주는 부차적인 유전에 대한 믿음이 점점 더 깊이 뿌리를 박게 되었다. 18세기에 인정된 이러한 개념은 그후 성병학자들에 의해서는 단호하게 배격되었다. 리코르는 "사람들은 그 아버지로부터 유전된 매독을 고려하지 않는다"고 즐겨 반복적으로 언급하였으며,[86] 그 이후에 그의 가르침을 추종하였던 의사들 역시 그렇게 주장하였다. 앳킨슨[87]이 논문을 발표한 지 3년이 지난 1879년 오가뇌르는 프랑스의 전문가들에게 분명히 문제를 제기하였다.[88] 하지만 그는 조심스럽게 자신의 판단을 유보하였다. 12년이 지난 다음 알프레드 푸르니에는 매독의 유전에 대해 다루었던 방대한 분량의 저작 가운데 한 페이지에서 부차적인 유전을 고려하는 데 점차 관심을 기울이고 있다는 점을 완곡한 표현을 사용하면서 표명하였다. 그렇지만 그는 충분히 설득력 있는 임상적 관찰들이 이루어지지 않은 상태에서 그 유전을 범주에 따라 분류하기를 거부하였다.[89] 결국 1897년 모스크바에서 개최된 국제의학회의에서 이와 같은 새로운 개체의 존재를 최초로 증명하려고 시도하였던 사람은 투생 바르텔르미 교수였다. 그는 또한 제2세대의 유전성 매독으로부터의 보호라는 개념을 수용할 것을 제의하였다.[90]

그때부터 그 주제는 끝없는 토론을 일으켰다. 즉 1900년 파리의 국제회의 회원들 사이에 긴 논쟁이 있었으며, 1898년에 이미 이 문제에 관해 교수 자격 논문을 저술하였던 B. 타르노프스키·펭제르·쥘리앵 등은 돌아가면서 여러 세대에 걸쳐 전해지는 유전을 주장하였다.[91] 이듬해 쥘리앵은 최초로 그 문제에 관한 방대한 분량의 저작을 발표하였다. 1905년 에드몽 푸르니에는 그 현상을 임상적으로 관찰하는 하나의 방법을 제안하였지만,

호칭거가 격찬하였던 방법보다 정확한 것은 아니었다.[92] 라넬롱그·피나르·스필만 및 에티엔 교수들은 신경과 의사였던 질 드 라 투레트와 마찬가지로 제2세대에 '병적 소질이 있는 질병'[93]의 감염을 확신하는 그들의 동료들을 아전인수격으로 받아들였다. 그러나 이미 제3세대 및 제4세대에 영향을 끼치는 3차 유전 및 4차 유전과 관련된 문제가 제기되었다. 타르노프스키와 에드몽 푸르니에 및 얼마 후에는 의사 오디스테르[94] 등이 그러한 유전들이 존재하고 있음을 확신한다고 밝혔다.[95]

성병학자들은 상당히 신속하게 제2세대의 매독의 특징을 정의하는 데 열중하였다. 에드몽 푸르니에에 따르면, 그 특징은 제1세대의 유전에 비해 유산에 보다 결정적인 영향을 끼친다는 것이다. 이미 그의 아버지는 의학 아카데미의 발표에서 제1세대 유전은 42퍼센트의 비율로 자손들을 죽음에 이르게 하며, 제2세대 유전은 그 비율이 59퍼센트에 이른다는 사실을 밝혔다. "이는 바로 유전성 매독에 의해 **더럽혀진** 사람은 후천성 매독에 감염된 사람보다 그 후손에게 더욱 위험하다"[96]는 점을 의미하는 것이었다. 에드몽 푸르니에가 수집한 관찰들은 매독에 감염된 부모로부터 출생한 1백92명의 아이들 중에 1백61명이 "모두 다소 두드러지게 나타나는 결함들을 지니고 있으며 (…) 모두, 혹은 거의 모두는 다른 아이들과 비교하였을 때 왜소하며 퇴화되어 있고, 불구이며 **열등하고**, 사회에 적응할 수 없는 존재였다."[97]

그밖의 경우에 제2세대 매독 환자는 한 형제처럼 제1세대 유전의 희생자와 유사하다. 그것을 제외한다면 그의 죄악은 고칠 수 없으며, 그의 운명은 피할 수 없는 것이 된다. "이와 같은 비정상적인 현상들은 특정한 의약품들의 치료 작용에서 벗어난다. 그 현상들은 이제부터는 변함이 없으며, 그의 코 생김새나 눈 색깔처럼 개인의 일부를 이루게 된다. (…) 또한 그 현상들은 그때부터 많은 부분에서 종족의 일부를 이루게 되며, 종족 자체만을 위한다는 이유로 후천성 매독으로부터 보호함 없이 유전적으로 감염될 수 있을 것이다."[98] 그러한 오류는 그때부터 성공적으로 익숙하게 받아들여졌다. 제2세대의 유전은 변화되고 창조되는 질병의 유전을 가장 완전하게 보여 주는 증표가 되었다. 그 유전은 점진적인 유전으로 인한 모든 피해의 근원들보다 확실한 특징을 보여 주었다. 또한 성병학자들은 "매독은 그 자체에 의해서든 유전에 의해서든 인간의 퇴화에 관한 가장 활동적이며, 가장 신속한 요인들 중의 하나이다"[99]라는 확신을 가지게 되었다. 유독한 요인들이 기형아를 낳는다는 결과와 관련된 최근의 발견들, 또한 특히 글레이와 샤랭이 행하였던 연구들의 결과는 이러한 이론들을 확고하게 하였다. 그들은 유독한 독성은 '생물체들'에 영향을 끼칠 수 있으며, 유전에 의한 피해를 끼칠 수 있다는 점을 증명하면서 파스퇴르의 의학과 유전학을 접맥시키는 데 이바지하였다.

그렇다고 해서 방금 설명된 이론들에 대해 모든 전문가들이 동의하였다고 간주해야만 할 것인가? 그것은 어림도 없다. 알프레드 푸르니에가 옹호한 명제들에 대해 반대하는 사람들을 마땅히 구별해야만 한다. 어떤 사람들은 비록 소수이기는 하지만 매독의 진정한 유전을 믿기 거부하였다. 그들이 보기에 모든 매독은 확산되는 병의 근원이 되는 독소의 전염으로부터 비롯되며, 소위 유전성 매독 환자의 영양 장애는 단지 합병증에 불과하다는 것이다. 이러한 태도는 1905년 샤우딘과 호프만이 발견한 스피로헤타균, 혹은 빛깔이 연한 트레포네마균 같은 질병을 일으키는 매개체의 발견을 통해 더욱 보강된 것이었다. 프랑스에서 이같은 주장을 하는 전문가들 중에 가장 권위 있는 사람으로 H. 알로포 교수와 C. 푸케 교수를 꼽을 수 있다.[100] 그렇다고 하여 그들이 매독의 유전을 뒷받침하는 증거와 관련된 문제에서 자신들과 견해를 달리하고 있는 연구자들의 정확한 임상적 관찰 결과들을 인식하고 있지 못한 것은 아니었다. 그들이 보기에 매독의 유전을 결정하는 증표들은 조상들의 생식기 속에 트레포네마균이 존재하고 있다는 점에서 기인한 것이었다.

이와는 반대로 상당히 많은 수의 의사들은 제2차 유전의 존재를 인정하기를 거부하였다.[101] 이러한 견해를 가진 외국 연구자들로서는 호칭거·라사르·허친슨 및 뒤부아 하베니스 교수 등이 있다. 모리악 교수는 어떤 증명할 수 없는 과정이 문제가 된다고 생각하였는데, 브로크와 뷔레 역시 이와 마찬가지의 견해를 가지고 있었다. 그 문제를 밝히는 데 가장 먼저 심혈을 기울였던 빅토르 오가뇌르는 1904년 유전성 매독에 의한 종족의 영양장애는 일종의 전설에 속한다고 밝혔다.

그렇지만 알프레드 푸르니에 및 그의 후계자들과 대조적인 견해를 가지고 있는 연구자들 중 대다수는 매독학의 지나친 주장들에 대하여 반대하는 것으로 만족하였다. 그와 마찬가지로 의사인 폴 가스투는 리스본에서 개최된 학술대회에서 모든 질병의 유전을 매독에 관한 설명으로 인도하는 과정에서 과장된 측면이 많이 나타난다고 밝혔다. 사실상 그에 의하면 다른 유전들 중에서 어느 하나의 유전만이 문제가 되는 것은 아니었다.[102] 물론 그의 이러한 주장은 성병학자들이 전문가적인 환경 속에서, 유전에 관한 그들 나름대로의 제국주의를 효과적으로 강제하는 데 성공하였다는 점을 인정치 않으려는 방향에서 이루어진 것은 아니었다.

그 당시 사회의 역사가는 무엇보다도 먼저 1885년과 1913년 사이의 몇몇 매독학 연구자들이 확실히 밝혀낸 이러한 공격의 결과들을 검토해야만 하였다. 그렇다고 해서 그 연구자들에게 그들의 이론에 의해 행해진 심리학적인 피해들의 전적인 책임을 돌릴 필요는 없었다. 모든 것은 마치 의사들이 어떤 과학적인 언어를 통해, 그들이 살고 있던 시대의 부르주아 계급의 머리에서 떠나지 않고 있던 환상들을 표현하는 것처럼 이루어졌다. 그러나 그들은 그러한 것을 행하면서도, 동시에 그 환상들이 가상적으로나마 과학적 확실성으로 변화할 수 있도록 뒷받침해야만 하였다.

알프레드 푸르니에와 그의 동료들의 이론들은 성교에 대한 고민을 증대시켰으며, 그 고민은 우리가 살펴보았듯이 19세기초부터 약 60-70년의 기간 동안 완화되었다. 그들의 이론들을 살펴볼 경우, 그들 각자는 결국 자신이 위협받고 있는 동시에 책망을 받아 마땅하다고 믿을 수 있었다. 자신이 치유되었다고 생각하는, 그러나 "그렇다면 의사 선생님, 저는 이제 모두 치료되었겠지요? 그렇지 않습니까? ……만약 제가 결혼을 한다면 저는 단지 허약하고, 선병질을 가지고 있으며, 구루병에 걸려 있고, 부패한 아이들만을 낳을 것입니다"[103]라는 편지를 보내면서 알프레드 푸르니에에게로 달려간 사람은 매독 환자였다. 고민을 하면서 불결한 아이의 출생을 기다리는 사람은 임신한 아내의 남편이었다. 자신은 건강하며 따라서 결국 죄가 없다고 믿는 사람은 아버지였으며, 자기 후손들에게서 유전적 질병의 최초 징후들을 기다리는 사람도 아버지였는데, 그 질병은 아마도 그 자신이 사망한 이후에나 나타날 것이다. 매독학 연구자들의 저서들을 읽어보면, 이제는 '면책 특권'[104]이 없기 때문에 진정한 구원 역시 더 이상 존재하지 않는다. 그때부터 매독에 대한 공포증이라는 새로운 용어를 창조하는 일이 필요하였다는 것은 얼마나 놀라운 일인가?

매독으로 인해 부르주아 계급에서는 다른 모든 질병 현상보다도 자신의 혈통을 더욱 강하게 유지시키기 위한 걱정이 보다 구체적으로 나타나게 되었다. 그때부터 수음보다 더욱 위협적인 것이 되었고, 우리가 생각하기에 동성애 및 '변태'[105]보다 광범위하게 확산되었으며, 알코올 중독이나 결핵보다도 훨씬 쉽게 은폐할 수 있었던 매독 환자의 병적 소질은 한 가족 내부에서 '기존의 질서를 비롯한 많은 것을 일소할'[106] 수 있게 되었다. 매독에 기인한 높은 영아사망률과 관련된 무시무시한 통계는 바로 이 점을 증명한다.[107]

본질적으로 매독보다도 훨씬 더 위험한 것으로 간주되었던 매독의 유전에 대한 걱정은, 특히 상층 계급들을 엄습하였다. 알프레드 푸르니에는 그 이유를 죽음에 이르게 하는 병적 소질이 근본적으로 부계 기원을 가지고 있기 때문으로 파악하였다. 그런데 부르주아 계급에서 남성의 죄과는 여성의 잘못을 능가하였다. 민중 계급은 결국 그 계급에 속한 여성들의 중개를 통하여 부르주아 계급의 남성에게 유독한 매독을 전염시킴으로써, 한 가문을 죽음으로 몰아넣을 수 있는 씨앗을 심게 된다. 아내와 어머니의 순수함에도 불구하고 종족——이른바 무엇보다도 부르주아 계급의 가족——은 거리, 혹은 6층으로부터 전해진 부패함에 의해 위협받는 것으로 나타났다.

그때부터 개인의 도덕적 책임은 그 본래의 운명적인 한계를 훨씬 초월하게 되었다. 개인의 품행은 장기간에 걸친 발생학적인 숙명에 의해 규정되었다. 조상의 잘못이라는 생각으로 그를 괴롭히는 고민은 자신으로 인하여 후손이 겪게 될지도 모르는 고통에 대한 양심의 가책과 겹쳐졌다. 피나르 교수의 표현을 새롭게 인용한다면, 젊은 남자는 무엇보다도 먼저 종자를 얻기 위해 남겨두는 그루터기이다. 종자를 보존해야만 한다는 걱정은 도덕적 순수함을 지켜야만 한다는 걱정과 상호 동일한 것이었다. 질병과 부도덕은 서로 분리할 수 없을 정도로 굳게 연결된 것으로 나타났다. 또한 질병과 징벌은 종종 민중 계급과의 건전하지 못한 접촉을 단지 확인하는 것에 불과한 일이 되었다.

의학적인 담론과 그것이 야기하는 동시에 반영하는 발생학적인 걱정은 엄격한 결혼 전략을 세우도록 유도하였다. 가족의 재산을 보전하거나 확대시키려는 욕망은 발생학적인 유산의 특질을 보존하거나 향상시키려는 욕망과 겹쳐졌다. 그래서 의사였던 에밀 로랑은 다음과 같이 개탄하였다. 즉 "잘못 만들어진, 혹은 나쁜 종족의 당나귀를 가지고 자신의 암탕나귀와 교미하는 것을 내버려두지 않을 그러한 사람은 자신의 딸을 암 환자·결핵 환자 혹은 정신병자 아들에게 준다."[108]

질병의 유전과 관련된 진단은 단지 도시에 거주하면서 안정되고, 본래의 가계에 관하여 잘 알고 있으며, 물론 재산이 있는 고객의 범주를 제외하고는 거의 행사되지 않는 가정 의학을 포함하게 되었다. 이는 아버지로부터 아들에게로 계승되는, 전문가들에 의해 실행되는 부르주아 계급의 의학이었다. 그래서 알프레드 푸르니에는 조상들과 그 방계 친척들을 동시에 고려하는 새로운 유형의 의학적 탐구를 찬양하기에 이르렀다. 왜냐하면 그의 아들[에드몽 푸르니에를 말한다]의 표현에 따르면, "매독에 관하여 (…) 우리는 직접적인 조상보다도 방계 친척과 더욱 유사하기"[109] 때문이었다. 위대한 성병학의 지도자는 스스로 예심판사로 자처하는 것을 사람들이 못마땅하게 여기고 있다는 사실을 알고 있었다. 실제로 그는 환자들의 부모에게서 질병의 진단을 위한 흔적들을 발견하려는 목적으로, 부르주아 계급이 살고 있는 건물의 여러 층으로 자신이 가르치고 있는 학생들을 파견하였다.[110]

　　매독의 유전과 관련된 임상적 관찰들은 **실험에 입각하여** 위험한 것으로서 간주하지 않을 수 없는 치료학으로 인도하였다.[111] 알프레드 푸르니에가 밝힌 진실을 알려 주는 표현을 새롭게 인용하자면, '잘못을 저지른 출산' 의 슬픈 결과물인 '유전성 매독이 의심되는 사람들'[112]은 되도록 빨리 파악되어야만 한다. 이를 행하기 위해 푸르니에 교수는 '예측에 의한 징후학'[113]을 확립하였다. 그는 자신을 확고한 결단력을 지닌 예방 치료의 창건자라 공언하였다. "이 쇠약해지는 존재들을 위해 되도록 빨리 대책을 마련해야만 하며, 그들이 단지 절반 정도만 생활하고 성장하도록 내버려두어서는 안 된다."[114] 의사였던 에드몽 푸르니에에 따르면, 모든 특정한 증후를 제외하고는 그 환자들을 치료해야만 한다는 것이다.[115] 결국 수은은 '만성적인 방식으로 이용될'[116] 것이다. 알프레드 푸르니에는 이러한 방법을 사용하여 유전성 매독으로 인해 지속적인 두통에 시달리는 모든 젊은 남자들을 치료할 것을 권고하였다.[117] 마찬가지의 방식으로 '더 이상 동일하지 않은,'[118] 또한 학교에서의 교육 결과들이 걱정될 정도로 떨어지는 어떤 아이는 수은을 가지고 회복시켜야 한다는 것이었다.

　　우리는 오늘날 유전성 매독의 역사가 진퇴양난에 처한 역사라는 점을 잘 알고 있다. 그러나 주저함·성공·오류 등은 때로 과학적 진실보다는 역사가와 더 많이 관련된다. 끈질기고 다양한 유형의 선전 덕분에 1885년부터 제1차 세계대전까지의 기간은 성교에 의한 위험성을 인식하였던 황금 시대에 해당되었다. 이러한 개념은 '자연적인 질병' 에 의해 당하는 피해보다도 매독의 유전이 태아·개인·가족 및 종족에 영향을 미치는 위협에 더 많은 근거를 두고 형성되었다. 매독의 재발이 근본적으로 정신적인 상황이 되는 것은 바로 그 점에서이다. 그 상황의 성격을 정확히 파악하는, 겉으로 잘 드러나지 않는 고민은 각종 궤양들이 라블레와 동시대인들에게 불러일으켰던 공포심과는 근본적으로 다르다. 이 경우 그 질병은 잘못을 저지른 사람들은 물론 '무죄한 사람들'의 전체적인 삶에 완전한 치료의 희망도 없이 심각한 타격을 줄 수 있었다.

성교에 의한 위험과 맞서 싸움을 전개하는 데 목적을 둔 선전은 확실히 상대적으로 뒤늦게 나타났다. 그 선전은 폭음과 결핵에 대항하여 투쟁하였던 모든 성격의 연맹들에 의해 제안된 모델을 기초로 형성되었다. 더욱이 그 고민은 질병과 알코올 중독, 혹은 신경질환의 유전이 초래하는 고민과 교대로 나타나게 되었으며, 나아가 동시에 그 고민을 떠맡게 되었을 뿐이다. 그렇지만 만약 우리가 의학적인 문헌을 세밀하게 살펴본다면, 이렇게 뒤늦게 이루어지는 공격은 다른 어떤 것보다 더욱 풍부하며, 응집력이 있고 또한 매우 걱정스러운 것으로 드러난다는 점을 인식할 수밖에 없다.[119]

이러한 질병의 유전에 대한 역사와 관련된 에피소드를 이해하지 않는다면, 그 에피소드를 구성하고 있는 요소들은 확실히 19세기말의 문학 작품들에 각별한 관심을 기울이는 요소들을 저버리는 일이 될 것이며, 나아가 '백치들' '유산된 태아들' '저능아들' '영락(零落)한 사람들'[120]의 역사를 추적하려고 노력하는 요소들을 저버리게 될 것이다. 예컨대 이러한 종족의 강박관념에 대한 역사는 우리의 20세기 우생학적인 정책들을 이해하는 데 절대적으로 필요한 것이다.

9

젊은 부부들의 작은 성서[1]

    18세기말의 의사들뿐만 아니라 19세기의 의사들 역시 성에 매혹되어 있었다. 미셸 푸코로부터 장 피에르 피터에 이르기까지, 또한 이본 크니비엘레로부터 장 폴 아롱에 이르기까지 많은 역사가들은 이미 오래 전부터 그러한 점에 주목하였다.[2] 그런데 과학의 발전으로 인하여 사람들은 금지된 것들을 교묘히 위반할 수 있게 되었다. 또한 오로지 그 과학만을 통하여 은밀한 육체에 눈길을 줄 수 있게 되었다. 왕정복고 이후 레카미에는 검사경을 사용하였다. 그러한 업적은 논란을 야기하였다. 19세기말에 몇몇 훌륭한 인물들은 이러한 도구를 육체에 삽입하는 것을 의학적인 강간으로 간주하는 주장에 대해 분개하였다. 필요한 경우에 과학적인 알리바이를 통해 욕망의 만족을 은폐할 수 있었다. 의사였던 베르제레는 한 젊은 의사가 박식하고 다정스러운 언행을 통하여, 그의 히스테리 환자들로 하여금 반복적인 오르가슴을 느낄 수 있도록 정신적 부담을 덜어 주면서도 상당한 쾌락을 경험하게 하였다는 사실을 보고하였다. 이러한 치료에 탐닉하면서 의지하는 수단은, 심지어 그의 환자들의 가족들을 불안하게 만드는 결과를 초래하였다.[3] 이렇게 정화된 언어의 시기에 의학적 이론은, 특히 소위 성적인 쾌락을 가능케 하였다.

    나는 본 논문에서 전개하려는 논의를 당시 전문가들이 가지고 있었던 이러한 담론들을 살펴보는 것으로 국한시키려 한다. 미셸 푸코가 생각했던 바[4]와는 대조적으로, 19세기의 의사들은 부부 관계를 언급하는 것보다 탈선 행위들을 추적하는 데 더 큰 자기 만족을 보여 주었던 것처럼 나타나지는 않는다. 그 의사들은 수를 헤아릴 수 없을 정도로 많은, 그렇지만 자신들의 저작을 읽을 가능성이 있는 부부들의 놀이를 위한 안내서를 제공할 수 있을 만큼 뛰어난 능력을 지니고 있지는 않았다. 보다 단순한 의미에서 우리 시대의 역사가들은 그 의사들이 작성한 아주 개성 없는 지침서들보다는 정신병 전문의들의 우려가 섞인 분석들, 히스테리의 무대, 변태적 증상의 분류 및 정도에서 벗어난 남성의 성기들에 대항하여 언급되는 비난 등에 보다 큰 관심을 기울이는 데 동의한 것으로 보인다.

결국 여기서 중요한 것은 풍속사범에 관련된 문제나 '반육체적인' 관습들에 관한 문제도 아니며, 에로틱한 흥분에 관련된 문제도 아니다. 반면 우리 저자들의 용어를 새롭게 취한다면 부부간의 교접·성교 및 포옹에 할애된 이러한 광범위한 발전들에 관련된 문제이다. 예컨대——이는 하나의 예에 불과하지만——의사였던 몽탈방이 1885년 《젊은 부부들의 작은 성서》[5]에서 정리하려고 노력하였던 것은 부부간의 행위들에 관련된 전반적인 명령의 문제였다. 그 저작은 예의바른 어조로 기술되었다. 성(sexualité)을 언급하는 것은 결국 그 성의 정당함을 증명하는 전략을 필요로 하였다. 여기저기서 탈선 행위에 대해 비난을 던지는 동시에, 올바른 규율을 지닌 교미에 포함되지 않은 상태에서 이루어지는 모든 행위들의 결과에 대해 불길한 예언들을 해야만 하였다. 우리의 의사들은 부부의 침대에 대해 많은 존경심을 나타냈다. 그들이 우리에게 이와 같은 가정 내에 존재하는 '제단'에 관해 언급할 때는 일종의 소심함까지도 드러내고 있다. 이러한 담론에서 부부들이 상호간의 정숙함을 위해 헌신하는 것은 말할 필요도 없다.

의학적인 명령들은 '성적인 위생'을 구실 삼아 표현된다. 거기에서 외설적인 것은 완전히 사라진 듯이 보인다. 그렇지만 그 목적은 때로 상당히 권위적인 것으로 드러난다. 결국 의학적인 권력은 그 자체로서는 그 권력을 인정하려고 하지 않기 때문에 별다른 겉치레 없이 발휘된다. 몇 편의 글을 통하여 이러한 권위주의를 분명하게 묘사하였던 베르제레의 언급에 귀기울여 보자. 불법적인 커플에 대해서는 이러한 간단한 요약문이 있다. 즉 "나는 그 부정한 관계들을 엄격하게 금지한다. (…) 젊은이들은 서로 결혼을 한다. 즉 임신을 하며 치유를 한다." 그 의사는 아주 음탕한 49세의 한 남성에게 교접을 금지하였다. 그런데 우리의 의사가 보고하기를, "그는 아침이 지나갈 무렵에 와서 거의 눈물이 떨어질 듯한 눈으로 내가 8일마다 여성과 관계를 갖는 일을 허용할 의지가 있는지를 질문하였다"는 것이다. 베르제레는 여전히 강직하였다.

'교접' 혹은 '교미'에 할애된 몇 장들을 읽어보면, 우리를 놀라게 할지도 모를 최초로 확인된 사항들을 접하게 된다. 즉 의사들은 그것을 읽으면서 공개적으로 성적인 즐거움을 고양시켰다. 결국 그들은 그 내용을 읽는 것을 쾌락들 중에서 가장 큰 쾌락으로 간주하는 데 동의하였으나, 적어도 그들은 언뜻 보기에는 상당한 호기심에 끌려 오르가슴의 유형들을 상세히 기재하였다. 하지만 그 의사들은 그 유형들이 혐오감을 불러일으키며 불쾌감을 동반한다는 점을 종종 명확히 강조하는 데 신경을 썼다. 이러한 저작들에는 오랜 시간을 들여 미리 계획된 쾌락에 대한 내용은 전혀 없다. 여기서 쾌락이란 단지 '흥분'과 '근육의 경련,' 관능적인 '흔들림,' 그리고 '격렬한 호흡'의 문제일 뿐이다. 우리의 학자들은 시적인 감흥 속에 빠지고 만다. 그들은 경쟁적으로 섬광을 발하는 은유의 예술을 동원하기를 좋아하였다. 그들은 하늘을 방긋이 열리게 하고, 나팔을 울리게 하며, 천둥이 우르르 치게 하였다. 하지만 이러한 과장된 말투에는 나름대로의 정당함을 입증할 수 있는 요소가 존재한다. 즉 사정(射精)의 신비이다. 그래서 쾌락 그 자체는 신, 혹은 적어도 자연에 필적하는 것이라고 주장한다. 쾌락은 종족의 보존을 보장하는 창조적 행위 내에 존재하며, 그래서 의사는 이러한 숭고한 연출을 겸손하게 찬양하는 사람이기를 원한다.

그렇지만 어떤 비참한 운명은 부부를 지나칠 정도로 방탕하게 생활하도록 위협한다. 즉 가장 강렬하게 쾌락을 느끼기 위해서는 각 기관들의 기능들 중에서 가장 위험한 기능을 부수적으로 훈련시키는 일을 필요로 한다. 여기서 몇 마디의 설명이 불가피하게 요구된다. 이러한 의학적 문헌들은 오래 된 히포크라테스·아리스토텔레스 및 갈레노스(131-201; 그리스의 의사로 동물의 해부를 통해 많은 중요한 발견을 하였다. 그의 이론은 17세기까지 큰 영향을 끼쳤다)의 전통에서 인용된 것으로 명백하게든 아니든 경제보다도 성적인 것이 우위에 있다는 점을 인식하고 있다. 여성의 경우 그 이유를 이미 잘 알고 있다. 즉 우리는 얼마나 많은 저작들이 사춘기의 중요성, 최초 관계들의 결정적인 결과들, 위생을 위한 월경의 절대적 필요성 및 나아가 폐경으로 인한 전환기의 심각성 등을 강조하였는지를 알고 있다. 그러나 우리의 저자들은 마찬가지로, 아니면 그 이상으로 남성에 있어서의 성의 중요성을 강조한다. 종종 여성으로부터 영감을 받는 성과학의 역사는 그러한 점을 망각하는 경향이 있다. 그 시기의 의사들은 경우에 따라서 최상의 관능적 쾌락이라 할 수 있는 남성의 근육 경련에 대해 엄격하고 주의 깊은 관리를 요구하였다. 프랑스의 학자들은 빅토리아 시대의 영국 의사들이 상당히 걱정하였던 것과 마찬가지로, 정액을 관리할 절대적 필요성을 요구하면서 그것에 대해 명확하게 규정하였다. 의사였던 레베이예 파리즈가 '액체 상태의 생명' [6]이라고 표현하였으며, 알렉상드르 마예르는 '가장 순수한 피의 결정체' [7]라 말하였던 이러한 정액의 배출은 격렬한 노력을 통해 이루어진다. 우리는 의사였던 가르니에가 관심을 가졌었듯이 30그램의 정액을 배출하는 것은, "1천2백 그램의 피를 손실하는 것에 해당된다" [8]는 점을 측정하지 않았는가? 또한 무엇보다도 먼저 정액을 낭비하지 않는 것, 이를테면 무분별한 배출을 피하는 것을 의무로 규정하였다. 이렇게 힘을 아껴야 할 필요성을 인식하는 일은 생명을 연장시키고 천재를 태어나게 할 수 있는 것으로 인식되었다. 이처럼 승화에 대한 프로이트적 개념은 오래 된 근원을 가지고 있다.

우리는 그 점에서 기준이 되는 맥락을 포착할 수 있을 것 같다. 의학에 관련된 저작들은 정액의 관리라는 문제에 대한 지침서의 기능을 담당한다. 각 페이지마다 정액의 소모에 따른 환상이 발견된다. 열역학은 열이 에너지로 변형된다고 가르친다. 마찬가지 방식으로 창조적인 쾌락은 생명력의 손실을 초래한다는 것이다. 즉 의사였던 스렌은 다음과 같이 서술하였다. "개인은 번번이 생식이라는 행위를 소비한다. 그 행위는 새로운 삶을 일으키기 위하여 그의 삶의 일정한 몫을 부여한다." "상당히 매력적인 하지만 동시에 아주 의심스러운 어떤 힘을 통제하는 것은 과학에서이다. 그런데 그 힘이 지나치게 많은 것은 이 시대의 가장 커다란 악이다."[9] 그 때문에 남성의 절제에 따른 유리한 결과들과——혹은 손해들에——관련된 이러한 끊임없는 토론들이 제기되었다. 그때부터 자위 행위 및 결혼 전의 방탕한 생활을 반대하는 준엄한 비판들이 어지럽게 나타났고, 동시에 '부부의 부정 행위들'에 반대하는 이와 같은 맹렬한 비난들이 반복적으로 이루어졌다.

장 루이 플랑드랭과 존 T. 누낭은 1850년대부터 교회가 '부부의 수음'이라는 명칭을 붙인 이 새로운 재난에 대해 상당한 관심을 기울였다는 점을 잘 보여 주었다. 그 표현은 합법적인 부부 관계 내에서 임신의 위험 없이 쾌락을 즐길 수 있게 만들었던 모든 술책들을 가리킨다. 다양한 형태를 지닌 그러한 죄악의 결과는, 정숙한 사람들에 대해 천벌을 내리고 조국의 인구를 감소시키는 결과로 이어진다는 것이었다. 더욱이 의사들이 보기에 그 죄악은, 특히 남자들을 무력하게 만들고 여자들을 '신경질나게' 할 위험성이 있었다.

이러한 '부정 행위들'에 대해 우리 학자들은 세심하게 그 목록을 작성하였다. 즉 성교 중절과 상호적인 자위, 숙련된 '상스러운 서비스,' 구강 성교, 항문 성교 등이다. 게다가 그와 동시에 베르제레와 몇몇 다른 의사들은 불임의 아내 및 폐경이 된 부인과의 성교를 신랄하게 비난하였다. 즉 그 두 가지 유형의 성교는 피해를 입히는 것이며, 불필요하고 혼란스러우며 극단적인 사랑이기 때문에 어떠한 노력을 기울여도 그러한 방탕한 생활을 저지하지 못하게 된다는 주장이었다. 더욱이 도덕을 위협하는 이러한 부부간의 메살리나증[로마 황제인 클라우디우스의 부인으로 방탕한 성생활을 했다는 설이 전해진다]은 자신들의 파트너의 기력을 소진시킬 정도로 '도를 지나친 교접에 탐닉하게'[10] 만든다는 것이었다. 이와 같은 맹렬한 비난들을 읽는 것은, 보건부의 우호적인 시각하에서 피임약과 피임 기구를 사용하는 오늘날의 여성들로 하여금 19세기의 의사들과 가족 계획을 실행하였던 사람들을 분리시켰던 문화적 간격을 가늠할 수 있게 한다.

이 주제에 관해 또다시 몇몇 설명의 말이 요구된다. 즉 19세기의 의사들은 자연적인 상태에 있는 여성이 남성의 능력을 훨씬 능가하는, 반복적인 쾌락을 즐기는 능력을 부여받았다는 점을 끊임없이 반복하여 언급하였다. 이와 같은 명백한 우월성은 걱정스러운 계산을 하도록 만들었다. 다수의 학자들은 의심할 나위 없이 만족을 모르는 여성의 이미지를 불러일으킬 걱정을 몰아내려는 희망 속에서 남성과 여성 각자가 가지고 있는 잠재력을 측정하려고 시도하였다. 근엄한 피에르 라루스는 자신의 사전에서 단호하게 여성의 능력은 그 분야에서 2.5명의 남성과 맞먹는다는 점을 주목하였다. 남성들이 가지고 있던 걱정은 시대에 따라 증대되었다. 19세기의 마지막 20년 동안에는 남성다움의 쇠퇴를 전혀 측은히 여기지 않게 되었다. 그런데 독일 공포증은 남성다움이 쇠퇴할 것이라는 예측들에 사로잡히게 하였다. 몽탈방의 경우 독일인들은 "한 사람이 우리와〔여기서는 프랑스인을 말한다〕 비교하여 네 사람에 해당된다"고 주장하였다. 그러나 이렇게 주장된 우월성은 골족의 수탉들을 안심시키는 데 충분치 않았던 것 같다.

보다 일반적으로 몽탈방이 행하였던 바와 같이 전반적인 조망을 통해 이루어지는 성에 대한 과학적인 고려는 결국 산술적인 영향을 받는 것으로 나타난다. 그런데 그러한 것은 모든 사회적 집단들에 해당될 정도로 가치가 있다. 유곽의 경영자들은 손님들이 '한층 더 증가하지 않도록' 주의하였다. 반면 사드, 혹은 레스티프가 그들의 주인공들이 경험하였던 오르가슴의 횟수를 독자들에게 가르쳐 주려고 고심하였던 것과 마찬가지의 정도로, 빅토르 위고는 자신의 비망록에서 젊은 시절 그가 초야를 치르면서 달성하였던 훌륭한 기록들을 상세하게 언급하였다.

그때부터 우리는 19세기의 의사들이 모든 관능적인 쾌락을 즐기는 행실들을 완강하게 적대시하면서, 그들의 독자들에게 권유해야만 하는 사정의 횟수에 대해 토론을 벌이고, 부부의 연령에 따라 단계적으로 달라지는 기록들을 산술적으로 구성하고자 노력하였던 점을 발견하는 것은 그리 놀라운 일은 아니다. 일반적으로 전문가들은 몇몇 위대한 인물들이 달성한 믿을 수 없을 정도의 기록들을 상기시킨 이후에 정력이 강한 젊은 남자에게는 매주 2번 내지 3번의 성교를 할 것을 권장하였다. 나이가 50세가 가까운 남편의 경우 3주마다 한 번의 오르가슴을 느끼는 것으로 만족해야만 했다. 그와는 반대로 전문가들의 충고는 성적인 관계를 완전히 중단해야만 하는 나이에 대해서는 약간의 의견 차이를 보였다. 어떤 의사들은 나이가 50세가 된 사람들에게 성관계가 한계에 다다랐다는 조언을 하는 것이 합리적이라 간주하였다. 반면 다른 의사들, 의심할 나위 없이 가르니에 같은 보다 나이가 든 의사들은 50대 사람들의 성생활을 신중하게 허용하였다. 하지만 그 이상의 나이를 먹은 사람에게는 금지하였다.

그렇지만 이와 같은 산술적인 계산은 여성의 경우에는 동일한 방식으로 적용되지 않았다. 왜냐하면 다행스럽게도 의사였던 루이 피오[11]가 쾌락이라는 범주에서 여성이 우월하다는 압박으로부터 우리를 지켜 주려는 목적으로, 그 우월성은 단지 일종의 잠재적 성질에 불과하다는 점을 강조하였기 때문이다. 남성의 욕망과는 반대로 여성의 욕망은 관능적인 자극을 받는 것이 필요하다는 말이다. 1880년에 피오는 '생식의 위기, 혹은 접촉의 필요성'이 남성의 경우에는 3,4일마다 되살아나지만 여성에게는 3주마다 나타난다는 점에 겨우 동의하게 되었다. 우리는 그때부터 '부부의 부정 행위'로 인해 발생하는 엄청난 위험성을 보다 잘 이해하게 되었다. 각각의 정숙한 아내는 잠재적으로 만족을 모르고 쾌락을 추구하는 사람이 되었던 반면, 자신의 아내를 자극하지 않도록 과격하고 위험스러운 애정 표시를 절제하면서 이러한 불행한 변신을 막았던 것은 그 남편이었다.

그러나 더한 주장도 있다. 즉 지나치게 방탕한 남편은 정력을 완전히 소모하고 쇠약해지게 된다는 것이다. 반면 지나친 방탕함은 그의 아내의 피를 탁하게 만들고, 남성의 정액이 진정시키지 못했던 예민한 신경들에 큰 피해를 입힌다. 베르제레는 다음과 같이 서술하고 있다. "반복되는 부정 행위의 영향 때문에 혈액이 많이 모여드는 것은 여성이 무시무시한 출혈을 하는 것과 마찬가지가 될 수 있다." 그의 젊은 여성 환자들 중의 한 사람으로서 지나치게 관능적인 쾌락을 추구하는 행위를 선호하는 그녀의 남편의 희생자였던 한 여성은, 자신의 가장 친한 여자 친구에게 "그는 나를 지나치게 성가시게 한다. 나의 건강은 그것을 버텨내지 못할 것이다"라고 토로하였다.

베르제레는 확실히 극단적인 경우에 해당된다. 모든 의사들은 그처럼 생각지 않았다. 사실상 아주 극소수였지만 몇몇 전문가들은 배란을 발견한 직후 월경 주기의 단계에 대한 인식을 기초로 피임 방법을 추천하기에 이르렀다. 우리의 열정적인 전문가는 그래도 여전히 상당한 관심을 가지고 있는 상태였다. 즉 비록 그 특징을 왜곡하였음에도 불구하고, 그는 그의 동료들 중의 절대 다수가 가지고 있던 사고 방식을 보다 잘 인식하고 기존의 규범들을 보다 잘 이해할 수 있었다.

의사들이 보기에 가임 능력은 어떤 다른 것보다도 가장 중요한 문제였다. 성교의 완전한 성공은 남성의 정력과 행위의 신속함을 전제로 하였다. 만약 술에 취해 오랜 시간에 걸쳐 성교를 한다면, 그는 임신할 능력을 상실한 것이 된다. 관능적인 쾌락을 즐기려는 목적으로 환심을 사려고 한다는 생각을 배제한다는 이유가 새롭게 제시된 것은, 결국 임신이라는 산물의 질을 위태롭게 할 위험성이 있었기 때문이다.

그와 같은 배경에서 우리는 이러한 문헌들에서는 아무도 조루의 문제를 제기하지 않는다는 점을 이해할 수 있게 된다. 또한 아침에 필연적으로 나타나는 힘찬 기운은 아침에 하는 성교가 모든 다른 시간대에 하는 것보다 바람직한 것으로 나타나는 이유를 설명할 수 있게 만든다. 의사였던 스렌은 파라과이의 예수회 선교사들이 그러한 점을 잘 알고 있었기 때문에, 사람들이 일어나는 시간보다 1시간 앞서서 마을의 종을 치게 하였다는 사실을 상기시킨다. 하지만 마찬가지의 이유로 저녁을 먹은 후에는 소화가 다 되기를 기다리는 일이, 오히려 자신의 아내를 훨씬 더 존중하는 태도라 할 수 있다는 것이다. 물론 환자들이나 술에 취한 사람들에게는 단호하게 성교를 만류하였다. 의사 레베이예 파리즈가 자신의 연구를 통하여 밝힌 바에 의하면, 성교는 '정신을 몽롱하게 만들기' 때문에 문학적 활동에 종사하는 사람들은 그들의 작품을 저술하는 동안, 다른 사람들에 비하여 아마도 보다 훌륭하게 성교를 완전히 절제할 수 있다는 것이다.[12]

이러한 일련의 명령들은 19세기에 행해졌던 부부 관계의 형태들을 간략하게 인식할 수 있도록 해준다. 1906년 스위스의 성과학자인 오귀스트 포렐[13]의 한 저작이 교양 있는 계급에 폭넓게 확산되었다. 포렐은 자신과 상담을 하였던 부르주아 계급의 손님을 통해 평균 성교 지속 시간이 3분이라는 결론에 도달하게 되었다. 하지만 우리가 알고 있듯이 몇십 년 후에 킨제이는 상당히 다른 결과를 얻어냈다.

만약 그들이 보기에 훌륭한 정액 관리와 임신의 성공이 확실히 본질적인 목적이 된다면, 여성의 품행은 이미 예측되었던 것처럼 우리의 의사들로 하여금 무관심의 대상으로 소외시키지는 않았을 것이다. 아내의 쾌락이 지나칠 경우 그것이 얼마나 위협적인 것으로 나타나는가를 우리는 잘 알고 있는 바, 그 쾌락은 그들에게 어려운 문제를 제기하였다. 여성의 오르가슴은 몇 가지 모순적인 발전들을 불러일으켰을 뿐만 아니라 논쟁을 야기하였다. 그 영역에서 모든 이론들은 지붕의 기와들처럼 서로 포개지며 서로 끼어 박힌다. 또한 커다란 걱정거리를 야기하는 어떤 문제에 직면하여, 확신을 가지지 못하는 의사들의 종종 비합리적인 태도 속에서의 단절들을 지나치게 정확히 밝히려고 하는 것은 공허한 일이 될 것이다. 그렇지만 다음과 같은 세 개의 단계로, 아주 도식적으로 구분하는 일은 여전히 가능하다.

1) 정자의 발견 이후, 출산이라는 행위를 위해서는 갈레노스가 처음으로 밝힌 여성의 오르가슴이 필요하다는 믿음이 오랫동안 지속되었다. 19세기 말에 몇몇 여성들은 여전히 모든 임신의 위험을 피하기 위한 목적으로 성적 쾌락을 맛보지 않으려고 노력하였다. 수많은 여성들은 관능적인 쾌락을 전혀 경험하지 않았다고 생각되는 상태에서 임신을 했다는 사실을 아는 순

간 경악을 금치 못하는 아내가 될 것이었다. 성교를 통해서 경험되는 근육 경련에 대한 그러한 믿음은 여성의 쾌락에 대한 정당화로 이어질 것이며, 그렇지 않다면 그 쾌락에 대한 찬양으로 이어질 것이다. 그러나 이 경우 정숙함이 작용하기 시작한다. 여성이 소위 과도한 능력들을 가지고 있을 경우, 각종 위험이 나타난다는 강박관념에 사로잡혀 있던 모든 위생학자들은 아내가 전적으로 주도권을 행사하기를 거부하였다. 또한 그들은 자신들이 그 존재조차도 부인하였던 여성의 성적인 욕망을 표명하기를 거부하였다. 남성이 책임져야만 하는 여성의 '무기력함'을 해결하는 사람은 바로 남편이었다. 남성은 결국 세 가지의 임무가 자신에게 맡겨진 것을 알게 되었다. 즉 남성은 성교에 의한 과도한 관능적 쾌락을 자신의 파트너가 경험하지 않도록 고심하면서 정액의 보존과 정력적인 임신을 결합시켜야만 하였다. 그렇지 않으면 남성은 이러한 '여자 색광들'을 광란하게 만드는 위험에 빠질 것이다. 이러한 풍토병적인 힘들은 정상적인 여성 속에 잠재되어 있다. 하지만 여자 색광들과 히스테리 환자들에게서 그 존재는 드러난다.

지배자로서의 남편의 임무는 젊은 아내가 처녀성을 가지고 있을 경우에 보다 용이하게 수행될 것임은 당연하게 인식되었다. 그 아내는 자신을 일깨워 주는 사람에게 더 잘 복종할 것이다. 임신에 관한 이론에 의하면, 여성은 자신과 최초로 성관계를 맺은 파트너로부터 받은 정액의 흔적을 상실하지 않고 보존하고 있다는 것이다. 결국 그 이론은 약혼한 여성의 처녀성에 부합되는 가치를 강조하였다.[14]

2) 7월 왕정하에서 푸셰(1800-1872; 프랑스의 생물학자로 자연 발생에 관한 이론을 실험적으로 밝혔으나, 후에 그의 이론은 파스퇴르로부터 신랄한 비판을 받았다)와 네그리에는 배란의 역학을 발견하였다. 더 이상 여성은 단순하게 자궁을 가진 존재로만 간주되지 않고 창조적인 행위에 참여하게 되었다. 나아가 여성은 자연과 동일시되었다. 이와 같이 여성은 자신이 지니고 있는 가치의 향상에 대해 대가를 치러야만 하였다. 배란의 자동성, 아니 더 정확히 말하자면 자연 발생은 그 이후 관능적인 쾌락에 의한 근육의 경

련을 불필요한 것으로 만들었다. 임신을 하기 위해 쾌락을 즐기는 일은 전혀 불필요한 것이 되었다. 오직 남성의 오르가슴만이 필수적인 것으로 나타났다. 자신의 아내에게 쾌락을 주는 일은 그녀를 정성을 다하여 애지중지하는 것보다 중요하지 않은 일이 되었다. 이와 같은 사고는 미슐레가 그의 젊은, 그렇지만 무기력한 부인 아테나이 미알라레에 대해 취했던 행동에서 발견된다. 의사였던 모로는 불감증 여성은 정산착란 상태에 빠져 있는 어떤 아내보다도 정액을 훨씬 잘 간직하기 때문에 보다 쉽게 임신이 된다고 기술하지 않았던가?

수십 년 동안 남성들은 결국 아주 평온하게 자신들의 파트너의 반응을 망각할 수 있었다. 정액의 관리라는 환상이 그 절정기에 있었던 반면 이른바 빅토리아적인 도덕은 서양에서 승리를 거두었다. 여성에게는 부정적인 시기로, 그 시대에서는 여성에게도 쾌락이 필요하다는 이론은 공식적으로 부인되었다. 그후 수십 년이 지나서야 비로소 절대 다수의 의사들이 새롭게 남편들로 하여금 그들의 파트너에게 쾌락을 주기를 명령하게 되었다. 이를 위해서는 전쟁 이후 새로운 성과학이 비약적으로 발전하기를 기다려야만 할 것이었다.

3) 의학계 내에서 마들렌 펠르티에 및 주변적 존재로 남아 있는 몇몇 의사들을 제외하고는 19세기말부터 쾌락을 즐길 수 있는 여성의 권리를 주장하는 목소리가 높아지기 시작한 것이 사실이다. 테오도르 젤딘[15]은 1878년 출간된 의사였던 다르티그의 저작인 《19세기 여성의 경험적인 사랑 혹은 간통의 원인들에 대하여》가 지니는 중요성을 강조하였다. 그러나 이러한 시도를 잘못 이해하지 않는 것이 중요하다. 그를 대표적인 전문가들 중에서 가장 유명한 인물로 평가받게 하는 그 의학적 문헌은 여성의 성적 해방을 겨냥한 것은 전혀 아니었다. 또한 그 문헌이 자유로운 사랑을 옹호하는 것도 아니었다. 다르티그는 아내의 쾌락을 그녀의 정숙함의 가장 훌륭한 보증물로 간주하였다. 애정의 표시를 인정하도록 부추기는 것은 간통에 대한 걱정 때문이었다. 감미로운 전희, 젊은 아내의 오르가슴 및 의사 몽탈방이 '두

사랑하는 사람들 사이의 일치' 라고 이름 붙였던 것 등은 조화를 이루고 우애 있는 이러한 새로운 커플의 정의와 관련되었다. 진보주의자들은 그 커플의 이미지를 어렴풋하게나마 나타내려고 노력하였으나 그것이 명확히 드러나는 데는 오랜 시간이 요구될 것이었다. 그렇지만 과소 평가하지는 말아야 할 모델인 바, 사실상 그 모델은 욕망의 형식들을 변형시키는 데 이바지하였기 때문이다. 하나의 결정적인 전환점이 시작되었는데, 1885년 몽탈방은 "그 행위는 느리고 은밀하게 이루어져야만 하며, 포옹은 부드럽게 해야만 한다"고 기술함으로써 그의 새로운 태도를 명확하게 표명하였다.

그러나 결국 의학계가 보기에 본질적인 것으로 귀착되었다. 즉 정액의 절약과 여성의 오르가슴 관리는 임신의 성공에 초점을 맞춘 채로 존재하였다. 19세기의 위생학자들은 그들의 책임을 다했으며, 또한 부분적으로 쇄신된 훌륭하고 오래 된 우생학은 결국 좋은 아이들을 낳는 기술이었다. 그들이 이 점에 대하여 정의를 내렸던 규범들은 종종 과거의 규칙들에 부합되었다. 우생학은 단지 새로운 걱정거리를 떠맡았다. 그와 마찬가지로 의사 프로스페르 루카스와 베네딕트 모렐의 저서들에서 나타난 것과 같은 질병의 유전에 의하여, 또한 정신박약에 의하여 고취된 공포심은 19세기말에 사회 다윈주의의 비약적 발전과 함께 확산되는 경향이 있었던 우생학처럼 출산이라는 행위를 극화하는 데 이바지하였다.

좋은 아이를 갖는 것은 몇 가지를 주의해서 관리하는 행위를 포함한다. 즉 의사는 해야 할 일만을 가르쳐 주는 것이다. 이 점에 관해서 우리 전문가들은 초야에 대단한 중요성을 부여하였다. 그들은 특히 19세기말경에 의사였던 코리보가 '완전히 잔인한 표현으로 본능적인 남성' 의 공격을 '야만적인 발정' 16)으로 묘사하였던 것에 집착하였다. 간단히 말해서 '부부간의 강간' 에 대한 걱정이었다. 그러나 초야는 보다 가공할 만한 위협을 내포한다. 즉 그것은 약혼녀가 처녀성을 지키고 있으나 숙련된 기술을 지니고 있다는 점을 예기치 않게 발견하는 것이다. 그것이 공포심이 아닐 때, 순진한 젊은 남성의 영혼 속에서 영원히 혐오감을 표출하는 데 필요한 것이다. 남성의 능력과 여성의 정숙함은 결국 강간과 위태로운 취기라는 이중의 위험으로 미화되어야만 하였다.

우리 모든 의사들이 소위 선전자의 위치로 올라서게 되는 것은 합리적인 태도처럼 보인다. 게다가 몽탈방이 보기에 쾌락의 추구——그 논쟁은 새로운 것이다——는 그 위치를 충분히 정당화시킬 수 있을 것이다. 사실상 '갖가지 접촉점들은 가장 유쾌한 느낌을 마련해 준다.' 만약 여성이 그 정도까지 지나치게 흥분하는 모습을 보인다면, 그 여성은 옆자리에 눕는 편이 바람직할 것이다. 그렇지만 아주 오래 된 리냑의 이론〔일반적으로 리냑-팡코니 증후군이라 언급되며, 신체의 열성적 특징이 유전되는 질병을 말한다〕을 열성적으로 지지하는 사람들은, 마찬가지로 니콜라 베네트[17]가 끊임없이 재판을 거듭하는 그의 저서 속에서 밝힌 견해를 종종 따르고 있다. 학자들은 남편들에게 임신에 도움이 되는 모든 것을 허용하였다. 의사였던 가르니에가 '불법적인 태도들'이라 불렀던 불필요한 훈련 및 불임이 아닌 경우에 낙태를 야기할 위험성이 있는 관능적 쾌락을 가증스러울 정도로 세련되게 만드는 일을 회피해야만 한다. 확실히 이미 브루니·브랑톰·사드 및 레스티프 등과 같은 선구적인 사람들이 있었다. 그러나 그들은 그 점에 관해 한 마디도 언급하지 않았다. 적어도 그들은 서로 포옹을 하고 있는 커플들이 자신들에게 그 주제에 관한 조언을 요구한다고 이해하였다. 이와 관련하여 가르니에는 "남편들은 의사에게 자신의 선택에 관해 문의를 해야만 한다. 그 선택은 단지 취하기에 가장 적합한 위치를 결정할 수 있을 것이다"라고 기술하였다.

수십 년이 흐르면서 임신에 가장 적합한 시간·계절 및 기후들을 다루는 조언들은 의학적인 담론에서 점점 그 중요성을 상실하게 되었다. 그 조언들은 신속하게 고풍스러운 모습을 띠게 되었다. 하지만 성교의 장소를 결정하는 명령들에 관해서도 마찬가지의 모습으로 나타났던 것은 아니었다. 부부의 결합은 '사랑과 모성의 성전'인 침실이 아닌 다른 장소들에서는 전개될 수 없는 일이었다. 몽탈방은 단호하게 "좋은 침대는 육체의 작품을 훌

륭하게 완성할 수 있는 유일한 제단이다"라고 주장하였다. 그 신비는 어두
운 곳에서 이루어져야만 하는 것이 당연하였다. 왜냐하면 젊은 부부는 자
신의 정숙한 반쪽에게 '공기와 빛으로 덮인' 알몸을 보는 것을 요구할 수는
없기 때문이었다. 《작은 성서》의 저자는 이러한 부부의 보금자리 내에 존재
하는 모든 냉담함을 엄격히 배척하였다. 좋은 아이를 갖기 위해서는 그 행
위의 위대함을 마음속 깊이 새겨야만 하였다. 그래서 코리보는 "침묵과 명
상은 당신들의 은밀한 감정을 토로하게 만드는 중요한 역할을 한다"고 강
조하였다.

우리는 젊은 부부들 중에 그들의 운명을 친절하게 결정짓는 이 박학한 성
서로부터 어느 정도나 긴밀하게 영감을 받았다고 느꼈는지에 대해서는 전혀
알 수가 없다. 그래도 이러한 규범적인 담론이 우리로 하여금 끊임없이 빠
른 속도로 우리가 발전시켜 왔던 것과는 거리가 먼, 성에 관한 여러 가지 이
미지들의 체계를 더 잘 이해할 수 있도록 만드는 것은 사실이다.

10

오스만에 의한 도시 정비 이전의
파리에서 나타난 산업의 폐해와
관련된 여론과 정책 [1]

구제도 말기의 증대되는 불안과 극도의 경악

여기서는 단순하게 기존에 이루어졌던 논의를 새롭게 언급하는 것으로 만족하려 한다. 그만큼 도시사(都市史) 전문가들은 그 현상에 대해 여러 차례 서술하였다. 브루노 포르티에는 일종의 연대기를 서술함으로써 많은 걱정거리들을 반복적으로 보여 주었다.[2] 파리의 토양(1740-55) · 감옥(1755-75) · 병원(1765-85) 등이 연속적으로 생태학적인 불안을 야기하였으며, 그 이후에는 각종 산업 시설들(1770~)이 여론과 당국의 주의를 집중시키기 시작하였다. 다니엘 로슈는 여러 지방에서 압착 공기와 관련된 화학의 발전이 뚜렷이 나타났을 무렵, 견식 있는 엘리트 계층 내에서 토목 공사에 대한 불안감이 상승하고 있었음을 강조(1760[3]~)하였다. 그와 같이 파리에서는 구제도 말기에 정부에 의해 상당히 고무된 왕립과학아카데미 및 왕립의학협회 등이 전개하였던 집중적인 활동이 보여 주듯이 학자들의 영향력이 확대된 것으로 나타났다.

그러한 저작들을 읽어보면 하나의 결론이 불가피하게 나타난다. 즉 생태학적 환영의 발전, 공동 묘지에 반대하고 나아가 부패한 환경을 유발하는 민중들의 밀집된 생활 상태를 반대하는 비방 등은 각종 수단들의 마련을 통해 그같은 환경에 대한 고민 · 경계 및 개입을 위한 모델을 설정하였다. 지나칠 정도로 일찍부터 근본적인 근대성을 전제로 발전하고 있던 위험성을 내포하고 있는 산업의 폐해와 관련된 토론은 확실히 다양한 관점들을 통해 하나의 귀결점에 도달하게 만든다.

당시 사람들을 불안하게 하였던 업종은 동물들의 부패를 이용하여 만드는 제품, 혹은 식물들을 발효시켜 가공하는 작업이었다. 간단히 말해서 종종 정육점이나 도살장에 이웃하여 함께 이루어지는 동물성 지방을 녹이는 업종, 동물의 내장 처리장, 피혁 공장, 전분 제조소, 직물의 축융 작업장, (아마포 및 대마 섬유를) 물에 담그는 작업장 등은 갖가지 고발들이 쏟아져 나오게 만들었다. 여기에 배설물이 가까운 곳에 있다는 예민한 감성이 첨가된다. 이는 파리에서 분뇨를 저장하여 처리하는 곳, 건조 인분을 가공한 가루 비료 더미 및 폐마(廢馬) 도살장들로부터 발생되는 악취들이 혼합되어 이루어지는 몽포콩식의 복합적인 공포심이 만들어지면서 야기된 소란스러운 불만들의 배경이 된다. 특히 프랭글과 맥 브라이드의 저작들이 출간된 이래, 부패에서 비롯되는 질병들과 그 질병들을 퍼뜨리는 역한 냄새들을 들이마신다는 것으로부터 비롯되는 공포심은, 당시 사람들로 하여금 위협적인 부패에 대해 항상 경계하면서 이러한 후각적인 것에 대해 지속적으로 유의하게 만들었다.

파리에서 잘못 시행되었기 때문에 끊임없이 반복되었던 다양한 법령들은 학자들의 혹평과 이웃 주민의 분노를 불러일으키면서 그러한 시설들을 변두리 구역으로 몰아내는 경향이 있었다. 대도시들에서 대마 섬유를 물에 담그는 직종이 **시내에서** 행해진다는 것은 더 이상 용인될 수 없는 일이었다.

국가적 중요성을 지니는 폐해와 관련된 '법령' 의 작성

지난 20년 이래 우리는 프랑스학사원의 화학분과 명의로 1809년에 작성된 보고서를 통하여, 당시 발전되고 있던 공장들이 심각할 정도로 여론을 들썩거리게 만들었다는 점을 발견할 수 있다. 그 여론으로 인하여 산업을 도시 한가운데에 오랫동안 '무관심하게 위치시키는 것'을 용인하는 일은 가능할 수 없었을 것이다. 그런데 그 보고서의 작성자가 강조하는 바는 도시의 변두리 구역이 "도시 내부와 마찬가지로 많은 수의, 또한 거의 마찬가지로 개별적인 가족들이 비좁게 거주한" 이래 그 문제는 동일한 용어들을 통해서는 더 이상 제기되지 않았다는 점이다. 산업에 의해 나타나는 폐해를 통해 야기된 입법적이고 행정적인 계획은, 미셸 푸코가 밝혔던 것처럼 통제와 감시라는 보다 폭넓은 목적을 가지고 있었다는 사실을 덧붙여야만 한다.

혁명력 13년 상월〔霜月; 프랑스 공화력의 제3월로 11월 21일부터 12월 20일까지의 기간〕 26일에 출간된 프랑스학사원 물리학과 수학분과의 보고서, 1810년 10월 15일의 법령에 첨부된 내무성 보고서 및 같은 해에 센 강의 공중위생 및 보건국에 접수된 각종 고발장들을 통해 당시 어떤 종류의 폐해들이 나타났는가를 인식할 수 있다. 이미 위에서 인용하였던 작업장들은 사람들을 지속적으로 경악하게 만들었다. 그렇지만 여러 등급의 걱정거리들을 야기하는 다른 종류의 부패하기 쉬운 시설들은 그때부터 특별히 선정된 장소에 세워지게 되었다. 즉 감청색 물감 제조소, 아교 제조소 및 이미 언급하였던 건조 인분을 가공한 가루 비료 제조소 등은 프랑스의 모든 대도시들에 확산되었다. 학자들은 부패하는 과정에서 발생하는 역한 냄새의 유해성보다도 산성의 수증기가 지니는 유해성을 훨씬 덜 맹렬하게 폭로하였다. 그럼에도 불구하고 여론은 황산염 · 초산연 · 암모니아염 제조소 및 특히 제1제정 초기에 크게 증가하였던 소듐 제조소들을 거의 용인하지 않았던 것 같다. 금속 도금 및 납 · 구리 · 수은이 들어가는 모든 공정들은, 그 제조소들의 이웃에 거주하는 사람들이 질색하였던 산업 활동 목록의 마지막 부분을 장식한다.

당국에 의하면 이러한 고발들은 공권력의 작용을 이끌어 낸다. 하나의 법률이 작성되었다. 1790년과 1791년(11월 13일)에 산업 기술과 보건에 관련된 두 가지의 법률이 공포되었다. 하지만 그 효과는 아주 제한적으로 나타났다. 산업에 의해 비롯된 손실은 그 법률에서 평가되지도 않았으며, 정확하게 규정되지도 않았다. 법정은 무력한 채 남아 있었으며, 법률은 모호하고 부당하였다. 이러한 법률적인 수단들은 아를레트 파르주에 의해 상기된 것처럼 효과가 없는 전통을 영구히 존속시켰다.

혁명력 7년 11월 18일(1802년 7월 7일)에 센 강에도 보건국이 창설된 것은, 이같은 문제들을 협의하고 통제하는 상설 기구를 통한 행정이 시행되었다고 하는 의미를 지닌다. 그 기구의 창설은 새로운 열망을 가능케 하였지만 보다 정확한 법률의 정의를 필요로 하는 것이었다. 내무성의 청원을 받은 프랑스학사원의 물리학 및 수학분과는 혁명력 13년 상월 26일에 비위생적이고 위험한 산업 시설을 분류할 것을 제안하였다. 이 문헌은 그후 3년 동안 행정 활동의 지침이 되었다. 1806년 2월 12일 뒤부아 경찰국장의 명령은 작업장을 건설하려는 산업체들에게 작업장을 개설하기 전에 미리 신고할 것을 요구하였다. 더욱이 그러한 신고를 할 경우 작업장의 도면 혹은 설계 중에서 있는 것을 제출해야만 하였다. 경찰서장을 수반한 '기술자들'은 작업장 방문을 실시하였으며, **안전한** 작업 시설 및 특별한 규제가 필요한 **위험한** 작업 시설에 대한 조사보고서를 작성하였다.

1809년 소듐의 제조로 인해 야기된 격렬한 고발들은 내무성으로 하여금 학사원을 새롭게 자극하게 만들었다. 그때부터 혁명력 13년 상월의 보고서는 지나치게 모호한 것으로 나타났다. 새로운 검사 책임을 지게 된 화학분과는 경찰청장에게 파리의 산업 시설들에 대한 철저한 조사를 진행할 것을 요구하였다. 이 자료에 대한 분석은 화학분과로 하여금 차후의 모든 수단들의 기준이 되는 1810년 10월 15일의 칙령에 의해 승인될 보상을 제안하기에 이르렀다. 1815년에 발표된 왕의 칙령은 1810년 칙령의 대략적인 내용을 다시 제출하는 것에 불과하였다.

이러한 모든 텍스트들의 기초에는 하나의 동일한 사상이 자리잡고 있다. 그것을 간추려서 분석해야만 한다. 법규의 제정은 산업주의의 영감으로 비롯된 것이다. 상당히 신기하게도 내무성과 학사원 학자들이 단지 여론의 요구에 응답한다고 생각하였음에도 불구하고, 그들은 비약적인 산업의 발전을 용이케 하려는 자신들의 의지를 명확하게 표명하였다. 이웃 주민들의 질투와 악의로부터 사업주를 보호하고, 그의 평온함을 보장하며, 또한 이를 통해 그의 사업이 확장되는 것을 가능케 만드는 것은 그 학자들의 주요한 걱정거리로 뚜렷이 나타났다. 혁명력 13년 상월의 보고서에는 '각종 기술들의 번창을 보장하기' 위하여 '그 한계를 세워야만 한다'고 하였다. 또한 "이러한 불확실한 상태와 제조업자와 그 이웃 주민들 사이의 이러한 지속적인 투쟁은, 공장 주인의 노력들을 무력하게 하고 편협하게 만들 뿐만 아니라 조금씩 그의 용기와 능력을 소멸시킨다"고 하였다.

학사원의 학자들은 나름대로의 적절한 승인을 통해 강압적으로 불평의 대상이 되고 있는 산업을 새로운 환경에 적응시켜 도시 한복판에 위치시키려고 하였다. 왜냐하면 이미 여론으로 하여금 "제철공과 주물제조업자·통제조업자·제철주조공·방적공 등과 같이 이웃 주민에게 다소 불쾌감을 주는 직업"을 참아내도록 강제할 수 있었기 때문이었다. 즉각적으로 나타나는 그 인내심은 화학의 비약적 발전과 '불을 다루는 직종'에서의 진보로 말미암아 각종 재해들을 상당히 신속하게 제거할 수 있다는 확신에 의해 강화되었다. 이미 우리는 1809년의 보고서에서 몇몇 소듐과 감청색 물감 제조업자들이 어떤 특별한 규제를 전혀 받지 않고 공장을 가동하였다는 사실을 파악할 수 있었다.

지금으로서는 '무관한 위치 결정'의 한계를 정해야만 한다. 동일하지는 않지만 나름대로의 중요성을 지닌 세 가지의 원칙들은 이 점과 관련된 새로운 법규를 제정할 필요성을 제기하였다.

—— 첫번째로 공적인 확실성에 대한 고답적인 참조가 나타났다. 그것은 당연하다. 하지만 거의 암암리에 나타났다. 위험한 시설을 정의하는 요인

은 화재와 폭발 위험성이었다.

―― 두번째의 원칙이 상기되었는데, 즉 그것은 비위생성이었다. 그 용어에 대한 정의는, 그때부터 종말을 맞이하고 있는 구제도의 의학적 문헌에 조금이라도 친숙한 모든 독자들에게는 아주 제한적인 것으로 나타났다. 우리는 위에서 언급된 문헌들 속에서는 루이 세바스티앙 메르시에가 집착하였던 도시의 질식할 것 같은 대기와 질병의 감염이라는 위협적인 요소들에 참고될 만한 것을 발견할 수 없다. 18세기말에 이르면 화학자들의 불안한 어조는 사라졌다. 이번에는 낙관론이 담론을 지배하였다. 단지 금속의 파손, 혹은 식물의 부패에 의해 증명된 유독성의 역한 냄새의 존재만이 비위생적이라는 형용사를 정당화시켰다. 물론 '엄청난 양의 동물적 혹은 식물적 재료들이 집적되고 부패되는' 작업장들은 '건강에 해로운 이웃이 된다.'[4] 그러나 본질적인 것은 확실히 비위생성이라는 개념을 희생시킴으로써 불편함이라는 개념이 분명하게 확장되는 것이다. 학자들은 기껏해야 파리의 중심에서 발전될 마구간들과 '외양간들'에서 나오는 냄새 정도를 타인에게 불쾌감을 주는 요인으로 간주하였다. 그들은 절대 다수의 화학적 수증기는 '열기라는 수단에 의해 발전되며,' 그 수증기를 응결시키는 것이 가능하다는 사실을 구실삼아 비위생적이라는 형용사를 필요로 하는 것으로 판단하지는 않았다. 우리가 상월(霜月)의 보고서에서 읽었듯이 "산(酸)과 염화암모니아, 감청색 물감, 초산연·백연 등을 제조하는 업체와 도살장, 전분 공장, 피혁 공장, 맥주 양조장 (또한 마찬가지로 황산 제조업) 등은 만약 그 공장들이 효율적으로 운용될 경우 건강에 해로운 이웃은 전혀 아니라는 점"을 밝혀야만 하는 일이 그 학자들의 임무였다.

불쾌함이라는 개념 그 자체는 아주 제한적인 것으로 나타났다. 그 개념은 단지 후각적인 정의로 국한되었다. 1810년 10월 15일 칙령의 제1항은 그러한 점을 명백하게 증명한다. 즉 "본 칙령이 공포되는 시점부터 비위생적인, 혹은 불쾌한 냄새를 퍼뜨리는 공장들은 행정 당국의 허가 없이 세워질 수 없다"는 것이다. 소음에 관한 몇몇 기준들은 단지 여론으로 하여금 관용을 베풀기를 호소하는 것으로 나타날 뿐이었다. 당시로서 연기 그 자체는 전혀 주의를 끌지 못하였다. 여전히 먼지는 걱정거리에 속하지 않았다. 하물며 위에서 인용한 텍스트들에서는 구경거리에 대해 어떠한 암시도 나타나지 않는다. 시선에 충격을 주거나, 혹은 광도(光度)를 완화시킬 위험성이 있는 요인을 간과하였던 것이다.

산업가는 결국 소유주만이 산업의 무정부주의적 확장을 효과적으로 저지할 수 있다는 점을 거의 완전히 확고하게 느낄 수 있었을 것이다. 결정적인 손해 여부를 측정하기 위해 이루어지는 검사는 공장 건물 부근에 있는 소유지의 매매, 혹은 임대 가격이 하락하였다는 점을 확인하는 일이었다. 논쟁은 끊임없이 되풀이되었다. 1814년 2월 9일[5] 산업성은 명철하게 1810년의 위생에 관한 칙령에서 공장과 소유주 사이의 간단한 중재 수단을 발견하였다. 여기에서 노동자의 건강은 간신히 고려되었을 뿐이며, 이웃의 건강은 여전히 부차적인 관심사로 남아 있었다.

혁명력 13년 상월에 제안되었고, 1810년 10월에 확정된 분류는 이러한 원칙들을 적용함으로써 이루어졌다. 모든 주거지로부터 멀리 떨어져 자리를 잡는 것이 중요한 비위생적이고 위험한 산업 시설들이 제1등급을 형성하였다. 그러한 산업 시설들에 요구되는 거리는 명확하게 규정될 수 없었는데, 왜냐하면 그 거리는 지형학이나 주요한 풍향에 따라 달라지기 때문이었다. 결국 그것은 제조업체들을 감독하는 부서의 판단에 일임될 것이었다. 제2등급은 도시 내에서는 용인되어야 하지만, 동시에 감독을 해야만 하는 불쾌감을 주는 산업 시설들을 포함하였다. 왜냐하면 그러한 시설들의 유지는 산업가 편에서 끊임없이 예방하는 활동을 필요로 하였기 때문이다. 아무런 문제를 발생시키지 않는 다른 공장들과 작업장들이 제3등급에 해당되었다.

1810년의 칙령은 1806년부터 1809년 사이에 파리에서 적용된 모델로부터 착상을 얻는 과정을 통해 만들어졌다. 하나의 산업 시설을 개설하기 위해서는 사전에 신고를 해야만 되게 하였다. 이러한 신고는 전문가들의 방문을 유발시켰으며, 반경 5킬로미터 내에서 산업 시설을 개설할 경우 **알맞은**

가 그렇지 않은가에 대한 조사를 받아야만 하였다. 나중에 그 조사 기간은 1개월로 고정되었다. 비위생적인, 혹은 위험한 산업 시설을 개설하는 허가는 도지사의 의견을 토대로 참사원에 의해 부여되었다. 타인에게 불쾌감을 주는 산업 시설을 창설하는 허가는 그 이후부터 도지사에게 귀속되었다. 도지사는 군수의 의견을 참고로 하여 결정하였다. 산업 시설에 부여된 모든 변화는 새로운 허가의 대상이 될 것이었다.

하지만 그 칙령은 소급 적용을 하지 않았기 때문에 효과는 감소하였다. 그렇지만 참사원은 이미 세워진 제1등급의 산업 시설을 없애 버릴 가능성을 보류하였다. 참사원은 이러한 권리를 1821년과 1826년에 루앙과 르 망에 있는 두 곳의 지방 용해 공장을 폐쇄하기 위해 단지 두 번 사용하였을 뿐이다. 허가를 받은 어떤 산업 시설 부근에 세워지게 될 새로운 산업 시설의 소유자들은, 혹시 발행할 수도 있을 위해함을 원망할 수는 없었을 것이다.

그후에 나타나는 일련의 경험은 1810년에 만들어진 분류를 명확하게 하고, 나아가 수정하는 데까지 이르게 되었다. 1815년 1월 14일의 법령은 여기에서 분석하기에는 지나칠 정도로 긴 일련의 텍스트들 중에서 가장 장문의 것이다. 그러한 텍스트들은 근본적으로 1810년 칙령의 정신이나 본래의 과정들을 다시 문제삼지 않았다. 최초로 이루어진 중요한 수정은 1852년 4월 6일이 되어서야 비로소 이루어졌다. 이때를 시작으로 제1등급에 속하는 산업 시설들을 개설하는 허가를 부여하는 권한은 도지사에게 귀속되었으며, 참사원은 더 이상 그 권한이 없었다.

제정하에서 규정된 정책의 적용과 1836-1839년경까지의 여론의 반응

보건위생국의 확산(낭트 1817년, 보르도 · 리용 1822년, 마르세유 1828년, 릴 1828년, 루앙 1831년)은 1810년의 결정 사항들을 적용하는 것을 용이하

게 만들었다. 일상 생활에서 일련의 감독 절차를 시작하게 만드는 계기가 되었던 것은 이웃 주민들의 불평들이었다. 여론은 산업가들이 좋은 태도를 유지하는 근거가 되었다.

보건위생국의 심의 내용들을 읽어보면, 또한 그곳에서 나오는 보고서들과 그곳에 제출되는 신랄한 비판들을 읽어보면,[6] 가장 생생하고 가장 잘 이해되는 불평들이 여전히 부패한 동물들과 발효된 식물들을 이용하여 생산품을 만드는 산업들과 관련이 있음이 나타난다. 불평을 하는 고풍스러운 말투는 명백하다. 파리에서 몽포콩의 역겨운 고통이 그 어느 때보다도 더 강렬하게 나타났던 반면, '통풍이 잘 되는 지방 용해 공장들'과 '전통적인 방식으로' 감청색 물감을 제조하는 업체, 오르세인 염료와 전분을 제조하는 공장들, 대마 섬유 등을 물에 담그는 작업장 등은 여전히 위생 감독관의 표적이 되었다. 의사였던 르카드르는 1849년 이러한 분야의 모든 산업 시설들은 르 아브르 시로부터 추방되었다고 주장하였다. 1810년 칙령의 자의(字意)를 훨씬 벗어나는 준엄한 법규들은 정육점 주인, 내장을 파는 상인 및 도살장에서 일하는 사람들에게 영향을 미쳤다. 부패의 무해함을 증명하기 위해 파랭 뒤샤틀레가 시행한 시도는 여전히 개별적인 것으로 존재한다. 그 후 그 시도는 그의 동료들에 의해 가장 신랄한 비판을 받게 되었다.

더욱이 관용은 행정당국의 행동을 지배하였다. 때로 명백하게 위해함이 나타남에도 불구하고 일반적으로 관용이 베풀어졌다. 성 아우구스티누스적인 배경 속에서 수증기는, 비록 그것이 불쾌감을 주고 있음에도 불구하고 공창처럼 용인되어져야만 하였다. 베르누아는 다음과 같이 기술하였다. "보건국은 산업에 이익이 되도록 관용을 베풀어야만 한다……. 어떤 곳에서는 모자 제조업자, 대장장이, 피혁 공장, 석회로 만든 가마가 있는 작업장들을 확실히 용인해야만 한다. 항상 많은 사람들이 가동을 금지시킬 것을 요구하고 있음에도 불구하고, 대도시들의 가장 인구가 많은 구역들 내에 존재하고 있는 2만여 개의 증기기관은 여전히 가동되고 있다. 결국 증기기관들을 추방해야만 하는가?"

    보건국에 근무하였던 전문가들에 의하면, 절대 다수의 경우에 화학적 수증기는 아주 가까운 곳에서 그것을 들이마시는 노동자들에게만 위험할 뿐이었다. 하지만 그 점은 그러한 산업 시설들을 폐쇄해야만 한다는 생각을 불러일으키는 데 충분할 수 없을 것이다. 한 번 더 비위생적이라는 개념은 여기서는 단지 이웃에게만 적용될 뿐이었다. 불쾌함이라는 개념의 경우 그 개념은 더 이상 노동자와는 아무런 관련이 없었다. 왜냐하면 습관은 위해함과 불쾌함을 더 이상 지각하지 못하도록 하기 때문이었다. "그렇게 해서, 예를 들어 1809년 위원회의 화학자들이 주목하였던 것처럼 황산 · 질산 및 단순염산과 산화염산 제조업체들을 언급하게 될 경우, 우리는 이러한 산들의 냄새에 갑자기 쓰러지게 된다. 반면 노동자들은 선견지명이 없기 때문에 그들이 동시에 그 냄새들을 들이마시게 될 경우 그로 인해 쓰러진다는 사실을 겨우 깨달으며, 또한 그것으로 인해 불쾌감을 느끼게 된다." "우리는 1846년에 몽팔콩과 폴리니에르가 한술 더 떠서 강조하였듯이,[7] 노동자들이 작업장 내에서 매우 자주 새로운 환경에 익숙해진다는 점을 주목해야만 한다. 아주 소수의 노동자들이 불평을 하고, 또한 아주 소수의 노동자들이 자신들이 생활하지 않을 수 없는 작업장 환경의 비위생성을 인식하는 것으로 나타난다." 노동자의 건강에 영향을 줄 수 있는 산업의 단점들을 측정하는 것은 통계학자이다. 무감각한 노동자는 그 단점들을 평가할 수 없을 것이다.

    그때부터 보건국의 임무는 여론을 안심시키는 동시에 해로움을 줄일 수 있는 기술적인 방법들을 전파하는 일이 되었다. 그 임무는 공중위생을 지키려는 목적으로 지나치게 엄격한 통제를 행사하는 것은 아니었다. 그렇게 해서 아르세와 파랭 뒤샤틀레는 그들이 파리의 조직체 내에서 행사하려고 하였던 역할을 규정하였다.

산업체 근처에서 평온한 생활을 보장하는 것, 다시 말해 그러한 생활을 허용하는 점은 확실히 절대 다수의 조사들에서 결론적으로 보여 주려고 하였던 것이다. 이 점에 관해서 파랭 뒤샤틀레의 낙관론은 다시 한 번 특별한 의미를 지닌 모범이 된다. 당연히 베르나르 레퀴에[8]가 주목하였던 것처럼, 위생학자들의 주장은 왕정복고 기간 및 7월 왕정의 초기 기간들만큼 다시 제기되는 일은 확실히 없었다. 그때부터 발전되기 시작한 효과적인 예비 교육을 통하여 보건국의 전문가들은 산업체의 이웃들을 성공적으로 설득할 수 있게 되었다. 이와 관련하여 그 과정은 거의 항상 동일한 모습으로 나타났다. 체념하는 태도와 새롭게 이루어지는 가까운 장소에 대한 무언의 동의는 갖가지 개혁들에 의해 초래된 본래의 불평들의 뒤를 이어 나타났다. 18세기말에 이미 배격된 석탄은 새로운 환경에 익숙하게 되었으며, 또한 석탄을 이용한 증기기관은 용납되어야만 하였다. '각종 산들의 증류,' 나아가 조명용 가스의 생산과 연소에 관해서도 마찬가지가 될 것이었다.

화학 산업의 혜택에 대한 영원한 찬미의 노래는 마치 대위법같이 관용에 대한 호소를 동반하였다. 성공들이 주장되었다. 과학은 다듬어진 것들을 뒤죽박죽으로 만들었다. 파랭 뒤샤틀레는 솔로몬의 재판과 마찬가지로 즉각적으로 재처리할 수 있는 산업의 제1차 원료로 죽은 육체를 변형시켰던 파앵의 방법론에 매혹된 태도를 보여 주었다. "오늘날 우리는 가장 잘 관리된 방에서 이루어지는, 악취를 풍기는 제조업을 통해 그렇게 많은 고소들의 원인이 되었던 산물인 전분을 만들 수 있을 것이다."[9] 각종 염화물에 의한 소독은 도로의 하수구, 건조 인분을 가공한 가루 비료와 동물의 내장 처리를 위한 준비 작업 등을 혁신시켰다. 밀폐된 상태에서 제조하는 기술의 확장은 해로운 점이 없다고 여겨졌는데, 왜냐하면 그 주요한 위험성은 외부로 발산되는 것들 속에 있다고 판단되었기 때문이다. "석회로 만든 가마는 만약 그것으로부터 나오는 생산품이 밀폐된 상태에서 제조될 경우 더 이상 불쾌감을 주는 이웃이 아니게 되었다."[10] 산업의 각종 해로움은 악덕을 실행하는 것처럼 그 해로움들이 감추어져 있을 경우 용인될 수 있었다. 그와 같이 새로운 과정을 통해 지방 용해 공장과 감청색 물감의 제조업체로부터 발생되는 악취들은 완화되었다. 몇몇 연소 기술들, 특히 아르세에 의해 완성된 기술들은 연기로 인해 발생하는 피해를 격감시켰다.

그렇지만 걱정되는 일이 한 가지 있었다. 즉 파랭 뒤샤틀레는 물론 훗날 몽팔콩과 폴리니에르가 고려하였던 산업의 위해함을 제거하려는 목적을 지닌 모든 과정은, 단지 그것이 경제적일 경우에만 일반적으로 통용되었다. 즉 "만약 그 과정을 적용하기 위해 많은 지출을 하면서도 그것으로부터 이익을 얻을 수 있으며, 나아가 산업을 확장시킬 가능성을 보장할 수만 있다면, 그것은 더 이상 호기심의 대상만은 아니다. (…) 과학을 각종 산업 기술들에 적용시키는 일은, 단지 그 기술들이 통상적인 것이 될 수 있는 범위 내에서만 참으로 좋은 것이다."[11]
1838년 파리에서 명백하게 나타난 고발들에 대한 계량적인 분석은,[12] 오래 된 걱정거리들 및 경찰청과 보건국에 의해 수행된 시도가 성공하였음을 강조하는 것이다. 그렇지만 그 이듬해부터 상황은 바뀌는 경향이 있었다.

새로운 감수성의 개요와 오스만에 의한 도시 정비 이전에 나타난 파리의 문제점들

루이 슈발리에는 7월 왕정하에서 도시 환경을 개선하기 위해 외부의 모습을 가꿀 필요성이 당연하게 증대되고 있다는 점을 강조하였다.[13] 그와 같이 총체적이고 민중적인 새로운 감수성이 뚜렷이 드러났다. 환기와 관련된 분야에서 이미 라부아지에의 오래 된 발견들은, 탁한 공기에 대한 정확한 분석 및 개인적이고 집단적인 기준들에 대한 정의를 가능케 하였다. 호흡에 관련된 현상들은——또한 폐결핵은——정신 상태에 작용하는 프레그넌시 (prégnance)의 법칙〔지각이나 기억에 대한 강한 호소력〕을 강화시켰다. 그런데 그러한 것은 석탄의 사용이 갑작스럽게 증가하였고, 윌킨슨에서 제철소가 증가하였으며, 가스 조명을 채택한 것과 시기를 같이한다. 1839년부터 파리에서는 석탄 사용과 증기기관의 가동을 반대하고, 타르와 고무(1836) 제조소의 개설을 반대하는 고소들의 숫자가 증가하였다. 연기 역시 관심의 대상이 되었는데, 이번 경우에 그 냄새 때문이 아니라 거무스름하고 불투명한 연기가 폐에 악영향을 끼치며, 건물의 외관을 더럽게 만들고, 대기를 뿌옇게 하며, 동시에 그에 따라 광도에 대한 걱정이 증대되었기 때문이다.

그 이후 낙관론의 영향력이 약화되었지만, 그렇다고 해서 행정당국과 전문가들이 무방비 상태로 남아 있었던 것은 아니었다. 오래 전부터 전문가들과 감독관들은 높은 벽돌 굴뚝과 부차적으로는 그 굴뚝을 둘러친 벽이 귀찮은 연기와 수증기의 위해함을 막는 데 충분하다고 판단하였다. 더욱이 실험을 실시한 결과 그 굴뚝과 벽은 연기를 흡수하는 풍로의 효과가 있다는 점을 증명하였다. 이러한 도구들은 석탄의 연소에 의해, 혹은 담뱃잎을 찌거나 설탕을 정제할 때 생기는 연기를 줄이는 데 도움이 되었다. 그러나 1854년에 이르러서야 비로소 행정당국은 연기로 인한 각종 피해들을 상당히 엄격하게 저지하려는 노력을 기울이게 되었다. 보건국의 요청에 의해 베르누아가 작성한 보고서에 따르면, 1854년 11월 11일의 법령은 관련된 모든 산업체들에 연기를 없애는 도구들을 의무적으로 설치할 것을 규정하였다. 그렇게 하지 않으면, 파리에 있는 건물들 외관의 쇄신을 규정하는 새로운 법규의 제정은 자칫 예산을 낭비하게 되는 결과를 초래할 위험성이 있었기 때문이다.

5년이 지난 후(1859) 그 결과의 총괄적 검토는 믿을 수 없는 것으로 나타났다. 1854년의 법령 이후 연기의 용량은 확실히 감소하였으나, 이는 벨기에에서 수입한 지방분이 없는, 혹은 반지방성의 석탄 사용이 증가하였다는 점에서 기인한 것이었다. 연기를 없애는 도구들은 채택되지 않았다. 그 도구들을 설치하느라 많은 비용을 부담하였던 몇몇 산업체들조차도 중도에 포기해야만 하였다. 그와 같은 혁신은 불을 다루는 책임이 있는 노동자의 입장에서는 지나칠 정도의 세심한 주의를 필요로 하였다. 단지 몇 가지의 모델들만이 제 기능을 다하였다. 그렇게 해서 제국 담배 공장, 오스텔리츠 역 플랫폼의 소방 펌프, 제국 인쇄소, 동부 철도 회사의 작업장들, 식물원, 《라 파트리》신문, 라 비예트에 있는 아를로 비누 제조 공장 등은 자체적으로 연기를 없애는 도구들을 보유하게 되었다.

이와는 반대로 보건감독관은 여전히 소리의 위해함에 대해 고려하려고 하지 않았다. 각종 법규들이 입법되었음에도 불구하고, 이 점에 관해서는 여전히 침묵을 지키고 있었다. 수공업 장인들은 소음을 내는 전통적인 업종에 종사하였는데, '파리의 함성'의 강도는 여기서 정당화를 위한 구실로 사용되었다. 그렇지만 두 가지의 예외가 존재하였다. 즉 금박 제조공들과 '규모가 큰 물건을 만드는 대장간'의 주인들이었는데, 그들은 이 점에 관해서 몇몇 명령들에 복종하였다. 먼지에 대한 걱정에 관해서는 거의 문제되지 않았다. 그렇지만 먼지는 양탄자를 두들기는 것에 관한, 파랭 뒤샤틀레의 보고서에 의해 야기된 논쟁을 부추겼다. 사실상 토론의 주체들은 이러한 산업이 무해하다는 결론을 내리고 있었다.

1846년 몽팔콩과 폴리니에르는 비위생적이고 위험한, 혹은 불쾌감을 주는 2백13개 범주의 산업 시설들에서 발생된 '손실들'을 세심한 주의를 기울이면서 정확하게 열거하였다. 이러한 손실들에 대한 계량적인 분석은 명백하게 후각적인 위해함을 가장 중요한 것으로 지목하였으며(위에서 언급하였던 범주의 산업 시설들 중 69.4퍼센트) 다음으로는 화재와 폭발에 대한 두려움의 존속이었다(32.8퍼센트 및 4.2퍼센트). 그 분석은 소음(2.7퍼센트)과 먼지(2.7퍼센트)에 대해서는 신경을 쓰고 있지 않음을 보여 주었다. 연기(22.5퍼센트)는 이미 걱정거리를 제공하는 문제였다. 이러한 자료를 1866년 칙령이 공포되면서 언급된 손실들의 목록[14]과 비교해 보면, 느리게 발전하고 있음을 발견할 수 있다. 또한 그러한 비교를 통하여 소음·먼지 및 특히 연기에 점진적으로 주의를 기울이고 있음이 드러난다. 그러나 훗날 이미 그 문제의 주제들을 뒤죽박죽으로 만들었던 파스퇴르의 혁명이 뚜렷이 나타나면서 먼지에 대한 예민한 반응을 더욱 자극하게 되었다. 또한 청결함을 유지해야만 한다는 요구가 강력하게 제기되면서 오래 전부터 사람들을 괴롭히던 걱정거리들이 사라지게 되었다.

*

오스만에 의한 도시화가 전개되기 이전에 위생학자들의 낙관론, 입법 및 위생과 관련된 법령들의 어조, 또한 대도시 한복판에 산업체를 존속시키는 것——하물며 제조업체의 존속——사이에 긴밀한 결합 관계가 있음이 분명히 나타났다. 산업의 혁신적인 발전은 그러한 관계들을 지속적으로 조장하였다. 무엇보다도 먼저 위해함은 산업체 및 소유물에 반대하는 토론과 관련하여 분석되었다. 사람들로부터 배척당한 활동들은 그것들이 폐물이 아닐 경우에 아주 빈번하게 과거에 귀속되었다. 그러한 활동들은 전통적인 위생이라는 개념을 명목으로 내세워 금지되었다. 7월 왕정하에서 새로운 걱정거리들이 보다 많이 나타났다고 하는 점은, 제정 시기에 세워진 계획들을 충분할 정도로 새롭게 관련시키기에는 역부족이었다는 것을 의미한다.

11

파리의 농민들
19세기 리무쟁 출신 건축 노동자들의 역사[1]

　역사가들이 금세기의 여명기에 대도시, 특히 파리로부터 받는 이미지는 일시적 이주민들을 다룬 최근의 연구들에 의해 근본적으로 수정된 것으로 보인다.[2] 그러한 연구들은 각종 배제 과정들의 희생양인 동시에 매우 자주 손쉽게 이루어질 수 있던 통합 과정에 대하여 주저하는 의식을 보유하면서 도시 외곽에 정착하였던, 적지는 않지만 유동적인 숫자의 이동 인구 존재에 관해 주의를 기울였다. 이러한 사실로 인해 7월 왕정기 동안 파리의 주변부들에 관한 역사는 언뜻 보기에 느껴지는 것보다도 훨씬 더 복잡한 것으로 나타난다. 이처럼 유동적인 보잘것 없는 직업에 종사하였던 사람들과 걸인들, 혹은 비밀 매춘부들은 근대에 엄청난 규모로 행해진 유폐를 극복한 사람들이었다. 그들은 파리의 농민들과는 본질적으로 구분된다. 왜냐하면 그 농민들은 본래 농업 사회에 소속되어 있으면서 특정한 시기에 도시의 프롤레타리아 노동자 계급이 충분히 수행할 수 없었던, 도시에서 이루어지는 대규모의 공사를 수행하려고 이주해 온 사람들이었기 때문이다.

각종 사회적 불안의 합류점에 있는 일시적 이주민

　사실상 계절에 따라 해마다, 혹은 수 년에 걸쳐 다수의 인구 이동의 주체가 되었던 이주민들의 숫자에 대해서는 정확한 조사가 이루어지지 않았다.

왜냐하면 행정당국이 그들의 존재를 인정할 것인가, 아니면 인정하지 않을 것인가 하는 문제를 놓고 고민에 빠져 있었기 때문이다. 즉 그들 중 절대 다수는 그들의 출신 지역들에서 인구 조사가 되었으며, 그 결과 그들의 이름은 파리의 선거 명부상에 불규칙하게 보여지고 있을 뿐이다.[3] 1807년 경찰청에 의해 행해진 조사는,[4] 1847년과 1860년 상공회의소에 의해 행해진 조사들처럼 대략의 결과만을 얻는 데 지나지 않았다. 여권이나 신분 수첩 같은 증명서들을 만든 목적은, 행정당국으로 하여금 위험하다고 판단되는 다수 사람들의 확실한 추적을 가능케 하려는 것이었다. 하지만 우리는 그러한 증명서들이 단지 아주 국부적인 정보들만을 제공할 수 있었음을 알고 있다. 동시에 그같은 사실들은 확실히 관찰자들의 걱정을 야기하였다. 바로 그 점으로 인하여 부르주아 계급의 담론이 일시적 이주민들에게 적용될 경우, 그 담론은 극도로 긴장하게 된다. 서술적인 자료들의 효력은 계량적인 자료들의 효력보다도 전혀 더 크지 못하다. 또한 집단적인 기억을 통하여, 혹은 도시의 각종 유물들을 통하여 이러한 과거로부터 아직도 존속하고 있는 모든 것을 끌어모으는 일은 필요 불가결하다. 어떠한 다른 영역에서도 인류학적 역사는 마찬가지로 충분히 그 정당화를 발견할 수 없다.

진실을 말한다면, 도시에 정착한 농민들은 근본적으로 서로 다른 두 가지의 불안감에 의해 고무되는 두 개의 담론이 합류되는 지점에 놓여 있었다.

1) 파리의 경찰들과 행정 관리들, 혹은 의사들이 작성한 각종 기록들은 역사가들이 가장 자주 원용하는 중요한 사료들이다. 그 기록들은 이주민들이 실제로 경험하였던 사실보다는 그 기록을 작성한 사람들의 정신 상태에 대해 더 많은 것을 우리에게 전해 주고 있다. 그러한 기록들을 통하여 우리는 특히 명사들의 환상을 확인할 수 있게 된다. 도시의 관찰자들이 보기에 이주민은 위험을 야기하는 요소였다.[5] '반쯤 야만적인'[6] 인구가 많은 '산악 지대'로부터 이주해 온 노동자들은 폭력적이고 흥분되어 있으며, 거리의 보도블록을 제거하고 바리케이드를 세우며, 또한 소요를 일으키는 군중의 대열

에 속하기를 잘 하는 인물들로 묘사되었다. 결국 그들을 영속적으로 관찰하는 것은 필요 불가결하였다.[7] 가장 일반적인 소요의 유형으로 간주되는 파업은 전통적으로 건축 노동자들이 실행한 것이었던 바, 그 파업은 이주한 노동자들이 유용하게 사용하는 정책이라는 점이 반복적으로 언급되었다. 의사들은 석공을 콜레라 및 각종 성병을 전파시키는 요인으로 간주하기를 좋아하였다. 그런데 이러한 상투적인 언급들을 전체적으로 재론하지 않고 주의 깊게 분석하는 것은, 결국 그러한 언급들을 미묘하게 표현하도록 만든다. 만약 그같은 언급들이 싸움이라는 의미와 상호 모순되지 않는다면, 리무쟁 출신의 석공들은 파리 노동자들의 각종 비웃음에 대응하기 위한[8] 수단으로 가장 흔하게 이루어지는 노동자 동업조합의 폭력 행사를 거부할 것이다. 결국에 그 석공들은 극히 소수이지만 파리의 각종 노동자 조직들에 참여하거나, 혹은 그 조직들에 의해 이루어지는 집단적인 행동에 대해 지속적으로 주저하는 입장을 취하게 되었다. 그들이 1848년 6월과 1871년 봄[9]의 사건들에 부인할 수 없을 정도로 적극적으로 참여한 이유는 그들의 기술적인 능력, 그들이 견지하고 있는 얽매이지 않은 상태 및 국소적인 그들의 주거지 등의 요인들을 통해 폭넓게 설명될 수 있다. 콜레라에 관해 리무쟁의 명사들은 그들 나름대로의 시각에서 전염된 가정이 존재하기는커녕, 그들이 살고 있는 지방은 1832년과 1849년은 물론 1854년에도 그 재난에서 벗어났다는 점을 강조하였다.

그럼에도 불구하고 리무쟁 출신의 석공들에 대하여 묘사하게 될 경우, 도시에 거주하고 있는 사람들에 대한 담론에서 모든 것이 부정적으로 나타나는 것은 아니다. 대부분의 석공들은 자신들이 절도 있으며, 검소하고, 또한 건실한 노동자라는 점을 강조하여 증언하였다. 이주민들에 의해 야기된 불안감은 그들이 영위하였던 삶의 형태에 의해 부분적으로 완화된 것으로 나타났다.[10] 적어도 19세기 전반에 리무쟁 사람들은 파리 중심부의 수많은 제한된 구역들, 보다 구체적으로 말하면 시청 주변과 시테 섬 한복판, 혹은 아르시와 생 마르셀 구역들에서 거주하였다. 석공들은 맨 꼭대기층의 가구

딸린 셋방에 공동으로 거주하였으며, 그들과 같은 지역 출신의 한 여성이 그 방을 정리하였다. 이러한 동거인들은 때로 관찰자들에 의해 마치 전적으로 감옥의 공동 침실에 거주하는 것처럼 묘사되었다. 그러한 점에 단지 수녀들만은 언급되지 않았다. 이러한 상황에서 방디 드 날레쉬는 1859년 리무쟁 출신의 이주민들을 수용할 목적으로 주택 단지를 조성할 것을 제안하였다. 그 이주민들은 "종교적인 공동체들처럼 단지 하나의 주방, 하나의 넓은 식당 및 수많은 작은 방들만이 필요할 것이다."[11]

건축 노동자들의 삶의 조건들은 결국 상호적인 감시를 가능케 하였으며, 그들을 통제하려고 노력하였던 행정당국 관리들의 활동을 용이하게 만들었다.[12] 사실상 이주민들에게는 파리에서 머무르는 동안 고정된 거처를 마련하는 일은 물론, 무엇보다도 먼저 절약을 하는 것이 중요한 문제였다. 정착과 노동·절약, 이 세 가지의 문제들은 관찰자들의 불안감을 완화시키는 것이었으며, 그들로 하여금 리무쟁 사람들의 대단한 도덕성을 강조하게 만드는 배경이 되었다. 각종 조사를 할 때 이 노동자들이 거주하였던 셋방은,[13] 예를 들어 넝마주이들이 빽빽하게 들어찬 누추한 셋방과 전혀 반대되는 모습으로 묘사되었다. 부차적인 문제지만 그 넝마주이들은 전적으로 무질서한 생활을 하였다. 그들의 생활 속에서는 남성과 여성 사이의 경계가 없었다. 그 집단의 성적인 문제와 관련될 뿐만 아니라 경찰의 시각에서 벗어나는 관행들이 그 안에서 전개되었다. 이와는 반대로 리무쟁 출신의 동거인들은 방탕함에는 눈을 감고 있었다.[14] 그 동거인들은 단지 '결혼한 독신자들,' 혹은 이른바 그들의 고향에 있는 여성들에 대해 흠잡을 수 없을 정도의 확실한 정숙함을 지속적으로 지니고 있는, 그래서 또 다른 두번째 가족, 즉 세입자 가족을 발견한 약혼한 남성들만을 수용하였다. 하지만 유일한 불안감의 흔적이 존재한다. 즉 동성의 육체가 야간에 뒤섞여 있다는 점이었다. 왜냐하면 관습적으로 석공들은 한 침대에 2명씩 잠을 잘 수밖에 없었기 때문이었다.[15] 제3공화국 초기에 오송빌 백작은 그러한 상황으로 인하여 발생할 수 있는 위험성에 대해 강한 어조로 고발하였다. 그 문제는 수많은 석공들이 내의를 사기에는 너무도 빈곤하기 때문에, 옷을 완전히 벗은 상태로 잠을 잘 수밖에 없다는 점에서 더욱 심각한 것으로 보였다. 또한 아주 치명적인 고발은 몇몇 결혼한 세입자들이 부부 침실 내에 가외로 이주민들을 수용하는 관습이 있었다는 사실이다.

현재까지 역사가들은 리무쟁 출신 이주민들의 도덕성과 관련된 이러한 상투적인 언급들을 정확하게 분석하지 않은 상태에서 당연한 사실로 믿는 경향이 있다. 그렇지만 역사가들이 이러한 개인들의 폭력처럼 모든 것을 선험적인 데에 귀속시키지는 않았는지를 당연히 자문할 수 있다. 그 동거인들은 예를 들어 모르텔르리 가와 같이 전통적으로 대중적인 매춘 지대들로 이미 알려져 있는 구역들에도 마찬가지로 정착하였다.[16] 그런데 우리는 다른 한편으로 이렇게 집적된 독신자들의 집단이 매춘부들의 주요한 고객들 중의 하나였음을 알고 있다. 파리에 거주하고 있던 리무쟁 출신 사람들의 성적인 문제와 관련된 증거들이 거의 전적으로 존재하지 않는다는 점은, 그 문제를 밝히기 위한 서술적인 사료들이 존재할 것 같지 않다는 사실을 충분히 강조할 수 있게 만든다.

19세기 후반을 통하여 파리 내에 거주하고 있던 이주민들과 관련하여 나타난 담론은 굴절되었다. 사람들은 파리라는 영토에 그들이 상대적으로 확산되고, 그 동거인들이 버려져 있음을 유감으로 여겼다. 사실상 점점 더 많은 사람들이 작은 방들을 선택하는 동료들이 되었다. 다행스럽게도 사람들이 희망하였던 것처럼 부부 생활의 발전은 감시를 방해하는 이러한 노출의 각종 위험성들을 거부하기에 이르렀다. 폭력이라는 주제는 후퇴하였다. 그러나 우리는 일반적인 경향이 문제가 된다는 점을 알고 있다. 1880년 이후 혁명의 위협에 관해서도 마찬가지였다. 이와는 반대로 위생적인 위험성은 새로운 차원으로 나타나면서 신랄하게 강조되었다. 그때부터 관찰자들의 머릿속에서 떠나지 않았던 것은, 리무쟁 출신의 이주민들이 치안경찰들의 시선에서 벗어날 위험성이 있다는 점이 아니라 오히려 그들이 위생과 관련된 각종 규칙들을 위반한다는 점이었다.[17] 관찰자들을 분개하게 만들었던 것은 무엇보다도 먼저 그 방에 거주하고 있는 사람의 냄새였다. 대개의 경우 마지막 층에 있는 방은 습하였으며, 방 안 공기는 '오염되어' 있었다. '유해한 물질들'과 '박테리아들'이 방 안에 풍부하게 존재하였다. 예컨대 파스퇴르적인 의학의 영향하에 파리에 기거하고 있던 리무쟁 출신의 프롤레타리아 노동자 계급은, 하인이나 매춘부 세계와 마찬가지로 부르주아 계급을 위협하는 엄청나게 훌륭한 미생물의 저장고였다. 수십 년이 지나면서 사람들의 밀집된 거주 형태는 배척되었으며, 전가족의 이주를 적극적으로 장려하게 되었다.

다른 범주의 노동자들로 인하여, 보다 정확하게는 리무쟁 출신의 노동자들로 인하여 제기되는 불안감은 몇몇 사회적 재난들, 여기서는 특히 알코올 중독과 결핵에 그 초점이 맞추어졌다. 알코올 병리학이 성립된 이래 석공은 질병을 가지고 있는 유형으로 묘사되었다.[18] 결핵이라는 문제를 놓고 가장 균형이 잡혔다고 할 수 있는 사람들조차도 길을 잃고 갈팡질팡하였다. 이와는 반대로 성교를 통해 이루어지는 위험성에 대해서는 완벽한 침묵이 이루어졌다. 성병학적 담론이 본질적으로 매춘 세계와 '결백하든' 그렇지 않던간에 부르주아 계급의 희생자들에게 집중된 것은 사실이었다.[19]

2) 농촌에 거주하고 있던 명사층의 이주를 바라보는 시각은 때로 일치하지만 종종 전혀 반대로 나타나는 것이 사실이다. 우리가 오늘날에도 여전히 노래하고 있는 애가인 무궁무진한 하소연이다.[20] 마찬가지로 생태학적인 신화와 도시의 병리학에 관한 담론에 의해 소생되는 것으로 나타나는 고뇌주의이다. 여기서 도시는 악을 구현한다. 이주는 단지 모든 악의 원천이 될 수 있을 뿐이며, 또한 이주민은 몰록(Moloch; 어린아이를 제물로 바쳐 모시던 셈족의 신)에 의해 희생당하고 뜯어먹힘을 당하는 제물이다. 최근에 나는 이러한 상투적인 언급들을 반박하였으며, 또한 돌을 가지고 이루어지는 공사(工事)가 출신 사회에 대해 끼치는 긍정적인 측면들을 증명하였다.[21] 전원시로부터 순교자의 전기에 이르기까지 그러한 것들은, 예를 들어 프레데릭 르

플레의 제자들, 혹은 본래 지방 출신의 의사들로 하여금 많은 저술을 하도록 만들었다. 하소연은 지방의 보수주의자들이 공식적인 담론들을 발표하는 순간에 절정에 달했다. 1886년 오티에 백작은 다음과 같이 기술하였다. 즉 "타락과 도시들의 모든 위험에 빠져 있으며, 프리메이슨 단원들과 자유 사상가들의 선전에 도취되어 있는 12세, 15세, 18세의 가난한 소년들은 (…) 부르주아적 복장을 걸치고 (…) 되돌아오는데, 그들은 고향의 모직물로 만들어진 견고하며 따뜻한 자신들의 의복을 교환하는 대가로 넝마장수에게서 산 그 부르주아적 의복을 입고 겨울을 떨면서 지낸다."[22]

리무쟁의 명사들은 파리 시민들보다도 훨씬 더 많이 이주민들의 검소함과 연대 의식, 절약 정신, 노동에 대한 열정 및 정숙함 등을 찬양하였다. 이와는 반대로 그들은 여성들과 전가족의 이주에 대해서는 유감으로 생각하였으며, 지방의 어린아이들에게 부여되는 비참한 상황을 암암리에 언급하지 않으면서 그 도시에서 태어난 아이들에게 유보된 신세에 대해서는 눈물을 흘렸다. 그들은 건전하고 소박한 리무쟁 사람들이 파리에 거주하는 동안 어쩔 수 없이 각종 죄악과 질병의 전염을 받아들여야만 했다는 점을 고발하였다.[23] 그런데 사실상 그 전염들의 상황이 리무쟁에서 훨씬 더 지독하게 나타났다고 하더라도, 그들은 파리라는 환경에서 나타나는 그 전염들이 질병 발생률과 사망률을 증폭시킨다고 믿었다. 우리는 가장 정확할 뿐만 아니라 가장 종잡을 수 없으며, 또한 때로 가장 모순적인 통계들을 원용한다.[24] 의사였던 부이예 드 퓌르삭은 이처럼 이주민들의 4분의 1 이상이 폐결핵에 감염되어 리무쟁으로 돌아와 사망하였다고 주장하였다.[25] 최고로 소름끼치는 두려움은 종족이 퇴화할 위험성이 휘둘러졌다는 점이었다.[26]

도시의 거부

파리대학에서 리무쟁 사람들을 연구하는 역사가들은 이러한 두 가지의 담론들 사이를 분주히 오고 갈 뿐만 아니라, 계량적 사료들에서 나타나는 유효성의 모호함, 혹은 그 사료들의 결핍으로 인한 난처함을 느끼고 있다. 그 역사가들은 구체적인, 아마도 가장 중요한 요약들에 주의를 기울이는 한편, 파리에 거주하고 있던 이 농민들이 19세기 내내 전개하였던, 도시의 각종 영향들에 대한 저항적인 대응을 살피면서 틀림없이 강한 인상을 받게 된다. 그런데 그 저항은 도시의 일치라는 점에 토대를 둔 **인종차별 정책**의 전략을 통해 조장되었다는 점을 언급해야만 한다.

사실상 리무쟁 출신의 이주민들은 파리의 '직업들'에 속해 있었던 노동자들의 이름으로 이루어진 축출 과정의 희생물이었다.[27] 파리의 노동자들은 그 이주민들에게 동업조합에 가입하지 않고, 프랑스 일주를 실행에 옮기지 않으며, 공제회를 거부하고,[28] 거의 돈을 쓰지 않으며, 촌스럽게 행동하고, 더러운 주거 조건들을 받아들이며, 거의 다듬어지지 않은 음식물로도 만족한다고 비난하였다. 파리 시민들이 외적인 용모에서부터 농민의 용모 그 자체인 밤을 먹는 사람들을[29] 경멸하였다는 점을 알 수 있다.

이주민들이 도시로부터 받게 될 각종 영향들을 완강하게 거부하면서 저항 활동을 전개하였던 모습이 이미 확실하게 나타났다. 이주민들은 그러한 저항 활동을 통해 파리의 통계학자들에 의해 계획된 모든 인구 조사들로부터 벗어나려고 노력하였다.[30] 더욱이 그 저항은 일련의 요인들을 통해 허가되거나 조장된 것으로 나타났다. 그 요인은 무엇보다도 먼저 상호 면식이 있는 동향인 집단을 유지하는 것이었다. 실질적으로 파리는 이주 과정에서 매혹적인 잠재적 특성들과 유희, 혹은 축제 가능성으로 장식된 하나의 확대된 세계처럼 경험되지는 않았다. 아주 어린 나이 때부터 석공일을 하도록 운명지어진 어린아이에게 파리라는 도시는 무엇보다도 먼저 하나의 위협적인 장소였다. 따라서 미리 그것에 대비해야만 하는 곳이라고 상상함으로써 파리에 대해 설화적인 인식을 가지고 있었다. 이주하기를 꺼리는 지방 출신 사람들에게는 그러한 인식이 비록 경험한 바는 없음에도 불구하고, 도시의 환

경을 거부하는 각종 기술들을 아주 은밀하게 전해 주는 일이 하나의 전통이
되었다. 또한 그것은 리무쟁 여성들의 이주가 늦게 나타나는 이유를 설명하
는 데 도움이 된다. 파리에서의 거주가 일시적으로는 결정적인 단점이 되지
는 않는다. 파리에 거주하는 사람은 자유롭게 그 생활을 그만둘 수 있다는
것이 관행이었기 때문에, 원래의 상태로 돌아갈 수 없을 만큼 그 생활에 전
념하지는 않았다.

　파리에 노동을 하러 온 사람들이 추구하였던 목적은 개인적인 운명에 속
하는 것이 아니었다. 그들에게 이주는 장기간에 걸쳐 드러나는 총체적인 가
족적 전략에 포함되었다. 세금과 부채 해결에 필요한 화폐를 가져올 수 있
는 능력을 갖춘 사람은 바로 석공이었다. 파리의 노동자와는 달리, 석공들
이 파리에 거주할 경우 자신들의 임금을 자유롭게 사용하지 못했던 것이 사
실이었다. 만약 그들이 고향으로 극히 적은 액수만을 보냈다면, 혹은 만약
그들이 자신의 가족들에게 단지 피골이 상접할 정도의 돈만을 보냈다면, 그
들에 대한 평판은 회복할 수 없을 정도로 위태롭게 되었을 것이다. 그들은
결혼할 상대를 만나기 어려웠을 것이며, 큰아들에게 손해를 배상해 주거나
누이의 지참금을 마련해 줄 수 없었을 것이고, 결국 가족의 재산은 처분될
위험에 빠지게 될 것이었다. 마르탱 나도의 친족 관계는 이렇게 어쩔 수 없
는 필요성들을 명백하게 보여 준다. 반대로 개발의 존재, 그리고 또한 때로
파리 산업의 위기들을 크뢰즈의 농업에 영향을 주는 위기들과 분리시키는
괴리감은, 제2제정 중반까지 도시의 노동자들을 위협하면서 끊임없이 괴롭
혔던 물가고처럼 이주민들로 하여금 절대적인 빈곤의 상황에 놓이게 만들
었다.

　19세기의 처음 3분의 2의 기간 동안 리무쟁 출신의 이주민들은 공사장의
분산에 따라 주거지가 분산되는 것에 대해 강력히 저항하였다. 그들은 지속
적으로 도시 중심부의 구역들에 집단적으로 모여 살았는데, 이는 도시에서
의 혁명적인 변화가 그 도시의 고유한 모습을 변화시킨 이후에도 마찬가지
였다. 더욱이 오늘날까지 우리가 생각하는 것보다 더욱 일반적인 것으로 나

타나는 파리의 폭발적 팽창에 대한 저항은, 오스만의 치세하에서 방디 드 날레쉬에 의해서 뿐만 아니라 반세기가 지난 다음 보네 혹은 본네프 형제들에 의해서도 강조되었다.

확실히 여러 측면에서 보아 그 이주민들이 공동으로 거주하였던 방은 도시 사회 내에 깊숙이 자리잡고 있었던 하나의 마을이었다. 새롭게 도착하는 사람을 맞이하는 것은[31] 보장되고 미리 계획된 것이었는데, 최초의 일자리 역시 마찬가지였다. 리무쟁 출신의 건축 노동자들은 익명을 향유할 수는 없었을 것이다. 그들은 지속적으로 집단을 이루어 생활하였다. 그들은 또한 무리를 이루어 아침에 공사장으로 나갔으며, 석공 손님을 주된 고객으로 하는 술집에 드나들 때도 역시 마찬가지였다. 그들은 도시 근교의 무도회장을 돌아다닐 때도 역시 집단적으로 행동하였는데, 그것을 그만둘 용기는 없었다. 드문 경우이지만 완성된 건축물의 지붕 위에 꽃다발을 올려 놓는다거나, 혹은 어떤 '동향인' 을 역으로 배웅 나갈 때와 같은 축제 분위기의 날에는 특정 지방 출신 사람들의 집단 속에서 생활하였다.[32] 만약 그 이주민들이 서로 싸울 경우, 리무쟁 사람들의 명예를 보호하기 위하여 그들의 동료들 편을 들어 주었다. 더욱이 지리적인 구분은 이주민 사회 내에서 격화되었다. 같은 리무쟁 출신이라 하더라도 서로 다른 지역 출신의 노동자들은 각각 다른 집단을 형성하여 자신들끼리 경쟁하였다. 그러한 집단 사이의 경쟁은 때로 서로 다른 지방 사람들 사이의 경쟁이 전환된 듯한 정도로 무자비한 전투처럼 전개되었다.[33]

소규모의 작업장에서는 공장처럼 아주 일반적으로 유배라는 의미를 지닌 이주를 단행하였던 개인들로 구성되면서 노동력의 세분화를 초래하였다. 그렇지만 공사장에서의 노동은 응집력을 지닌 출신 지역에 따른 집단과 지역주의로 이루어진 직업의 위계를 유지하는 데 도움이 되었다. 실제로 그들이 개인에 따라 상당히 심한 격차를 보여 주고 있는 것이 사실이다. 마르탱 나도의 아버지의 경우가 증언하는 것처럼 그 위세는 출생 지방에서 그의 늘어나는 부채로 인하여 손상되었지만, 이주 과정에서는 여전히 무리의 우두

머리로서 그 위치를 간직하고 있었다. 촌락과 공사장에서 이루어진 위계 조직은 그러한 상황과 뒤섞여졌다.

석공의 일과 시간은 농업 노동자의 일과 시간을 모방하고 있다. 계절에 따라 아침 5시 혹은 6시에 기상하며 공사장으로 나가기 위해서 오랜 시간 걷는 것을 요구하는 점은 농민의 관습들과 전혀 달라진 바가 없었다. 19세기 중반에도 여전히 리무쟁 출신의 석공들은 양말을 신지 않은 상태로 신발을 신었다.[34] 식사 시간과 음식물에 대한 감수성은 생활 필수품에 대한 습관이 증명하는 것처럼 오랫동안 지방에서 거주하던 때의 관습들을 그대로 간직하고 있었다. 공동으로 거주하였던 방의 벽에는 많은 선반들이 갖추어져 있었으며, 그 위에는 고향의 베이컨과 치즈를 놓아두었고, 그 옆에는 그날 혹은 그 주간에 먹을 빵을 두었다.[35] 석공들이 특정한 싸구려 음식점에서 오전 9시와 오후 2시에 소비하였던 음식물은[36] 냄비 속에서 조리된 것이었다. 식탁 위에는 식탁보도 냅킨도 없었다. 단지 단순한 접시 한 개와 대접 하나, 나무로 만든 커다란 숟가락 한 개가 있었을 뿐이었다. 석공들은 식당 안으로 들어가 팔에는 '엄청나게 큰 빵덩어리를' 끼고 자리를 잡고 앉아, 냄비 속에서 조리된 고기나 야채를 끓여 만든 '수프에 넣으려고 빵을 잘게 자르고' 소고기 조각을 먹었으며, 먹다 남은 빵을 들고 식탁을 떠났다. 저녁에 잘게 자른 빵을 넣은 수프를 끓이는 사람은 셋방의 여주인이었다.[37] 이번에도 역시 석공은 자신의 빵을 들고 온다. 검은 빵과 메밀, 혹은 밤을 밀가루와 함께 우유에 넣어 끓인 죽에 익숙해진 몇몇 젊은 이주민들은 오히려 이렇게 고기를 넣은 음식물에 익숙해지는 데 많은 어려움이 있음을 보여 주었다.[38] 1857년 드샤스텔뤼는 파리의 노동자와 대조적으로 리무쟁 출신의 석공이 자신의 음식물을 다양하게 안배하는 것을 전혀 요구하지 않았다는 점에 주목하였다.

이주민 건축 노동자들은 농민과 마찬가지로 위생과 관련된 측면에 그다지 신경을 쓰지 않는 것으로 나타났다. 그들의 후각적인 감수성은 관찰자들이 가지고 있었던 감수성의 이미지에 걸맞을 정도로 발전되지 않았다. 마르탱 나도가 과거를 회상하면서 불쾌함을 느꼈던, 그 노동자들이 공동으로 거주하던 방안에서 풍겨 나오는 구역질이 날 정도의 악취보다도[39] 1874년 누추한 집을 전문적으로 관찰하였던 피에르 마제롤을 놀라게 했던 것은 리무쟁 출신의 석공들이 아무런 어색함 없이 그 악취를 참고 있다는 점이었다.[40]

병사들의 대화들처럼 공동으로 거주했던 하나의 방에 들어차 있던 리무쟁 출신 노동자들의 대화는 향수와 관련된 내용으로 나타나는 특징을 지니고 있다. 외설적이고 에로틱하거나, 혹은 단순히 유치한 벽의 낙서들은 감옥과 같은 그 방의 모습을 강조하였으며 강렬한 욕구불만을 증명하였다.[41]

농부이자 석공인 리무쟁 사람들은 파리 사람들이 자신들에게 보내는 경멸을 의식하고 있었으며, 나아가 자신들이 불러일으키는 적대감을 느끼고 있었다. 그러한 이유로 인하여 그들은 파리 시민들이 행하고 있었던 오락거리에 거의 관심을 가지지 않았다. 더욱이 그들은 지출할 기회를 피하기 위해 세심한 신경을 썼다. 매우 자주 농민들과 마찬가지로 그들에게 있어서 '오락은 바로 휴식이었다.'[42] 점심 식사가 끝나고 일의 재개를 기다리면서 돈을 아껴 쓰기 위한 가장 훌륭한 수단은, 파이프 담배를 피우거나 아무런 말없이 센 강의 물을 바라보는 것으로 만족하는 것이었다. 무도회장의 방문은 대개의 경우 '순수한 관찰 수준의 산책'[43]에 불과하였다. 우리는 그때부터 알코올과 담배가 이 집단에서 가장 중요한 역할을 하였다는 점을 알게 된다.[44]

같은 지방 출신 집단의 응집력은 확실히 언어를 통하여 나타났다. 이주민들은 자기들끼리 대화를 할 때 그들의 고향 언어를 사용하였다. 그렇지만 관찰자들을 가장 경악하게 하였던 것은, 또한 각종 도시적인 행동들과 강력히 구분되는 것은 그 집단에서 이루어지는 대화들의 핵심에 침묵의 폭이 증대되었다는 점이다. 리무쟁의 농민처럼 이주민들은 거의 휘파람을 불거나 노래를 부르지 않았다.[45] 그들은 명상적인 태도와 집단적인 침묵을 지키고 있었는데, 이러한 그들의 태도는 많은 관찰자들의 글 속에서 요약되어 새롭게 나타나거나, 그 태도와 관련된 각종 속담들을 통하여 강조되기도 하였다.[46] 체념에서 비롯되는, 나아가 농업적인 숙명론에서 비롯되는 이러한 '침묵적인 기질'[47]은 병원의 침대 위에서도 재발견된다. 다시 말해 파리 출신 환자들의 능란한 말솜씨와는 달리 리무쟁 출신의 석공은 과묵함 속에서 죽음을 기다렸다.[48]

리무쟁의 농민들이 자신들의 고향 명사들이 행사하는 영향력에 반대하며 전개하였던 저항과 비슷한 모습을 가지고 있는 부르주아 계급의 후원에 대한 저항은, 또한 파리에 정착하였던 노동력의 특징을 이룬다. 지방 성직자의 주도로 1867년에 창설된 석공들의 모임은[49] 그것을 조직한 사람들의 열망들과 부인할 수 없는 능력에도 불구하고 실효를 거두지 못하였다. 파리의 5구 구청과 포세 생 자크 가에 성공적으로 자리를 잡은 그 모임은 1877년 샹티에 가로 이전하였다. 그 모임은 하나의 작은 성당, 세 개의 강의실 및 의무실 하나를 가지고 있었다. 그 모임을 조직한 사람들은 환자들에게 무료 치료를 보장하면서 그들에게 약을 나누어 주었다. 또한 초등 교육과 기술 교육을 받기 원하는 사람들을 위해 교육 프로그램을 마련하였다. 사실상 그 모임에 지속적으로 참여하였던 사람들은 극히 적었다. 1869년에 그 모임은 4백 명의 회원이 있었던 반면, 1899년의 회원수는 여전히 5백70명에 불과하였다. 이처럼 이주민들은 신속하게 사회적으로 상승할 수 있는 모든 길을 스스로 포기하였다.

19세기말에 이르면 이주의 사회학적인 구성이 근본적으로 변화되었다. 그 시기에 뚜렷하게 윤곽이 나타난 지방주의적인 사회 친화력의 유형들에 관해서 언급할 경우, 그 유형들은 우리의 주제와 거의 관련되지 않는다. '파리의 리무쟁 사람들'과 그들의 단체들, 그들의 신문은 일시적 이주의 역사에 귀속되지 않는다. 박식하게 유지되고 그 근본들을 어렴풋이 추구하는 것으로 변화된 지방주의적인 정서는, 제2제정의 일시적인 이주민들에게 고통을 주었던, 고향에 집착하려는 욕망과 같은 성질을 단지 아주 조금만 닮았을 뿐이다.

우리는 제1차 세계대전 이전의 수십 년 동안 이주에 의해 초래된 변화들을 인식하고 있다. 석공들의 체류 기간은 길어졌으며, 그 체류는 수 년의 기간 동안 지속되었고, 나아가 평생으로 이어지는 경향이 있었다. 많은 노동자들은 부인 및 자녀들과 함께 파리에 체류할 것을 결정하였다. 그런데 다른 유형들의 영구적인 이주와 비교할 경우, 일시적인 이주의 유산이라 할 수 있는 도시적 영향에 대한 저항은 그 이후 보다 미묘한 과정들에 의해서 지속적으로 나타났다.

절대 다수의 리무쟁 출신 석공들과 그들의 가족들은 그 이전과 마찬가지의 구역들에 밀집하여 거주하였다. **가족들을 위한 셋방**이 전통적으로 공동으로 거주하였던 방을 모델로 해서 만들어졌다.[50] 위생학자들이 거주지를 분산시키는 문제를 강조하였으며 파리의 프롤레타리아 계급 역시 그 분산을 열망하였음에도 불구하고, 1913년 라세페드 가에 자리잡고 있던 프랑스 근위병들의 오래 된 병영 및 그 속에 놓여 있던 가구들은 석공들의 가족들에 의해 완전히 재점유되었다. 그들은 거주지 분산에 대해 거의 관심을 가지고 있지 않았다.[51]

비에브르와 고블랭 쪽의 13구는[52] 물론 파리 중심부에 자리잡고 있었던 리무쟁 출신 사람들의 거주 구역들 내에서는 이미 잘 알려진 것처럼, 그리고 루이 보네의 서술에서 그 예가 나타나듯이 세심하게 표현된 '지방의 특성들' 이 새롭게 창출되었다. 그러나 향토적인 풍취와 술에 취한 사람들, 리무쟁 언어로 이루어지는 대화, 나무로 만든 큰 팽이 및 고향 특산물의 판매보다도 나에게 중요하게 나타나는 것은 전통적인 이주민들의 관행이 지속되었다는 점이다. 리무쟁 출신의 석공들은 파리의 노동자들은 그렇게 하지 못하였음에도 불구하고 결혼한 총각으로서의 삶을 지속적으로 유지하였다. 석공들은 그들의 선배들처럼 고독함에 젖어 술집을 드나들었으며, 가정을 소홀히 하였다. 또한 그들은 여러 차례에 걸쳐 묘사되면서 프롤레타리아 노동자 계급에 영향을 끼쳤던 이러한 '가족화' 과정에 예외적일 정도의 저항을 표현하였다.[53] 석공들의 경우 그들의 자식들을 부양하려는 열망은 제한된 상태로 남아 있었다. 석공들은 자기 자식들에게 노동을 할 것을 강력히 요구하였는데, 자식들의 지나칠 정도로 길었던 노동 시간은 많은 관찰자들의 고발을 낳게 하였다.

또한 이러한 전통적이고 농촌적인 특성들에 젖어 있는 행동들의 미묘한 영속성은 파리에 정착하였던, 혹은 그때부터 더 이상 행해지지 않던 일시적 이주를 실행하였던 리무쟁 출신 노동자들이 직업적으로 실패하였던 본질적인 이유가 되었다. 도시에 대한 저항 및 사회적 성공의 결여 등은 하나의 시대착오적인 모습의 두 측면이 된다. 대개의 경우, 이주민들의 자식들이 자신들의 열망을 만족시킬 수 있을 정도로 성공을 거두는 것은 다른 직업을 선택할 경우 가능하였다. 또한 그와 동시에 파리의 노동자 세계에 동화될 경우에 가능하였다.[54] 이탈리아 노동자들은 옛날의 리무쟁 출신 노동자들에 비해 훨씬 더 능란하게 사회적 상승의 수단처럼 건축업을 사용할 수 있게 될 것이었다.

12

파리에서의 유혈 사태

파리가 갖고 있는 이미지의 계보에 관한 연구 [1)]

본 연구에서 다루려는 시기는 짧다. 그래서 나는 19세기의 처음 3분의 2의 기간 동안 건전함과 위해함의 표상들에 대한 연구, 사회적 상상력의 발전 과정, 감성의 발전 등과 대도시의 조영을 담당하는 활동 사이에 형성된 합의를 다룬 연구들을 단순하게 개략적으로 설명하고, 그 연구들의 결과에 대해 총괄적으로 검토하는 형식을 취할 수밖에 없다. 새로운 파리 시의 정화 계획, 핏자국의 세척, 오물과 행실이 단정치 못한 사람들의 제거 등은 도살과 학살들로 가득 찬 도시를 조금씩 변화시켰다. 그러한 작업들은 1860년 이후에 일반적으로 이루어졌으며, 학술 심포지엄의 주제가 되었던 이미지를 구상하기 위한 선결 작업이기도 하였다. 내가 여기서 집중적으로 살피려 하는 것은, 결국 제정 시기 및 '좋은 시절' 의 파리가 가지고 있는 이미지의 계보에 대한 몇몇 간단한 고찰이다.

여기서 우리는 생각할 수 있을 것보다도 더 오랫동안 부패되고 있는 동물들의 육체에서 비롯되는, 또한 발효되고 있는 먹다 남은 채소 조각들에서 비롯되는 악취를 없애기 위한 싸움, 마찬가지로 그것들에서 비롯되는 모든 감염들을 없애려는 노력을 상기시켜야만 할 것이다. 그러한 노력은 수많은 위생학자들이 헌신하였을 정도로, 또한 파랭 뒤샤틀레[2)]——물론 그는 단지 하나의 예에 불과하지만——가 자신의 일생을 바쳤을 정도로 충분히 절박하고 고양된 계획이었다. 그 계획은 또한 넝마주이들이 그 전형이 되는 악취를 발생시키는 장소와 가까운 곳에 뒹굴면서, 인간 쓰레기를 갈망하는 인간의 그다지 값어치 없는 늪지대에 대한 묘사를 환기시킬 정도로 상당히 함축성 있는 사고를 반영한다. 이러한 점에서 무거운 느낌을 주는 건전함과 위해함의 표상들은, 1832년부터 밀집된 지역 인구의 분산과 민중 계급의 주거지 내에서의 혼잡함을 완화시키려는 힘든 노력이 불가피하게 요구될 수밖에 없었다. 루이 슈발리에와 피에르 미셸은 이미 오래 전에 그 야만인들의 동물적 이미지의 발전 과정, 그 도시의 토대 내에 은거하고 있던 괴물들의 특징적 모습을 새롭게 서술하였다.[3] 하지만 그 서술은 아마도 이렇게 형성된 상상력에 토대를 두고 있는 위생학자들의 사고가 발휘하는 영향력을 충분하게 증명하지 못하였다.

단지 경찰청과 센 도 고문서보관소에 보관되어 있는 위생국의 문서들에 대한 분석을 통해, 제정기와 왕정복고기에 파리의 민중 계급이 거주하고 있던 건물 내에서 동물성 원자재——동물성 기름·지방·향유·껍데기 등——혹은 식물성 원자재의 적치와 노동자의 주거지 사이에 존재하고 있던 복잡하고 혼란한 모습을 파악할 수 있다. 한때 샤베르 대령을 환영하였던 '매춘부들이 드나드는 장소'는 확실히 파리의 한복판에 자리잡은 같은 형태의 모습을 지닌 수백 개의 건물들 중의 하나였다.

결국 나는 보다 정확하게는 사람들의 피와 도시 내에서의 유혈 양식들의 근본적인 변화에 관심을 가지려고 한다. 대혁명 시초에——1789년 7월부터 1792년 9월까지——파리에서는 비록 우리가 잘 알고 있음에도 불구하고 전혀 언급하지 않았지만, 18세기말의 이 3년간에 깊은 영향을 주었던 학살이 부활되는 엄청난 운동이 전개되고 있었다. 1789년 7월부터——그것을 상기시킬 필요가 있을까?——환희에 찬 군중들은 엠마누엘 르 루아 라뒤리·니콜 카스탕[4]·이브 마리 베르세[5] 혹은 가장 최근에 드니 크루제[6] 등이 아주 잘 분석하였던 의식으로부터 비롯되는 행동들 및 외침들을 다시 행하기 시작하였다. 큰 강을 향하여, 혹은 도로를 향하여 질질 끌려가는 시신들에 대한 타락된 모욕, 희생물의 '엄숙한 훼손,'[7] 육체의 절단, 눈과 내장의 추출, 전리품 같은 형태로의 머리와 생식기의 전시, 이렇게 피비린내나는 부분들을 자랑삼아 보여 주는 행렬들은 결국 대혁명을 이러한 위대한 장면들로 강조하는 것이었다.

파리의 군중들은 어떤 거리를 따라서, 혹은 어떤 광장 같은 개방된 공간에서 학살을 자행하는 것을 선호하였는데, 그 목적은 그러한 스펙터클한 광경을 보다 쉽게 볼 수 있게 하고, 나아가 그 학살을 통해 경험하는 환희를 보다 쉽게 느낄 수 있게 하기 위한 것이었다. 1789년 7월 16일 생 로슈 성당에 운집한 시민 대표자들의 회합에서는 이미 14일에 참수된 플레셀과 로네의 머리를 열광적으로 맞이하였는데, 그 두 사람의 머리는 걸레로 감싼 막대기 위에 꽂아 운반되었다.[8] 그 당시 파리에서는 잔인성을 과시하는 행동에 대치되는 정숙함은 사회적으로 완전히 격리된 채로 존속할 수밖에 없었으며, 그래서 감수성이 예민한 영혼들이 필요하였다. 즉 갈가리 찢긴 산더미 같은 시신들, 혹은 창끝에 꽂혀 있는 머리의 끔찍한 웃음을 보고 현기증이 날 정도의 역겨움을 갖고 그것에 대해 불쾌하게 느끼기 위해서는 샤토브리앙(1768-1848; 프랑스의 작가로 인간과 자연 사이의 내면적인 교감을 강조하였다), 페티옹 드 빌뇌브(1756-94; 프랑스의 정치가로 대혁명 당시 삼부회의 제3신분 대표로 선출되었다), 롤랑(1734-93; 프랑스의 정치가로 대혁명 이후 지롱드당이 집권하였을 때 내무부 장관을 역임하였으며, 1792년의 대학살과 루이 16세의 처형에 반대하였다), 마뉘엘(1751-93; 프랑스의 정치가로 1792년 8월 10일의 봉기에 적극적으로 가담하였다. 보수적이고 공화주의적인 성향을 가지고 있었으나 루이 16세의 처형에는 찬성하였다) 등과 같은 사람들이 요구되었다.

1792년 가을 그러한 장면들은 갑자기 낯선 일이 되어 버렸다. 적극적인 활동가들은 프랑스 대혁명 기간중 발생하였던 맹목적인 폭력의 범람을 목격하면서 경악하였다. 그들은 당시까지 무기력하였던 태도를 버리고, 자연의 이치를 전율케 만들며 갓 태어난 공화국을 타락시킬 위험성이 있는 이러한 삽화적인 사건들을 중지시키기 위하여 노력하였다. 대공포와 기요틴 덕분에 그들은 감수성이 예민한 영혼의 분노를 유발하고, 공포를 야기하는 죽음이라는 난폭하고 무질서하며 혼란스러운 이러한 난동을 금지하는 데 성공하였다. 이른바 비굴함과 인간적으로 허용할 수 없는 것의 폭로에 저항하는 존재의 항거였다.

기요틴은 눈 깜짝할 사이에 이루어지는 사형으로 인하여 예상되는 고통을 없애 주었으며, 그것이 주는 교육적인 메시지로 인해 또한 그것이 강제하는 민중 계급의 올바른 규율과 새로운 이미지로 인하여 안심을 주었다. 그래도 기요틴은 엄청난 피의 웅덩이를 연상시키는 기억들을 강조할 수밖에 없었다. 사실상 기요틴은 분산된 도살 대신에 연속적이며 집중적으로 행해지는 사형을 시행하는 학살 도구라 할 수 있다. 그러한 모든 점을 반영하면서 기요틴은 그것을 통해 처형당한 죽음들이 얼마나 많은지를 인식하게 함으로써 집단적 감수성과 관련된 움직임을 부정한다.[9] 실제로 20년 전부터 도시의 행정관들은 도살장과 내장 처리 공장을 파리 중심부에서 멀리 떨어지게 하고, 동물의 피가 공공 장소에 흘러 나오는 것을 금지하였다. 또한 민중 계급이 거주하는 건물의 도로 · 도랑 및 통로 등에 여전히 남아 있는 핏자국을 없애 버리려는 노력을 전개하였다. 그래서 사형 집행인들은 그들이 흘리는 풍부한 피로 가득 찬 진창 속을 걸어가게 되었다.

테르미도르 반동 이래 자연 발생적이고 환희로 가득 찬 학살이 완전히 종식되었을 때 '식인종들'에 대한 고발이 제기되었는데, 이 에피소드에 대해서는 이미 브로니슬라프 바츠코[10]가 확실히 밝힌 바 있다. 기요틴이 마르고 있는 동안 하나의 장황한 담론이 대혁명 동안에 이루어진 '학살들'에서 비롯된 공포심을 부르짖으면서 전파되었고, 19세기를 짓누를 정도로 모든 영역에서 나타나는 끔찍한 이미지들을 확고하게 고정시켰다. 한 번 더 언급한다면 이는 단지 하나의 예에 불과하지만, 1794년부터 L. M. 프뤼돔은 엽기적인 기록을 수집하여 정리하는 데 힘을 기울였다. 이렇게 '그 거주민들이 흘린 피로 항상 축축한 땅' 위에서, 그는 "그들을 살해한 사람들의 기형적인 모습을 통해 세계에 저주를 퍼부으면서 학살된 우리 아버지들의 유령들을 위로하려고"[11] 시도하였다. 프뤼돔은 '이러한 역겨운 소굴에서 모든 종류의 공포심을 깊이 탐구하고,' '잔인한 행위의 혼합물들'을 해명하려는 심한 고통이 자신에게 부과되었다고 언급하였다. 이는 얼마 후에 파랭 뒤샤틀레가 그 도시의 가장 더러운 곳에서 그와 같은 성격의 일을 하기로 결정하게 되는 것과 마찬가지 의지의 발로라 할 수 있다. 그때부터 대공포의 중심지였던 파리와 낭트는 에드가 키네가 언급하게 될 '급격한 공포의 사막'을 상기시키게 되었다. 하지만 내가 보기에 전통주의자들의 범주 속에서 두각을 나타낼 정도로 훌륭한 사제였던 시카르[본래 이름은 **Roch Ambroise Cucurron**; 1742-1822, 프랑스의 교육가인 동시에 성직자로, 1792년의 공포 정치 기간중 투옥되었으나 곧 석방되어 사범학교의 교수와 학사원 회원이 되었다]가 인내심을 가지고 작성하였던 순교자 명부의 중요성을 정확히 평가하지는 못했던 것 같다.

프랑스 대혁명 기간에 이루어진 '학살들'에 대한 기억은 그때부터 대도시의 조영을 담당하는 활동을 고무시켰다. 파리의 많은 돌들을 마멸시킨 피는 많은 사람들의 기억 속에 골수에 박힐 정도로 깊은 인상을 주었다. 그 피는 민중 계급을 변모시키려는 욕망에 박차를 가하게 만들었다. 그 피는 권력이 가지고 있는 정화하는 빛을 군중이 지닌 어둠 속으로 끌어들이려는 고민을 보다 활발하게 만들었다. 다른 한편으로 그 피는 사회적 관찰자들로 하여금 부유층과 빈민층을 연결시켜 조화로운 관계를 확립하려는 계획을 심혈을 기울여 작성하게 만들었다. 모든 피비린내나는 광경에 대한 공포, 루이 16세를 사형에 처한 혁명파의 마음을 끊임없이 괴롭히는 기억, 속죄의 의식들과 도시의 조영을 담당하는 활동 사이에는 결국 풀리지 않는 복잡한 관계들이 서로 얽혀 있다.

제1제정은 이 점에 관해서 준비 공작을 하였다. 파리의 중심지에서 멀리 떨어진 곳으로 죽은 사람들을 내몰려고 추구하는 한편, 행정당국은 도살을 무죄로 하였다.[12] 행정당국은 대수롭지 않은 상업적인 도살을 분리시켰다. 행정당국은 1806년부터 사용되기 시작한 용어인 이른바 도살장을 건립하였다. 이러한 사실을 토대로 행정당국은 사형을 집행하는 광경을 보면서 만족을 느끼는 열광적인 충동들에서 비롯되는 모든 환희와 모든 해방을 없애 버릴 수 있게 되었다. 그때부터 사람들은 그러한 사형이 단지 부질없이 구경을 좋아하는 사람들의 눈을 타락시킬 수 있을 뿐이라고 생각하였다.

왕정복고는 그러한 계획을 확대하였으며, 이같은 의지들을 실현시켰다. 규칙 제일주의를 강조하면서 파리의 외곽 지역으로 도살장을 후퇴시키고, 산책을 즐기는 사람의 시선으로부터 멀리 떨어진 제한된 공간 내로 그것을 격리시키려는 목표를 가지고 있었다. 시신의 운송처럼 통제되는 짐승의 썩은 시체는 폐쇄된 수레를 이용하여 운반이 이루어지는 경향이 있었다. 파랭 뒤샤틀레는 라탱 구역의 골목길들을 따라서 이루어지고 있었던 시신의 해부를 금지할 것을 촉구하였다. 의과 대학생들은 죽음을 연상시키는 익살맞은 행동을 점차 중단하였다. 시체의 잔해는 공공 장소에서 사라졌다. 1843년 학생이었던 포르세롱은 바리에테 극장에서 어린이의 한쪽 팔을 자랑삼아 보여 주었다는 이유로 아카데미위원회에 의해 엄중하게 견책을 당했다. 파랭 뒤샤틀레는 1810년 나폴레옹과 마리 루이즈의 결혼식에 맞추어 라탱 구역에서 점화된 조명용 램프가 인간의 기름으로 불을 밝힐 수 있다는 생각에 격분하였다. 한 마디로 말해 옛날의 파리에서 행해지던 수많은 습관적인 관행들은 정확히 말해서 공포심을 자아내는 것이 되었으며, 그 공포심은 자신의 임무를 완수하였다. 다미앵의 사형 설화와 관련하여 피에르 레타[13]가 강조하였듯이 가까운 과거는 급속히 지나가 버렸으며, 그 과거의 잔인성으로 인해 이해할 수 없는 것이 되어 버렸다.

위생국은 그 구성원들이 심취해 있던 관용 정신에도 불구하고 인접해 있는 동물의 잔해를 추방시키려는 목적을 가지고 있었다. 각종 짐승들의 피가 공공 장소에 흘러 나오는 것은 금지되었다. 1833년 동물들의 싸움을 금하였고, 1850년 그라몽법은 동물에 대하여 가해지는 단순한 잔인성을 공개적으로 보여 주는 것을 금지하였다. 사람들은 거리에서 행해지던 잔인성이 수그러드는 것을 보면서 사회가 진정되기를 기대하였다. 동물에 대한 짐수레 꾼의 행동이 차분해지는 것을 통해 민중 계급이 침착해지는 것을 고대하였다. 향후 파리가 폭력을 몰아내고, 피의 웅덩이라는 인상을 전혀 주지 않는 것이 중요한 문제로 대두되었다.[14]

특히 카바니스[1757-1808; 프랑스의 의사·철학자. 본능 속에서의 물질적인 세계와 지적인 영역 사이의 관계를 살피면서 정신적인 문제들에 대한 연구를 생리학과 결부시킬 것을 주장하였다] 같은 관념론자들로 하여금 본래 파리의 모습에 대해 청취하도록 정성을 들여 새롭게 권유하는 것, 용납할 수 있는 한계의 저하, 고통당하는 두려움의 강조 등은 무감각할 정도로 유혈 사태가 범람하였던 시기(1846-50)까지 유혈의 광경을 더 이상 발생시키지 않으려는 노력과 결합되었다.

이러한 배경 속에서 파업중에 있는 속죄 의식은 공포심을 자아내는 것이 되었다. 낙인을 찍는 것이 폐지된 지 1년이 지난 1833년 사형 장소의 이동이 결정되었다. 기요틴은 시청 근처를 떠나 생 자크 문 밖의 반쯤은 은밀한 장소로 후퇴하였다. 1848년 범죄자들의 시체를 진열하는 행위는 금지되었다. 잔인함을 갈망하는 시선의 만족을 막아야만 하였다. 예컨대 그때부터 모든 죽음의 광경은 단지 시체공시장 내에서 이루어지는 것으로만 존속하게 되었다. 이 점과 관련하여 앨런 미첼은 19세기말까지 프랑스인들이건 외국인들이건 떼지어 몰려드는 방문객들이 그 광경에 대해 느끼고 있었던 매력을 증명하였다.[15]

그런데 학살은 존속하였으며, 그 흔적을 제거하는 일이 중요하였다. 19세기초의 파리는 집단적인 살인이 반복적으로 행해졌다. 그러나 옛날에 이루어진 학살의 환희를 보여 주는 것은 용납할 수 없는 일이었으며, 수많은 기술적인 방법들은 간편한 도살을 금지하는 데 목표를 두었다. 우리는 파리 한복판에서 이루어진 학살이 긴장 완화와 사회 조직의 조화를 복원시킬 것을 불가피하게 요구하였듯이, 모든 일이 그렇게 진행되었다는 점을 알고 있다. 1815년부터 1871년까지 엄청난 양의 민중들의 피가 흐르는 상황을 이용하여 체제의 토대를 형성코자 하지 않았던 경우는 존재하지 않는다. 그런데 신기하게도 우리는 영웅화의 목적이 피가 흘러 나오는 것을 강조하고 자극하는 경우를 제외하고는 거의 남아 있지 않은, 이러한 학살들의 흔적들만을 확인할 수 있을 뿐이다. 이는 마치 7월 왕정의 영광스러운 시기 직후에, 또한 가장 적은 범위 내에서 본다면 제2공화국 초기에 이루어진 경우와 마찬가지이다.

19세기초에 파리에서 행해진 학살은 확실히 더 이상 무질서나 혼돈을 의미하는 것은 아니었으며, 더욱이 예전에 이루어진 듯한 충동적인 측면과 유사한 점은 발견되지 않는다. 혁명력 4년의 포도월〔혁명력의 제1월, 양력 9월 22일부터 10월 21일까지의 기간〕 이래 학살은 군대식으로 조직된 형태를 띠고 있었다. 학살은 칼·소총, 나아가 대포를 이용하여 자행되었다. 그 학살은 연속적으로 질서정연하게 이루어졌다. 학살의 주역들은 서둘러서 그 흔적을 지워 버렸다.

몇몇 산발적으로 발생하는 경우를 제외하고는 옛날에 파리의 여러 광장에서 군중들을 학살하는 광경을 보여 준다는 것은 더 이상 존속할 수 없었다. 그러한 산발적인 분기들이 일어나는 경우에 광포한 민중의 최악에 달한 감정의 폭발은 공포와 두려움을 야기하였다. 하인리히 하이네는 한 유명한 글에서 진성 콜레라라는 끔찍한 전염병이 가장 기승을 부렸던 보지라르 가에서 행해진 2명의 불행한 행인들에 대한 학살을 상세하게 기술하였다.[16]

신기하게도 역사가들은 도시에서 발생하는 폭력에 대해 현실 감각을 상실하는 이러한 계획에 동참하고 있는 것처럼 보인다. 라비스 이래로 역사가들의 지나칠 정도로 신중할 뿐만 아니라 순화된 담론은 여러 등급들 중에서 가장 하찮은 단계에 고착되었으며, 희생자들을 박해라는 반투명성의 후광으로 둘러싸고 있지만 잔인함의 책략들과 본능적 욕구들을 만족시키는 양식들에 대한 분석은 망각하였다. 2백 년 축제의 해에〔프랑스 대혁명이 발생한 지 2백 주년이 되는 1989년을 말한다〕 각종 가치들과 원칙들의 발전에 주의를 집중시키는 것은 인류학적인 체계를 지닌 행동들과 변화들에 대한 연구를 능가하는 일이다. 우리는 확실히 1831년에서 1835년, 1848년 6월, 혹은 1851년 12월에 자행되었던 학살 양식에 대해 거의 아무것도 알고 있지 못하다. 역사가들은 픽션을 통해 얼버무리고 있다. 역사가들이 1832년의 학살에 대해 기술한 부분들은 빅토르 위고를 토대로 형성한 것이며, 1848년의 학살을 다룬 것은 아주 흔히 플로베르가 서술한 내용과 전혀 다를 바가 없다.

그래도 다른 지역들과 비교하여 파리가 학살의 진앙이 되는 도시, 피로목욕을 하는 도시, 마치 괴물과 같이 잔인한 사람들에 의한 공포를 자아내는 폭발의 위협이 지속적으로 존재하는 도시라는 인상이 여전히 존속하고 있는 것은 사실이었다. 1860년경까지 지방에서 악몽처럼 괴로운 사건들이 발생하는 근원이 되었다. 파리에서의 유혈은 여러 체제들을 합법화하고 전적으로 국가적 집단의 운명을 결정하는 데 충분하였다.

1851년의 폭동——만약 영토 전체를 고려할 경우 가장 대대적인 규모의 폭동——직후 여러 이미지들의 반전이 시작되었다. 1848년 6월 사태를 통해 고취된 악몽, 1852년 선거에 대한 기대 등은 보다 높은 정도의 강도를 지닌 사회적 공포를 가져다 주었다. 1851년 그 무시무시한 로미외는 "일종의 무언의 심한 공포가 가장 작은 뼈와 가장 큰 뼈에 이르기까지 스며들었다"고 기술하였다. 또한 그는 "우리는 결국 내가 희망하듯이 우리가 태어난 사회에서 모든 소란들이 종식되는 것을 볼 것이다"[17]라고 서술하였다. 1851년 12월과 1871년 5월의 사태를 예언하였던 종말론적인 시각을 통해 그는 새로운 시기를 창설하는 역할을 담당하는 학살이 성공적으로 완수되기를 기원하였다.

질서를 유지하는 전술들의 새로운 효과, 폭력을 추방하는 주문, 공간의 정화 등은 여러 가지 표상들을 근본적으로 변화시킬 수 있도록 만들기 시작하였다. 또한 그 모든 것은 그 변화가 오스만에 의한 실현보다도 선행하였던 것이라 생각하게 하였다. 마찬가지의 방식으로 우리는 T. J. 클라크 덕분에 예술가들의 상상력이 파리의 변모를 앞질러서 이루어졌음을 알고 있다.[18] 폭력을 추방하기 위한 장기간에 걸친 작업, 모든 핏자국을 가능한 한 빨리 지워 버리려는 근심, 파리 바깥으로 육체와 관련된 작업이나 처리 공정을 추방하려는 시도 및 특히 불씨를 남기는 칼의 승리 등은 괴물의 모습을 상상 속에 가두어 놓는 것을 가능케 하였다. 그렇게 하는 동안에 건전하고 근면하며 훌륭한 민중의 출현을 겨냥한 교육 계획이 다듬어졌지만, 그 윤곽은 나머지 숫자의 교양 없는 사람들과의 경계를 정하려는 것이었다. 잔 가이야르는 이러한 조정과 통합 과정을 훌륭하게 보여 주었다.[19]

민중들이 더 이상 피투성이가 되지 않는 정화된 파리는 악몽에서 벗어나는 것처럼 보였다. 깨끗이 청소되고, 악취가 제거되었으며, 모든 종류의 분출과 침체 및 소요로부터 보호받게 된 정결한 공적인 공간, 마치 물결처럼 확산되는 불빛, 저속하고 하찮은 생산품들과 존재들의 유익한 순환 등은 외향성·과시·전시, 진열창의 증가 및 상품의 지배 등이 만연된 시기를 준비하였다. 돈을 쉽게 벌 수 있는 능력이 요구되고 사치가 전개되기 위해서는 피가 흐르는 광경을 없애야만 하였으며, 사회적 공포심을 몰아내야만 하였다. 그 사회적 공포심이란 다름 아닌 낡은 시립 병원이 파리 한복판에서 우중충한 묵직함을 더 이상 강제적으로 보여 주지 않는 것이었으며, 새로운 학살 과정들이 도시 사회 조직의 조화를 가능하게 만드는 것이었다. 예컨대 고기는 단지 상품에 불과한 물건이 되는 것이었으며, 향후 공포심은 1896년 자선 시장의 대화재 사건이 발생하였을 때의 경우처럼 더 이상 단지 자연적 재난으로부터 유래되지 않게 되는 것이었다.

그렇다면 파리 코뮌은 어떠했는가? 민중 계급에 의한 파리의 재정복은 일시적이었으며, 전적으로 과단성 없는 개략적인 사건이었다. 코뮌은 확실히 여러 측면들에서 시대에 뒤떨어진 것이었다. 그렇기 때문에 코뮌은 이상한 것으로 나타났다. 진실을 말하자면 옛날에 이루어졌던 학살의 시위들은 한동안 사용되지 않고, 때로 퇴화된 모습으로까지 보여졌다. 그러나 피로 얼룩진 주간과 파리의 동북쪽을 정규군이 재탈환하게 되는 시점에 이르자 그러한 시위들이 다시 발생하였다. 그와 마찬가지로 잔인한 장면들이 악소 가에서 전개되었다. 그렇지만 이러한 상황에서도 시신을 절단하거나, 혹은 훼손하는 것은 더 이상 생각할 수 없는 일이었다.

우리는 오늘날 로버트 톰브 덕분에 '파리 코뮌 당원들'의 학살이 몇몇 독
자적인 이야기들만을 제외하고는 개인적인 사디즘으로부터 용기를 얻은 병
사들의 자발성에 기인하는 것은 아니라는 점을 확실히 알고 있다.[20] 윌리엄
세르망이 언급하였듯이, 우리는 사실상 여기저기서 몇몇 난폭한 병사들이
"그들의 사정거리를 지나가는 불행한 사람들을 심심풀이로 총을 쏘아 넘어
뜨렸으며, 부상당한 사람들의 두개골을 소총의 개머리판으로 내리쳐 죽였
고, 내장을 드러낸 어떤 여성의 창자를 총검에 감아 실꾸리처럼 만들었으며,
시체들의 입 속에 병목을 깊숙이 집어넣었다. (…) 그러나 일반적으로 군대
는 명령들을 수행하였다"[21]는 사실을 발견한다. 그와 마찬가지로 샤론 가에
서는 커다란 구덩이 앞에서 사전에 두 열, 혹은 세 열로 정렬해 있던 1백50
명 혹은 3백 명으로 이루어진 집단에 의해 발사되는 기관총 사격을 통해 사
람들을 처형하였으며, 그 사람들의 시신으로 채워진 구덩이는 아주 빨리 생
석회로 뒤덮여졌다. 예컨대 학살의 근대성은 전혀 흔적을 남기지 않았다.
그 근대성은 악몽을 서술하는 일과 마찬가지로 역사가들의 작업을 곤란하
게 만든다.

끔찍했던 해가 지난 직후, 1851년 12월 4일의 학살 때보다도 더욱 피로
물든 파리는 악으로 가득 찬 위대한 바빌론처럼 쾌락주의의 중심지와 같은
모습을 갖추게 되었다. 안심한 지방 사람들은 '매춘굴'을 찾아서 파리로 왔
다. 하지만 파리가 쾌락의 중심지, 접근하기 쉽고 세련된 육체의 중심지로
서의 윤곽이 뚜렷하게 나타나기 위해서는 인근에 있는 부패하는 물건을 다
루는 공장들, 기형적인 것의 존재 및 예기치 않게 범람할 수 있는 집단적인
죽음 등이 추방되어야만 했다는 점을 망각해서는 안 된다.

13

역사학과 감각적 인류학[1]

뤼시앵 페브르가 감성의 역사를 연구할 생각을 하였던 것은 이미 반세기가 지난 일이다.[2] 그의 사고에 의하면, 그 역사는 우리가 조금 성급하게 심성사라고 명명하였던 집단적 심리에 관한 연구에 포함될 것이다.[3] 《역사를 위한 투쟁》의 저자[뤼시앵 페브르를 말한다]가 작성한 몇 개의 논문들에 나타난 이 원대한 계획은, 특히 지각 방식들을 분석하고, 모든 감각의 서열을 발견하는 동시에 감정의 체계를 재구성하는 것 등을 내포하고 있다. 모든 감각들의 기능에 관한 연구는 여기서 뤼시앵 페브르가 '정신적인 도구'로 간주하는 것 안에 포함되어 있다. 그 경직된 개념은 오늘날 사람들이 아날학파의 창설자들에 대하여 정당하게 비난하고 있는 지나칠 정도의 이러한 물화(物化)를 나타낸다. 노베르트 엘리아스(1939)는 '문명화 과정'을 정밀하게 분석하고, 서양 사회 내에서 이루어진 자기 규제와 규범의 내면화 과정이 어떻게 진전되었는가를 추적해 보고자 노력하였다. 그 반면 뤼시앵 페브르는 감정적인 활동이 어떤 과정을 거쳐서 완만하게 억압되었으며, 어떻게 그러한 행동들의 합리성이 두드러지게 강조되었는지를 연구할 것을 제안하였다.

그러한 계획은 그 시대의 각종 지적인 영향들과 유행들에 좌우되고 있었다. 즉 호이징가[4]와 조르주 르페브르[5]의 저작에서 시사를 받았고, 군중들에 관한 심리학[6]의 때늦은 유행을 통해 자극을 받았으며, 앙리 발롱·뤼시앵 레비 브륄 및 샤를 블롱델의 저작들[7]에서 고무된 것이지만 오늘날에는 더 이상 시의성이 없는 것으로 나타난다.[8] 그렇지만 그러한 계획이 이미 존재하였다는 점을 상기하는 것은 의미 있는 일이다. 그러한 프로그램은 여러 가지 감각들에 관한 역사인류학의 관점에서 새롭고 유익하게 읽혀질 수 있을 저작들을 낳았다.[9]

이번 호의[본 논문은 《인류학과 사회》 1990년 특집호에 수록되었다] 공동 기고자들이 어떠한 문화 내에 존재하고 있는 감각적인 가치들의 체계와, 여러 가지 감각들이 지니고 있는 표상들과 기능들의 서열에 관심을 가지고 있는 이상 뤼시앵 페브르의 직관들을——그것들의 부정확함이 어떻든간에——상기시키지 않을 리 없다. 어쨌든 그것은 역사가에게는 위험하지만 매혹적인 계획——혹은 차라리 도박——이다. 어떤 역사적 시대에, 또한 일정한 사회 내에 저리잡고 있는 여러 가지 감각들의 서열과 그것들 사이에 형성된 균형을 분석함으로써 과거의 인간들이 세계에 존재하는 양식을 회고적으로 구분하는 일이 가능한 것일까? 이러한 서열들의 기능을 알아내는 것, 또한 결국 여러 가지 감각들 사이에 형성되어 있는 관계들의 이같은 조직에서 중요한 역할을 담당하는 목적들을 찾아내는 일을 생각할 수 있을까? 이와 같은 연구를 통시적인 관점에 종속시키고, 영속성을 확인하며, 완전한 단절 혹은 미세한 변화를 식별하는 일을 실행할 수 있을 것인가? 보다 쉽게 식별할 수 있는 각종 감정들의 체계 변화를 여러 가지 감각들의 서열과 균형 속에서 발생되는 변화들에 연결시키는 일은 적절할 것인가? 이러한 질문들에 응답하는 것은 감성의 역사학이 존재하며, 그 역사학이 유효성을 지니고 있다는 판단을 내리는 것이다. 왜냐하면 감성의 역사학은 특정한 시대의, 특정한 문화 내에서 체험되는 것과 체험될 수 없는 것의 상대적 위치를 알아내는 것을 포함하기 때문이다.

예를 들어 데이비드 하우즈[10]는 1750년부터 1850년에 이르는 한 세기에 대해 상당히 자극적인 해석을 제안하였다. 하지만 그 해석은 장기간에 걸쳐 많은 인내심을 요구하는 연구들의 뒷받침을 필요로 한다. 그에 의하면 근접 감각들, 즉 근본적으로 감정적인 장치들을 지배하는 촉각·미각·후각 등은 18세기말부터 19세기 중반에 이르기까지 사회적 질서의 구도가 모호한 채로 존재하였다고 할지라도 그 상대적 중요성이 증대되었다는 것이다. 특히 각종 존재와 사물들의 변화 과정들을 보여 주는 여러 추이들과,[11] 시발점들 및 여지들의 감각인 후각은 그 혼돈의 시대에 사람들을 매료시켰다. 반면 시각은 그 후각과 같은 정도의 확신을 가지고 여러 가지 서열들을 파악하는 일이 더 이상 불가능하였다. 이러한 모든 것은 타당성이 있는, 예컨대 지극히 논리적으로 나타난다. 문학사 전문가들이 암암리에 행해지는 침입과 불투명함으로 인하여 가지고 있었던 강박관념 및 빅토르 위고가 언급하였던 이러한 '무한의 저변' 속에서 지식과 권력을 정화하는 빛을 비추기 위하여 사회적 관찰자들과 행정관들이 수행하였던 어려운 싸움 등을 강조하였던 것은 이미 오래 된 일이다. 이러한 사실은 그 분야에서 역사가들의 탐구가 수많은 어려움에 부딪혔을 뿐만 아니라 엄격한 신중함을 필요로 한다는 점을 말하는 것이다. 바로 이 점이 내가 본 논문에서 다루고자 하는 바이다.

이른바 실증주의 역사학의 전통을 통하여 연구자에게 시사되었으며, 그 연구자가 지극히 소박한 수준에서 가장 먼저 취한 방법은 감각적인 기관을 둘러싼 환경의 변화 과정을 식별하려는 것이었다. 혹은 만약 그 연구자가 선호한다면, 특정한 역사적 시대에 각각의 사회적 공간 속에서 나타난 여러 가지 감각들의 일람표를 작성하려는 것이었다. 예를 들어 기 튈리에[12]는 19세기 중반에 니베르네 지방에 있는 어떤 마을에 살고 있던 주민의 귀에 전달되는 민감한 소리들의 목록을 작성하고, 그 소리들의 상대적 강도를 측정하려는 노력을 기울였다. 그래서 그의 저작을 읽어보면 발동기와 증폭기에서 나오는 소음 없는 소리가 울려 퍼지는 환경 속에서 모루를 내리치는 해머 소리의 울림, 수레를 만드는 목수가 사용하는 나무 망치의 육중한 소리, 끊임없이 이어지는 교회 종의 울림, 말의 울음소리 등이 들리는 듯한 느낌이 든다. 이러한 방법[13]은 무시할 수 없는 대상이다. 그 방법은 옛날 마을의 분위기에 침잠하도록 도움을 주며, 포괄적인 관점을 용이하게 수용할 수 있게 만들고, 시대 착오로부터 비롯되는 위험성들을 피하는 데 이바지한다. 그러나 명백히 이러한 탐구는 이론의 여지가 있는 공리에 근거를 두고 있다. 그 탐구는 사람들의 주의를 집중시키는 양식들, 지각 능력의 한계, 여러 가지 소리들의 의미, 용납할 수 있는 것과 용납할 수 없는 것의 배치 등이 역사적 사실성을 결여하고 있다는 점을 내포한다. 마지막으로 그러한 탐구는 이 논문에서 우리의 목적이 되는 감각의 균형이 지니는 역사성을 부정하는 데에 이르게 된다. 기 튈리에가 보기에 모든 것은 19세기 니베르네 지방의 마을 주민들의 아비투스(habitus; 프랑스의 사회학자인 피에르 부르디외 사상의 핵심 개념으로, 과거의 어떤 역사적 행위가 한 개인의 의지와 관계없이 제도화되고 그것이 다시 개인과 사회에 영향을 미치는 관계를 말한다)가 그들의 듣기 능력, 즉 그들의 청각 조건이 되지 않는 것처럼 나타난다.[14]

그렇지만 기 튈리에의 계획을 보다 발전시킬 필요가 있다. 그가 분석한 바와 같은 환경에서는 소리가 다른 무엇보다도 중요한 목적이 되는 요소가 있다. 여기서 그 증거로 노르망디 지방의 구릉 지대에 있는 작은 마을인 론레 라베이에서의 생활에 나타난 한 에피소드를 제시할 수 있다. 이 마을의 농민들은 11세기부터 14세기에 걸쳐 만들어진 한 수도원 부속 성당의 종소리에 맞추어 작업을 하는 관습을 가지고 있었다. 그런데 1944년 독일 군대가 그 종을 파괴하자 그 전통적인 소리를 소방대의 요란한 사이렌 소리로 대신할 필요성을 갖게 되었으며, 사이렌을 마을 한가운데에 있는 시청의 지붕 위에 설치하였다. 농민들은 근대성을 상징하는 이 새로운 소리에 빨리 익숙해졌다. 1958년 교회는 종을 새로이 설치하였다. 매일 반복되는 사이렌의 윙윙거리는 소리에 거북함을 느끼고 있던 마을 주민들의 요구에 따라 시의회는 옛날의 종소리를 다시 사용할 것을 결정하였다. 1년 이상의 기간 동안 그 소리를 둘러싼 싸움은 마을을 분열시켰다.[15] 농민들은 보다 맑고, 특히 보다 요란한 사이렌이라는 새로운 소리에 집착하였다. 하지만 그들과 반대되는 입장의 사람들은 청동으로 만든 종이 떨리는 듯한 감동을 주는 힘이 있는 미적인 특성을 가지고 있다고 판단하여 명백하게 전통적인 종을 선호하였다. 그들은 근대성을 상징하는 귀청 떨어지는 듯한 소리를 거부한다고 주장하였다. 농민들은 무리를 지어 마을을 침입하였으며 시청에 돌을 던지고 '사이렌에 반대하는' 지도자들에게 야유를 보내기도 하였는데, 이는 거의 '샤리바리' 처럼 난장판을 벌이는 것에 가까웠다. 민중의 흥분된 감정은 이미 오래 전부터 계속된 분리를 다시 활발하게 나타나게 만들었다. 즉 '드골주의자들' 은 예전부터의 '페탱주의자들' 을 비난하였으며, 간통이나 개인적인 복수 등과 관련된 사건들은 다시 표면으로 부상하였다. 각종 언론 매체들도 이러한 충돌에 관심을 갖게 되어, 그 충돌의 내용은 《프랑스 수아》 제1면에 보도되었고, 라디오 방송국이었던 '유럽1' 의 뉴스에 그 충돌에 관한 보고서가 소개되기도 하였다. 그 마을의 주임 사제는 당시까지 확고한 위치를 차지하고 있었던 자신의 권위가 약화되는 것을 경험하였다. 이에 따라 그 성당의 수석 사제인 대사제는 소리를 둘러싼 이러한 싸움을 중지할 것을 권장하기에 이르렀다. 안절부절못했던 그 마을의 시장은 얼마 가지 않아 몸과 마음이 경색될 정도였다. 단지 중립적인 입장을 견지하고 있던 한 정치가——그 마을 출신의 전 국회의원으로 시의회는 결국 그에게 시장의 직무를 대리할 것을 제의하기에 이르렀다——에게 도움을 요청하면서 평정을 회복하는 데는 성공하였으나, 그렇다고 하여 화합을 이룬 것은 아니었다. 그 이후 매일 정오가 되면 사이렌이 울려 퍼지는 동시에 교회의 종들도 일제히 울리게 되었다.

이러한 에피소드는 상당 부분 기호 체계에 속하기 때문에, 그것을 완전하게 분석하기 위해서는 인류학적 구조들에 대한 분석들을 필요로 한다. 더욱이 그 에피소드는 큰 마을과 농촌 지역을 상호 대립시켰던 전통적인 반목을 보여 주는 것만은 아니다. 오히려 그것은 각종 감각들의 기능과 참을 수 있는 한계에 대한 지각 및 여러 가지 소리들의 의미들을 둘러싼 사회적 대립이라고 하는 또 다른 분열을 보여 준다. 그 에피소드는 각종 소리들의 존재에 관한 또 다른 분석의 필요성을 제기한다.

하지만 여러 가지 감각들의 조직화와 균형을 연구하려는 열망을 가지고 있는 역사가가 부딪치는 곤란한 문제들을 다시 언급해 보기로 하자. 가장 명백한 장애물은 그 흔적이 곧 사라진다는 점에 있다. 사실인즉 각종 기술들과 도구에 관한 지식, 풍경의 구조에 대한 지식, 식생활의 습관들, 혹은 위생과 관련된 관습들에 대한 지식 등은 적어도 대략적으로 감각적인 환경을 재구성하는 것을 가능케 한다. 게다가 그 흔적이 쉽게 사라진다는 것은 여러 가지 감각들의 기능, 그 감각들 사이에 실제로 존재하는 서열, 지각할 수 있는 그 감각들의 의미 등과 관련을 맺고 있다. 더욱이 역사가들은 그것을 판단하는 각종 체계들의 발전에 관해서는 거의 아무것도 알고 있지 못하다.[16] 역사가들은 자신들이 연구하는 문화 속에 존재하고 있는 쾌적한 것과 불편한 것, 매혹적인 것과 불쾌한 것, 수요가 많은 것과 거부되고 있는 것, 참을 수 있는 것과 참을 수 없는 것 등이 상호간에 어떠한 상대적 배치가 이루어져 있는지에 대해서는 잘 알고 있지 못하다. 대개의 경우 역사가들은 사람들이 교류를 하는 관습들과 의사 소통의 양식들 속에 존재하는 각각의 감각들이 상호 관련성을 맺으면서 전개하는 역할을 간과하고 있다. 그렇지만 그와 같은 자료들은 사회적 집단들을 인식하는 데 있어서는 필수적으로 요구된다. 만약 그러한 자료들이 없다면, 연구의 대상이 되는 각각의 집단들 내에서 자아와 관련된 표상들은 물론 타인과 관련된 표상들에 관련된 역사학은 존재할 수 없게 된다.

하지만 이와 같은 모든 역사학의 대상들에 관해 정보를 제공해 주는 사료들은 풍부히 존재하고 있다. 가장 먼저 각종 규범들의 체계에 관해 정보를 제공해 주는 저작들을 인용하기로 하자. 그 저작들은 연구의 대상이 되는 사회 내에 존재하는 여러 가지 감각들을 억제하는 기술들이 어디에 존재하는가를 파악할 수 있게 한다. 19세기의 처음 3분의 2 시기의 프랑스로 한정시킬 경우, 수많은 교과서들과 위생에 관한 지침서들은 그와 같이 규범적인 것에 대한 가르침을 전해 준다. 이러한 저작들의 저자들은 지각(percepta)과 관련된 문제에 한 장을 할애하여야만 했다.[17] 그들은 여러 감각기관들의 위생, 혹은 훈련을 위한 원칙들을 규정해야만 하였다. 이같은 작업을 하면서 그들은 감각의 서열을 결정하고 그 서열을 강요하는 데 이바지하였다.

자기 자신에 관한 서술은 우리가 지금 논의하고 있는 인류학적 탐구에 전념하기에 충분할 정도로 풍부하게 남아 있는 사료이다. 하지만 불행하게도 그것은 결국 사회적으로 한정된 관습이다. 여타의 저술들 중에서, 특히 알랭 지라르 · 베아트리스 디디에 · 미셀 페로와 조르주 리베유의 저작들은[18] 그 시기에 파리보다도 지방에서 더 많이 행해지고 있던 지속적인 일기쓰기에 대해 밝히고 있다. 즉 그러한 지속적인 태도는 소부르주아 계급 내에서 지배적으로 통용되었으며, 그 태도는 종종 자신들의 은밀한 글쓰기 이외에는 다른 수단을 통해 자신을 표현할 수 없었던 가족 내의 숨막힐 듯한 상황에 처해 있는 개인들의 마음을 끌었다는 점을 증명한다.[19] 일기를 쓰는 사람들 중에 여성들과 동성애자들의 숫자가 과도하게 많이 나타나는 것은 바로 그 이유 때문이다. 그런데 자신의 내면에 귀를 기울이는 예리함, 체험한 것과 눈치챌 수 없는 것을 구별하는 행위는 자신이 속해 있는 집단에 따라 현격하게 달라진다. 더욱이 출판을 위한 어떠한 목적에 의해 굴절되지 않는 자기 자신에 관한 이렇게 상세한 결산, 쇠약함에 주의를 기울이는 이 서술은 사실상 짧은 기간 동안만 지속될 뿐이다. 일기, 특히 영국의 장애자들이 작성한 '치료 일기'가 이성적인 서적들과 종교적인 일기들을 점차 대신하게 된 것은 18세기를 거치면서였다. 수십 년 동안 조금씩 세속화되어 가고 있던 자아에 대한 검증은 역사가에게 매혹적으로 나타날 정도로 정확한 분석을 제공한다.

증대하는 민감함과 자신과 관련된 은밀한 부분, 에밀 뒤르켐[20]과 노베르트 엘리아스가 언급하였던 사회적 충돌을 통해 입은 상처들을 가지고 있기 때문에 또다시 손상되기 쉬운 감수성 등과 같은 이러한 과정들을 추구할 수 있기 위해서 일기보다 더 나은 사료는 없다. 감정과 관련된 장치들의 역사성을 지각하고, 감수성이 동요하는 모습과 기능을 발견하며, 혹은 여러 가지 감각들의 훈련과 기능 양식들을 식별하려는 노력을 기울이기 위해서도 역시 일기보다 나은 사료는 없다. 더욱이 일기를 쓴 사람들은 자신들이 체감한 인상들을 끊임없이 환기할 수 있도록 기록한다. 또는 만약 원한다면 일찍이 몽테뉴가 언급하였던 내적인 감각에 의한 이러한 지각들과 19세기의 엘리트들이 정신분석학이 등장하기 이전에 상당히 늦게 보여 주었던 이같은 내면의 웅성거리는 소리를 잊지 않고 기록한다.[21]

자기 자신에 대한 서술은——물론 이는 하나의 예에 불과하지만——성적인 쾌락의 척도와 애무 습관들에 관해서 정확한 정보를 제공해 준다. 남자들은 자신들의 성적인 감동들의 정도를 일기에 남긴다. 여성들이 그와 마찬가지의 기록을 남기는 경우는 아주 드물게 나타난다. 하지만 피터 게이[22]는 루미 토드라는 여성이 자신의 은밀한 행위들을 얼마나 세밀하게 기록하였는지를 우리에게 제시해 준다. 물론 그와 같은 기록들은 여러 가지 감각들의 표상들과 기능들, 그리고 또한 자신들의 지각·인상·감정 등을 과감하게 듣고 말하게 하며, 동시에 그렇게 할 수 있게 하기에 적절한 감수성의 형태들을 과대 평가하도록 만든다. 더욱이 위에서 언급한 사료들은 명백하게 계량화하기가 어려울 정도로 분산되어 있으며, 단편적인 자료들만을 제공할 뿐이다. 말할 것도 없이 그 일기의 저자들은 여러 가지 감각들 사이에 존재하는 균형의 조직화를 인식하게 만들려는 목적을 가지고 있었던 것은 아니었다. 그렇지만 오늘날 역사가는 하나의 끊임없는 딜레마에 부딪치고 있다는 점을 잘 알고 있다. 그 딜레마란 즉 "뛰어난 결과들에 도달하기 위해 취약한 과학적인 위상을 떠맡을 것인가, 아니면 하찮은 결과들을 얻기 위하여 강력한 과학적인 위상을 견지할 것인가"[23]이다.

마찬가지로 감정이 절정에 달한 상황들이 그 상반되는 감정들을 드러내지 않는다면, 수집된 자료들의 전후 연결성을 파악하는 것은 어렵다. 각종 지각들과 감정들의 체계에서 나타나는 세련되지 못한 대립들에 관하여 언급할 경우, 상극적인 배치들은 때로 유용할 정도로 정확하게 그 윤곽이 밝혀진다. 18세기말에 발생하였던 학살의 장면들, 또한 그것에 비해 아주 드물기는 하지만 19세기의 처음 몇십 년 동안 일어났던 학살의 장면들은 이점과 관련하여 주동자들의 아비투스에 관한 귀중한 증언들을 제공해 주었다. 학살에 가담하였던 군중의 환희와 감수성이 예민한 사람이 체험하였던 전율 사이의 명확한 분할은 감각과 관련된 행동들을 쉽게 이해할 수 있게 하였다. 예민한 목격자는 그 장면에 대해 냉정한 시각을 견지하였으며, 일종의 '방관자적인' 태도를 취하였다. 시각적인 분석은 그러한 사람에게 공포심이라고 하는 이러한 마음의 폭동을 강요한다. 혼돈의 중심에 자리잡고 있으면서 학살과 무훈적인 행위 및 그 함성들에 가담하고, 군중의 열광적인 충동들이 해방되는 가운데 학살이 이루어지는 소리들과 냄새를 맡는 학살자는 그 광경을 시각적으로 분석하지는 않는다. 예민한 목격자와는 달리 학살자는 이른바 근접 감각들——촉각 및 후각——을 통해 그 사건을 느낄 뿐이며, 그러한 감각들을 통해 체험하지 않은 엉망진창이 된 육체들과 그 공포의 장면들을 묘사할 수는 없다.[24] 이렇게 18세기말에 자주 볼 수 있었던 비장함은, 마치 회화 작품처럼 시선의 역학과 사회적으로 한정된 감각의 서열 기능을 전제로 하고 있다.

그러나 바로 이같은 점에서, 우리는 역사가들이 여러 가지 감각들의 실제적인 기능과 사회 관찰자들에 의해 결정된 그러한 기능의 일람표를 혼동하는 함정에 슬그머니 빠져 버리게 된다는 점을 알고 있다. 한 번 더, 예를 들어 해군의 위생 전문가들이 선원의 감수성에 대해 언급하였던 바를 고려해 보기로 하자.[25] 이와 같은 하층 신분은 습관적으로 담배를 피우기 때문에 미각과 후각의 기능이 하락된 것으로 나타난다. 촉각의 섬세함은 밧줄을 다루는 일로 인하여 파괴된다. 청각의 민감함은 대포와 가까이 있음으로써, 시각의 민감함은 염분이 많은 주위 환경으로 인하여 파괴된다. 한 마디로 말해 선원은 자신의 주요한 감각적인 예민함을 상실하며, 결국 무감각한 존재가 되었다.

이와 같은 서술들은——모든 사회적 범주들에도 마찬가지이다——그 전후 연결성으로 인하여 일반적으로 통용된다. 그러나 명백하게 이 서술들은 그것을 기록하는 사람의 집필 상황에 좌우되기 때문에 그것을 결정하는 사람의 상황을 언급하려는 것은 아니다. 위에서 인용한 경우에 저자는 대개 해군 군의관으로서 그의 관찰 대상으로부터 자신을 분리시키는 거리를 강조해야 할 의무가 있다. 더욱이 그 의사는 미묘한 공모 관계를 맺고 있는 그의 독자를 이러한 구별의 목적에 포함시키지 않으면 안 된다. 게다가 그 가치를 과소 평가하는 서술은 불쌍한 선원에게 강요되는 상황을 정당화시키는 데 이바지한다. 다른 한편으로 부르주아 계급의 사회적 상상력을 괄목할 만하게 분석하였던 루이 슈발리에[26]는 이러한 정당화의 목적을 약간 망각하고 있다.

이렇게 구별하려는 의지 이상으로 저자는 아주 자연스럽게 과학적 인식 속에 자신의 서술을 슬그머니 포함시켰다. 신(新)히포크라테스주의가 상당히 정신적인 영향력을 미치고 있던 시대에 개인을 둘러싸고 있는 대지, 대기 및 물(circumfusa), 개인이 섭취하는 음식물들(ingesta), 몸에 걸치는 의복들(applicata), 종사하는 활동들(gesta)이 지니는 특성들로부터 그 개인의 외관과 감수성에 관해 추론하는 것은 일반적인 일이었다. 피부의 우툴두툴한 모양처럼 그의 감각들로부터 이루어지는 기능은 이러한 전후 연결성을 반영한다.[27] 그 시기에 농민의 촉각이 무감각하였다고 선언하는 것은 당연한 일이다.[28] 농민의 피부는 '일종의 거북 등처럼' 뒤덮여 있지 않음에도 불구하고 고된 노동에 의해 단단하게 된다. 이렇게 흙에서 노동을 하는 노예와 같은 존재의 꺼칠꺼칠한 피부는 전체적인 사회상의 묘사에 부합하는데, 그렇다고 해서 그 사회상을 구성하는 각각의 특징들의 실체를 우리가 체계적으로 부정하는 것은 가능하지 않다.

더욱이 대단한 권위를 가지고 묘사되는 타자(他者)에 대한 이러한 서술은 지배적인 윤리에서 기인한다. 그 윤리는 여러 가지 감각들의 상호적인 기능에 대해 가치 판단을 내릴 것을 요구한다. 근대 역사가들은 '회개를 위한 의식들' ——또한 그 결과 아마도 고해 신부들의 명령들——은 악마에게 이르는 이러한 다섯 가지의 문들에 의해 유도되는 죄를 짓는 방식들을 자세히 언급하면서 훌륭하게 분석하였다.[29] 또한 우리는 시각이 지니고 있는 위험성들을 지적하면서 유혹을 피하기 위하여 눈을 내리뜨든가, 아니면 천상의 세계를 향하여 눈을 올리도록 부추겼다는 점을 알고 있다. 이는 감동을 일으키는 비참함에 대해 자선을 베푸는 태도로 열거하려는 목적 속에서 이루어지지만 않는다면, 경건한 영혼으로 하여금 세상을 또한 그 세상의 위험성을 주시하는 시선의 수평적인 상태를 두려워하도록 이끄는 것이었다.

마찬가지의 방식으로 각종 감각들의 기능에 관한 서술은——또한 의심할 나위 없이 각종 감각들의 기능 그 자체에 관한 서술, 하지만 어느 정도로 그것이 이루어지는가?——건강과 질병의 이미지들을 따르고 있으며, 따라서 결국 의사들에 의해 묘사된 분할들에 따르고 있다. 이와 같이 건전한 것과 불건전한 것을 묘사하는 히스테리의 정신적 영향은, 19세기말에 이르면 히스테리성 감각과민증의 징후라고 인식되는 완전한 후각과민증에 걸려 있을지도 모른다는 의심을 떨쳐 버리기 위하여 후각 기능의 가치를 떨어뜨리는 데로 이르게 되었다.

이러한 모든 논리들은 대개의 경우 다른 범주로 전이되어 허구적인 문학 속에서도 발견된다. 졸라는 그의 유명한 연작인 《루공 마카르》에서 이미 몇

십 년 전에 학자들과 사회관찰자들에 의해 지적된 사회적 구분들을 재현하
였다. 졸라가 묘사하였던 민중 계급 내에서는 촉각이 지배하고 있는데, 그
촉각은 동물적인 것과 유사하다는 점이 입증된다. 남성과 여성은 난폭하게
서로 욕설을 퍼부으며 싸우기도 하고, 서로 결합하기도 한다. 부르주아지들
과 귀족들의 경우 유혹은 일정한 거리와 시각적인 애무, 후각적인 흔적 등
을 전제로 한다. 간단히 말해서 각종 감각의 기능을 전제 조건으로 하는 예
민함이라 할 수 있다.

　이와 같이 지나치게 성급한 고찰들로부터 역사가에게 불가피하게 요구되
는 신중함이 비롯된다. 역사가는 자신의 탐구를 시도하기 전에 감각적 체계
의 표상들과 그것들의 기능 양식들을 파악해야만 한다. 간단히 말해서 역사
가는 자신이 연구하는 시대와 관련된 모든 참고 사항들을 해독할 수 있어야
만 하며, 또한 당시에 지배적이었던 과학적 확신들에 의해서 정리된 많은
증언들의 논리를 파악할 수 있는 능력을 갖추어야만 한다. 동물적인 정신들
과 관련된 이론에 대한 신념에 바탕을 두고 있는 사료는, 브로카가 묘사하
였던 대뇌 지형도에 의거하고 있는 어떤 텍스트를 분석할 때와 마찬가지의
틀을 가지고 분석하는 일이 가능하지 않을 것이라는 점은 명백하다. 하지만
감수성의 중심부가 어디에 위치하고 있으며 어떤 모습을 하고 있는가, 또한
신경의 순환을 통해 이루어지는 메시지의 전달 등에 관하여 브로카가 새롭
게 소개하였던 방식을 살펴보는 일은 그의 저술들을 이해하기 위한 필수적
인 작업이다. 그 방식은 암암리에 여러 가지 감각들의 서열에 관한 그의 인
식을 지배한다. 수 세기에 걸쳐 후각에 대한 이론적인 찬양, 혹은 비난은 이
와 같이 신경 조직의 이미지들을 통하여 결정되었던 것으로 나타난다. 18세
기의 몇몇 생리학자들이 횡경막에 부여한 중요성은, 여러 가지 감정들의 폭
발 속에서 감정적인 메시지들이 갖는 상대적인 역할의 표상들을 신중하게
검토하는 일이었다. 이러한 모든 것은 일련의 명백한 사실들이다. 하지만 한
번 더 그러한 사실들을 상기시켜야만 한다. 이같은 형태의 신중함들은 대

개의 경우 다양한 과학적 체계들의 흔적들이 하나의 동일한 사료를 분석하는 사람이 보기에 혼잡하게 뒤섞여 있는 만큼 보다 엄격하고 빈틈없는 분석을 요구한다.

과거에 대한 조사는 지각할 수 있는 것과 지각할 수 없는 것 사이의 경계를 관리하는 아비투스, 또한 나아가 언급할 수 있는 것과 언급할 수 없는 것을 구분하는 각종 규범들을 고려하지 않을 수 없게 만든다. 사실상 언급할 수 없는 것과 체험할 수 없는 것을 혼동하지 않도록 조심해야만 한다. 이와 같이 역사가는 많은 사료들의 읽기를 통해 구별되는 혁신적인 사실의 드러남이 각종 감각들의 기능 양식들과 격렬한 감정 체계의 변화를 지적하는 것인지, 아니면 보다 단순하게 새로운 수사학적 형식들의 구체화를 지적하는 것인지에 대해서는 결코 확실하게 파악할 수 없을 것이다. 그래도 그 새로운 수사학적 형식들이 전파됨으로써 사람들의 많은 행동들의 특성을 규정하는 것은 사실이다.

인류학자는 조사와 질문을 통하여 이러한 위험성들을 회피할 수 있고, 무기력한 언어에 의해 초래되는 많은 함정들을 모면할 수 있다. 반면 역사가는 기호의 해석이라는 위험한 탐구 속에서 어떤 확실한 검증 과정을 소유하고 있지 못하다. 진흙 속에 웅크리고 있으며, 눈에 보이지 않는 사냥감의 발자취를 유심히 살피고 있는 사냥꾼처럼 역사가는 병약하고 예민한 실마리들을 지닌 타인의 행동을 추론해야만 한다.[30]

여기서 명백하게 역사학은 과학적 지식이 아닌 추측에 의한 지식의 영역에 속하게 된다. 연구자는 기껏해야 어떤 담론, 혹은 전체적인 흔적들이 출현하는 순간을 객관적으로 밝혀내려 한다고 생각할 수 있을 뿐이다. 역사가는 18세기말에 회화적인 것이 대유행이었을 때, 그것이 수사학적 분야의 번성에 기인하는 것인지 아니면 회화 기법의 발전에 기인한 것인지를 정확

히 알 수 없을 터이며, 시선과 관련된 어떤 역학이 만들어지고 그것이 사회
적으로 보급되는 것이 무엇을 가리키는지에 대해서도 전혀 정확하게 인식
할 수 없을 것이다. 하나의 판단 양식은 그것이 언급되기 전에, 더구나 그
것이 이론화되기 전에는 존재하지 않았다고 증명할 수 있는 바가 아무것도
없다. 단지 한 가지 확실한 것은 장황한 담론과 그 담론이 전파하는 규범들
의 체계는 그 이후의 관습들을 결정짓는 데 공헌한다는 점이다.

　　인류학자보다도 훨씬 더 언어의 포로가 되는 역사가는, 적어도 말할 수 있
는 것과 말할 수 없는 것 사이의 경계를 결정짓는 바를 밝혀내려고 노력해
야만 한다. 역사가는 지나치게 일상적인 것은 대개의 경우 언급되지 않은
것이라는 점을 인식해야만 한다. 이는 그 자각이 여전히 아주 명확하지 않
고, 그것을 진실로 표현하는 수단들이 확립되지 않은 새로운 감정을 인식하
는 것과 마찬가지이다. 자동차의 운행으로 인한 소음이 야기하는 편재성과
부주의로 인하여 더 이상 그 소음을 지각할 수 없게 되었는지, 그렇지 않으
면 그 소음이 극단적으로 진부한 것이 되면서 엉큼하게도 그 소음에 대해
언급하지 않게 되었는지에 관해 지나치게 많이 알지 못하더라도 오늘날에
는 대도시들을 상기시키거나 혹은 묘사할 때 그 소음에 대한 언급이 사라지
는 경향이 있다.

　　그와는 반대로 언어적 관행들의 타성은 더 이상 지각되지 않는 것, 혹은
더 이상 체험할 수 없는 것을 지속적으로 언급하도록 부추긴다. 은유의 사
용은 건방진 연구자에게는 함정이 된다. 예를 들어 눈물의 역사와 관련된
안 뱅상 뷔포의 훌륭한 저서[31]는 그 저자가 실제적인 관행들을 어떤 방식으
로도 증명하지 않고 은유적인, 혹은 단순하게 상투적인 표현들을 때로 문자
그대로 취하고 있다는 점에서 그 저서의 가치가 어느 정도는 손상되었다.

　　과거의 사료를 토대로 행해지는 연구는 또한 그 자체로 나름대로의 역사
를 가지고 있는 정숙함의 명령들, 음란함의 모습, 형언할 수 없는 사항의 윤

곽 등에 대해 사전에 인식하는 것을 전제로 한다. 19세기에는 포옹과 육체적 쾌락, 미각, 각종 냄새들 및 관능적인 쾌락의 소리들을 묘사하는 것을 금지하였기 때문에, 그 정도로 침묵을 강요받지 않았던 시각적인 것의 우위성을 허위로 과대 평가하기에 이를 수 있을지도 모른다.

다시 한 번 되풀이하지만, 인류학자와 비교하여 불리한 입장에 서 있는 역사가는 언어에 속하는 사료들 이외에 다른 사료들을 거의 사용하고 있지 못하다. 그렇지만 커뮤니케이션의 관례들과 그것의 사회적 기술들을 통해 여러 가지 감각의 기능 양식들을 나타내는 것을 탐구해야만 할 것이다. 악수에서부터 정보를 전달하는 수단들에 이르기까지 아직도 개척되지 않은 탐구 영역이 뚜렷이 드러난다. 그와 같이 각종 소문이 전파되는 역학 관계를 면밀하게 분석하지 않고 19세기 중반 농민의 환경을 연구하려고 시도하는 것은 헛된 일이 될 것이다.[32] 장이 서는 날의 오후에 상인들이 모이는 곳과 가까운 장소에 자리를 잡은 음식점들의 정열적이고 엄청나게 시끄러운 혼잡함 속에서 대화 · 시선 · 몸짓 및 냄새들이 교환되는 사회적 드라마가 전개되었다.

결론적으로 말해, 감각적인 행동들과 감정적인 장치들의 역사에 속하는 것이 단순히 탐구의 범위가 된다는 점을 잘 인식하면서 비관주의로 흐르지 않도록 주의하는 일은 중요하다. 그러한 분석들은 상당히 대략적으로 이루어지는 것으로 인류학이 지닌 본질의 균열된 면들을 보여 주었다. 19세기의 서양인들은——이는 우리가 연구하는 시간적이고 지리적인 영역을 통해 제시된 하나의 예에 불과하다——그들이 사회를 관찰하는 일에 전념할 경우, 또한 이 어려운 대상을 연구하는 것이 필요할 경우, 감각을 둘러싸고 있는 환경의 분석과 여러 가지 감각들의 기능 양식들을 묘사하는 일이 지극히 중요하다는 점에 동의하였다. 우리는 그 시기의 규정들과 상황들, 재산의 정도, 혹은 그 조건이 표시하는 바에 대한 연구에만 집착할 경우 그 시대를 좀처럼 이해할 수 없을 것이다. 그 시기의 가장 함축성 있는 균열들은 결국 생물학적인 것이 아니라면 아비투스의 영역에 속해 있기 때문이다. 감각과 관련되는 제도의 구조화는 사회적 상상력을 보여 주는 중요한 요소들 중의 하나가 된다. 하지만 그것은 사회적 상상력이 지극히 단순한 것이라는 점을 의미하려는 것은 아니다. 오히려 확실히 그 반대를 의미한다. 그 결과 이른바 당시에 '사회적'이라 명명된 감각들——시각과 청각——은 가장 세련된 것이지만, 촉각은 확실히 그 대상들에 대한 경험들을 마련해 주는 근본적인 감각이며, 동시에 미각과 후각은 생존을 위한 감각으로 사물들의 진정한 본질에 대한 가르침을 준다는 확신 사이에 끊임없는 갈등이 초래되었다.

사회의 계층화는 결국 이러한 이분법에 기초를 두고 이루어졌다. 각종 감각들의 서열을 결정하는 것은 동시에 사회 내부에서 기능하고 있는 서열을 규정하고 반영하는 것이다. 각 개인들이 촉각·후각·미각·청각 및 시각을 사용하는 방식에 따라 다음과 같이 사람들을 두 개의 부류로 구분할 수 있다. 하나는 끊임없이 물질의 관성과 과감하게 맞서고, 건강을 약화시킬 정도로 노동을 한 경험을 가지고 있으며, 접촉에서 비롯된 동물적인 쾌락을 자신의 육체를 통하여 자연 발생적으로 느낄 수 있는 사람들이다. 다른 하나는 사교의 훈련과 습관의 도움을 받아, 또한 육체적인 노동을 하지 않아도 되는 상황 덕분에 대상의 아름다움을 감상할 수 있으며, 섬세함을 발휘할 수 있고, 감정을 나타내는 각종 본능적인 감각들을 억제할 수 있으며, 두뇌의 작용을 통해 욕망과 그 욕망의 충족 사이에 시간적 간격을 둘 수 있는 사람들이다. 여러 가지 감각들이 가지고 있다고 선언된 기능의 균형은 사회적 계층화의 논리를 그 토대로 하고 있으며, 본질적으로 결정적인 서열들을 설정하고 그것을 정당화한다.

지나치게 성급하게 화폐의 세기로 정의된 19세기에 나타났던 주요한 간극들은 즉시성과 불가피하게 요구되는 지체(遲滯)를 대립시키고, 직접적인 접촉에의 종속과 거리를 유지할 수 있는 능력을 상호 대립시키는 구분을 토대로 작용하였다. 마지막으로 언급할 수 있는 점은 손의 섬세함의 정도, 다소 엄청난 규모의 침묵과 이탈의 능력, 허용성의 한계 수준, 점차 세련되는 것으로 나타났던 혐오감과 열광에 대한 불평등한 감수성 등이 결정적인 것으로 드러났다는 점이다. 또한 그 모든 것들 속에서 각종 감각들이 지닌 가치의 체계는 상호 밀접하게 관련되어 있는 것으로 나타났다는 사실이다.

원 주

1 19세기에서의 하루에 대한 계산

1) 〈L'arithmétique des jours au XIXe siècle〉, *Traverses*, 1985.

2) Jean-Paul Aron, *Essai sur la sensibilité alimentaire à Paris au XIXe siècle*(Paris: A. Colin, 1967).

3) Alain Corbin, 〈Les paysans de Paris. Histoire des Limousins du bâtiment au XIXe siècle〉, *Ethnologie française*, avril-juin 1980, 이 논문은 본 번역서의 pp.201-216에 수록되어 있다.

4) 이 표현은 Adeline Daumard, *La Bourgeoisie parisienne de 1815 à 1848*(Paris: Sevpen, 1963)에서 차용하였다.

5) Honoré de Balzac, *Mémoires de deux jeunes mariées et La Vieille Fille*; Barbey d'Aurevilly, *Le Chevalier des Touches*.

6) Daniel Roche, *Le Siècle des Lumières en province. Académies et académiciens provinciaux*(Paris-La Haye: Mouton, 1979).

7) Werner Sombart, *Le Bourgeois*(Paris: 1926); Nobert Elias, *La Dynamique de l'Occident*(Paris: Calmann-Lévy, 1975).

8) Stephen Kern, *The Culture of Time and Space, 1880-1918*(Havard University Press, 1983).

9) Claude Quetel, *Le Bon Sauveur de Caen. Les cadres de la folie au XIXe siècle*, Thèse, 1976.

10) Dominique Laporte, 〈Contribution pour une histoire de la merde: la merde des asiles, 1830-1880〉, *in Ornicar? Analytica*, juill. 1977.

11) *Les Mineurs de Carmaux, 1848-1914*(Paris: Sevpen, 1971).

12) *Mémoires de Léonard, ancien garçon maçon*(Paris: Hachette, 1976), présenté par Maurice Agulhon.

13) Anne Martin-Fugier, *La Place des bonnes. La Domesticité féminine à Paris en 1900*(Grasset, 1979).

14) Anne Martin-Fugier, *La Bourgeoise*(Paris: Grasset, 1984).

15) Bonnie Smith, *Ladies of the Leisure Class. The Bourgeoises of Nothern France in the 19th Century*(Princeton University Press, 1981), 또한 Anne-Marie Thiesse, *Le Roman du quotidien*, 〈Lecteurs et lectures à la Belle Epoque〉(Paris: Le Chemin vert, 1984).

16) Marguerite Perrot, *Le Mode de vie des familles bourgeoises, 1873-1953*(Paris: A. Colin, 1961).

17) Claude Savart, *Le Livre catholique, témoin de la conscience religieuse en France au XIX* siècle*, Thèse, Paris-IV, 1981.

18) Philippe Ariès, 〈Le purgatoire et la cosmologie de l'au-delà〉, in *Annales Economies. Sociétés. Civilisations*, janv.-fév. 1983.

19) Alain Girard, *Le Journal intime et la notion de personne*(Paris: PUF, 1963) 및 Béatrice Didier, *Le Journal intime*(Paris: PUF, 1976)을 참조할 수 있다.

20) Yvonne Kniebiehler et autres, *De la pucelle à la minette. Les Jeunes Filles de l'âge classique à nos jours*(Paris: Temps actuels, 1983) 및 *Le Journal intime de Caroline B.*, enquête de Michelle Perrot et Georges Ribeill(Paris: Arthaud-Montalba, 1985).

21) Walter Benjamin, *Charles Baudelaire. Un poète lyrique à l'apogée du capitalisme* (Paris: Payot, 1982).

2 위대한 린네르 제품의 세기

1) *Ehnologie française*, 1986.

2) Michelle Perrot, 〈La ménagère dans l'espace parisien au XIX* siècle〉, *Les Annales de la recherche urbaine*, n° 9, oct. 1980, p.15.

3) Agnès Fine, 〈A propos du trousseau: une culture féminine〉, in *Une histoire des femmes est-elle possible?*(sous la direction de Michelle Perrot, Marseille: Rivages, 1984), p.165. 로라개 지방의 혼인 재산 계약은 M. R. 사바티에가 분석하였다.

4) 이 점에 관해서 Martine Segalen, *Mari et femme dans la société paysanne*(Paris: Flammarion, 1980), *passim*, rééd. coll. 〈Champs〉, 1986를 참조할 수 있다.

5) Arlette Schweitz, *L'Espace domestique rural en Touraine septentrionale, 1850-1930. Les Archives notariales et leurs apports documentaires*, Thèse de 3* cycle, EHESS, 1984.

6) Philippe Perrot, *Les Dessus et les Dessous de la bourgeoisie*(Paris: Fayard, 1981), p.80.

7) Alain Corbin, *Archaïsme et modernité en Limousin au XIX* siècle*(Paris: Marcel Rivière, 1975), t. I, p.81.

8) Agnès Fine, 같은 논문.

9) Guy Thuillier, *Pour une histoire du quotidien au XIX* siècle en Nivernais*(Paris-La Haye: Mouton, 1977)에서 재인용.

10) Frédéric Le Play, *Les Ouvriers européens*, 2* édition(Paris: Dentu, 1877-1879), t. I, p.348 및 t. IV, pp.459-463.

11) Agnès Fine, 같은 논문, p.171.

12) Odile Métais-Thoreau, *La Femme dans la société traditionnelle: l'exemple de la commune de Bouillé-Loretz à la veille de 1914*, mémoire de maîtrise, Tours, 1984.

13) 그는 자신의 연구가 출간되기 전에 나에게 기꺼이 중요한 결과를 제공해 주었다. 그에게 감사한다.

14) 이러한 명칭에서는 무엇을 생산하고 무엇을 판매하는지를 정확히 정의할 필요가 있을 것이다. 파산 서류들에 대한 면밀한 연구만이 이를 가능케 할 수 있을 것이다.

15) Jeanne Gaillard, *Paris, la ville 1852-1870*(Paris: Champion, 1977), p.246.

16) 예를 들어 르 플레는 릴의 중심부에 자리잡고 있는 이 업체의 중요성을 강조했다.

17) Abel Châtelain, *Les Migrants temporaires en France de 1800 à 1914*(Lille: PUL), t. I, p.463 이하.

18) Marie-Cécile Riffault, 〈De Chaptal à la Mère Denis: histoire de l'entretien du linge domestique〉, *Culture technique*(Neuilly-sur-Seine: CRCI), n° 3(spécial), 15 sept. 1980. 이 방법에 의해 세탁을 하는 린네르 제품이 폭넓게 인용된 훌륭한 논문이다.

19) 위의 논문, p.264. 그의 저작은 특히 *Dialogue entre la maîtresse et la blanchisseuse*, 1805를 말한다.

20) 이 점에 관해서는 나의 저서인 *Le Miasme et la Jonquille*(Paris: Aubier, 1982), p.143 이하 〈La révolution des chlorures〉를 참조할 수 있다.

21) Suzanne Tardieu-Dumont, 〈Le trousseau et la 'grande lessive'〉, *Ethnologie française*, 3. 1986, p.281 이하의 각주에 수록된 참고 문헌과 Marie-Cécile Riffault 위의 논문, p.263을 참조할 수 있다.

22) 이 점에 관해서 Gaston Bachelard는 *La Poétique de l'espace*(Paris: PUF, 1957), p.32와 p.83에서 흥미를 주기에 충분할 정도로 상세한 설명을 하였다.

23) 내가 현재 진행중인 연구이다.

24) Guy Thuillier, *Pour une histoire du quotidien au XIXe siècle en Nivernais*(Paris-La Haye: Mouton, 1977), p.14 이하를 참조할 수 있다.

25) Yvonne Verdier, *Façons de dire, façons de faire*(Paris: Gallimard, 1979), pp.122-128.

26) Jean-Pierre Goubert, *La Conquête de l'eau. Analyse historique du rapport à l'eau dans la France contemporaine*, Thèse d'Etat, Paris-VII, oct. 1983. 특히 제2권의 493쪽 이하. 이 점에 관해서 저자는 다양한 지방적 상황을 강조하고 있다. 프랑스 동부와 파리 지역은 프랑스 북부보다 훨씬 물 사용이 용이하였던 것으로 나타난다. 또한 불결한 샹파뉴 지방에서 이러한 과정이 늦게 나타났던 것을 통해 알 수 있는 바와 같이 석회암 고원 지대보다 산악 지방에서 더욱 용이하였던 것으로 나타난다. 그러나 장 피에르 구베르는 이같은 차이가 나타나는 이유가 문화적 요인들로부터 비롯되었다고 강조한다.

27) Marie-Cécile Riffault, 위의 논문, p.263.

28) Anne Martin-Fugier, *La Place des bonnes. La Domesticité féminine à Paris en 1900* (Paris: Grasset, 1979), p.111.

29) Anne Martin-Fugier, *op. cit.*, p.100에서 재인용하였다.

30) Odile Arnold, *La Vie corporelle dans les couvents de femmes en France au XIXe* *siècle*, Thèse de 3e cycle, EHESS, 1982, p.114. 이 박사학위 논문은 다음과 같은 제목으로 부분 출간되었다. *Le Corps et l' Ame*(Paris: Seuil, 1984).

31) 다음을 참조할 수 있다. Michelle Perrot, 〈Femmes au lavoir〉, *Sorcières*, n° 19, 1979 및 Marie-Hélène Signoret-Guillon, *Le Lavoir: espace féminin à Paris dans la deuxième moitié du XIXe siècle*, mémoire de maîtrise, Paris-VII, 1980.

32) 이 모든 통계에 대해서는 다음을 참조할 수 있다. Marie-Hélène Signoret-Guillon, 위의 논문 및 Alain Faure, *Paris, Carême prenant. Du Carnaval à Paris au XIXe siècle, 1800-1914*(Paris: Hachette), p.133. 이 두 저자가 사용한 수치들이 완전히 일치하지 않는다는 점을 주목할 필요가 있다.

33) 알자스 지방의 도시들에서의 상황에 대해서는 다음의 논문을 참조할 수 있다. Anny Bloch-Raymond, 〈Bateaux-lavoirs, buanderies et blanchisseries en Alsace du XIXe au XXe siècle〉, *Ethnologie française*, 3. 1986, pp.311-318.

34) Alain Faure, *op. cit.*, p.133.

35) Frédéric Le Play, *Les Ouvriers européens*(Paris: Dentu, 1877-1879), 2e éd., t. V, p.373 이하.

36) Frédéric Le Play, *Les Ouvriers européens*, 위의 책, p.302 이하.

37) 다음을 참조할 수 있다. Georges Augustins, 〈Maison et société dans les baronnies au XIXe siècle〉, in Isac Chiva et Joseph Goy(sous la direction de), *Les Baronnies des Pyrénées*, t. 1, 〈Maisons. Modes de vie. Société〉(Paris: Mouton, 1981), p.53.

38) 이 패러그래프의 모든 내용에 관해서는 전기한 Odile Métais-Thoreau의 논문을 참조할 수 있다.

39) 특히 pp.157-258.

40) *Une histoire des femmes est-elle possible?*(op. cit.)에 수록된 필자의 다음 논문을 참조할 수 있다. 〈Le sexe en deuil, et l'histoire des femmes au XIXe siècle〉. 이 논문은 본 번역서의 pp.91-105에 수록되어 있다.

41) 즉 1871년에서 1881년 동안 마르세유에서는 다른 어떤 직업을 수행하고 있다고 밝힌 1천2백51명의 공창들 중에 2백65명은 린네르 제품 제조 여성 노동자, 세탁부 또는 다림질하는 여성이라고 답변하였다. 1902년 센에서 활동하는 독립 공창 가운데 30.5퍼센트와 창가에 거주하는 매춘부의 10.3퍼센트가 바느질일을 하는 노동자라고 주장하였다. 이와 관련해서는 다음을 참조할 수 있다. Alain Corbin, *Les Filles de noce*(Paris: Aubier, 1978), pp.79-80.

42) Michelle Perrot, *Sorcière*, 위의 논문, p.129.

43) Marie-Cécile Riffault, 위의 논문, p.262.

44) Stendhal, *Lamiel*(Paris: Gallimard, 〈Bibliothèque de la Pléiade〉, 1983), ch.III, pp.55-62.

45) Zola, *L'Assommoir*.

46) Jules Cardoze, *La Reine du lavoir*(Paris: Rouff, 1893).

47) Michelle Perrot, 위의 논문.

48) Alain Faure, *op. cit.*, p.136.

49) Michelle Perrot, *Sorcière*, 위의 논문, p.128.

50) *La Légende des siècles*에서 Victor Hugo는 보아스[《구약 성서》 〈룻기〉에 나오는 인물로 룻의 남편]가 '순박할 정도로 청렴하며 흰색 아마로 된' 옷을 입었다는 것을 상기시키고 있다.

51) Jules Corblet, *Histoire dogmatique, liturgique et archéologique du sacrement de l'Eucharistie*(Paris: Soc. générale de librairies catholiques, 1886), t, II, article XII; 〈Des linges d'autel〉, p.174 및 p.180. 나는 이 저작에서 신성한 린네르 제품의 상태에 대한 언급을 요약하여 인용하였다.

52) *Ibid.*, p.181.

53) Marie-Françoise Lévy, *De mères en filles, L'éducation des Françaises. 1850-1880*(Paris: Calmann-Lévy, 1984), p.27.

54) 이 점에 관해서 Marie Zylberberg-Hocquard, 〈L'ouvrière dans les romans populaires du XIXe siècle〉, *Les Femmes du Nord*, n° spécial de la *Revue du Nord*, université de Lille-III, tome LXIII, n° 250, juillet-septembre, 1981, p.614 이하를 참조할 수 있다.

55) 이 표현은 19세기 보 지역에서의 위생과 관련된 관행이 보급되는 상황의 역사를 연구한 주느비에브 엘레 저서의 제목이다. (Genève: éd. d'En-Bas, 1979.)

56) Odile Arnold, 위의 논문, pp.118 및 177.

57) *Ibid.*, pp.269-270.

58) Marie-Françoise Lévy, 위의 논문, p, 27.

59) *Le Journal intime de Caroline B*, enquête de Michelle Perrot et Georges Ribeill (Paris: Arthaud-Montalba, 1985), 1er juin 1865, p.73.

60) Krafft-Ebing(Dr R. von), *Psychopathia sexualis*(Paris: G. Carré, 1895), p.224.

61) Cité par Krafft-Ebing, *ibid.*, p.223.

62) *Ibid.*, p.222.

63) Charcot et Magnan, *Archives de neurologie*, n° 12, 1882. 롬브로소는 이와 마찬가지 유형의 경우들을 제시하였다.

64) G. Macé, *La Police parisienne: un joli monde*(1887), pp.263-272.

65) Alfred Binet, *Etudes de psychologie expérimentale*(Paris: Doin, 1888), 〈Le fétichisme dans l'amour〉, chapitre II: 〈Le culte des objets matériels〉, p.39.

66) Kraft-Ebing, *op. cit.*, p.228.

67) 본 번역서의 91쪽에서 104쪽에 수록된 필자의 논문인 〈애수에 잠긴 성〉을 참조할 수 있다.

68) Eunice Lipton, *A Radical Invitation: Seeing in Paris in the Paintings of Degas*

(Berkeley–Los Angeles: Univ. of California Press, 1986).

69) 그렇지만 이와 같은 관행들이 감소하기는커녕 여전히 19세기말에 민속학자의 증대되는 영향에 의해 많은 지방에서 나타나지는 않았는가 하는 점을 파악해야 할 일이 남아 있다. 앞에서 언급하였던 오딜 메테-토로(Odile Métais-Thoreau)의 논문에 나타난 정보들을 그대로 믿는다면, 부이예-로레츠에 살던 양장점 여직공들은 세탁부보다 더 신중하였던 인물인 것 같다. 우리는 이 양장점 여직공들이 일종의 직업적 비밀을 존중하는 것을 인식하고 있었다는 점이 마음에 든다.

70) 이 점에 대해서, 그리고 계속되는 모든 내용의 정확성을 위해 Gannal, *Charpie vierge*, s. 1, 1831을 참조하기 바란다.

71) Odile Arnold, 위의 논문, p.112.

72) 말라르메가 제시한 이러한 린네르 제품이 주는 매력에 대해서는 Jean-Pierre Richard, *L'Univers imaginaire de Mallarmé*(Paris: Le Seuil, 1961), p.61 및 p.92를 참조할 수 있다.

73) 민중 계급에 관해서는 Chantal Martinet, 〈Objets de familles, objets de musée. Eth-nologie ou muséologie?〉, *Ethnologie française*, XII, 1, 1982, pp.61-72를 참조하기 바란다.

74) 이 문제에 관해서는 *Déchets. L'Art d'accommoder les restes*(Paris: Centre Georges Pompidou, 1984)를 참조할 수 있다. 특히 우리에게 도움이 되는 부분을 〈여러 실행들의 계보〉라는 제목의 논문 pp.130-136이다.

75) Agnès Fine, 위의 논문, p.180. 이어지는 두 단락에서 이 연구를 차용하였다.

76) Cf. Anne Martin-Fugier, 〈La douceur du nid. Les arts de la femme à la Belle Epoque〉, *Urbi*, t. V, 1982.

3 왕정복고기하 지방 극장에서의 소요

1) *Stanford French and Italian Studies*, 35, 1985.

2) 보들레르에 대한 발터 벤야민의 연구들로부터 리샤르 세네와 세르주 모스코비치의 최근 작품들이 편집된 이래, 풍부한 문학적 자료는 소위 이 세상의 극장이 쇠퇴한 것과 근대적 도시에서 대중이 출현하는 상황과 관계를 맺고 있음을 보여 주고 있다.

3) 프랑스의 집정정치 시대(1799-1804) 이래 통제주의의 발전에 대해서는 미셸 푸코로부터 고무된 모든 기념비적 저작들을 참조하기 바란다.

4) 특히 Maurice Descotes, *Le Public de théâtre et son histoire*(Paris: PUF, 1964); Jean Duvignaud, *L'Acteur, esquisse d'une sociologie du comédien*(Paris: Gallimard, 1965); Claude Duchet, 〈Théâtre, histoire et politique sous la Restauration〉, *Romantisme et Politique, 1815-1851*(Paris: A. Colin, 1969), pp.281-302. 또한 비교 연구적인 시각으로 저술된 것으로는 Danièle Pistone, 〈Réflexions sur l'évolution du public musical parisien〉, *Romantisme*, 38, 1982, p.19 이하를 참조할 수 있다.

5) Jean Duvignaud, *Sociologie des ombres collectives*(Paris: PUF, 1965), pp.368, 371. 그에 의하면 극장은 프랑스 대혁명 이후 더 이상 '일단의 특권층을 문화적으로 현양' 하지 않았으며, '다른 것들처럼 상업적 대상이 되었다' 는 것이다.(p.376) 또한 Jean Duvignaud, *l'Acteur, op. cit.*, p.136 및 가장 최근에 발표된 Dominique Leroy, ⟨Réflexions autour des processus d'élitisation, à propos de l'évolution de la production et de la consommation théâtrales à Paris au XIXe siècle⟩, in *Oisiveté et loisirs dans les sociétés occidentales au XIXe siècle*(Amiens, 1983)을 참조하기 바란다.

민중 계급의 관객들을 끌어들였던 파리의 극장에 대해서는 Michel Baude, ⟨Un théâtre populaire: le théâtre du Montparnasse, d'après le journal inédit de P. H. Azaïs⟩, *Romantisme*, 38, 1982, pp.25-33를 참조할 수 있다.

6) 사실상 보르도·낭트 또는 루앙 등과 같은 몇몇 대도시에서는 예외였다. 루앙에서는 귀족적인 장르를 공연하기 위하여 1776년에 세워진 예술 극장에는 부르주아 계층의 관객이 모여든 반면, 비외 마르셰에 1792년 세워진 테아트르 프랑세에는 중간 계층의 사람들이 모여들었다. 이 두 극장의 경영 방식은 공통적인 요소를 가지고 있었으며, 두 무대 사이의 '사회적이며 문화적인 간격' 은 조직적이었다. (J. -P. Chaline, *Les Bourgeois de Rouen. Une élite urbaine au XIXe siècle*, Fondation nationale des sciences politiques, 1982, p.214.) 우리는 왕정복고기하에서 이러한 분리가 사실상 작가가 생각하는 것보다 덜 엄격하였다는 점을 알게 될 것이다.

7) Bibliothèque nationale, Manuscrits français, nouvelles acquisitions, 3056. ⟨Inspection des théâtres de province⟩, 1818. 이러한 이유 때문에 귀족 계급 내에서는 개인 소유의 극장이 발전하였는데, 그와 관련된 예는 Charles de Rémusat, *Mémoires*(Paris, 1958), I, 40에 나타난다. 뢰드레 백작은 자신이 소유하고 있던 뷔르사르 영지에 극장을 세워 그 스스로 감독 역할을 하였다. (Blanche de Corcelle, *Notice et souvenirs de famille*, Bruxelles, 1899)

8) 특히 국립고문서보관소(Archives nationales)에 분류기호 F^7 6692-6693으로 재정리된 풍부한 시리즈를 참조할 수 있다. 필자가 각주에서 별도로 지적하지 않은 모든 인용들은 이 시리즈에서 발췌한 것이다.

9) 참가자 역시 왕정복고기하에서 지방 극장들에 대한 감독 보고서를 작성할 수 있었는데, 그 보고서들에 의하면 연극의 질은 상당히 보잘것 없었으며 지방을 파리로부터 분리시키는 깊은 구렁은 구체제 말기보다도 더욱 깊은 것으로 나타난다. 순회 공연에서 파리의 배우들이 대단한 성공을 거두었다는 점은 이와 관련된 진실을 알려 주는 것이다. 지방의 연극학교들은 더 이상 학생들을 양성하지 않았다. 이와 같은 상황에서 파리로부터 떨어져 있는 배우들은 허송세월할 수밖에 없었다.

10) Lettre du préfet au ministre de la Police générale, 29 novembre 1817.

11) Prefét de la Haute-Vienne au ministre de l'Intérieur, 24 juin 1826.

12) Victor Gelu, *Marseille au XIXe siècle*(Plon, 1971), p.192.

13) Préfet du Bas-Rhin au ministre de l'Intérieur, 13 décembre 1819.

14) 위에서 언급한 모리스 데스코트의 연구는 물론 약간의 모호함을 갖고 있기는 하지만, 7월 왕정기의 파리에서는 제정의 영향으로 인해 부르주아 관객들이 공연을 관람하러 갔으며, 그 수 역시 많아졌다는 주장을 하고 있다.

15) Bibl. nat. ms. fr. n.a., 3056.

16) J. -P. Chaline, *op. cit.*, p.215.

17) 이와 관련하여 루앙에서는 특히 'spectacle Gringalet' 같은 민중 계층을 위한 다른 공연 장소가 있었다.(Chaline, *op. cit.*, p.214)

18) Bibl. nat., manuscrit cité.

19) Agricol Perdiguier, *Mémoires d'un compagnon*(Paris: éditions 10/18, 1964), pp.166, 228, 272.

20) Bulletin de police de la préfecture de Perpignan, 25 octobre 1826.

21) Préfet de la Loire-Inférieure au ministre de l'Intérieur, 11 octobre 1827.

22) Préfet de la Charente au ministre de l'Intérieur, 27 mai 1826.

23) 아래의 내용을 참조하라.

24) 7월 왕정기하에서 프랑스 중서부 지방에 있던 극장들의 역사에 대해서는 다음을 참조할 수 있다. Anne-Marie Rollandeau, *La Vie théâtrale dans le Ve arrondissement (Ille-et-Vilaine, Maine-et-Loire, Mayenne, Sarthe) 1824-1863* 및 Geneviève Dauvin, *La Vie théâtrale dans le Xe arrondissement, 1824-1864*, mémoires de maîtrise, Tours, 1971, 1972.

25) 몽펠리에에 거주하고 있던 2명의 도매상인이 내무부 장관에게 보냈던 1829년 6월 9일자 청원서를 참조할 수 있다.

26) 이와 마찬가지로 1818년 툴루즈의 학생들은 매춘부들이 극장에 출입하는 것을 반대하였다. (colonel de la gendarmerie au ministre de la Police générale, 1er décembre 1818.) 그들은 매춘부들의 극장 출입을 이유로 내세워 법과대학을 보르도로 이전할 것을 장관에게 주장하기도 하였다.

27) Commissaire de police au maire de Toulouse, 9 février 1818.

28) 1818년 4월 15일과 16일의 사건에 대해서는, préfet au ministre de la Police générale, 21 avril 1818을 참조할 수 있다.

29) 이 모든 사건들에 대해서는 Préfet au ministre de l'Intérieur, 2 décembre 1824. 정기 입장권은 6주에 20프랑이었다.

30) Préfet de la Loire-Inférieur au ministre de l'Intérieur, 6 décembre 1825.

31) Préfet de la Gironde au ministre de l'Intérieur, dépêche télégraphique, 21 avril 1825. 4명이 체포되었다.

32) 같은 문건, 22 avril 1825.

33) 그룹이라는 표현인 이 도당에 대해서는 Jean Duvignaud, *L'Acteur, op. cit.*, p.101을 참조할 수 있다.

34) Rapport des commissaires de police au maire de Bordeaux, 26 septembre 1826.

35) Préfet de la Gironde au ministre de l'Intérieur, 29 juin 1829.

36) Préfet de la Haute-Garonne au ministre de l'Intérieur, 25 mai 1828.

37) Chaline, *op. cit.*, p.215.

38) *Journal de Rouen*, 14 octobre 1894. J. -P. 샬린이 인용한 회고적인 기사이다. 프랑스 남부의 극장들에서처럼 여기서도 극장 뒤편은 입석이라는 점을 지적할 필요가 있다.

39) Henry Contamine, *Metz et la Moselle de 1814 à 1870*(Nancy, 1932), I, p.84.

40) Bulletin de police de la préfecture de Perpignan, 21 mai 1824.

41) Maire de Troyes au préfet, 22 novembre 1824. 1822년 12월 13일 엑스의 법과대학 학생들은 극장 아래층의 뒷자리에서 그들의 동료 가운데 한 명을 쫓아내려 하였던 경찰서장과 한 명의 헌병을 구타하였다.

42) 이 표현의 개념에 대해서는 Jean Duvignaud, *L'Acteur, op. cit.*, p.101의 견해를 볼 수 있다.

43) 〈Réflexions sur l'histoire de l'homosexualité〉, *Communication*, 35, 1982, p.59 이하.

44) 툴루즈대학에 장기간에 걸쳐 다녔던 학생들에 대해 앙드레 아르망고가 언급한 내용을 참조할 수 있다. *Les Populations de l'Est aquitain au début de l'époque contemporaine*(Paris-La Haye: Mouton, 1961), p.284. 그에 의하면 이 학생들은 '지방의 사회적 유형'을 형성하였다는 것이다.

45) 1817년 12월 4일 오트 가론(Haute-Garonne)의 도지사는 의결 사항을 지키지 않는 학생은 벌금을 내야만 했으며, 동료들로부터 나쁜 처우를 받았다고 쓰고 있다. 부르주아 계급에 대한 설욕전인 공연이 상연되는 저녁은 아마도 가장 살벌한 충돌을 예방하였다. 오트 가론의 도지사는 그러한 점을 완벽하게 이해하며, 1824년 5월 극장의 개막만이 '툴루즈 시에서 발생하는' 학생들의 소요를 일정한 방향으로 이끌 수 있었다고 적고 있다.

46) Lettre au ministre de l'Intérieur, 16 mai 1818. 우리가 다루고 있는 과정에 견줄 만한 어떤 과정이 지방에서 발견된다는 점을 잊어서는 안 된다. 즉 젊은이 그룹은 자신들이 행사할 수 있는 영향력이 풍부하다는 점을 강조하였으며, 이후 바로 이 그룹은 규범의 준수를 통제하거나 응집력이 감소되는 경향을 보이던 공동체의 가치에 대한 책임을 맡으려 하였다. 이는 경제적인 변화에 의해 위협을 받는 동시에 혜택을 누리는 민속적인 생명력이 그 절정에 달해 있던 프랑스 농촌의 내부에서 설명되어지는 것이다.

47) Préfet de la Haute-Garonne au ministre de la Police générale, 29 novembre 1817.

48) Préfet des Bouches-du-Rhône au ministre de la Police générale, 18 février 1818.

49) Préfet de la Vienne au ministre de l'Intérieur, 11 mars 1819.

50) Pétition d'étudiants au ministre de la Police générale, 15 février 1818.

51) Préfet des Bouches-du-Rhône au directeur général de la police, 17 novembre 1821.

52) Préfet de la Haute-Garonne au ministre de l'Intérieur, 16 mai 1824.

53) Préfet des Bouches-du-Rhône au ministre de l'Intérieur, 12 mai 1828.

54) Lettre au préfet de l'Hérault.

55) Lettre du préfet au ministre de l'Intérieur, 25 avril 1825.

56) Préfet de l'Hérault au ministre de l'Intérieur, 9 juin 1827.

57) Préfet de la Haute-Vienne au ministre de l'Intérieur, 24 juin 1826.

58) Préfet de l'Oise au ministre de l'Intérieur, 16 juillet 1823.

59) Sous-préfet de Bayonne, 15 mars 1823.

60) Rapport de la gendarmerie de la Vienne, 5 février 1827.

61) Adjoint au maire de Saumur au préfet du Maine-et-Loire, 31 août 1829.

62) Contamine, I, p.84.

63) Préfet de la Loire-Inférieure au ministre de l'Intérieur, 11 octobre 1827.

64) Claude Duchet et Paul Gerbod, 〈La scène parisienne et sa représentation de l'histoire nationale dans la première moitié du XIXe siècle〉, *Revue historique*, 539, juillet-septembre 1981. 7월 왕정기하에서의 연극 작품들에 부과된 검열에 대해서는 Odile Krakovitch, 〈Les Romantiques et la censure au théâtre〉, *Romantisme*, 38, 1982, pp.33-43.

65) Préfet des Bouches-du-Rhône au ministre de l'Intérieur, 24 mars 1823.

66) Préfet de la Haute-Garonne au ministre de l'Intérieur, 17 juillet 1822.

67) Maire de Toulouse au procureur général, 9 mai 1823.

68) Préfet de la Haute-Garonne au ministre de l'Intérieur, 14 mai 1823.

69) 이 내용에 관해서는 다음을 참조할 수 있다. Pierre Riberette, 〈De la police de Napoléon à la police de la Congrégation〉, in *l'Etat et sa police en France(1789-1914)*, (Genève: Droz, 1979).

70) Préfet de la Seine-Inférieure au ministre de l'Intérieur, 4 mai 1825.

71) *Ibid.*, 2 mai 1825.

72) Préfet de la Charente au ministre de l'Intérieur, 27 mai 1826.

73) Gendarmerie de Clermont-Ferrand au ministre de l'Intérieur, 30 janvier 1826.

74) Préfet du Gard au ministre de l'Intérieur, 13 novembre 1827.

75) Jean Vidalenc, *Le Département de l'Eure sous la monarchie constitutionnelle*(Paris: Marcel Rivière, 1952), p.619.

76) 연극 《Tancrède》의 구절. rapport du commandant de la 10e division militaire au ministre de la Guerre, 7 janvier 1819.

77) Préfet au directeur général de la police, 2 juin 1820.

78) Chef d'escadron commandant la gendarmerie de la Loire-Inférieure au ministre de l'Intérieur, 12 juin 1822.

79) Jean Vidalenc, p.618에서 재인용하였다.

80) Colonel commandant la légion de gendarmerie au ministre de l'Intérieur, 29 décembre 1828.

81) 루앙에서는 1825년 4월에 부서진 나무 의자의 등받이가 극장 안으로 던져져 16

세의 방적공이 부상을 당했는데, 이는 예외적인 사건이었다.

82) 1827년 보르도 극장의 한 여자 무용수는 갈비뼈를 납덩어리로 맞아 무대를 떠나야만 하는 사건이 발생하였는데, 그러나 이는 유일한 사건이었다.

83) Série de rapports du préfet de la Haute-Garonne au ministre de la Police générale, 29 novembre 1817.

84) Préfet de la Haute-Garonne au ministre de l'Intérieur, 2 décembre 1824.

85) 이 사건에 관해서 rapport du commissaire au procureur, 22 avril 1825를 볼 수 있다.

86) Commandant de la gendarmerie au ministre de l'Intérieur, 20 avril 1825.

87) 왕정복고기는 위대한 임무를 가지고 있던 세기였다. 향후 극장을 빠져 나오는 소란스러운 출구의 모습과, 1821년 3월 24일 몽펠리에에서 개최되었던 것과 유사한 대규모의 행렬 같은 모습에 대한 기록은 의심할 나위 없이 풍부하게 되었다. (Gérard Cholvy, *Religion et société au XIX* siècle. Le Diocèse de Montpellier*, université de Lille-III, 1973, I, p.506을 참조하기 바란다.) 이와 같은 대중적 시위들은 자유주의의 영향을 받은 젊은 계층의 욕망과 충동을 표현하는 것이라 할 수 있을 것이다.

88) Agricol Perdiguier는 리옹의 셀레스탱 극장의 아래층 뒷자리를 다음과 같이 묘사하고 있다. "극장은 물결을 좌우로 흔들리게 하고, 노호하고, 큰 소리를 지르면서 모든 바람에 내맡겨진 바다가 되었다. 나는 난파된 배의 모습 이상을 목격하였다." p.272.

89) Victor Hallays-Dabot, *Histoire de la censure théâtrale en France*(Paris: E. Dentu, 1862), p.261은 7월 왕정 당시 극장에서의 정치적 소요가 중요한 미학적인 토론에 선행되었다는 것을 주장한다. 지방과 관련된 문제를 볼 때 그는 확실히 합리적이다.

4 가정주부의 고고학과 부르주아 계급의 환상

1) *Critique*, juin-juillet 1980, 397-398.

2) Pierre Guiral, Guy Thuillier, *La Vie quotidienne des domestiques en France au XIX* siècle*(Paris: Hachette, 1978); Anne Martin-Fugier, *La Place des bonnes. La Domesticité féminine à Paris en 1900*(Paris: Grasset, 1979); Geneviève Fraisse, *Femmes toutes mains. Essai sur le service domestique*(Paris: Le Seuil, 1979).

3) J.-P. Chaline, *La Bourgeoisie rouennaise au XIX* siècle*, Thèse, Paris-IV, 1979.

4) *Cf. The Domestic Revolution*(Londres: Croom Helm, 1976).

5) G. Fraisse, *op. cit.*, p.142.

6) A. Martin-Fugier, *op. cit.*, p.146.

7) Y. Knibiehler, 〈Les médecins et la nature féminine au temps du Code civil〉, *Annales ESC*, 4, 1976, 및 〈Le discours médical sur la femme: constances et ruptures〉, *Mythes et représentations de la femme au XIX* siècle*(Paris: Champion, 1977).

1) Michelle Perrot(sous la direction de), *Une histoire des femmes est—elle possible?*, (Marseille: Rivages, 1984)에 수록된 논문이다.

2) 이 점에 관하여 Michelle Perrot, 〈Les images de la femme〉, *Le Débat*, 3, 1980 및 Claude Quiguer의 저작 *Femmes et machines de 1900. Lecture d'une obsession modern style*(Paris: Klincksieck, 1979)을 참조할 수 있다.

3) Martine Segalen, *Mari et femme dans la société paysanne*(Paris: Flammarion, 1980).

4) 이 주제와 관련된 Yvonne Kniebiehler의 모든 저작들을 암시하는데, 특히 *La Femme et les Médecins*(Paris: Hachette, 1982)을 참조할 수 있다.

5) Jean—Pierre Peter, 〈Entre femmes et médecins. Violence et singularités dans les discours du corps et sur le corps d'après les manuscrits médicaux de la fin du XVIIIe siècle〉, *Ethnologie française*, 1976.

6) 예를 들어 비니 · 미슐레 · 플로베르 · 위고 등의 태도를 볼 수 있다.

7) 스탕달의 작품을 통해 알 수 있다.

8) 이 주제에 대하여 Y. Kniebiehler, 〈Les médecins et l'amour conjugal au XIXe siè-cle〉, *Aimer en France — 1760-1860*(Presses universitaires de Clermont—Ferrand, 1980) 및 A. Corbin, 〈La petite bible des jeunes époux〉, *L'Histoire*, 63, 1984(본 번역서의 161-174쪽)를 참조할 수 있다.

9) *Un choix sans équivoque*(Paris: Denoël—Gonthier, 1981). 이는 1979년 미셸 페로의 지도로 파리7대학에서 발표한 제3기 박사학위 논문을 출판한 것이다.

10) *Les Malheurs de Sapho*(Paris: Grasset, 1981).

11) Michelle Perrot, 〈De la vieille fille à la garçonne: la femme célibataire au XIXe siècle〉, *Autrement*, mai 1981, pp.222-231.

12) *La Bourgeoisie parisienne de 1815 à 1848*(Paris: Sevpen, 1963).

13) Maurice Agulhon, 〈L'historien et le célibataire〉, *Romantisme*, 1977, 16 및 Jean Borie, *Le Célibataire française*(Paris: Le Sagittaire, 1976).

14) Judith Belladona 저작의 제목, *Folles femmes de leurs corps*, Paris, *Recherches*, 26, 1977.

15) Cf. *La Prostitution à Paris au XIXe siècle*(Paris: Le Seuil, 1981).

16) 이 점을 잘 설명하고 있는 책은 Frances Finnegan, *Poverty and Prostitution. A Study of Victorian Prostitutes in York*(Cambridge University Press, 1979)이다.

17) 우리는 문학사가들이나 사드 연구 전문가들조차도 이러한 용어를 사용하는 데 주저하고 있음을 발견할 수 있다. 이와는 대조적으로 〈Beau marquis parlez—nous d'-amour〉, colloque de Cerisy, 〈Sade, écrire la crise〉에서의 Jean—Marie Goulemot의 용기 있는 증언을 참조할 수 있다.

18) 그는 1983년 투르대학에서 개최된 매춘에 대한 심포지엄에서 특히 나에 대한 비난을 명백하게 표명하였다.

19) Anne-Martin Fugier, *La Bourgeoise*(Paris: Grasset, 1983).

20) Maurice Agulhon의 지도하에 작성된 국가 박사학위 논문이다.

21) 특히 Gérard Wajeman, *Le Maître et l'Hystérique*(Paris: Navarin, 1982); Georges Didi-Huberman, *Invention de l'hystérie. Charcot et l'iconographie photographique de la Salpêtrière*(Paris: Macula, 1982); Gladys Swain, 〈L'Ame, la Femme, le Sexe et le Corps〉, *Le Débat*, mars 1983 및 잡지 *Pénélope*의 제8호, 〈Questions sur la folie〉, printemps 1983 등을 참조하기 바란다.

22) 이는 Jann Matlock가 19세기의 히스테리 환자들에 관련된 그의 연구들을 통해 전개해 나가는 작업의 가설이다.

23) Anne Vincent의 DEA 논문을 참조할 수 있다. *Les Transformations des manifestations de l'émotion. Projet d'une histoire des larmes——XVIII*-*XIX*ᵉ *siècle*(Université de Paris-VII, 1981).

24) Gisèle Freund, *Photographie et Société*(Paris: Le Seuil, collection Points, 1979), p.65.

25) Philippe Perrot, 〈Quand le tabac conquit la France〉, *L'Histoire*, 46, 1982.

26) 이 점에 관해서는 Walter Benjamin, *Charles Baudelaire, un poète lyrique à l'apogée du capitalisme*(Paris: Payot, 1983), 〈Le Flâneur〉, pp.55-98을 참조할 수 있다.

27) 이와 관련하여 Villiers de l'Isle-Adam의 《잔인한 이야기들》 중의 하나인 〈감상주의(Sentimentalisme)〉에 나오는 W백작의 자살 이야기를 들 수 있다.

28) 동물에 대한 여성의 연민은 또한 남성을 향한 상냥함의 교훈처럼 인식된다. 이 내용에 대해서는 Valentin Pelosse, 〈Imaginaire social et protection de l'animal. Des amis des bêtes de l'an X au législateur de 1850〉, *L'Homme*, oct.-déc. 1981 및 janv.-mars 1982 참조할 수 있다.

29) Michelle Perrot는 자신의 논문 〈Sur la ségrégation de l'enfance au XIXᵉ siècle〉, *Psychiatrie de l'enfant*, 1982, nº 1에서 이 점을 분명하게 증명하고 있다.

30) Martin Nadaud, *Mémoires de Léonard, ancien garçon maçon*(Paris: Hachette, 1976)에 수록된 Maurice Agulhon의 서문.

31) Françoise Mayeur, *Histoire générale de l'enseignement et de l'éducation en France*, t. 3, 〈De la Révolution à l'école républicaine〉(Paris: Nouvelle librairie de France, 1981).

32) 이 자료에 대해 관심을 가지고 공개한 사람은 Emmanuel Le Roy Ladurie이다. *Parmi les historiens*(Paris: NRF, 1983)을 참조할 수 있다.

33) François Caron은 이러한 점을 그의 저서 *Histoire économique de la France-XIX*ᵉ-*XX*ᵉ *siècle*(Paris: Colin, 1981)에서 강조하였다.

34) Alain Girard는 *Le Journal intime*(Paris: PUF, 1963)에서 이러한 사고를 상세히 설명하였다.

35) 이러한 상호 관련성과 Talcott Parsons의 학설에 대해서는 Richard Sennet의 *La*

Famille contre la ville(Paris: Recherches, 1980) 및 Philippe Ariès가 쓴 그 책의 서문을 참조할 수 있다.

36) *Histoire des passions fran aises*－1848－1945(Paris: Le Seuil, collection 'Points,' 1981), t. V.

37) 그는 이 개념을 자신의 저서인 *Montmartre du plaisir et du crime*(Paris: Robert Laffont, 1980), p.29에서 비판하였다.

38) Jean－Louis Flandrin이 *Les Amours paysannes(XVIe－XIXe siècle)* (Paris: Julliard, 1975)에서 젊은 농부들에 대해 언급하면서 이용한 표현이다.

39) Jean－Paul Aron, *Le Pénis et la démoralisation de l'Occident*(Paris: Grasset, 1978)을 참조할 수 있다.

40) 공공 구제기관에서 이루어진 소녀들에 대한 강간에 대해서는 Elisabeth Claverie & Pierre Lamaison, *L'Impossible Mariage*(Paris: Hachette, 1983)를 참조할 수 있다.

41) 이에 대해서는 특히 W. Serman, B. Schnapper, Jean Vidalenc, Roland Andréani 및 Jules Maurin의 저작들을 참조할 수 있다.

42) 카르나발레 미술관과 Forum des Arts에 의해 최근 공개된 구스타브 도레의 작품들은 1870년 전쟁 및 특히 파리 공격을 통해 야기된 엄청난 공포를 상기시킨다.

43) *Recherches*의 제32－33호(1978년 9월)는 이 제목을 달고 있다.

44) 보들레르에게서 차용한 표현. 1983년 한 라디오 방송의 연출자는 10여 명 정도의 프랑스 역사가들에게 다음과 같은 질문을 제기하였다. "어떤 이유로 19세기의 남성은 애수에 차 있었는가?" 흥미있는 질문이다.

6 19세기 매춘부의 잘못된 교육

1) *Bulletin de la Société d'histoire moderne*, n° 34, 1987.

2) H.－A. Frégier, *Des classes dangereuses de la population dans les grandes villes* (Paris, 1840).

3) Alphonse Esquirol에 대해서는 그의 저서인 *Les Vierges folles*(Paris, 1844)를 참고하였다.

4) *La Prostitution et la police des mœurs au XVIIIe siècle*(Paris: Lib. académique Perrin, 1987).

5) Alexandre Parent－Duchâtelet, *De la prostitution dans la ville de Paris*(Paris: 1836), 2 vol. 및 *La Prostitution à Paris au XIXe siècle*(Paris: Le Seuil, 1981)이라는 제목으로 편집 출간된 요약본이다.

F.－F.－A. Béraud, *Les Filles publiques et la police qui les régit*(Paris, 1839).

Mémoires de Canler, ancien chef de service de sûreté(Paris: Mercure de France, 1968).

6) H. de Balzac, *Splendeurs et misères des courtisanes*(Paris: Gallimard, La Pléiade), p.682.

7) Jean Borie, *Le Célibataire français*(Paris: Le Sagittaire, 1976), p.47.

파리5대학 교수인 미셸 마페솔리가 매춘의 기능에 관해서 투르대학에서 행한 강연을 참조할 수 있다. 또한 피터 게이의 저작인 〈Education of the Senses〉와 *The Bourgeois Experience, Victoria to Freud*(Oxford University Press, 1982-1986)의 제1권인 〈The Tender Passion〉 사이에서 나타나는 대조적인 점을 참조할 수 있다.

8) 이 점에 관해서는 Jacques Termeau의 1984년 투르대학 박사학위 논문을 출판한 *Maisons closes de province*(Le Mans: éd. Cenomane, 1986), pp.229-230을 참조할 수 있다.

ㄱ 19세기의 매춘부와 '엄청난 허망한 노력'

1) *Communications*, 44, 1986.

2) Mathurin Régnier, 〈Les Satyres〉, *Œuvres complètes*(Paris, 1958). Satyre XII, pp.160-161. 그는 한 매춘부의 집에서 질산으로 조제한 약, 작은 주사기, 수건 및 음식물 주입관 등이 들어있는 세 개의 작은 유리병을 발견하였다.

3) 의사였던 Francis Devay의 *Traité spécial d'hygiène des familles particulièrement dans ses rapports avec le mariage au physique et au moral*(Paris: 1858), p.180에서 차용한 표현이다.

4) Jean-Louis Flandrin, *Familles: parenté, maison, sexualité dans l'ancienne société*(Paris: Hachette, 1976), pp.214-217; Angus Mac Laren, *Sexuality and Social Order*(New York: Croom Helm, 1983), pp.22-23 및 137; Peter Gay, *The Bourgeois Experience. Victoria to Freud*, t. I, *Education of the Senses*(Oxford University Press, 1984), p.272.

5) Léo Taxil, *La Prostitution contemporaine*, s. d.(vers 1890), p.110.

6) Alexandre Parent-Duchâtelet, *La Prostitution à Paris au XIXe siècle*(Paris: Le Seuil, 1981), pp.135-143를 참조할 수 있다.

7) Docteur Londe, *Nouveaux éléments d'hygiène*, t. II, p.564(1838년판). 1888년 의사였던 H. Mireur는 은밀한 곳의 위생이라는 장벽 앞에서 여전히 뒤로 물러날 수밖에 없었다.(*La Syphilis et la Prostitution*, p.339) 그는 이 분야에 대해 충고하는 것을 거부하였다. 즉 그는 "그러한 것들이 개인적인 특성을 보유하고 있으면서도 공적인 문제가 되는 경우에 추잡한 것이 될 터이기 때문에 정당한 것으로 남아 있어야 하는 가르침들이다"라고 기술하였다.

8) A. Parent-Duchâtelet, *De la prostitution dans la ville de Paris*, 1836, t. I, p.230 이하(1837년판). 더욱이 관찰자들은 이렇게 취약한 가임 능력은, 또한 마음에 자신의 몸을 내맡기는 '미혼모'의 특성을 나타낸다는 점에 주목하였다. 이러한 사실은 이미 불임이기 때문에 쉽게 매춘을 단행하는 결정을 내릴 수 있을 것이라는 가설과는 거리가 멀다. 그 점은 각종 예측들을 완전히 가치 없게 만들 것이다.

9) Montesquieu, *L'Esprit des Lois*, liv. XVI, chap. XII, 〈De la pudeur naturelle〉,

GF-Flammarion, t. I, p.418.

10) *De la prostitution dans la ville de Paris, op. cit.*, t. I, pp.241-242.

11) *Ibid.*, p.242.

12) Judith R. Walkowitz, *Prostitution and Victorian Society. Women, Class, and the State*(Cambridge University Press, 1980), p.19.

13) Docteur J. -P. Dartigues, *De l'amour expérimental ou des causes de l'adultère chez la femme au XIXe siècle*(Paris, 1887), p.8.

14) 이와 관련해서는 A. Corbin, 〈Le péril vénérien au début du siècle: prophylaxie sanitaire et prophylaxie morale〉, *Recherches, L'Haleine des faubourgs*, déc. 1977, 29, pp.245-283을 참조할 수 있다.

15) 이 문제에 관해서는 Parent-Duchâtelet, *De la prostitution dans la ville de Paris, op. cit.*, t. I, pp.230 및 236 이하를 참조할 수 있다.

16) Velpeau, *Embryologie ou ovologie humaine*(Paris, 1833), Parent-Duchâtelet의 저서에서 재인용하였다.

17) Alphonse Esquirol, *Les Vierges folles*(Paris, 1840), p.25.

18) Docteur Léon Bizard, *Prostitution et dépopulation*, 1923.

19) 3기 박사학위 논문을 19세기 프랑스 중서부 지방에서의 매춘에 관해 연구한 자크 테르모는 자료를 수집하는 과정에서 이러한 관행들에 관한 최소한의 암시도 발견하지 못했다. 이러한 점은 나의 관찰을 더욱 강화시킨다.

20) 다음을 참조할 수 있다. André Armengaud, *Les Français et Malthus*(Paris: PUF, 1975), p.18 및 Francis Ronsin, *La Grève des ventres*(Paris: Aubier, 1979).

21) Parent-Duchâtelet가 *De la prostitution dans la ville de Paris, op. cit.*, t. II, p.536 에서 인용한 의과대학의 청원서이다.

22) Docteur Jeannel, *De la prostitution dans les grandes villes au XIXe siècle*, 1868, p.320.

23) Docteur Londe, *op. cit.*, t. II, p.565.

24) Docteur Ratier, 〈Mémoire [⋯] quelles sont les mesures de police médicale plus propres à arrêter la propagation de la maladie vénérienne〉, *Annales d'hygiène publique et de médecine légale*, juil.-oct. 1836.

25) 그 관계는 Docteur Brennus, *Amour et Sécurité*, 1895, p.57에서 또다시 언급되었다.

26) Parent-Duchâtelet가 *De la prostitution dans la ville de Paris, op. cit.*, t. I, p.542 에서 사용한 표현이다.

27) 이 문제에 관해서는 Angus Mac Laren, *op. cit.*, p.23을 참조할 수 있다.

28) A. Corbin, 〈L'hérédosyphilis ou l'impossible rédemption〉, *Romantisme*, 31, *Sangs*, 1981, pp.131-149 및 본 번역서의 pp.141-169를 참조할 수 있다.

29) Abraham Flexner는 장기간에 걸친 조사를 마친 후, 1913년 매춘부에게 가는 것은 일반적으로 실행되어질 수 있다고 썼다. (*La Prostitution en Europe*, p.31.)

30) Professeur P. Diday, *Exposition critique et pratique des nouvelles doctrines sur la syphilis*, 1858, p.511.

31) 다음의 자료에 그 증거가 있다. Bertherand et Duchesne, 〈Des boyaux dits préservatifs, de leur fabrication et de leur influence sur le développement de la maladie vénérienne〉, *Annales de la société de médecine de Lyon*, 2ᵉ série, t. XXV, 1877.

32) Docteur Chéry, *Syphilis, maladies vénériennes et prostitution*, 1912, p.531.

33) 이 제품은 19세기말 이전에는 여전히 특별한 것이었다. 위에서 인용한 Bertherand et Duchesne의 논문을 참조할 수 있다.

34) Bertherand et Duchesne, 인용 논문, p.207.

35) 그의 소설인 *Bubu de Montparnasse*에서 인용하였다.

36) Docteur Jacques Bertillon, *La Dépopulation de la France*, 1911, pp.98−99.

37) 다음을 참조할 수 있다. Lagneau fils, 〈Mémoire sur les mesures hygièniques propres prévenir la propagation des maladies vénériennes〉, *Annales d'hygiène publique et de médecine légale*, janv.−avril 1856 및 Londe, *op. cit.*, t. II, p.565.

38) Ratier, 위의 인용 논문, p.290.

39) Docteur Hyppolyte Homo, *Etude sur la prostitution dans la ville de Château Gontier*, 1872, p.102.

40) 그 주된 원료는 '향기가 나는 청동을 명반 용액에 용해시킨 것'이다.

41) Docteur Jeannel, *op. cit.*, pp.321−322.

42) Docteur Chéry, *op. cit.*, p.513.

43) 신맬서스주의 운동의 주창자들은 이 문제와 관련된 엄격한 법을 위태롭게 만들고 비난을 초래하는 것을 회피하는 데 고심하고 있었다. 그러므로 그들의 교훈적인 태도는 설령 매춘부 집단이 이미 오래 전부터 권고를 받고 있던 각종 관행들을 실행하려는 마음자세를 가지고 있었다고 하더라도, 아마도 매춘부의 경우에 대해서는 침묵을 지키도록 고무되었을 것이다. 그 예로서 Doctor Brennus, *op. cit.*를 참조할 수 있다.

44) 이 주제에 관해서는 Angus Mac Laren, *op. cit.*, p.140 이하를 참조할 수 있다.

45) 이는 미셸 마페솔리 저작의 주제이다. 그에 의하면 매춘은 우주적 체계론에 부속되는데, 그 체계를 이루는 요소들 중의 하나가 바로 정욕이라는 것이다. 특히 매춘은 집단적인 삶의 의지를 강화시키며, 사회 집단을 붕괴시킬 위험성을 일시적으로 완화시키는 데 이바지한다는 것이다. 또한 매춘은 사유화와 정체성의 강력한 요구에 대한 인류학적인 저항이라고 했다. 여성들의 유통은 '조화로운 관계'를 정착시킨다. 그 유통을 통하여 성이 사유화되려는 경향을 보이는 순간에 회상되는 것은 바로 집단이다. 결국 매춘은 미미한 정도의 유사한 요법을 통해 조직을 성립시켜 주는 폭력을 경험할 수 있게 한다. 절정에 달한 민중 계급의 음란함은 사회성에 바탕 그림을 그린다. 또한 볼 만한 것은 돈에 의해 좌우되는 사랑이라는 논리를 통해 나타난다.(1983년 투르대학교에서 행해진 강연) 이상과 같은 관념들은 우리가 사회 집단 내부에서 쾌락적인 모델들과 관행들의 복합적인 유통을 언급하는 것을 강화시키며, 사회적 이탈에 대한 매력

을 설명하는 데 이바지한다. 또한 이와 같은 논거들은 매춘이 재생산적인 목적으로부터 분리된 에로티즘을 전파하는 데서 어떠한 역할을 담당하는가에 대한 연구를 진행하면서 관점을 상실하지 않도록 주의해야 할 필요성과 연결된다.

46) 이와는 반대로 영국이나 미국 역사가들은 이러한 쾌락주의적인 관행의 역사를 망설임 없이 연구한다. 참고적으로 부르주아 계급 내에서 행해진 쾌락의 관행에 대해서는 아주 최근에 출간된, 위에서 인용한 피터 게이의 책이 있다.

47) J. -L. Flandrin, *op. cit.*, pp.214-217. 앙귀스 맥 라렌은 이 유형에 대해 비판을 하였으나(*op. cit.*, p.16), 피터 게이는 그 유형에 동의하였다(*op. cit.*, t. I, p.272).

48) Docteur Dartigues, *op. cit.*, p.102.

49) Docteur H. Thulié, *La Femme. Essai de sociologie physiologique*(Paris, 1885), p.319.

50) Auguste Forel, *La Question sexuelle exposée aux adultes cultivés*(Paris, 1906), p.475.

51) 이렇게 주장하는 사람들로는 의사였던 다르티그와 오모 등이 있다. Docteur Homo, *op. cit.*, p.69-70.

52) Docteur L. -F. Bergeret, 〈La prostitution et les maladies vénériennes dans les petites localités〉, *Annales d'hygiène publique et de médecine légale*, 1866.

53) Docteur Dartigues, *op. cit.*, p.174. 또한 프란시스 드베의 책에서도 이미 이런 글이 나온다. *op. cit.*, p.179.

54) Docteur Dartigues, *op. cit.*, p.147. 피임을 하려는 욕구를 지니고 있는 부부들에게 필요한 규약에 대하여 또한 경우에 따라서 역동적인 쾌락을 억제하거나 그 쾌락을 용이하게 만들 수 있는 이러한 기술들의 심리적인 결과의 양면성에 대해서는 Peter Gay, *op. cit.*, p.274를 참조할 수 있다.

55) Docteur P. Diday, *op. cit.*, p.519.

56) 의사였던 가르니에가 *Le Mariage dans ses devoirs, ses rapports et ses effets conjugaux*, 1879에서 사용한 표현.

57) 19세기말 여성에게 영감을 주었던 두려움에 관한 훌륭한 사건들은 Claude Quiguer, *Femmes et machines de 1900. Lecture d'une obsession modern style*(Paris: Klincksieck, 1979)에 나타난다. 또한 서양 전체와 관련해서는 위에서 인용한 피터 게이의 저술 p.169 이하에 있다.

58) 이 표현은 특히 다음의 저작들에서 나타난다. Dartigues, *op. cit.*, p.174 및 Docteur Francis Devay, *op. cit.*, p.179.

59) 그의 책인 *Naissance de la famille moderne, XVIIIe-XXe siècle*(Paris: Le Seuil, 1977)을 참조할 수 있다. 이러한 점은 또한 다르티그가 1885년부터 일련의 문제들을 뒤죽박죽으로 만들면서, '부부의 부정 행위'가 여성으로 하여금 매춘을 할 것을 결심하게 만든다는 이유를 들어 그 행위를 비난하였을 때 그가 환기시켰던 것이다.

1) *Romantisme*, 31, 1981.

2) 예를 들면 Portal, Alibert et Varren, *Bull. Acad. de médecine*, t. XVIII, p.1044.

3) 보지라르 병원에서 이루어진 수많은 의학적 관찰들은 단지 그에게 부수적으로 질병의 전염에 관한 학위 논문을 작성하는 것에만 도움을 주었을 뿐이다.(t. I, p.599) '매독의 악습'은 이미 의사였던 앙투안 포르탈이 1808년 1월 25일 의학협회에서 발표한 〈가족 질병의 본질과 치료에 관한 고찰〉에서도 그리 중요하지 않은 문제로 취급되었다.

4) *op. cit.*, p.865.

5) *De l'hérédité morbide progressive.*(Paris, 1867)

6) H. Ibsen, *Les Revenants* 및 Thomas Mann, *Le Docteur Faustus*.

7) A. Corbin, 〈Le péril vénérien au début du siècle: prophylaxie sanitaire et prophylaxie morale〉, *L'Haleine des faubourgs, Recherches*, déc. 1977, pp.245-283.

8) 프로스페르 루카스는(*Traité philosophique*[…], p.X-XI) 유전이라는 문제에 관하여 의사들이 가지고 있던 사고 방식의 이중성을 이성적으로 주목하였다. 그는 그 의사들 중 일부는 이러한 방식으로 임상과 통계에 의도적으로 얽매여 있었다는 점을 강조하였다.

9) 그 의사들에는 특히 파라셀즈(Paracelse, 1529)·오귀스트 페리에(Auguste Ferrier, 1553)·피에르 오르샤르(Pierre Horschard, 1554)·롱델레(Rondelet, 1560) 및 앙브루아즈 파레(Ambroise Paré) 등이 있다. 17세기에 반 헬몽(Van Helmont)·기용 돌루아(Guyon-Dolois)·블레니(Blégny)·뮈지탕(Musitan) 및 가르니에(Garnier) 등이 매독의 유전성을 인정하였다. 이 문제에 대해 각별한 관심을 기울였던 파브르·뵈르아에브·반 스위텐·아스트뤼·브뤼네 및 특히 롤랭과 산체스 등과 같은 18세기의 중요한 의사들의 경우도 마찬가지이다. 이 문제에 관해서는 Lancereaux, *Traité historique et pratique de la sy-philis*, 1866, pp.533-557; V. Augagneur, *Etude sur la syphilis héréditaire tardive*, 1879, pp.7-10 및 E. Fournier, *Hérédosyphilis de deuxième génération*, 1905, pp.10-18을 참조할 수 있다. 롤랭은(*De la conservation des enfants*, t. I, pp.228-229) 이미 19세기말에 꾸준히 재개되는 논쟁들을 이용하였다. 매독 환자들의 결혼을 비난하였던 그는 다음과 같이 기술하고 있다. 즉 "조국에 봉사할 수 없는 아이들을 출산한다는 것은 조국애를 결여하고 있는 것이다. 생명과 함께 예리한 칼처럼 가족 구성원 모두와 향후 나타날 여러 세대들을 위협하는, 너무 이른 죽음의 원인들이 제공된 한 가족에 대해 영원한 걱정거리를 마련해 주는 일은 스스로 잘못을 저지르는 것이다."

10) Voltaire, *Les Oreilles du comte de Chesterfield*.

11) Lucas, *op. cit.*, pp.533-559를 참조할 수 있다.

12) *Ibid.*, p.868. 이는 또한 의사였던 앙쥐 게팽의 확신이었다. *Nantes au XIXe siècle*, p.644.

13) P. Lucas, *op. cit.*, p.862.

14) *Ibid.*, p.862.

15) Jacques Léonard의 저작에 주목하라.

16) 또한 이에는 1802년 벨의 저서의 번역본과 퀼르리에의 저작들도 도움을 주었다.

17) 이원론자들은 당연히 임질과 매독은 서로 다른 본질을 지닌 질병이라고 생각하였다. 그들의 조언은 유독성 인자들을 식별하는 데 도움이 되었다. 벨포, 드베르지 및 지베르등은 시대에 뒤떨어진 동일론자였다.

18) 이는 놀랄 만한 문제는 아니다. Michel Foucault, *Naissance de la clinique*(PUF, 1963)의 여러 부분을 참조할 수 있다.

19) 19세기 전반기 동안 신생아의 매독에 관한 연구에 전념하였던 주요한 임상의로는 마옹(Mahon)·두블레(Doublet)·베르탱(Bertin)·퀼르리에(Cullerier) 및 로제(Roger) 등이 있다.

20) 진단과 이론을 왜곡하는 편견들에 관해서는 H. Mireur, *Essai sur l'hérédité de la syphilis*, 1867, p.33 이하 및 p.79를 참조할 수 있다.

21) H. Mireur, 〈Recherches sur la non-inoculabilité syphilitique du sperme〉, *Annales de dermatologie et de syphiligraphie*, 1876-1877, pp.423-435.

22) A. Fournier, *L'Hérédité syphilitique*, 1891, p.51.

23) *Ibid.*, p.246. 그렇지만 메이르가 오랫동안 주저하였다는 점은 특기할 만하다. 랑글르베르는 부차적인 인자들의 전염성을 증명한 이후 개념적인 매독을 인정하기를 거부하였으며, 그 뒤를 이어 미뢰가, 그리고 보다 후에는 의사였던 폴 레이몽도 이를 거부하였다.(*L'Hérédit morbide*, 1905, p.249) 또한 임신한 어떤 여성의 남편이 매독에 감염되었을 경우 여성에게 전염됨 없이 태아를 감염시킬 수 있는가 하는 문제가 제기되었다. 이러한 '간접적인 전염'은 18세기에 헌터에 의해 인정되었으나, 그후 이 문제에 대해 많은 의구심이 제기되었다. (L. Belhomme & A. Martin, *Traité pratique et élémentaire de pathologie syphilitique et vénérienne*, 1864, p.384를 참조할 수 있다.)

24) *op. cit.*, pp.233-236.

25) P. Diday, *Traité de la syphilis des nouveau-nés et des enfants à la mamelle*, 1854, p.33.

26) Jean Borie, *Zola et les mythes, ou de la nausée au salut*(Paris: Le Seuil, 1971), pp.53 및 59를 참조할 수 있다.

27) *op. cit.*, pp.35-36. 이 이론은 미뢰에 의해 반박되었으며(*op. cit.*, p.53), 차후 레이몽에 의해 배척되었다(*op. cit.*, p.7).

28) 그들은 단지 유전성 매독과 후천성 매독만을 구별하였다.

29) A. Bertherand, *Précis des maladies vénériennes, de leur doctrine et de leur traitement*, 1852, p.22.

30) J. Rollet, *Traité des maladies vénériennes*, 1865, p.954.

31) P. Mauriac, *Nouvelles leçons sur les maladies vénériennes*, 〈Syphilis tertiaire et

syphilis héréditaire〉, 1890, p.1074 이하.

32) *op. cit.*, p.12.

33) P. Gastou, *La Syphilis héréditaire et l'hérédité syphilitique*, 1906, p.14 또한 P. Raymond, *op. cit.*, p.236 이하.

34) L. Belhomme & A. Martin, *op. cit.*, p.65.

35) L. Jullien, *Traité pratique des maladies vénériennes*, 1879, p.512.

36) *op. cit.*, p.179. 이 문제보다는 덜 중요하지만, 하나의 또 다른 문제가 매독을 연구하는 학자들을 열광시켰다. 그 문제는 임신 기간과 관련된 것이었는데, 임신 기간 동안 태아의 감염이 가능하다는 것이다. 하지만 그 기간은 사람들에 따라 아주 다양하였다. 이 문제에 관해서는 H. Mireur, *op. cit.*, p.65 이하를 참조할 수 있다.

37) P. Lucas, *op. cit.*, pp.264-268을 참조할 수 있다. 또한 우리는 토마스 만의 *Le Docteur Faustus*에서 이러한 이론이 반향을 불러일으켰음을 발견할 수 있는데, 이네스 앵스티토리스의 아이들은 어머니가 포옹을 할 때 수동적인 태도를 취했기 때문에 아버지를 닮았다는 것이다.

38) *op. cit.*, pp.76-78.

39) 위에서 인용된 P. Diday 저서의 내용을 참조할 수 있다. 리코르는 자신의 입장에서 유전성에 거의 주의를 기울이지 않았다. 게다가 그는 1856년에 출간된 그의 주요한 저서인 *Lettres sur la syphilis*에서도 그것에 관해 언급하지 않았다. 리코르에 의해 나타난 관심의 결여는 랑글르베르에 의해 강조되었다.(*op. cit.*, p.201)

40) Melchior Robert, *Traité des maladies vénériennes* [···] *d'après les documents puisés dans les leçons de M. Ricord*, p.288 및 Rollet, *op. cit.*, p.955.

41) V. Augagneur, *op. cit.*, p.61. 매독의 변형에 관해서는 A. Portal, *op. cit.*, p.52를 참조할 수 있다.

42) Rollet, *op. cit*, p.956.

43) *op. cit.*, p.971.

44) *op. cit.*, p.538.

45) *op. cit.*, p.12.

46) 의학과 관련된 다수의 탄원을 통해 이루어진 뒤늦게 나타나는 유전에 관한 회의를 참조할 수 있다. *Société médicale des hôpitaux de Paris*(1865) 및 *Société de chirurgie*(1871).

47) 이 경우는 리코르 자신과 다바스(Davasse)·프리외르(Prieur)·트루소(Trousseau)·카제나브(Cazenave) 및 멜시오 보네(Melchior Bonnet) 등에서 나타난다.

48) 위에서 인용한 H. Mireur의 저작을 참조할 수 있다.

49) *op. cit.*, p.3.

50) E. Fournier, *Recherche et diagnostic de l'hérédosyphilis tardive*, 1907, p.295.

51) 이 점에 관해서는 *Zola et les mythes, op. cit.*, p.215에 나타난 J. Borie의 지적들을 참조할 수 있다.

52) 베네딕트 모렐의 이론들과 비교되는 마냥 혹은 페레의 이론들을 참조할 수 있다.

53) A. Fournier, *La Syphilis héréditaire tardive*, 1886, p.7.

54) *op. cit.*, p.140.

55) *La Syphilis héréditaire tardive*, p.5.

56) 우리는 이 문헌 속에서 배원질(胚原質)의 영속성에 관해 바이즈만(Weismann)이 작성하였던 논문들의 영향을 발견할 수 없다. (*Essais sur l'hérédité et la sélection naturelle*, 1892년 번역) 의학적 임상에 관한 이 저작들의 저자들은 단지 아주 드물게 스펜서·갈튼 혹은 버쇼우 등을 암시하였을 뿐이다. J. 레오나르는 만약 생식 세포의 체물질(體物質)과 구별되는 바이즈만의 이론이 잘못 받아들여졌다면, 그것은 유전의 위협을 신중하게 검토하도록 만드는 공포감이 결국 지나치게 넓게 확산되어 있다는 것이라고 평가한다. 또한 프랑스 의사들이 염색체에 관한 플레밍의 가설들을 간과하였다는 점을 첨가해야만 한다.

57) A. Fournier, *L'Hérédité syphilitique*, p.20.

58) *Ibid.*, p.17.

59) A. Fournier, *La Syphilis héréditaire tardive*, p.55.

60) A. Fournier, *L'Hérédité syphilitique*, p.19.

61) 혈구소의 감소, 기능 쇠퇴, 신경증, 신경쇠약 등과 같은 것들이다. 그렇게 해서 매독은 때때로 임파성 체질, 연주창, 결핵, 낭종(囊腫), 구루병, 노증[勞症, 폐결핵의 옛 명칭], 전신마비 등과 같은, 완전히 다른 경향들과 본질들을 지닌 다양한 질병의 근원으로 간주되는 것은 부인할 수 없는 사실이 되었다. *La Syphilis héréditaire tardive*, p.31.

62) E. Fournier, *Stigmates dystrophiques de l'hérédosyphillis*, 1898, p.252 이하.

63) 알프레드 푸르니에가 인용한 게노 드 뮈시의 간략한 표현. *L'Hérédité syphilitique*, p.23.

64) 이전에 몇몇 임상의들은 연주창과는 다른 다양한 질병의 본질들을 매독의 영향 탓으로 돌렸다. 그러나 다른 이유로 확실히 다양한 측면에 걸쳐 나타났던 그들의 단언들은 거의 반향을 불러일으키지 못하였다. cf. Rollet, *op. cit.*, p.956 및 Ch. Boersch, *Essai sur la mortalité à Strasbourg*, 1836.

65) 어쨌든 알프레드 푸르니에와는 달리 파로는 그 과정이 오래 된 질병의 변이설(變移說)로부터 비롯된다고 간주하였다는 점을 지적해야만 한다.

66) A. Fournier, *La Syphilis héréditaire tardive*, p.516.

67) *Ibid.*, p.459.

68) E. Fournier, *Recherche et diagnostic de l'hérédosyphilis tardive*, p.204.

69) 입센의 *Revenants*과 관련하여 행해진 토론을 참조할 수 있다.

70) E. Fournier, *Recherche et diagnostic……*, p.210.

71) *Ibid.*, p.205. 투생 바르텔레미의 유전성 매독 환자로 여겨지는 한 소녀에 관한 관찰은 종종 인용된다. 어린 "그녀는 음문(陰門)의 억누를 수 없는 욕정으로 인해 수음을 하게 되었으며, 열광적으로 그러한 욕정을 탐닉하였다. 자연적으로 과격한 히스테

리 증상이 초래되었다. 보다 나이가 들어서, 이른바 겨우 17세의 나이에 그녀는 (…) 더 이상 남자 없이는 그 욕정을 해결할 수 없게 되었다(…). 타락에 타락을 거듭하면서 나태하며 노동을 하지 않으려 했던 그녀는 결국 매음굴에 이르게 되었다." (E. Fournier, *Syphilis héréditaire de l'âge adulte*, p.294)

72) 정신박약의 심리학적·사회학적 흔적의 개념들의 중요성을 강조해야만 한다. 마냥으로부터 영감을 받은 의사였던 가스투는 간결한 정의들을 부여하였다. 가장 중요한 정의들은 '정신의 비정상' 뿐만 아니라, 모든 '물질적 환경이나 **정상적인 것으로 받아들여지는 사고에의 부적응**' 까지도 새롭게 포함하였다. 또한 부차적인 정의들은 모든 '사회적 환경에의 부적응' 을 일컫는다. 예를 든다면 '집단에 요구되는 품성들의 약화 혹은 손실' 을 말한다.(*op. cit.*, p.12)

73) E. Fournier, *Syphilis héréditaire de l'âge adulte*, 1912, p.289.

74) A. Fournier, *La Syphilis héréditaire tardive*, p.24.

75) E. Fournier, *Recherche et diagnostic*[…]. 이 저작은 아주 인상적인 사진들을 담고 있다.

76) A. Fournier, *La Syphilis héréditaire tardive*, p.23.

77) *Ibid.*, p.26.

78) *Ibid.*, p.29.

79) 에드몽 푸르니에의 박사 학위 논문은 전적으로 이러한 영양 장애, 혹은 기형학의 특징들에 관련된 것이었다.(*Les Stigmates dystrophiques de l'hérédosyphilis*, 1898) 또한 E. Fournier, *Recherche et diagnostic*[…], p.257 이하의 '유전성 매독의 기형학' 혹은 '발전되는 정신 착란' 을 참조할 수 있다.

80) 예를 들면 E. Fournier, *Recherche et diagnostic*[…], p.304. 이러한 영양 장애들은 저자가 '근원적 특징' (p.307)으로 간주한 것을 정의한다.

81) *op. cit.*, p.64.

82) *Ibid.*, p.64.

83) Valentin Magnan & Paul-Maurice Legrain, *Les Dégénérés(Etat mental et syndromes épisodiques)*(Paris: Rueff, 1895).

84) *L'Hérédit syphilitique*, p.126.

85) *Ibid.*, p.265. 이는 또한 의사였던 오몰르(Homolle)가 《새로운 실용 의학 및 외과학 사전 *Nouveau dictionnaire de médecine et de chirurgie pratiques*》의 '매독' 항목에서도 밝힌 견해이다.(p.693)

86) L. Jullien, *Hérédosyphilis. Descendance des hérédosyphilitiques*, 1901, p.5에서 재인용하였다.

87) Atkinson, 〈An Account of a Case of Syphilis Inherited Through two Generations〉, *Archives of Dermatology*, 1876, p.106. 이 이론에 대한 최초의 지지자들 중에서 우리는 E. King(〈Syphilis héréditaire transmise travers à deux générations〉, *France médicale*, 1889, pp.1337-1340), 의사였던 Cesar Boeck(〈Syphilis héréditaire à la seconde géné-

ration〉, *Annales de dermatologie et de syphiligraphie*, 1889, pp.782-784) 및 Dezanneau
(〈Observations d'hérédosyphilis à la seconde génération〉, *Annales de dermatologie*, 1888,
pp.162-166) 등을 언급할 수 있다.

88) Victor Augagneur, *Etudes sur la syphilis héréditaire tardive*.

89) *L'Hérédité syphilitique*, pp.319-325.

90) T. Barthélemy, 〈Essai sur les stigmates de para-hérédosyphilis de seconde généra-
tion. Indices de dégénérescence de race〉, *Compte rendu du XIIe Congrès international
de médecine*, Moscou, 1897, section VIII, p.391.

91) 〈La descendance des hérédosyphilitiques. Rapports du Pr finger, du Dr Jullien, du
Pr Tarnowsky〉, *Compte rendu du XIIIe Congrès international de médecine*, Paris, 1900.

92) Hochsinger, *Studien über die hereditäre syphilis*(Leipzig, 1898)을 참조할 수 있다.

93) 이러한 이론의 지지자들 중에서 또다시 네세르 자신과 드 아미시·위티넬 및 르
필뢰르 등을 인용할 수 있다.

94) 1908년 파리의학협회에서 행한 발표이다.

95) 더욱이 성병학자들은 타르노프스키의 **이원적 매독**(syphilis binaire), 이른바 매독
의 본질이라는 재난을 전혀 경험하지 않았던 어떤 매독 환자에 의해 획득된 매독, 그
렇지 않으면 유년기에 이미 위독한 증세를 보여 주던 한 매독 환자에 의해 감염된 질
병인 고셰와 로스탱의 **이중적 매독**(syphilis doublée)으로 인한 특정한 피해에 관하여 논
하면서 나름대로 만족하고 있었다.

96) E. Fournier, *Hérédosyphilis de seconde génération*, p.60.

97) *Ibid.*, p.61.

98) *Ibid.*, p.4. 에드몽 푸르니에는 모스크바 회의에서 행해진 바르텔레미의 발표를 인
용하였다.(p.391)

99) *Ibid.*, p.5.

100) Henri Hallopeau & Charles Fouquet, *Traité de la syphilis*, 1911, 특히 pp.33-35
및 412-431.

101) 에드몽 푸르니에(*Hérédosyphilis*[…], p.78)는 제2세대의 매독을 인정하였던 26명
의 매독 연구자들과 그 존재를 부인하였던 10명의 연구자들을 열거하였다.

102) 1890년부터 거의 주목을 받지 못한 한 박사학위 논문에서 의사였던 바라쉬는 반
대 의견을 표명하려고 시도하였다.(*Hérédité syphilitique*, Thèse, Paris, 1890) 1901년 의
사 갈리프는 치아의 기형 및 심지어 허친슨의 치아를 매독의 유전 탓으로 돌리는 것을
거부하였다.(Dr V. Galippe, 〈Etude sur l'hérédité des anomalies des maxillaires et des
dents〉, *Revue de médecine*, 1901, pp.1027-1058) 이듬해에는 의사 브뤼네가 이를 모방
하는 글을 발표하였다.(〈Malformations maxillodentaires dans l'hérédosyphilis〉, *Gazette des
hôpitaux*, 1902, pp.190-191) 의사였던 레이몽은 1906년 출간된 그의 저서 《질병의 유
전》에서 매독의 유전에 관해서는 단지 몇 페이지만을 할애하였을 뿐이다. 더욱이 그는
매독의 유전을 감염에 의한 유전과 관련된 장에 배치하였던 반면 알코올 중독과 니코

틴 중독, 혹은 신경 질환의 유전 및 중독에 의한 유전에 관해서는 상대적으로 많은 부분에 걸쳐 상세히 논하였다.

103) A. Fournier, *L'Hérédité syphilitique*, p.144. 사실상 그들이 부패한 아이들을 낳는다는 말은 매독에 감염된 아이들을 낳는다는 것을 의미한다.(*ibid.*, p.301) 이러한 표현은 20세기 중반까지 민중 계급의 언어에 그대로 남아 있었다.

104) *Ibid.*, p.265.

105) J. -P. Aron, *Le Pénis et la démoralisation de l'Occident*(Grasset, 1978)의 여러 곳을 참조할 수 있다.

106) A. Fournier, *L'Hérédité syphilitique*, p.316.

107) 의사였던 앙리 르딕에 따르면, 유전성 매독에 기인한 태아 혹은 유아사망률은 71퍼센트였다.(*La Syphilis la maternité de l'hôpital Tenon*. 1905-1906) 이 연구는 내가 *L'Haleine des faubourgs, Recherches*, pp.248-249에서 인용한 모든 것들에 덧붙여진다.

108) Paul Raymond, *L'Hérédité morbide*, p.2에서 재인용하였다. 또한 전적으로 이 문제와 관련된 저작들로서는 Edmond Langlebert, *La Syphilis dans ses rapports avec le mariage*와 Alfred Fournier, *Syphilis et mariage*가 있다.

109) E. Fournier, *Recherche et diagnostic*[…], p.25.

110) A. Fournier, *La Syphilis héréditaire tardive*, p.171.

111) 그렇다고 해서 유독한 매독에 대한 치료학의 훌륭한 결과들 및 동일한 전문가들에 의해 시도되는 성병 환자들에 대한 치료의 완화를 부정하는 것은 아니다.

112) A. Fournier, *A propos de la prophylaxie et du traitement de l'hérédosyphilis. Quatre fautes ne pas commettre*, 1910, p.100.

113) *Ibid.*, p.31.

114) 의사였던 오젠 이후에 알프레드 푸르니에가 반복하였다. *ibid.*, pp.99-100.

115) E. Fournier, *Stigmates dystrophiques*[…], p.359.

116) A. Fournier, *A propos de*[…], p.130.

117) *La Syphilis héréditaire tardive*, pp.488-489.

118) *Ibid.*, p.491.

119) 그 공격은 파스퇴르적인 의학의 승리를 동반하는 '위생상의 쿠데타'를 정당화하는 데 폭넓게 이바지하였다. 이 내용에 관해서는 J. Léonard, *La France médicale, médecins et malades au XIXe siècle*(Archives, Gallimard-Julliard, 1978), p.152 이하를 참조할 수 있다.

120) A. Fournier, *La Syphilis héréditaire tardive*, p.447.

◪ 젊은 부부들의 작은 성서

1) *L'Histoire*, 63, janvier 1984.

2) 예를 들면 다음과 같은 연구들이 있다. J. -P. Peter, 〈La femme et le médecin〉,

in: *Misérable et glorieuse, la femme du XIXe siècle*, présent par Jean—Paul Aron(Paris: Fayard, 1980); Yvonne Kniebiehler, 〈Les médecins et l'amour conjugal au XIXe siècle〉, *Aimer en France*(Clermont—Ferrand, 1980) 및 *Les Femmes et les médecins*(Paris: Hachette, 1983); Angus Mac Laren, 〈Medicals Attitudes Towards Sexual Behavior〉, *Sexuality and Social Order, op. cit.*,; Laure Adler, *Secret d'alcôve*(Paris: Hachette, 1983).

3) Dr L. —F. Bergeret d'Arbois, *Des fraudes dans l'accomplissement des fonctions génératrices*(Paris: J. —B. Baillière, 1868).

4) Michel Foucault, *Histoire de la sexualité*, t. I, *La Volonté de savoir*(Paris: Gallimard, 1977).

5) Petite Bible des jeunes poux(Paris: Flammarion, 1885).

6) Dr Seraine, *De la santé des gens mariés ou physiologie de la génération de l'homme et hygiène philosophique du mariage*(Paris, 1865)에서 재인용하였다.

7) Dr Alexandre Mayer, *Des rapports conjugaux considérés sous le triple point de vue de la population, de la santé et de la morale publique.*(Paris: J. —B. Baillière, 1857)

8) Dr P. Garnier, *Le Mariage dans ses devoirs, ses rapports et ses effets conjugaux* (Paris, 1879).

9) *op. cit.*

10) Dr. Bergeret, *op. cit.*

11) Dr L. Fiaux, *La Femme, le mariage et le divorce. Etude de physiologie et de sociologie*(Paris, 1880).

12) Yvonne Kniebiehler, 〈Les médecins et l'amour conjugal au XIXe siècle〉, *Aimer en France*(Université de Clermont—Ferrand, 1980)에서 재인용하였다.

13) Auguste Forel, *La Question sexuelle exposée aux adultes cultivés*(Paris: G. Steinheil, 1906).

14) 위의 책, p.148을 참조할 수 있다.

15) *Histoire des passions française*(Paris: Seuil, Points , 1978), t. I.

16) Dr Coriveaud, *Le Lendemain du mariage*(Paris: J. —B. Baillière, 1884).

17) 리냐은 *De l'homme et de la femme considérés physiquement dans l'état du mariage*(1772)의 저자이며, 니콜라 베네트는 *Tableau de l'amour conjugal*이라는 유명한 책의 저자이다. 이 책의 초판은 1687년에 나왔으며, 1955년까지 반복적으로 재편집되었다.

■ 오스만에 의한 도시 정비 이전의 파리에서 나타난 산업의 폐해와 관련된 여론과 정책

1) *Histoire, économie et société*, 1, 1983.

2) Bruno Fortier et al., *Les Politiques de l'espace parisien à la fin de l'Ancien Régime*(Paris: Corda, 1975).

3) Daniel Roche, *Le siècle des Lumières en province. Académies et académiciens provinciaux*(Paris-La Haye: Mouton, 1978).

4) 1810년 10월 15일 칙령에 의해 제출된 내무성 보고서. Maxime Vernois, *Traité pratique d'hygiène industrielle et administrative*, 1860, p.14에서 재인용하였다.

5) *Ibid.*, p.28.

6) Archives de la préfecture de police, conseil de salubrité(usuel).

7) Monfalcon et Polinière, *Traité de la salubrité dans les grandes villes*, 1846, p.172.

8) Bernard Lécuyer, 〈Démographie, statistique et hygiène publique sous la monarchie censitaire〉, *Annales de démographie historique*, 1977, p.242.

9) Monfalcon et Polinière, *op. cit.*, p.229.

10) *Ibid.*, p.177.

11) *Ibid.*, p.176.

12) 보건국의 보고서에 의거.

13) *Classes laborieuses et classes dangereuses*[⋯], p.173 이하.

14) Jacques Léonard, *Les Médecins de l'Ouest*[⋯], p.151을 참조할 수 있다.

ⅠⅠ 파리의 농민들

1) *Ethnologie française*, X, 1980, 2.

2) 이 문제와 관련해서는 Abel Châtelain의 *Les Migrants temporaires en France de 1800 à 1914*(Lille: PUL, 1976), pp.1133-1213에 수록된 참고 문헌을 참조할 수 있다. 또한 리무쟁 출신의 이주민들에 대해서는 Alain Corbin, *Archaïsme et modernité en Limousin au XIXᵉ siècle*(Paris: Rivière, 1975), pp.1097-1134. 또한 Louis Perouas, 〈L'émigration des maçons creusois avant le XIXᵉ siècle〉, *Revue d'histoire moderne et contem-poraine*, janv.-mars 1976을 참조할 수 있다.

3) Alain Corbin, *op. cit.*, p.177 이하.

4) Arch. nat., F^{12} 502.

5) 그 이후 루이 슈발리에의 고전적 저작인 *Classes laborieuses et classes dangereuses à Paris pendant la première moitié du XIXᵉ siècle*(Paris: Plon, 1958)에서 오랫동안 상세히 설명된 주제이다.

6) 크뢰즈의 도지사가 사용한 표현이다. Arch. nat., F^{20} 437.

7) 위에서 인용한 Abel Châtelain의 저서 p.846에서 이 주제에 대해 상세하게 설명되어 있다.

8) Martin Nadaud, *Mémoires de Léonard, ancien garçon maçon*(Paris: Hachette, 1976), p.146을 참조할 수 있다.

9) Alain Corbin, *Archaïsme*[⋯], t. II, p.784 및 938.

10) 다음의 저작에서 이 점에 관련된 진실을 보여 주고 있다. Emile de La Bédollière,

Les Industriels. Métiers et professions en France à Paris pendant la première moitié du XIXᵉ siècle(Paris: Janet, 1842), 〈Le maçon〉, p.227.

11) Louis Bandy de Nalèche, *Les Maçons de la Creuse*(Paris: Dentu, 1859), p.71.

12) H. A. Frégier, *Des classes dangereuses de la population les grandes villes, et des moyens de les rendre meilleures*(Paris: J. -B. Baillière, 1840)를 참조할 수 있다.

13) 위에서 인용한 상공회의소의 조사들을 참조할 수 있다.

14) 1847년 상공회의소의 조사, p.83. 오텔 드 빌 가의 셋방에 거주하던 9명의 석공들은 '방탕한' 한 포장 공사 인부를 내보내기로 결정하였으며, 셋방 주인과의 면담을 통해 후임 세입자를 책임지고 들이는 문제에 대해 동의하였다.

15) 이러한 불안감은 오송빌 백작에게서 드러난다. 〈La misère à Paris. La population nomade, les asiles de nuit et la vie populaire〉, *Revue des Deux-Mondes*, oct. 1881, p.612. 그 불안감은 또한 앙리 클레망의 저서 *Etudes marchoises, les émigrants du centre de la France*, 1885-1886, p.26에서도 재발견되며, 아벨 샤틀렝이 그의 저서(*op. cit.*, p.837)에서 인용하였던 의사였던 비야르에게서도 발견된다.

16) Alexandre Parent-Duchâtelet, *De la prostitution dans la ville de Paris*(Paris: J. - B. Baillière, 1836)에 수록된 도표들을 참조할 수 있다.

17) Othenin d'Haussonville & Henri Clément, *op. cit.* 및 Louis Bonnet, *L'Emigration limousine et creusoise à Paris*(Limoges, Ducourtieux, 1913)의 여러 부분을 참조할 수 있다. 셋방의 '세입자들의 상스러운 천성들'은 오래 전부터 보건위생국의 관리들을 걱정하게 만들었다. 파리 제1구의 보건위생국의 한 관리는 1858년(Arch. Seine, Vbis 8 I³ 5) "싸구려 셋방들은 1인용 혹은 2인용 침대들의 일반적인 배치는 물론 과장된 침대 숫자에 의해서 비위생성의 씨앗을 확실하게 포함하고 있다"는 점을 강조하였다.

18) Dr Ferdinand Issartier, *De l'alcoolisme moderne. Etude sociale sur le poison à la mode en France*(Paris: Leclerc, 1861), p.13. 이 문제에 관해서 위에서 인용한 루이 보네의 저작은 가장 훌륭한 예이다.

19) Gérard Jacquemet, 〈Médecine et maladies populaires dans le Paris de la fin du XIXᵉ siècle〉, *L'Haleine des faubourgs, Recherches*, 29, décembre 1977를 참조할 수 있다.

20) 위에서 인용한 아벨 샤틀렝의 방대한 저작 전체에서는 아주 잘 지각할 수 있는 하소연들이 나타나는데, 그것들은 가족에게 또한 노동에 있어서는 하나의 송가(頌歌)였다. 저자는 특히 1061페이지에서 다음과 같이 기술하였다. 즉 "독신자의 삶은 물론 결혼한 사람들 역시 일시적으로 이주를 할 경우에는 자유·여가·폭력·방탕함·위험 등의 요인이 된다."

21) Alain Corbin, 〈Migrations temporaires et société rurale: le cas de Limousin〉, *Revue historique*, sept.-déc. 1971. 이주의 이로운 결과들은 이미 오트 비엔의 도지사였던 텍시에 올리비에, 혹은 크뢰즈의 도지사와 같은 제국의 몇몇 도지사들에 의해 강조되었다. 1812년 6월 5일, Arch. Nat., F²⁰ 437.

22) Henri Clément, *op. cit.*, p.92에서 재인용하였다.

23) 그와 마찬가지로 성교에 의한 전염은 1812년 크뢰즈의 도지사에 의해 고발되었다. Arch. nat., F²⁰ 437. 보다 후에 이 주제에 관해서 침묵이 이루어졌다.

24) 그와 마찬가지로 의사였던 비야송(Byasson, *De l'émigration dans la Creuse*, Guéret, Betoulle, 1881)은 위생적인 영역에서 이주로 인한 혜택들을 강조하는 경향이 있으며 또한 그의 동료들의 고뇌주의를 부정하였던 결과들에 도달하였다. 1924년 페르낭 보리(Fernand Borie, *L'Ouvrier maçon*, Paris, Doin, 1924, p.277)는 석공이 '순박한 천성'과 '건강한 유전'을 가지고 있기 때문에 좋은 건강을 지니고 있다고 강조하였다.

25) Henri Clément, *op. cit.*, p.27에서 재인용하였다.

26) 다음을 참조할 수 있다. Dr Louis Bonnet, *op. cit.*, p.6 및 Ardouin-Dumazet, *Voyages en France*.

27) A. Egron, *Le Livre de l'ouvrier, ses devoirs envers la société, la famille et lui-même*(Paris: Mellier, 1844). 그는 실업의 위험성이 있던 파리 노동자들을 보호하기 위하여 파리에 건축 이주민들의 유입을 금지할 것을 요구하였다.

28) Louis Bandy de Nalèche, *op. cit.*, p.85.

29) Martin Nadaud, *op. cit.*, p.95를 참조할 수 있다. 본네프 형제(L. & M. Bonneff)는 파리 시민들이 여전히 젊은 리무쟁 사람을 괴롭히고 있다고 욕설을 퍼부었다. 〈Mangeur de châtaignes; veux-tu donc faire connaissance avec la chaussette clous?〉, *La Classe ouvrière*, 1911, p.312.

30) 더욱이 이주해 온 석공은 자신이 벗어나려고 노력하는 영속적인 감시하에 놓여진다는 느낌을 갖고 있었다. 이 점에 관해서는 Abel Châtelain, *op. cit.*, p.844 이하를 참조할 수 있다.

31) Pierre Mazerolle, *La Misère de Paris. Les Mauvais Gîtes*(Paris: Sartorius, 1874), pp.28-31.

32) Emile de La Bédollière, *op. cit.*, p.224.

33) 이 점은 이미 Louis Chevalier가 강조한 바 있다. *La Formation de la population parisienne*(Paris: PUF, 1949).

34) Emile de la Bédollière, *op. cit.*, p.218 및 Pierre Mazerolle, *op. cit.*, p.33.

35) *Ibid.*, p.31.

36) Maurice Dechastelus, *Comment on mange à Paris*(Paris: Editions de la Gazette de France, 1852), p.5.

37) Martin Nadaud, *op. cit.*, p.102.

38) *Ibid.*, p.107.

39) *Ibid.*, p.103.

40) *op. cit.*, p.31.

41) Michel Raymond, *Le Maçon. Mœurs populaire*(Paris: A. Dupont, 1928), p.10 및 Pierre Vinéard, *Les Ouvriers de Paris*(Paris: Michel, 1851), p.44.

42) Emile de La Bédollière, *op. cit.*, p.222.

43) *Ibid.*, p.223.

44) 석공들에게서 파이프 담배와 씹는 담배의 중요성에 대해서는 Emile de La Bédollière, *op. cit.*, p.218을 참조할 수 있다. 또한 그 이후의 시기에 대해서는 Fernand Borie, *op. cit.*, p.131을 참조할 수 있다.

45) *Ibid.*, p.136. 그러나 크뢰즈 석공들이 불렀던 노래의 성공에 대해 주의를 환기시킬 필요가 있다. 이 점에 관해서는 Henri Germouty, 〈La chanson des maçons de la Creuse et son auteur〉, *Mémoires de la Société des sciences naturelles et archéologiques de la Creuse*, 1940.

46) Emile de la Bédollière, *op. cit.*, p.220. 그는 특히 "석공은 본질적으로 속담의 친구이다"라고 기술하였다.

47) Fernand Borie, *op. cit.*, p.136. 또한 Pierre Vinçard, *op. cit.*, p.43을 참조할 수 있다.

48) Louis Bonnet, *op. cit.*, p.20.

49) 모임의 창설에 관해서는 Alain Corbin, *Archaïsme*[…], p.692를 참조할 수 있다. 또한 그 이후의 운명에 대해서는 Arch. nat., F^{17} 12532 및 Albert Vaudoyer, 〈Le cercle d'ouvriers maçons et tailleurs de pierres〉, *La Réforme sociale*, 1er juillet 1899를 참조할 수 있다.

50) 예를 들면 루이 보네가 '리무쟁 출신 사람들의 게토'라 부른 곳은 무프타르 구역이었다.

51) *Ibid.*, p.6.

52) L. et M, Bonneff, *op. cit.*, p.259, 각주 28,

53) 이와 관련해서는 Abel Châtelain, *op. cit.*, p.883.

54) Louis Bonnet, *op. cit.*, p.13.

12 파리에서의 유혈 사태

1) *Ecrire Paris*, éd. Seesam, 1990.

2) Alexandre Parent-Duchâtelet, *La Prostitution à Paris au XIXe siècle*(Paris: Le Seuil, 1981, extraits de l'ouvrage de 1836, présenté par Alain Corbin)

3) Louis Chevalier, *Classes laborieuses et classes dangeureuses à Paris pendant la première moitié du XIXe siècle*(Paris: Plon, 1958); Pierre Michel, *Un mythe romantique: Les Barbares. 1789-1848*(Lyon: PUL, 1981).

4) Nicole Castan, *Les Criminels de Languedoc. Les exigences d'ordre et les voies du ressentiment dans une société prérévolutionnaire, 1750-1790*(Toulouse, 1980).

5) Yves-Marie Bercé, *Histoire des croquants. Etudes des soulèvements populaires au XVIIIe siècle dans le Sud-Ouest de la France*(Genève-Paris: Droz, 1974).

6) Denis Crouzet, *La Violence au temps des troubles de religion*(vers *1525–vers 1610*), Thèse, Université de Paris-IV, 1988.

7) Emmanuel Le Roy Ladurie, *Les Paysans de Languedoc*(Paris: Imprimerie nationale, 1966), t. I, p.503.

8) Bernard Conein, 〈Le tribunal de la Terreur, du 14 juillet 1789 aux massacres de septembre〉, *Les Révoltes logiques*, 11, hiver 1979–1980.

9) Daniel Arasse, *La Guillotine et l'imaginaire de la Terreur*(Paris: Flammarion, 1987).

10) Bronislaw Baczko, *Comment sortir de la Terreur. Thermidor et la Révolution.* (Paris: Gallimard, 1989)

11) L. M. Prudhomme, *Histoire générale et impartiale des erreurs, des fautes et des crimes commis pendant la Révolution française*, an V(1797), t. I, p.I 및 IV.

12) Noélie Vialles, *Le Sang et la Chair. Les Abattoirs du pays de l'Adour*(Paris: Maison des sciences de l' homme, 1987).

13) Pierre Rétat, *L'Attentat de Damiens, discours sur l'événement au XVIIIᵉ siècle* (Lyon: PUL, 1979).

14) Maurice Agulhon, 〈Le sang des bêtes〉, *Romantisme*, 31, 1981.

15) Allan Mitchell, 〈The Paris Morgue as a Social Institution in the Nineteenth Century〉, *Francia*, 1976, T. 4.

16) Henri Heine, *De la France*(Paris: Calmann-Lévy, éd. de 1884), pp.138–140.

17) Romieu, *Le Spectre rouge de 1852*(Paris: Le Doyen, 1851), p.7 및 94.

18) T. J. Clark, *The Painting of Modern Life. Paris in the Art of Manet and his Followers*(New York: Alfred Knopf, 1985).

19) Jeanne Gaillard, *Paris, la Ville. 1852–1870*(Paris: Champion, 1977).

20) Robert Tombs, *The War Against Paris*(Cambridge University Press, 1981).

21) William Serman, *La Commune de Paris*(Paris: Fayard, 1986), p.521.

13 역사학과 감각적 인류학

1) *Anthropologie et Société*, vol. 14, n 2, 1990.

2) Lucien Févre, 〈Psychologie et histoire〉, in *Encyclopédie française*, t. VIII, *La Vie mentale*(Paris: Société de gestion de l'Encyclopédie française, 1938); 〈Comment reconstituer la vie affective d'autrefois? La sensibilité et l'histoire〉, *Annales d'histoire sociale*, III, 1941

3) 이 개념에 대한 비판에 관해서는 1983년 3월 19일 파리1대학교에서 개최된 심포지엄 주제인 '과학의 역사와 심성들' 의 초록집을 참조할 수 있다. 그 내용은 *Revue de synthèse*, 111-112, 1983에 수록되었다.

4) J. Huizinga, *La Déclin du Moyen Age*(Paris: Payot, 1961, 1ʳᵉ éd. hollandaise, 1919).

5) Georges Lefébvre, *La Grande Peur de 1789*(Paris: Armand Colin, 1re éd. 1932, 1988).

6) R. A. Nye, *The Origins of the Crowd Psychology: Gustave le Bon and the Crisis of Mass Democracy in the Third Republic*(Londre: Sage Publications, 1975); S. Barrows, *Distorting Mirrors. Visions of the Crowd in Late Nineteenth Century France*(New Haven-Londre: Yale Univ. Press, 1981); S. Moscovici, *L'Age des foules. Un traité historique de psychologie des masses*(Paris: Flammarion, 1981).

7) Lucien Lévy-Bruhl, *La Mentalité primitive*(Paris: Alcan, 1922); Charles Blondel, *Introduction à la psychologie collective*(Paris: Armand Colin, 1928).

8) 이 개념의 비판에 관해서는 특히 R. Chartier, 〈Histoire intellectuelle et histoire des mentalités, trajectoires et questions〉, *Revue de synthèse*, 111-112, 1983, pp.277-307 을 참조할 수 있다.

9) 예를 들면 Robert Mandrou, *Introduction à la France moderne. Essai de psychologie historique, 1500-1640*(Paris: Albin Michel, 1961).

10) David Howes, 〈Scent and Sensibility〉, *Culture, Medicine and Psychiatry*, 13, 1989, pp.81-89. 또한 David Howes & M. Lalonde, 〈The History of Sensibilities: Of the Standard of Taste in Mid-Eighteenth Century England and the Circulation of Smells in PostRevolutionary France〉, ms, s. d.를 참조할 수 있다.

11) David Howes, 〈Olfaction and Transition: An Essay on the Ritual Use of Smell〉, *Revue canadienne de sociologie et d'anthropologie*, 24, 3, 1987, pp.398-416.

12) Guy Thuillier, *Pour une histoire du quotidien au XIXe siècle en Nivernais*(Paris-La Haye: EHESS, Mouton, 1977), pp.230-244.

13) 우리는 그 방법을 J. Léonard, *Archives du corps. La Santé au XIXe siècle*(Rennes: Ouest-France, 1986)에서도 발견할 수 있다.

14) 1977년부터 기 튈리에는 보다 정확하게 자신의 분석을 행하였다는 점에 주목해야만 한다. 《19세기에서의 일상적 상상력》(*L'Imaginaire quotidien au XIXe siècle*, 1985)에 수록된 시각에 관한 그의 훌륭한 논문은 몇몇 이러한 신중함이 반영된 것이다.

15) 우리는 여기서 그 소리를 실제로 경험하기 위한 이 싸움을 언급한다. 기 튈리에는 19세기에 "여러 마을들에 설치되어 있던 종의 역사와 관련된 상당히 풍부한 신문 기사들이 존재한다"는 점을 강조한다. *op. cit.*, p.242.

16) 역설적으로 오랫동안 인류학자들의 저서들에 익숙해져 있는 고대사 전문가들은 이 분야를 통하여 19세기를 연구하는 역사가들보다 더 많은 지식을 획득하였다. 예를 들어 우리는 마르셀 데티엔의 훌륭한 저서를 생각해 볼 수 있다.

17) 예를 들어 M. Lévy, *Traité d'hygiène publique et privée*(Paris: Jean-Baptiste Baillière, 1844)를 참조할 수 있다.

18) Alain Girard, *Le Journal intime et la notion de personne*(Paris: PUF, 1963); Béatrice Didier, *Le Journal intime*(Paris: PUF, 1976); Michelle Perrot & Georges Ribeill,

Le Journal intime de Caloline B(Paris: Montalba, 1985).

19) 필리프 아리에스와 조르주 뒤비가 책임편집을 맡은 *L'Histoire de la vie privée*에 이 문제에 관한 논문이 있다.

20) Emile Durkheim, *Le Suicide*(Paris: Alcan, 1897, cf, éd. 1930), pp.264-311.

21) J. Starobinski, 〈Brève histoire de la conscience du corps〉, *Revue française de psychanalyse*, XLV, 2, 1981, pp.261-279; F. Azouvi, 〈Quelques jalons dans la préhistoire des sensations internes〉, *Revue de synthèse*, CV, 113-114, 1984, pp.113-133를 참조할 수 있다.

22) Peter Gay, *The Bourgeois Experience. Victoria to Freud*(New-York-Oxford, Oxford Univ. Press, 1984).

23) C. Ginzburg, *Mythes, enblèmes, traces*(Paris: Flammarion, 1989), p.179.

24) 앞서 언급한 모든 내용에 관해서는 A. Corbin, *Le Village des cannibales*(Paris: Aubier, 1990)을 참조할 수 있다.

25) A. Corbin, *Le Miasme et la Jonquille. L'Odorat et l'imaginaire social, XVIIIe-XIXe siècle*(Paris: Aubier-Montaigne, 1982), pp.172-174를 참조할 수 있다. 19세기의 수많은 저자들은 직업과 각종 감각들의 기능 양식들의 관계에 대하여 논하였다. 직업의 영향력을 부정하려고 하지 않는다면, 직업적인 분류를 위한 19세기의 사회적 관찰자들의 기호는 이러한 분류 기준의 형태로부터 비롯되는 영향력을 과장하기에 이를 위험성이 있다는 점을 상기해야만 한다. 그래도 여전히 빈곤한 감식 방법들을 고려할 경우 경찰에게는 직감이 요구되며, 또한 그 임상의의 황금 시대에 전문가의 시선은 감각들의 기능에 관한 직업의 영향력을 보여 주는 훌륭한 예가 되는 것은 사실이다. 그런데 그 모든 것이 수공업적 수완에서 비롯된다는 점을 망각하지 말자.

26) Louis Chevalier, *Classes laborieuses et classes dangereuses à Paris pendant la première moitié du XIXe siècle*(Paris: Plon, 1958).

27) 공간에 대한 묘사와 사회적 묘사 사이에 형성된 전후 연결성에 관해서는 M. -N. Bourguet, *Déchiffrer la France. La Statistique départementale l'époque napoléonnienne* (Paris: EAC, 1988)을 참조할 수 있다.

28) 민중 계급 내에서 이런 하위의 감각에 의지하는 강도를 전적으로 강조하는 것이다.

29) J. Delumeau, *Le Péché et la Peur. La Culpabilisation en Occident, XIIIe-XVIIIe siècle*(Paris: Fayard, 1983), pp.222-272: O. Arnold, *Le Corps et l'Ame. La Vie des religieuses au XIXe siècle*(Paris: Le Seuil, 1984)를 참조할 수 있다. 기 튈리에는 19세기 중반에 이르기까지 수녀원 및 젊은 여성들의 기숙사 내에서 이렇게 오래 된 '시선의 감시'가 지속적으로 존재하였다는 점을 강조하였다. 그 이후 '시선의 해방,' 특히 자기 자신에 대한 시선의 해방이 이루어졌으며, 텔레비전에 대한 응시는 '얽매임' 의 새로운 유형들을 강요하였다는 것이다. Guy Thuillier, *op. cit.*, pp.6-12.

30) C. Ginzburg, *op. cit.*, p.151.

31) Anne Vincent-Buffault, *Histoire des larmes*(Marseille: Rivages, 1986).

32) *Genre humain*의 특별호 5권, 1982, 〈La Rumeur〉를 참조할 수 있다.

33) 이와 관련하여 앙투안 드 베크는 귀족 계급에서 이루어지는 적대적인 담론들을 통해 생물학적 가치의 하락이 많이 행해졌음을 증명하였다. 〈Le discours anti-noble(1787-1792). Aux origines d'un slogan: 'Le peuple contre les gros'〉, *Revue d'histoire moderne et contemporaine*, XXXVI, janv.-mars, 1989, pp.3-28을 참조할 수 있다.

참고 문헌

Quelques ouvrages évoqués, par ordre des allusions figurant dans le texte:

Alexandre Parent-Duchâtelet, *La Prostitution à Paris au XIXe siècle*, Paris, Le Seuil, 1981(extraits de l'ouvrage de 1836, Présenté par Alain Corbin).

Louis Chevalier, *Classes laborieuses et classes dangereuses à Paris, pendant la première moitie du XIXe siècle*, Paris, Plon, 1958

Pierre Michel, *Un mythe romantique: les Barbares. 1789-1848*, Presses Universitaires de Lyon, 1981

Nicole Castan, *Les Criminels de Languedoc. Les exigences d'ordre et les voies du ressentiment dans une société prérévolutionnaire, 1750-1790*, Toulouse, 1980

Yves-Marie Bercé, *Histoire des croquants. Etude des soulèvements populaires au XVIIe siecle dans le Sud-Ouest de la France*, Genève Paris, Droz, 1974

Denis Crouzet, *La Violence au temps des troubles de religion(vers 1525-1610)*, Thèse, université de Paris-IV, 1988

Bernard Conein, 〈Le tribunal de la Terreur, du 14 juillet 1789 aux massacres de septembre〉, *Les Révoltes logiques*, 11, hiver 1979-1980

Daniel Arasse, *La Guillotine et l'imaginaire de la Terrur*, Paris, Flammarion, 1987

Bronislaw Baczko, *Comment sortir de la Terreur. Thermidor et la Révolution*, Paris, Gallimard, 1989

Noélie Vialles, *Le Sang et la Chair. Les Abattoirs du pays de l'Adour*, Paris, Maison des sciences de l'homme, 1987

Pierre Rétat, *L'Attentat de Damiens, discours sur l'événement au XVIIIe siècle*, Presses Universitaires de Lyon, 1979

Maurice Aguhon, 〈Le sang des bêtes〉, *Romantisme*, 31, 1981

Allan Mitchell, The Paris Morgue as a Social Insitution in the Nineteenth Century *Francia*, 1976, T. 4

Henri Heine, *De la France*, Paris, Calmann-Lévy, éd. de 1884, pp. 138 140

T. J. Clark, *The Painting of Modern Life. Paris in the Art of Manet and his Followers*, New York, Alfred Knopf, 1985

Jeanne Gaillard, *Paris, la Ville. 1852-1870* Paris, Champion, 1977

Robert Tombs, *The War Against Paris*, Cambridge, University Press,. 1981

O. Arnold, *Le Corps et l'Ame. La Vie des religieuses au XIXe siècle*(Paris: Le Seuil, 1984).

F. Azouvi, 〈Quelques jalons dans la préhistoire des sensations internes〉, *Revue de synthèse*, CV, 113-114, pp.113-133, 1984.

A. de Baecque, 〈Le discours anti-noble(1787-92). Aux origines d'un slogan: 〈Le peuple contre les gros〉, *Revue d'histoire moderne et contemporain*, XXXVI, janv.-mars, pp.3-28, 1989.

S. Barrows, *Distorting Mirrors. Visions of the Crowd in Late Nineteenth Century France*(New Haven-Londres: Yale University Press, 1981).

C. Blondel, *Introduction à la psychologie collective*(Paris: Armand Colin, 1928).

M. -N. Bourguet, *Déchiffrer la France. La Statistique départementale à l'époque napoléonienne*(Paris: EAC, 1988).

R. Chartier, 〈Histoire intellectuelle et histoire des mentalités, trajectoires et questions〉, *Revue de synthèse*, 111-112, pp.277-307, 1983.

L. Chevalier, *Classes laborieuses et classes dangereuses à Paris pendant la première moitié du XIXe siècle*(Paris: Plon, 1958).

A. Corbin, *Le Miasme et la Jonquille. L'Odorat et l'imaginaire social, XVIIIe-XIXe siècle*(Paris: Aubier-Montaigne, 1982).

〈Coulisses〉, 413-611, in P. Ariès et G. Duby(dir.), *Histoire de la vie privée*, t, IV, M. Perrot(dir.), *De la Révolution à la Grand Geurre*(Paris: Le Seuil, 1987).

Le Territoire du vide. L'Occident et le désir du rivages, 1750-1840(Paris: Aubier, 1988).

Le Village des cannibales(Paris: Aubier, 1990).

J. Delumeau, *Le Péché et la Peur. La Culpabilisation en Occident, XIIIe-XVIIIe siècle*(Paris: Fayard, 1983).

M. Détienne, *Les Jardins d'Adonis, La Mythologie des aromates en Grèce*(Paris: Gallimard, 1972).

B. Diddier, *Le Journal intime*(Paris: Presses Universitaires de France, 1976).

E. Durkheim, *Le Suicide*(Paris: Alcan, 1987).

N. Elias, *La Dynamique de l'Occident*(Paris: Calmann-Lévy(éd. originale 1939), 1975).

L. Febvre, 〈Psychologie et histoire〉, in *Encyclopédie française*, t. VIII, *La Vie mentale*(Paris: Société de gestion de l'Encyclopédie française(article reproduit dans *Combats pour l'histoire*, Paris: Armand Colin, 1953, pp.207-220), 1938).

〈Comment reconstituer la vie affective d'autrefois? La sensibilité et l'histoire〉,

Annales d'histoire sociale, III(article reproduit dans *Combats pour l'histoire, op. cit.*, pp. 221-238.) 1941.

P. Gay, *The Bourgeois Experience. Victoria to Freud*(New York-Oxford: Oxford University Press, 1984).

C. Ginzburg, *Mythes, emblèmes, traces*(Paris: Flammarion, 1989).

A. Girard, *Le Journal intime et la notion de personne*(Paris: Presses Universitaires de France, 1963).

D. Howes, 〈Olfaction and Transition: An Essay on the Ritual Use of Smell〉, *Revue canadienne de sociologie et anthropologie*, 24, 3, pp.398-416, 1987.

〈Scent and Sensibility〉, *Culture, Médicine and Psychiatry*, 13, pp.81-89, 1989.

D. Howes et M. Lalonde, 〈The History of Sensibilities: Of the Standard of Taste in Mid-Eighteenth Century England and the Circulation of Smells in Post-Revolutionary France〉, ms, s. d.

J. Huizinga, *Le Déclin du Moyen Âge*(Paris: Payot, 1961(1re éd. hollandaise, 1919)).

G. Lefebvre, *La Grande Peur de 1789*(Paris, Armand Colin(1re édition, 1932), 1988).

J. Léonard, *Archives du corps. La Santé au XIXe siècle*(Rennes: Ouest-France, 1986).

M. Levy, *Traité d'hygiène publique et privée*(Paris: Jean-Baptiste Bailliere, 1844).

L. Levy-Bruhl, *La Mentalité primitive*(Paris: Alcan, 1922).

R. Mandrou, *Introduction à la France moderne, Essai de psychologie historique, 1500-1640*(Paris: Albin Michel, 1961).

S. Moscovici, *L'Âge des foules. Un traité historique de psychologie des masses*(Paris: Flammarion, 1981).

R. A. Nye, *The Origins of the Crowd Psychology: Gustave le Bon and the Crisis of the Mass Democracy in the Third Republic*(Londres: Sage Publication, 1975).

M. Perrot et G. Ribeill, *Le Journal intime de Caroline B*(Paris: Montalba, 1985).

J. Starobinski, 〈Brève histoire de la conscience du corps〉, *Revue française de psyanalyse*, XLV, 2, pp.261-279, 1981.

G. Thuillier, *Pour une histoire du quotidien au XIXe siècle en Nivernais*(Paris-La Haye: Ecole des hautes études en sciences sociales, Mouton, 1977).

L'Imaginaire quotidien au XIXe siècle(Paris: Economica, 1985).

A. Vincent-Buffault, *Histoire des larmes*(Marseille: Rivages, 1986).

원 전

L'arithmétique des jours au XIXe siècle, Traverses. 1985.

Le grand siècle du linge, Ethnologie française, 1986.

L'Agitation dans les théâtres de province sous la Restauration, Stanford French and Italian studies, 35, 1985.

L'archéologie de la ménagère et les fantasmes bourgeois, Critique, juin—juillet 1980, 397—398.

Le ⟨sexe en deuil⟩ et l'histoire des femmes au XIXe siècle, Une histoire des femmes est—elle possible?(sous la direction de Michelle Perrot), Rivages, 1984.

La mauvaise éducation de la prostituée au XIXe siècle, Bulletin de la Société d'histoire moderne, n° 34, 1987.

Les prostituées du XIXe siècle et le ⟨vaste effort du néant⟩, Communications, 44, 1986.

L'hérédosyphilis ou l'impossible rédemption, Romantisme, 31, 1981.

La petite bible des jeunes époux, L'Histoire, 63, janvier 1984.

L'opinion et la politique face aux nuisances industrielles dans la ville préhaussmanni-enne, Histore, économies et société, 1, 1983.

Les paysans de Paris, Histoire des Limousins du bâtiment au XIXe siècle, Ethnologie françaises, X, 1980, 2.

Le sang de Paris, Réflexions sur la généalogie de l'image de la capitale, Ecrire Paris, éd. Seesam, 1990.

Histoire et anthropologie sensorielle, Anthropologie et Sociétés, vol. 14, n° 2. 1990.

역자 후기

최근 역사학계에서는 '새로운 문화사,' 즉 문화를 통해 역사를 보는 일이 중요한 과제로 제기되고 있다. 문화는 특정한 사회나 시대의 제반 현상들과 상호 분리되어 독립적으로 존재할 수 없다. 더욱이 특정한 계급이나 집단에게만 온전히 귀속된 문화란 있을 수 없다. 문화란 하나의 계급에서 다른 계급으로, 하나의 집단에서 다른 집단으로 파급되는 것이 아니라 상호 공유하는 것이기 때문이다. 그러므로 문화를 통하여 역사를 본다는 의미는 "문화를 단순히 서술해야 할 대상으로 하나의 고립된 객체로 보는 것이 아니라, 그것을 통하여 사회의 거의 모든 단면을 여과시켜 부분을 잃지 않으면서도 전체를 바라볼 수 있는 총괄적인 상을 얻으려는" 것이다.

투르대학 교수를 거쳐 현재는 파리1대학 교수로 재직하고 있는 알랭 코르뱅의 이 책 역시 이러한 '새로운 문화사' 적인 연구 결과의 한 부분을 차지하고 있다. 그의 다른 저서들에서와 마찬가지로 이 책에서 나타나는 주요한 특징은, 19세기 프랑스 사회에 많은 충격을 주었던 사건들이었으나 이후 신속하고 쉽게 잊혀진 사건들, 그렇기 때문에 역사가들의 관심을 끌지 못했던 사건들에 대한 기록을 찾아내어 그것들을 해석하고 새롭게 의미를 부여하는 데 있다. 그는 또한 욕망·폭력 혹은 공포 등을 통해 나타나는 집단심리를 서술하고자 시도한다. 이 집단심리는 특정 계급의 문화를 통해 표출되는 동시에 다른 계급의 문화와도 관계를 맺고 있다.

1991년에 출간된 이 책은 코르뱅이 1980년대에 각 학술 잡지에 발표하였던 13편의 논문을 모아 놓은 것이다. 이 책에서 저자는 생물학적 혹은 생태학적 문제들에 대해 어떻게 역사학적으로 접근할 것인지를 고민하고 있으며, 성생활 혹은 매음이나 매춘부와 관련된 사회적인 문제를 제기하고 있다. 저자는 이 문제들을 보다 효과적으로 설명하기 위하여 거츠가 표방하였던 것처럼 사회적 담론에 대한 이른바 '두꺼운 묘사(thick description)'를 위한 시도를 게을리 하지 않고 있다. 코르뱅은 그러한 시도를 효과적으로 수행하기 위하여 상징이나 기호 체계의 역사와는 별개인 사회적 상상력에 관한 연구, 즉 표상(représentation)의 역사의 필요성을 강조하였다. 사실상 이 책의 제목처럼 욕망과 공포는 하나의 표상이다. 그것들은 한 사회, 한 계급, 한 집단, 혹은 전체의 표상이다. 더욱이 코르뱅에게 있어 시간 역시 하나의 표상으로 등장한다. 욕망이나 공포는 인간이 지니고 있는 감정의 표상이다. 그런데 그 감정은 인간의 감각을 통해 획득된다.

이런 맥락에서 코르뱅의 시도는 일종의 '감각의 역사학'이라는 이름을 붙일 수 있다. 그러나 감각은 지속적인 것이 아니며 일시적인 것이다. 기록되는 것이 아니며 단순히 느끼는 것이다. 그렇기 때문에 쉽게 잊혀질 뿐만 아니라 기억되지도 않는다. 이는 곧 라카프라가 주장했듯이 기존의 텍스트 개념의 해체인 동시에 역사가의 해석을 기초로 성립되는 새로운 개념의 텍스트인 것이다. 코르뱅의 텍스트는 잃어버린 혹은 간과된 감각이며, 그 감각을 사회적·문학적 상상력을 토대로 해석함으로써 역사가의 본분인 '역사적 사실'을 재구성하려는 것이라 할 수 있다.

이 책의 목차만을 살펴볼 경우, 우리는 코르뱅이 단순히 '성(性)의 사회사'를 서술하였다고 판단하는 오류를 범할 위험성이 있다. 그가 파악하고 있는 성은 관능적 욕망의 대상이며, 그 욕망은 상실을 강요당하거나 혹은 상실해야만 하는 감각을 통해 획득되기 때문이다. 더욱이 푸코가 언급한 것처럼 "근대 사회의 고유한 특징은 사회가 성을 어둠 속으로 몰아넣었다는 것이 아니라, 그것을 '누구나 다 아는' 비밀로 이용함으로써 한없이 그것에 대해 말하는 데 열중"하였던 19세기 프랑스인들이 지녔던 감각의 역사를 서술하였기 때문이다. 하지만 이 책의 탁월한 가치는 시간 속에 존재하면서 욕망의 대상이자 공포의 원인이 되었던 성의 역사를 파악하려고 시도했다는 점에 있으며, 저자 자신도 그 점에 대해 일종의 자긍심을 가지고 있는 것으로 보인다.

바로 그러한 점은 저자가 스스로 다른 역사가들과 구별되기를 원하면서, 동시에 그 역사가들을 비판하는 근거가 된다. 즉 그에 의하면 일반적으로 성의 역사를 연구하는 학자들은 일종의 '수줍음'을 가지고 있을 뿐만 아니라, 청교도주의의 영향을 받아 박애에 종속되어 있다는 것이다. 그 결과 그 연구자들은 소외된 여성만을 연구 대상 집단으로 설정하여 그 여성들이 경험한 실패와 불행 등을 과대 평가하는 데 그쳤으며, 성에 대해 과감히 언급하지 못하고 단지 '병원·질병·출생률·사망률·감옥·도로·죄악' 등의 항목을 통해 우회적으로 접근하였다는 것이다.

이와 같은 그의 비판 내용이 이 책 속에서는 구체적으로 어떻게 극복되었는지를 살펴볼 때, 그 역시 많은 한계를 지니고 있음을 발견할 수 있다. 즉 오늘날 성의 역사를 연구할 경우 두 성의 연대성(連帶性)과 상보성(相補性)을 강조해야만 한다는 점은 누구나 인정하는 바이고 코르뱅 역시 이 점을 강조하였던 것은 사실이지만,

그의 연구는 성적 불균형이라는 수준에 머무르고 있는 것으로 보여진다. 욕망은 일
방적인 것이 아니라 상호적인 것임에도 불구하고, 그는 남성의 욕망을 무형적 상대
에 대한 욕망으로 파악하여 남성의 상대——아내·정부 혹은 매춘부——가 지니
고 있던 욕망에 대해서는 간과하였다. 남성의 욕망과 여성의 욕망을 다른 차원에서
관찰함으로써, '호전적인 남성다움의 모델과 일치해야 할 의무'가 있었던 남성은
여성의 욕망을 채워 주지 못한다는 강박관념(혹은 공포)에 시달리는 존재로 보여졌
으며, '폭발적인 잠재력을 숨기면서 순종적이어야만 했던' 여성은 채워지지 않는
욕망을 주체할 수 없는 히스테리 환자로 그려지게 하였다.

코르뱅이 분석하려 했던 감정의 표명에 대한 역사, 그 표명되는 감정을 느낄 수
있는 쉽게 상실되는 감각의 역사는 필요한 분야이지만 여전히 어려운 상태로 남아
있다. 역사가는 아직도 '역사적 사실'과 '역사적 상상력' 사이에서 어느것 하나 만
족시키지 못하고, 또한 어느것 하나로부터도 만족을 얻지 못하고 방황하고 있는 존
재이기 때문이다.

몇 년에 걸친 고통스러운 작업이 끝났다. 그 기간 동안 저자가 보여 주는 역사가
로서의 뛰어난 능력과 박학다식에 질투에 가까운 부러움을 느끼는 동시에, 독자의
수준(솔직히 말하면 역자의 수준)을 고려하지 않는 듯한 현란한 문장에 수많은 '저
주'를 퍼붓기도 하였다. 이제 이 번역서를 읽을 '시간'과 '욕망'을 가진 독자들에
의해 그 '저주'가 코르뱅이 아닌 역자에게 내릴 것을 생각하니 자업자득이란 생각
과 함께 '공포'에 사로잡힌다. 오랜 기간 초인적인(?) 인내심을 보여 준 도서출판
동문선의 신성대 사장님과 편집부 여러분께 진심으로 감사를 드린다.

2002년 4월 우암골 연구실에서 변 기 찬

알랭 코르뱅

1936년 프랑스의 노르망디 지방 오른에서 출생하였다. 투르의 프랑수 아라블레대학교의 현대사 교수를 역임하였으며, 1987년부터 파리1대학 교수로 재직하고 있다. 주요 저서로는 《창부: 19세기의 성적 비참함과 매춘》《악취와 수선화, 냄새와 사회적 상상력, 18-19세기》《텅 빈 영토: 서양에서의 주변적 욕망》《여가의 도래, 1850-1960》 등이 있다.

변기찬

중앙대학교 사학과를 졸업하고, 프랑스 파리7대학에서 〈파리의 여성 노동자 연구: 노동과 가족, 1870-1914〉라는 논문으로 역사학 박사학위를 취득하였다. 현재 부산외국어대학교 역사학과 교수로 재직하고 있다. 주요 논문으로는 〈'여성의 역할'에 관한 담론과 여성의 사회적 노동〉〈프루동의 여성관〉〈'여성의 문화'와 '여성의 권력'의 상관성〉〈푸리에의 '문명' 비판〉 등이 있으며, 번역서에는 《연표와 지도로 읽는 20세기 세계사》가 있다.

문예신서
73

시간, 욕망, 그리고 공포

초판발행 : 2002년 5월 20일

지은이 : 알랭 코르뱅
옮긴이 : 변기찬
펴낸이 : 辛成大
펴낸곳 : 東文選
제10-64호, 78. 12. 16 등록
110-300 서울시 종로구 관훈동 74번지
전화 : 737-2795

편집설계 : 韓仁淑 李惠允 李姃룡

ISBN 89-8038-373-8 94900
ISBN 89-8038-000-3(문예신서)

【東文選 現代新書】

1 21세기를 위한 새로운 엘리트	FORESEEN 연구소 / 김경현	7,000원
2 의지, 의무, 자유 ─ 주제별 논술	L. 밀러 / 이대희	6,000원
3 사유의 패배	A. 핑켈크로트 / 주태환	7,000원
4 문학이론	J. 컬러 / 이은경 · 임옥희	7,000원
5 불교란 무엇인가	D. 키언 / 고길환	6,000원
6 유대교란 무엇인가	N. 솔로몬 / 최창모	6,000원
7 20세기 프랑스철학	E. 매슈스 / 김종갑	8,000원
8 강의에 대한 강의	P. 부르디외 / 현택수	6,000원
9 텔레비전에 대하여	P. 부르디외 / 현택수	7,000원
10 고고학이란 무엇인가	P. 반 / 박범수	근간
11 우리는 무엇을 아는가	T. 나겔 / 오영미	5,000원
12 에쁘롱 ─ 니체의 문체들	J. 데리다 / 김다은	7,000원
13 히스테리 사례분석	S. 프로이트 / 태혜숙	7,000원
14 사랑의 지혜	A. 핑켈크로트 / 권유현	6,000원
15 일반미학	R. 카이유와 / 이경자	6,000원
16 본다는 것의 의미	J. 버거 / 박범수	10,000원
17 일본영화사	M. 테시에 / 최은미	7,000원
18 청소년을 위한 철학교실	A. 자카르 / 장혜영	7,000원
19 미술사학 입문	M. 포인턴 / 박범수	8,000원
20 클래식	M. 비어드 · J. 헨더슨 / 박범수	6,000원
21 정치란 무엇인가	K. 미노그 / 이정철	6,000원
22 이미지의 폭력	O. 몽젱 / 이은민	8,000원
23 청소년을 위한 경제학교실	J. C. 드루엥 / 조은미	6,000원
24 순진함의 유혹 〔메디시스賞 수상작〕	P. 브뤼크네르 / 김웅권	9,000원
25 청소년을 위한 이야기 경제학	A. 푸르상 / 이은민	8,000원
26 부르디외 사회학 입문	P. 보네위츠 / 문경자	7,000원
27 돈은 하늘에서 떨어지지 않는다	K. 아른트 / 유영미	6,000원
28 상상력의 세계사	R. 보이아 / 김웅권	9,000원
29 지식을 교환하는 새로운 기술	A. 벵토릴라 外 / 김혜경	6,000원
30 니체 읽기	R. 비어즈워스 / 김웅권	6,000원
31 노동, 교환, 기술 ─ 주제별 논술	B. 데코사 / 신은영	6,000원
32 미국만들기	R. 로티 / 임옥희	근간
33 연극의 이해	A. 쿠프리 / 장혜영	8,000원
34 라틴문학의 이해	J. 가야르 / 김교신	8,000원
35 여성적 가치의 선택	FORESEEN연구소 / 문신원	7,000원
36 동양과 서양 사이	L. 이리가라이 / 이은민	7,000원
37 영화와 문학	R. 리처드슨 / 이형식	8,000원
38 분류하기의 유혹 ─ 생각하기와 조직하기	G. 비뇨 / 임기대	7,000원
39 사실주의 문학의 이해	G. 라루 / 조성애	8,000원
40 윤리학 ─ 악에 대한 의식에 관하여	A. 바디우 / 이종영	7,000원
41 흙과 재 〔소설〕	A. 라히미 / 김주경	6,000원

42 진보의 미래	D. 르쿠르 / 김영선	6,000원
43 중세에 살기	J. 르 고프 外 / 최애리	8,000원
44 쾌락의 횡포·상	J. C. 기유보 / 김웅권	10,000원
45 쾌락의 횡포·하	J. C. 기유보 / 김웅권	10,000원
46 운디네와 지식의 불	B. 데스파냐 / 김웅권	근간
47 이성의 한가운데에서 — 이성과 신앙	A. 퀴노 / 최은영	6,000원
48 도덕적 명령	FORESEEN 연구소 / 우강택	6,000원
49 망각의 형태	M. 오제 / 김수경	근간
50 느리게 산다는 것의 의미·1	P. 쌍소 / 김주경	7,000원
51 나만의 자유를 찾아서	C. 토마스 / 문신원	6,000원
52 음악적 삶의 의미	M. 존스 / 송인영	근간
53 나의 철학 유언	J. 기통 / 권유현	8,000원
54 타르튀프 / 서민귀족 〔희곡〕	몰리에르 / 덕성여대극예술비교연구회	8,000원
55 판타지 공장	A. 플라워즈 / 박범수	10,000원
56 홍수·상 〔완역판〕	J. M. G. 르 클레지오 / 신미경	8,000원
57 홍수·하 〔완역판〕	J. M. G. 르 클레지오 / 신미경	8,000원
58 일신교 — 성경과 철학자들	E. 오르티그 / 전광호	6,000원
59 프랑스 시의 이해	A. 바이양 / 김다은·이혜지	8,000원
60 종교철학	J. P. 힉 / 김희수	10,000원
61 고요함의 폭력	V. 포레스테 / 박은영	8,000원
62 소녀, 선생님 그리고 신 〔소설〕	E. 노르트호펜 / 안상원	근간
63 미학개론 — 예술철학입문	A. 셰퍼드 / 유호전	10,000원
64 논증 — 담화에서 사고까지	G. 비뇨 / 임기대	6,000원
65 역사 — 성찰된 시간	F. 도스 / 김미겸	7,000원
66 비교문학개요	F. 클로동·K. 아다-보트링 / 김정란	8,000원
67 남성지배	P. 부르디외 / 김용숙·주경미	9,000원
68 호모사피언스에서 인터렉티브인간으로	FORESEEN 연구소 / 공나리	8,000원
69 상투어 — 언어·담론·사회	R. 아모시·A. H. 피에로 / 조성애	9,000원
70 촛불의 미학	G. 바슐라르 / 이가림	근간
71 푸코 읽기	P. 빌루에 / 나길래	근간
72 문학논술	J. 파프·D. 로쉬 / 권종분	8,000원
73 한국전통예술개론	沈雨晟	10,000원
74 시학 — 문학 형식 일반론 입문	D. 퐁텐느 / 이용주	8,000원
75 자유의 순간	P. M. 코헨 / 최하영	근간
76 동물성 — 인간의 위상에 관하여	D. 르스텔 / 김승철	6,000원
77 랑가쥬 이론 서설	L. 옐름슬레우 / 김용숙·김혜련	10,000원
78 잔혹성의 미학	F. 토넬리 / 박형섭	9,000원
79 문학 텍스트의 정신분석	M. J. 벨멩-노엘 / 심재중·최애영	9,000원
80 무관심의 절정	J. 보드리야르 / 이은민	8,000원
81 영원한 황홀	P. 브뤼크네르 / 김웅권	9,000원
82 노동의 종말에 반하여	D. 슈나페르 / 김교신	6,000원
83 프랑스영화사	J. -P. 장콜 / 김혜련	근간

84 조와(弔蛙)	金敎臣 / 노치준·민혜숙	8,000원
85 역사적 관점에서 본 시네마	J. -L. 뢰트라 / 곽노경	근간
86 욕망에 대하여	M. 슈벨 / 서민원	8,000원
87 산다는 것의 의미·1—여분의 행복	P. 쌍소 / 김주경	7,000원
88 철학 연습	M. 아롱델-로오 / 최은영	8,000원
89 삶의 기쁨들	D. 노게 / 이은민	6,000원
90 이탈리아영화사	L. 스키파노 / 이주현	8,000원
91 한국문화론	趙興胤	10,000원
92 현대연극미학	M. -A. 샤르보니에 / 홍지화	8,000원
93 느리게 산다는 것의 의미·2	P. 쌍소 / 김주경	7,000원
94 진정한 모럴은 모럴을 비웃는다	A. 에슈고엔 / 김웅권	8,000원
95 한국종교문화론	趙興胤	10,000원
96 근원적 열정	L. 이리가라이 / 박정오	9,000원
97 라캉, 주체 개념의 형성	B. 오질비 / 김 석	9,000원
98 미국식 사회 모델	J. 바이스 / 김종명	7,000원
99 소쉬르와 언어과학	P. 가데 / 김용숙·임정혜	10,000원
100 철학적 기본 개념	R. 페르버 / 조국현	8,000원
101 철학자들의 동물원	A. L. 브라-쇼파르 / 문신원	근간
102 글렌 굴드, 피아노 솔로	M. 슈나이더 / 이창실	7,000원
103 문학비평에서의 실험	C. S. 루이스 / 허 종	근간
104 코뿔소 〔희곡〕	E. 이오네스코 / 박형섭	8,000원
105 제7의 봉인—시놉시스 비평연구	E. 그랑조르주 / 이은민	근간
106 쥘과 짐—시놉시스 비평연구	C. 르 베르 / 이은민	근간
107 경제, 거대한 사탄인가?	P. -N. 지로 / 김교신	근간
108 딸에게 들려 주는 작은 철학	R. 시몬 셰퍼 / 안상원	7,000원
109 가짜는 모두 꺼져라—도덕에 관한 에세이	C. 로슈·J. -J. 바레르 / 고수현	근간
110 프랑스 고전비극	B. 클레망 / 송민숙	근간
111 고전수사학	G. 위딩 / 박성철	근간
112 유토피아	T. 파코 / 조성애	근간
113 쥐비알	A. 자르댕 / 김남주	7,000원
114 증오에 대하여	J. 아순 / 김승철	근간
115 개인—주체철학에 대한 고찰	A. 르노 / 장정아	근간
116 이슬람이란 무엇인가	M. 루스벤 / 최생열	근간
117 간추린 서양철학사·상	A. 케니 / 이영주	근간
118 간추린 서양철학사·하	A. 케니 / 이영주	근간

【東文選 文藝新書】

1 저주받은 詩人들	A. 뻬이르 / 최수철·김종호	개정근간
2 민속문화론서설	沈雨晟	40,000원
3 인형극의 기술	A. 훼도토프 / 沈雨晟	8,000원
4 전위연극론	J. 로스 에반스 / 沈雨晟	12,000원
5 남사당패연구	沈雨晟	10,000원

 6 현대영미희곡선(전4권)   N. 코워드 外 / 李辰洙   절판
 7 행위예술   L. 골드버그 / 沈雨晟   절판
 8 문예미학   蔡 儀 / 姜慶鎬   절판
 9 神의 起源   何 新 / 洪 熹   16,000원
10 중국예술정신   徐復觀 / 權德周   24,000원
11 中國古代書史   錢存訓 / 金允子   14,000원
12 이미지 — 시각과 미디어   J. 버거 / 편집부   12,000원
13 연극의 역사   P. 하트놀 / 沈雨晟   절판
14 詩 論   朱光潛 / 鄭相泓   9,000원
15 탄트라   A. 무케르지 / 金龜山   10,000원
16 조선민족무용기본   최승희   15,000원
17 몽고문화사   D. 마이달 / 金龜山   8,000원
18 신화 미술 제사   張光直 / 李 徹   10,000원
19 아시아 무용의 인류학   宮尾慈良 / 沈雨晟   절판
20 아시아 민족음악순례   藤井知昭 / 沈雨晟   5,000원
21 華夏美學   李澤厚 / 權 瑚   15,000원
22 道   張立文 / 權 瑚   18,000원
23 朝鮮의 占卜과 豫言   村山智順 / 金禧慶   15,000원
24 원시미술   L. 아담 / 金仁煥   16,000원
25 朝鮮民俗誌   秋葉隆 / 沈雨晟   12,000원
26 神話의 이미지   J. 캠벨 / 扈承喜   근간
27 原始佛敎   中村元 / 鄭泰爀   8,000원
28 朝鮮女俗考   李能和 / 金尙憶   24,000원
29 朝鮮解語花史(조선기생사)   李能和 / 李在崑   25,000원
30 조선창극사   鄭魯湜   7,000원
31 동양회화미학   崔炳植   9,000원
32 性과 결혼의 민족학   和田正平 / 沈雨晟   9,000원
33 農漁俗談辭典   宋在璇   12,000원
34 朝鮮의 鬼神   村山智順 / 金禧慶   12,000원
35 道敎와 中國文化   葛兆光 / 沈揆昊   15,000원
36 禪宗과 中國文化   葛兆光 / 鄭相泓·任炳權   8,000원
37 오페라의 역사   L. 오레이 / 류연희   절판
38 인도종교미술   A. 무케르지 / 崔炳植   14,000원
39 힌두교의 그림언어   안넬리제 外 / 全在星   9,000원
40 중국고대사회   許進雄 / 洪 熹   22,000원
41 중국문화개론   李宗桂 / 李宰碩   15,000원
42 龍鳳文化源流   王大有 / 林東錫   17,000원
43 甲骨學通論   王宇信 / 李宰錫   근간
44 朝鮮巫俗考   李能和 / 李在崑   20,000원
45 미술과 페미니즘   N. 부루드 外 / 扈承喜   9,000원
46 아프리카미술   P. 윌레뜨 / 崔炳植   절판
47 美의 歷程   李澤厚 / 尹壽榮   22,000원

48	曼茶羅의 神들	立川武藏 / 金龜山	19,000원
49	朝鮮歲時記	洪錫謨 外/李錫浩	30,000원
50	하 상	蘇曉康 外 / 洪 熹	절판
51	武藝圖譜通志 實技解題	正 祖 / 沈雨晟·金光錫	15,000원
52	古文字學첫걸음	李學勤 / 河永三	14,000원
53	體育美學	胡小明 / 閔永淑	10,000원
54	아시아 美術의 再發見	崔炳植	9,000원
55	曆과 占의 科學	永田久 / 沈雨晟	8,000원
56	中國小學史	胡奇光 / 李宰碩	20,000원
57	中國甲骨學史	吳浩坤 外 / 梁東淑	35,000원
58	꿈의 철학	劉文英 / 河永三	22,000원
59	女神들의 인도	立川武藏 / 金龜山	19,000원
60	性의 역사	J. L. 플랑드렝 / 편집부	18,000원
61	쉬르섹슈얼리티	W. 챠드윅 / 편집부	10,000원
62	여성속담사전	宋在璇	18,000원
63	박재서희곡선	朴栽緒	10,000원
64	東北民族源流	孫進己 / 林東錫	13,000원
65	朝鮮巫俗의 硏究(상·하)	赤松智城·秋葉隆 / 沈雨晟	28,000원
66	中國文學 속의 孤獨感	斯波六郎 / 尹壽榮	8,000원
67	한국사회주의 연극운동사	李康列	8,000원
68	스포츠인류학	K. 블랑챠드 外 / 박기동 外	12,000원
69	리조복식도감	리팔찬	절판
70	娼 婦	A. 꼬르벵 / 李宗旼	22,000원
71	조선민요연구	高晶玉	30,000원
72	楚文化史	張正明	근간
73	시간, 욕망, 그리고 공포	A. 코르뱅	18,000원
74	本國劍	金光錫	40,000원
75	노트와 반노트	E. 이오네스코 / 박형섭	절판
76	朝鮮美術史硏究	尹喜淳	7,000원
77	拳法要訣	金光錫	10,000원
78	艸衣選集	艸衣意恂 / 林鍾旭	14,000원
79	漢語音韻學講義	董少文 / 林東錫	10,000원
80	이오네스코 연극미학	C. 위베르 / 박형섭	9,000원
81	중국문자훈고학사전	全廣鎭 편역	15,000원
82	상말속담사전	宋在璇	10,000원
83	書法論叢	沈尹默 / 郭魯鳳	8,000원
84	침실의 문화사	P. 디비 / 편집부	9,000원
85	禮의 精神	柳 肅 / 洪 熹	20,000원
86	조선공예개관	日本民芸協會 편 / 沈雨晟	30,000원
87	性愛의 社會史	J. 솔레 / 李宗旼	18,000원
88	러시아미술사	A. I. 조토프 / 이건수	16,000원
89	中國書藝論文選	郭魯鳳 選譯	25,000원

132	生育神과 性巫術	宋兆麟 / 洪 熹	20,000원
133	미학의 핵심	M. M. 이턴 / 유호전	14,000원
134	전사와 농민	J. 뒤비 / 최생열	18,000원
135	여성의 상태	N. 에니크 / 서민원	22,000원
136	중세의 지식인들	J. 르 고프 / 최애리	18,000원
137	구조주의의 역사(전4권)	F. 도스 / 이봉지 外	각권 13,000원
138	글쓰기의 문제해결전략	L. 플라워 / 원진숙 · 황정현	20,000원
139	음식속담사전	宋在璇 편	16,000원
140	고전수필개론	權 瑚	16,000원
141	예술의 규칙	P. 부르디외 / 하태환	23,000원
142	"사회를 보호해야 한다"	M. 푸코 / 박정자	20,000원
143	페미니즘사전	L. 터틀 / 호승희 · 유혜련	26,000원
144	여성심벌사전	B. G. 워커 / 정소영	근간
145	모데르니테 모데르니테	H. 메쇼닉 / 김다은	20,000원
146	눈물의 역사	A. 벵상뷔포 / 김자경	18,000원
147	모더니티입문	H. 르페브르 / 이종민	24,000원
148	재생산	P. 부르디외 / 이상호	18,000원
149	종교철학의 핵심	W. J. 웨인라이트 / 김희수	18,000원
150	기호와 몽상	A. 시몽 / 박형섭	22,000원
151	융분석비평사전	A. 새뮤얼 外 / 민혜숙	16,000원
152	운보 김기창 예술론연구	최병식	14,000원
153	시적 언어의 혁명	J. 크리스테바 / 김인환	20,000원
154	예술의 위기	Y. 미쇼 / 하태환	15,000원
155	프랑스사회사	G. 뒤프 / 박 단	16,000원
156	중국문예심리학사	劉偉林 / 沈揆昊	30,000원
157	무지카 프라티카	M. 캐넌 / 김혜중	25,000원
158	불교산책	鄭泰爀	20,000원
159	인간과 죽음	E. 모랭 / 김명숙	23,000원
160	地中海(전5권)	F. 브로델 / 李宗旼	근간
161	漢語文字學史	黃德實 · 陳秉新 / 河永三	24,000원
162	글쓰기와 차이	J. 데리다 / 남수인	28,000원
163	朝鮮神事誌	李能和 / 李在崑	근간
164	영국제국주의	S. C. 스미스 / 이태숙 · 김종원	16,000원
165	영화서술학	A. 고드로 · F. 조스트 / 송지연	17,000원
166	미학사전	사사키 겐이치 / 민주식	근간
167	하나이지 않은 성	L. 이리가라이 / 이은민	18,000원
168	中國歷代書論	郭魯鳳 譯註	8,000원
169	요가수트라	鄭泰爀	15,000원
170	비정상인들	M. 푸코 / 박정자	25,000원
171	미친 진실	J. 크리스테바 外 / 서민원	25,000원
172	디스탱숑(상 · 하)	P. 부르디외 / 이종민	근간
173	세계의 비참(전3권)	P. 부르디외 外 / 김주경	각권 26,000원

【기 타】

東文選 文藝新書 136

중세의 지식인들

자크 르 고프 / 최애리 옮김

　중세의 문사(文士)는 성직자가 되기 위한
교육을 받기는 했으나 수사와는 구별되어야 할 인물이다. 서양 중세의
도시라는 일터에, 여러 가지 직업인들 가운데 한 직업인으로 등장한
그들은 '지식인'의 독창적인 계보를 이룬다. '지식인'이라는 이 현대
적인 말은 그를 생각하고 가르치는 것을 생업으로 삼은 자로 정의함
으로써, 그의 본령을 확실히 드러내 준다.

　그러나 저자는 중세의 '지식인'을 단순히 '교육받는 자'가 아니라
'노동의 분화가 이루어지는 도시에 정착하는 직업인들 중 하나'로, 글
을 쓰거나 가르치는 것을 직업으로 삼아 '일하는 자'로 정의한다. 즉
수도원이나 성당 부설학교에서 교육을 받기는 했으되, 성직으로 나아
가지 않고 학문 그 자체를 생업으로 추구하는 집단이 등장했다는 말
이다. 물론 개중에는 성직이나 관직에 오르는 이들도 적지않았고, 또
중세말로 갈수록 그러한 경향이 짙어진다는 것도 본서의 주요한 논지
들 가운데 하나이지만, 어떻든 저자가 애초에 '지식인'으로 정의하는
집단은, 말하자면 유식무산(有識無産)——농민계급 혹은 군소 기사계
급 출신이라도 장자로 태어나 가문의 '명예'를 잇지 못하고 성직에도
돌려지는 작은아들들은 무산자였으니까——의 지적 노동자들이다. 그
리하여 중세에는 철학자·성직자·교사 등으로 지칭되던 막연한 집단
이 '지식인'이라는 이름으로 비로소 그 모습을 드러내게 된다.

　자크 르 고프의 이 저서는, 말하자면 '서양 지식인에 관한 역사사회
학 입문'에 해당한다. 그러나 그것은 또한 다양하고 개별적인 세부들
에도 조명하여, 수세기에 걸친 군상들을 파노라마처럼 그려내고 있다.
일찍이 1957년에 발표된 이래 수많은 연구들에 영감을 제공해 온 이
저서는, 서양 중세사는 물론이고 지식인 연구의 고전으로 꼽힌다.

東文選 文藝新書 70

창부娼婦

알렝 꼬르벵

李宗旼 옮김

　가장 오래 된, 영한한 직업 매춘을 역사의 장으로 끌어들인 아날학파의 걸작.

　돈으로 매매되는 성행위. 사회심리학적으로 보아도 매우 중요한 이 측면을 오늘날의 아카데믹한 역사학은 무시하고 있다. 그들이 침묵하며 말하지 않는 것은 단지 금기이기 때문일까. 그들의 침묵은 요컨대 매춘이라는 현상을 비역사적으로 보고 있는데서 나온 것이다. 그러나 매춘이 〈세상에서 가장 오래 된 직업〉이라는 점만은 결코 역사에서 벗어날 수 없는 것이다. 지금까지 사회심리학자들의 손에서 버림받은 19세기의 성과학사는 도덕적인 문제나 출산장려, 성병, 혹은 우생학의 차원에서 탈피하여 욕망과 쾌락과 굶주린 성의 역사가 되어야 한다.

　투철한 의식의 역사학자로서 알렝 꼬르벵은 이 책속에 새로운 테마와 독창적인 방법으로 19세기의 프랑스 매춘사를 쏟아부었다. 그는 19세기 프랑스 사회에 있어서 욕망과 쾌락, 그리고 채워지지 않는 성의 역사를 기술할 목적으로 성에 얽힌 행동들을 추구하고 부부의 침실을 비롯해서 공인창가와 비밀창가의 내부에 이르기까지 분석의 메스를 가했다. 따라서 학술적인 이 연구서는 매춘에 관한 언설을 통하여 현시대로 계승되고 있는 19세기의 사회적 고민과 욕구불만을 냉철하게 해독하는 역작이다.

　딱딱한 학술서적의 성격을 띠고 있는 이 책에서, 그러나 우리는 매춘의 주체로서 매춘부들에 대한 신랄한 비판보다는 오히려 그들에 대한 저자의 따뜻한 눈길을 포착할 수 있다.

東文選 文藝新書 146

눈물의 역사

안 뱅상 뷔포

이자경 옮김

사생활의 형태들에 대한 역사학의 현대적 관심 속에서, 하나의 질문이 제기된다. 그것은 바로 '눈물의 역사가 있다면?'이다. 우리의 가장 은밀한 (또는 겉으로 표현되기도 하는) 태도들 가운데 하나인 이 눈물을 역사의 개념으로 이해하는 것은, 이러한 감동의 형태들을 사용하는 방식이 시대와 사회에 따라 섬세하거나, 혹은 부자연스러운 것이 된다는 사실을 성찰하게 해준다.

어떠한 눈물도 서로 유사하지 않지만, 그러나 이전의 두 세기를 살펴보면 이러한 감동 표현의 중심에 변화가 일어났음을 알게 된다. 문학작품·의학서적·재판기록·연감·일기 등의 자료에 근거하여, 저자는 18세기를 쉽게 눈물을 흘리는 시대로 나타낸다. 눈물을 자아내는 연극으로부터 대혁명하의 집단적 진정토로에 이르기까지, 눈물은 대중 사이에서 전파되는 것처럼 보인다. 비록 이러한 행동에 대한 해석에서 성별에 따라 몇 가지 차이점이 읽혀지지만, 그럼에도 불구하고 18세기는 손쉬운 눈물을 흘리게 한다. 그리고 그 눈물은 뚜렷이 식별되는 기능들을 가진다. 남몰래 부끄러워하며 홀로 내적 자아의 감미로운 희열 속에서 눈물 흘리기를 좋아하는 낭만주의 시기가 지나고, 19세기는 후반에 들어서면서 다른 양상으로 나아간다. 풍속과 연관된 다른 분야들에서와 마찬가지로 눈물에서도 질서를 부여하려고 노력한다. 불안을 일으키는 것으로 인식된 눈물은 경계의 대상이 되며, 그 담론 한가운데 여성이 위치하게 된다. 따라서 여성이 눈물의 희생자이든 조작자이든간에, 여성이 지닌 감동의 능력은 통제되지 않으면 안 되게 된다.

역사학자로서 특히 근대 프랑스 사회의 풍속사를 연구 대상으로 하고 있는 저자는, 18,9세기에 걸친 눈물의 궤적을 추적, 문학작품·연극·고문서기록·회상록·일기 등과 같은 광범위한 자료를 섭렵하였다. 결국 이 연구서는 프랑스의 18,9세기에 있어서 '감수성의 사회적 표현에 관한 변천사'라고 할 수 있다.

東文選 文藝新書 87

性愛의 사회사

자크 솔레 / 이종민 옮김

교황 알렉산데르 6세의 방탕으로부터 왕공들의 난행까지, 귀족들의 난교로부터 빈민들의 치정까지. 세기적인 호색가 카사노바로부터 사드를 비롯한 대문호들과 예술가들의 性과 사랑. 신학의 가르침과 육체혐오, 에로티시즘의 숭배, 묵인된 매춘…… 등 결코 채워지지 않는 性에 대한 인간의 영원한 욕구를 적나라하게 파헤친 訣定版 性愛史!

이 저작의 특징은 무엇보다도 총합적인 연구의 성과에 있다고 할 수 있다. 이 경우, 총합적이란 어휘는 다음과 같은 의미를 함축하고 있다.

우선 이탈리아와 프랑스·스페인·독일·영국·네덜란드, 나아가 신대륙이나 식민지 등 포괄적인 의미에서 서구라고 부르는 전지역의 모든 계층을 대상으로 삼아 각 지역과 계층에서의 성애의 이념과 현실적인 차이점, 그리고 공통된 양상과 발전을 그려내고자 한 것이 첫번째 성과일 것이다. 아울러 성애라는 인간의 원초적 행위를 역사적이고 사회적인 모든 측면에서 고찰했다는 것이 이 연구에서의 두번째 성과일 것이다. 저자는 한 국가의 통치체제가 부르주아적인 질서 속에서 종교의 힘을 빌려 인간의 개인적인 성애를 얼마나 억압하고 있었는가를 탐색하는 한편으로, 그같은 억압 속에서도 예를 들면 농민들 사이에서의 성애가 자유를 구가하고 있었다는 사실을 분명히 깨닫고 있었던 것이다. 이 연구서의 최종적 성과로서 저자는 마녀나 매춘에서부터 동성애와 나아가 문학이나 음악·미술 등에 표현된 환상에 이르기까지, 지금까지의 전통적인 역사학에서 거의 다루지 않았던 몇몇 분야를 포함하여 성의 억압이 초래한 갖가지 현상을 총체적으로 제시했다는 것이다. 이렇듯 방대한 작업이 가능할 수 있었던 것은, 성애의 다양한 개인적·사회적 제반 형태에 관한 연구와 각 지방이나 계층을 대상으로 한 수많은 모노그래프가 이미 나와 있었기 때문이다. 기존의 혹은 현재 진행중인 제반 연구의 총합성을 지향하는 이 책은, 그런 의미에서 한 시대의 연구 수준을 보여 주는 기념비적인 저작으로 간주될 수 있다.

東文選 文藝新書 159

인간과 죽음

에드가 모랭
김명숙 옮김

인문과학은 항상 죽음을 소홀히 한다. 그런데 인류학이란 무엇인가?
죽음에 대한 기본 테마들이 생의 기본적 과정의 신화적인 전이와 은유라면, 그것은 그 테마들이 개체와 종 사이의 인류학적인 틈을 메우기 때문이고, 또 죽음의 거부에 응하기 때문이며, 죽음의 괴로움을 진정시키기 때문이다. 여기에서 우리는 인류학적인 연결점을 뛰어넘는다.

죽음은 인간을 동물과 동일시시켜 주는 것이기도 하고, 또한 동물로부터 인간을 구분지어 주는 것이기도 하다. 모든 생명체처럼 인간도 죽음을 피할 수는 없다. 그러나 인간만이 예외적으로 '저세상'에 대한 믿음으로 죽음을 부정한다.

에드가 모랭은 인간들과 여러 문화로부터 죽음에 대한 기본 태도들을 끄집어 낸다. 즉 그는 죽음에 대한 공포, 죽음의 무릅씀, 살해를 살피는데, 특히 죽음으로부터 생겨난 인류의 커다란 두 신화인 사후생에 대한 신화와 다시 태어남에 대한 신화를 살핀다. 또한 저자는 인류 역사의 여러 대문명 속에 있는 죽음에 관한 믿음들을 고찰하면서 죽음에 대한 현대적 위기에 도달하고, 생과 죽음의 관계에 대한 생물학적인 새로운 발상에 도달한다.

에드가 모랭은 소르본대학교에서 역사·사회학·경제학·철학·법학을 공부한 프랑스의 대표적인 사회학자이자 문명비평가이다. 그는 위의 연구 분야 외에 인류학·생물학·물리학·생태학·환경학에 이르기까지 다양한 학문 분야를 넘나들며, 현대의 인간·사회·문화에 대한 조사·연구를 하여 수많은 저서를 내고 있다. 그의 대표작이자 이 방면의 고전으로 자리한 《인간과 죽음》은 30세라는 젊은 나이에 죽음에 대한 다원적이고 종합적인 연구 성과를 내놓은 것이다.

東文選 文藝新書 115

성의 歷史

장 루이 플랑드렝

편집부 옮김

아날학파의 유럽 性에 대한 기념비적인 논고.

　대부분 인간의 행동양식은 어떤 문화의 틀 속에서 만들어져야 한다는 의미에서, 자연인은 결코 존재하지 않는다. 그런데 모든 문화란 시간의 흐름 속에서 조금씩 완성되어 온 것으로, 과거에 존재했던 갖가지 체계, 과거에 받았던 정신적 상처가 깊이 아로 새겨져 있다. 문학·도덕·법률·언어·과학·기술·예능, 요컨데 우리들의 문화를 구성하는 모든 것을 사이에 두고, 우리들은 태어나면서부터 자신도 모르는 사이에 과거에 의해 계속 침략당하고 있는 것이다. 우리들에게는 이 유산 수취를 거부할 자유가 없다. 특히 性에 관한 한 우리들 과거로부터의 해방을 철저히 방해받고 있다.

　몇 세기 전부터 사랑은 시인·소설가, 혹은 독자들이 원하는 주제가 되어 왔다. 이런 점은 예를 들어 16세기부터 20세기 사이에 이렇다할 변화가 없다. 그러나 이 5백 년 동안 사랑으로 불리어 온 것이 모두 같은 감정이었을까? 사랑의 자극원인·대상은 항상 같은 것이었을까? 또한 사랑의 행동은? 본서에 정리되어 있는 몇 편의 논고도 연애·결혼·부부의 성교·친자관계·독신자의 성생활에 관한 것이다. 시간의 축을 잃어버린 지식이 우리들에게 주어진 이미지를 변화시키는 작업에 참가할 수 있게 되기를 저자는 내심 기대한다.

東文選 文藝新書 170

비정상인들

1974-1975, 콜레주 드 프랑스에서의 강의

미셸 푸코

박정자 옮김

비정상이란 도대체 무엇일까? 하나의 사회는 자신의 구성원 중에서 밀쳐내고, 무시하고, 잊어버리고 싶은 부분이 있다. 그것이 어느 때는 나환자나 페스트 환자였고, 또 어느 때는 광인이나 부랑자였다. 《비정상인들》은 역사 속에서 모습을 보인 모든 비정상인들에 대한 고고학적 작업이며, 또 이들을 이용해 의학 권력이 된 정신의학의 계보학이다.

콜레주 드 프랑스에서 1975년 1월부터 3월까지 행해진 강의 《비정상인들》은 미셸 푸코가 1970년 이래, 특히 《사회를 보호해야 한다》에서 앎과 권력의 문제에 바쳤던 분석들을 집중적으로 추구하고 있다. 앎과 권력의 문제란 규율 권력, 규격화 권력, 그리고 생체-권력이다. 푸코가 소위 19세기에 '비정상인들'로 불리었던 '위험한' 개인들의 문제에 접근한 것은 수많은 신학적·법률적·의학적 자료들에서부터였다. 이 자료들에서 그는 중요한 세 인물을 끌어냈는데, 그것은 괴물, 교정(矯正) 불가능자, 자위 행위자였다. 괴물은 사회적 규범과 자연의 법칙에 대한 참조에서 나왔고, 교정 불가능자는 새로운 육체 훈련 장치가 떠맡았으며, 자위 행위자는 18세기 이래 근대 가정의 규율화를 겨냥한 대대적인 캠페인의 근거가 되었다. 푸코의 분석들은 1950년대까지 시행되던 법-의학감정서를 출발점으로 삼고 있다. 이어서 그는 고백 성사와 양심 지도 기술(技術)에서부터 욕망과 충동의 고고학을 시작했다. 이렇게 해서 그는 그후의 콜레주 드 프랑스 강의 또는 저서에서 다시 선택되고, 수정되고, 다듬어질 작업의 이론적·역사적 전제들을 마련했다. 이 강의는 그러니까 푸코의 연구가 형성되고, 확장되고, 전개되는 과정을 추적하는 데 있어서 결코 빼놓을 수 없는 필수 불가결의 자료이다.

東文選 文藝新書 109

性과 미디어
— 의식조작의 시대

윌슨 브라이언 키
박해순 옮김

광고의 교묘한 설득에 관한 세계 최고의 권위자가 대중매체인 상업광고 · 코머셜 · 음악 · 잡지의 겉장이나 수퍼마켓 등에서 어떻게 우리의 정신을 조작하고 있는가와 우리 자신을 어떻게 보호할 것인가를 밝히고 있다.

우리가 보고 듣는 것이 결코 우리가 얻는 것의 전부는 아니다. 이 책은 대중매체가 만들어 내는 우리 시대 사회의 통념을 파헤치고 있다. 매일 그리고 매번 잡지나 텔레비전을 볼 때마다 자기의 의식으로는 제어할 수 없는 강력한 힘에 의해 현혹당하고, 교묘히 조작당하고 있는 것이다.

억지로 꾸며낸 말일까? 저자는 우리의 의식적인 이해가 못 미치고 무의식적인 두려움 · 필요성, 그리고 욕망들에 직접적으로 영향을 미치는 전략가들인 광고업자들이 대중을 현혹하기 위해 사용하는 교묘하고 세련된 전략들을 파헤치고 있다. 숨겨진 메시지와 이미지들이 여전히 만연해 있으며, 지금 우리는 빠른 편집 · 음악 · 거짓논리 · 부조화나 상징과 같은 광고가 드러내 놓고 대중을 조작하는 방식들을 접하게 된다. 그리고 이러한 방법들은 단순히 광고에서만 사용하고 있지 않다. 사업 · 대중음악이나 정치를 포함한 대중매체를 사용하는 사회의 거의 모든 분야에서 쓰여지고 있다. 우리가 수 년 동안 보아왔던 49가지의 충격적인 삽화들, 즉 뮤직비디오, 마이클 잭슨의 춤에 담긴 이중의 의미부여, 샐러드 장식에 매몰되어 있는 성행위, 중요한 부분을 삭제한 술광고, 외설스러운 케이크, 그리고 심지어는 잡지를 팔기 위해 뉴스를 조작하는 방법 등에서 벌어지고 있는 것들을 볼 수 있도록 도와 줄 것이다.

東文選 文藝新書 118

죽음 앞에 선 인간

필리프 아리에스

유선자 옮김

　아리에스 최후의 저작, 서구 종교·미술 속의 죽음의 이미지 탐구. 고대 로마 아피아 가도의 묘소로부터 현대 잉그마르 베리만의 영상에 이르기까지, 다양한 도상 표현을 구사한 프랑스 역사학파 최초의 영화적인 저작. 죽음이라는 한 가지 문제를 둘러싼 다양한 이미지의 변천과 그 해석을 통해서 역사를 이야기하려는 대담하고도 선구적인 시도.

　죽음이라는 문제는 철학과 예술 속에서 끊임없이 제기되는 대명제들 중의 하나이다. 일반적으로 죽음이란 고통과 근심으로부터의 해방이라는 새로운 출발점으로서, 동시에 사랑하는 모든 것들과의 이별이라는 하나의 종착점으로서 두 개의 모순적인 감정현상을 내포한다. 죽음에 대한 이런 상반된 감정은 인간들이 죽음에 관해 본원적으로 품고 있는 어떤 감수성에 특정 지역의 후천적이며 환경적인 요인들, 다시 말해 문화적·지역적·시대적인 독특한 생활방식들, 혹은 삶에 대한 독자적인 인식의 틀이 부과됨으로써 그 방향을 달리하는 것이다. 그래서 죽음은 시간적인 차이나 문화적인 차이에 따라서, 그리고 사회적·역사적인 배경의 차이에 따라서 그 모습을 달리하고 있으며, 여기에서 우리는 인간들의 죽음에 대한 다양한 반응을 포착할 수 있는 것이다. 이런 의미에서 필리프 아리에스의 저서는 우리에게 시사해 주는 바가 크다고 말할 수 있다.

　본문의 이미지 여행은 느긋한 페이스로 묘지를 방문하는 것으로 그 서두를 시작하고 있으며, 이윽고 우리들을 그의 페이스로 말려들게 하고, 그리고 현재의 삶에 대한 물음, 현재의 사랑의 가능성에 대한 물음으로 우리를 조용히 이끌어 감으로써 본서의 막을 내린다.

東文選 文藝新書 105

포르노그래피 —여자를 소유하는 남자들

안드레아 드워킨 / 유혜련 옮김

사드와 바타유로부터 킨제이報告, 플레이보이誌, 포르노테이프에 이르기까지 온갖 性묘사 속에 은닉된 '意味'를 적나라하게 파헤친 레디칼 페미니즘의 眞髓. 2개 출판사로부터 계약파기당하였고, 12개 출판사로부터 거부당하였으며, 출판 후에도 수 년간 절판당해야 했던 禁書 아닌 禁書!

　본서는 '외설'을 다루고 있는 것이 아니다. 무엇이든 '외설'이려면 그것이 관람이나 전시에 적합치 않다는 판단이 내려져야 한다. '외설'은 '포르노그래피'와 동의어가 아니다. '외설'은 하나의 개념이며, 그것은 가치판단을 요구한다. 포르노그래피는 구체적인 매춘부들의 생생한 묘사이다. 포르노그래피는 천박한 표적에 불과하며, 그것을 공격한 시점에서 아무 변화도 일어나지 않는다고 말하는 사람들은 언제나 있기 마련이지만, 그러나 진실로 말하자면 그것은 잘못이다. 포르노그래피는 남성의 우월성 구현에 불과하다. 그것은 남성지배의 DNA라고도 할 수 있는 것으로서 성적 학대의 온갖 규칙도, 성적 새디즘의 온갖 미묘한 의미도, 공공연한 것과 비밀스러운 것을 포함한 온갖 성적 착취도 이 속에 암호화되어 있다. 포르노그래피란 우리들 여성에게는 그런 남성이 없었으면 좋겠다 싶은 상태이며, 남성에게는 여성이란 이러한 것이라고 생각케 하며, 또한 우리들을 그렇게 만들려고 하는 상태이며, 더욱이 남성이 우리를 사용하는 방식이다. 내가 이 말을 하는 이유는, 그들이 생물학적으로 남성인 것이 문제가 아니라 그들 남성의 사회권력이 그렇게 조직되어 있다는 것이다. 정치활동가의 관점에서 보면, 포르노그래피는 남성우위성의 청사진으로 남성의 우위성을 구축하는 방식을 나타내고 있다. 정치활동가는 이 청사진을 알 필요가 있다. 문화적 용어를 사용한다면, 포르노그래피는 남성의 지배라는 교의를 굳게 지키는 원리주의이다. 여성과 성충동을 규정하는 이러한 교의, 이 예정설에는 자비라곤 도무지 없다. 이 속에서 여성은 단지 강간과 매춘으로 이끌릴 뿐이며, 이의를 제창하는 사람은 파괴 또는 소멸된다. 포르노그래피는 남성의 권력과 증오·소유권·계급제도·새디즘·우월성이 성욕으로 표현된 것이다. 있을 수 있는 모든 강간, 예를 들어 여성이 구타당하고 범해질 경우와 매춘당하게 될 경우까지 포함한 모든 강간 사례, 아직 말도 제대로 못하는 유아였을 때 벌어진 근친상간을 포함한 있을 수 있는 모든 근친상간, 그리고 남편이나 연인이나 연쇄살인범 탓에 생긴 여성 살해 뒤에는 포르노그래피의 전제가 도사리고 있다.
　만약 이것을 천박하다고 말한다면, 도대체 깊이 있는 것은 무엇일까?

東文選 文藝新書 129

죽음의 역사

P. 아리에스　　[著]

李宗旼　　[譯]

　지구상에 존재하는 모든 피조물은 시작과 끝이라는 존재의 본원적인 한계성을 지니고 있다. 인간 역시 이러한 자연의 법칙에서 결코 벗어날 수 없는 한계성을 인식하고 있다. 그러나 인간 존재의 시작을 의미하는 탄생에 관해서는 그 실체가 이미 과학적으로 규명되고 있지만, 종착점으로서의 죽음은 인간들의 끊임없는 연구와 노력에도 불구하고 오늘날까지 이렇다 할 구체적인 모습을 드러내지 못하고 있는 것이 현실이다. 이유는 간단하다. 과학적으로 죽음이라는 현상 자체는 규명되었다 할지라도, 그 이후의 세계는 어느 누구도 경험하지 못한 때문일 것이다. 물론 죽음이나 저세상을 경험했다는 류의 흥미로운 기사거리나 서적 들이 우리의 주변에 널려 있는 것은 사실이지만, 이는 어디까지나 임사상태에 이른 사람들의 이야기일 뿐 실지로 의학적으로 완전한 사망을 토대로 한 것은 아니다. 말하자면 진정한 죽음의 상태를 경험한 사람은 존재치 않기 때문에 죽음은 더욱더 우리 인간들의 호기심과 두려움을 자극하는 대상이 되고 있을지도 모른다.

　아무튼 본서는 아득한 옛날부터 현재에 이르기까지 사람들은 어떻게 죽음을 맞이하고 생각했는가?라는 사람들의 호기심에 답하듯 죽음을 연구대상으로 삼은 역사서이다. 따라서 죽음의 이미지가 어떻게 변해 왔는지, 또 인간은 자신의 죽음을 앞에 두고 어떻게 행동했으며 타인의 죽음에 대해 어떤 생각을 품고 있었는지를 추적한다. 그리하여 역사 이래 인간의 항구적 거주지로서의 묘지로부터 죽음과 문화와의 관계를 파악하면서 묘비와 묘비명, 비문과 횡와상, 기도상, 장례 절차, 매장 풍습, 나아가 20세기 미국의 상업화된 죽음의 이미지를 추적한다.

東文選 文藝新書 155

프랑스 사회사

조르주 뒤프
박 단 + 신행선 옮김

본서는 사회사의 진정한 원조로 평가받고 있는 라브루스계열 학자들의 연구를 종합한 사회사 개설서이다.

뒤프는 이 책을 서술함에 있어 그의 스승의 연구 목적에 부합하게끔 기본 접근방식을 사회집단의 발전에 맞추었다. 더 구체적으로 이야기하자면, 본서는 하나의 '사회집단의 역사'이며, 동시에 '그들 관계의 변화'를 추적한 연구서이다. 시대가 흐름에 따라 특정 사회집단이 어떠한 변화를 겪었으며, 억압받던 집단은 어떤 방식으로 자신들의 입지를 향상시켰고, 지배집단은 어떻게 음지 속으로 내쫓겼는가? 이 책에서는 이러한 사회 변화를 설명하기 위하여 경제 변동의 국면들, 인구 구조의 변화, 기술 진보의 다양한 리듬·전쟁·집단 의식 등 다양한 내적·외적 요인을 제시, 설명하고 있다. 즉 이 책은 저자 자신이 밝히고 있듯이 "각 사회집단의 규모·구성·내부 구조·응집력의 강도를 알려는, 그리고 그 위에 그 집단의 일상양식·심리적 태도 등을 규정"하려는 연구서이다. 이와 같은 각 집단에 대한 연구에 이어 저자는 집단간의 관계를 추적한 것이다.

결국 이 책에서 뒤프는 라브루스학파의 일원들이 개별적인 지역 연구 및 하나의 사회적 범주에 대하여 기울인 관심을 기초로 하여 그 개별 연구들을 충분히 이용, 종합하고 있다고 볼 수 있다. 물론 시기적인 이유로 70년대 이후의 연구 성과를 담지 못하고 있다는 한계를 염두에 두어야 할 것이지만, 그럼에도 불구하고 본서는 프랑스 혁명에서 1970년까지의 정치·경제·사회·문화를 아우르는 프랑스 사회에 대한 입문서로서, 더 나아가 하나의 뛰어난 프랑스 현대사 개설서로 독자들에게 소개될 수 있을 것이다.